JN274562

外国人労働の法政策

早川智津子 著

信山社

はしがき

　本書は，外国人労働者につきいかなる法的規律を行うべきかという現今の重要問題に関し，外国人の受入れについての「選択」の理念と，受け入れた外国人についての「統合」の理念をいかに調和させるかという観点から，アメリカ法を比較法の対象とし，労働法と入管法が交錯する領域の問題について検討を行ったものである。
　本書の内容は，筆者の博士論文「外国人労働者の法的地位」（筑波大学，2006年）をベースにしているが，その後の法改正等を踏まえ修正を加えている。
　本書の概要は以下のとおりである。

(1) 本書の研究目的
　本書は，入管法政策と労働法政策の交錯という観点から，アメリカ法についての比較法的検討を踏まえて，わが国における外国人労働の法政策のあり方について考察を行うことを目的としている。

(2) 日本法の状況（第1章）
　まず，わが国の入管法において，労働政策を考慮した制度設計等が課題となっていること，労働法においては，入管政策的観点を踏まえた外国人労働者問題の検討が必要となっていることを指摘した。そして，以上の課題を考察するためには，アメリカ法の検討が有益であることを指摘した。

(3) アメリカ法の検討（第2，3，4章）
　まず，アメリカ移民法の歴史と概要を概観した。そのうえで，アメリカ移民法における労働政策に関わる側面として，労働証明制度，雇用主処罰制度及び移民関連不当雇用行為制度について検討した。また，アメリカ労働法における移民政策に関わる側面として，適法就労者及び不法就労者の法的地位についてそれぞれ検討した。

(4) アメリカ法の特色と日本法への提言（第5章）
　以上の検討の結果，アメリカ法からは，(ｱ)移民法は労働政策を考慮しており，労働法は移民政策を考慮している点で両者の交錯がみられること，(ｲ)外

はしがき

国人の「選択」と「統合」の理念を具体化させる制度が存在し，両者の理念の調和・調整がなされているという特色を析出した。

　こうしたアメリカ法の考察を踏まえ，わが国の入管法制については，外国人労働者受入れによる労働市場への悪影響を個別に判断するため，日本型「労働証明制度」を導入することを提案した。次に，労働法制に関しては，わが国では，国籍差別の禁止の強化を検討することや，行政による「統合」支援策を講じることなどを提案し，不法就労者については，原則として労働法の適用を認めたうえで，救済においては，不法就労者に就労資格を与えたのと同様の結果とならないよう配慮すべきものと解した。

　もとより拙い研究であるが，本書が完成したのは，筑波大学の社会人大学院（ビジネス科学研究科）での先生方の指導と激励のおかげである。とくに，指導教官の川田琢之先生を始め，江口隆裕先生，渡辺章先生，山川隆一先生に，心から感謝の意を表したい。また，信山社出版株式会社の渡辺左近氏始め久保真一氏ほか編集者の方々にもたいへんお世話になった。

　なお，本書の出版にあたっては，独立行政法人日本学術振興会の平成20年度科学研究費助成金（研究成果公開促進費，課題番号：205102）を受けている。

　かつて江崎玲於奈氏が筑波大学の学長だったころ，筆者も出席していた修士課程の修了式で，江崎学長はセレンディピティーという言葉を紹介しつつ，研究テーマとの出会い自体も研究者にとってのセレンディピティーといえるが，それを探しあてるにはできあがっている道の上を行くのではなく，森の中に入っていこう，といった趣旨のスピーチをされた。その後，森から出て来ることができたのかどうかはよく分からないが，かすかに手のひらに感じているものがセレンディピティーかもしれない。また新たな森の中に入っていこうと思っている。

　　2008年6月

　　　　　　　　　　　　　　　　　　　　　　　　　　早　川　智津子

目　次

序　章　はじめに ―――――――――――――――――――― 1
　　第 1 節　課題の設定　(1)
　　第 2 節　本書の構成　(3)

第 1 章　問題の所在――日本法の状況 ――――――――――― 4
　　第 1 節　入 管 法　(4)
　　　第 1 項　入管法の概略　(4)
　　　　1　歴　史　(4)
　　　　2　現行入管法における在留資格制度　(5)
　　　　3　外国人をめぐる行政機関　(12)
　　　　4　不法滞在外国人　(16)
　　　　5　入管法による外国人労働者への対応　(20)
　　　第 2 項　課題――外国人労働者受入れをめぐる状況　(22)
　　　　1　1980年代～1990年代初の議論と対応　(22)
　　　　2　最近の議論　(27)
　　　　3　小括と検討　(32)
　　第 2 節　労　働　法　(34)
　　　第 1 項　外国人をめぐる労働法制の現状　(34)
　　　　1　外国人労働者と労働法　(34)
　　　　2　不法就労者と労働法　(68)
　　　第 2 項　課　題　(83)
　　　　1　理論的検討の不足　(83)
　　　　2　入管政策的発想の少なさ　(84)
　　第 3 節　比較法的検討の必要性　(84)

第 2 章　アメリカ移民法の概要 ―――――――――――――― 87
　　第 1 節　基本的特徴　(87)
　　第 2 節　歴　史　(90)
　　　第 1 項　移民の歴史的動向　(90)
　　　第 2 項　法規制の歴史　(91)

目　次

　　　　　1　初期の規制 ── 望ましくない外国人の排除　（91）
　　　　　2　人種差別的移民規制　（92）
　　　　　3　割当て法（quota laws）　（92）
　　　　　4　1952年移民及び国籍法（INA）　（93）
　　　　　5　1986年法（移民改正管理法: IRCA）　（93）
　　　　　6　1990年法・1996年法　（95）
　　　　　7　2002年国土安全保障法　（96）
　　　　　8　最近の移民法改正に関する動き　（96）
　　第3節　移民に関連する行政手続きと行政機構　（97）
　　　第1項　入国・滞在手続き　（97）
　　　第2項　行政機構　（97）
　　　　　1　国務省（Department of State）　（98）
　　　　　2　司法省（Department of Justice）　（98）
　　　　　3　国土安全保障省（Department of Homeland Security）
　　　　　　（99）
　　　　　4　労働省（Department of Labor）　（99）
　　第4節　各種ビザ　（100）
　　　第1項　移民ビザ（immigrant visas）　（100）
　　　　　1　家族関係移民ビザ　（101）
　　　　　2　雇用関係移民ビザ　（101）
　　　　　3　多様性移民ビザ　（103）
　　　第2項　非移民ビザ（non-immigrant visas）　（103）
　　　　　1　Eビザ　（104）
　　　　　2　Hビザ　（104）
　　　　　3　Lビザ　（105）
　　　　　4　Oビザ　（105）
　　　　　5　Pビザ　（105）
　　　　　6　Fビザ　（106）
　　第5節　退去強制と入国拒否　（106）
第3章　アメリカ移民法と労働政策 ──────────── 107
　　第1節　アメリカ移民法における労働証明制度　（107）
　　　第1項　労働証明制度の沿革　（107）

第2項　労働証明制度の概要　（109）
　　第3項　労働証明の手続き　（110）
　　　　1　通常の労働証明手続き
　　　　　　（basic labor certification process）　（112）
　　　　2　スケジュールA（Schedule A）　（117）
　　　　3　スケジュールB（Schedule B）の廃止　（118）
　　第4項　労働証明の要件――裁判例等の状況　（118）
　　　　1　第一の要件――地域に適格性ある合衆国労働者が
　　　　　　いないこと　（119）
　　　　2　第二の要件――合衆国労働者の労働条件が不利に
　　　　　　ならないこと　（124）
　　第5項　一時的労働証明制度
　　　　（temporary labor certification program）　（131）
　　　　1　労働条件申請制度　（132）
　　　　2　濫用のおそれがある特定の雇用主に対する加重的手続き
　　　　　　（134）
第2節　アメリカ移民法における雇用主処罰制度と
　　　　移民関連不当雇用行為制度　（135）
　　第1項　不法就労者の雇用主処罰制度　（137）
　　　　1　IRCAにおける不法就労者の法的地位　（137）
　　　　2　雇用主処罰制度の内容　（137）
　　第2項　移民関連不当雇用行為制度　（146）
　　　　1　管轄機関および手続き　（147）
　　　　2　小規模事業主の出身国差別の禁止　（150）
　　　　3　国籍差別の禁止　（151）
　　　　4　出身国差別と国籍差別の交錯する事件の取扱い　（155）
　　　　5　就労資格書類確認制度の濫用　（158）
　　　　6　適用除外　（163）
第3節　小括――アメリカ移民法と労働政策　（164）
　　第1項　労働証明制度の特徴　（164）
　　第2項　雇用主処罰制度および移民関連不当雇用行為制度の特徴
　　　　　　（165）

目　次

第4章　アメリカ労働法と移民政策 ──────── 167
第1節　アメリカ労働法における外国人の法的地位
　　　　── 適法就労者と差別禁止　(167)
第1項　国 籍 差 別　(167)
第2項　出身国差別の禁止　(169)
　　　1　英語のみルール　(170)
第2節　アメリカ労働法における不法就労者の法的地位　(178)
第1項　労使関係法　(178)
　　　1　NLRAの不法就労者への適用の有無　(178)
　　　2　不法就労者への救済内容　(183)
　　　3　Hoffman Plastic Compounds, Inc. v. NLRBおよび
　　　　同判決の影響　(192)
第2項　雇用関係法　(200)
　　　1　公正労働基準法（Fair Labor Standards Act: FLSA）
　　　　(200)
　　　2　雇用差別禁止法　(213)
第3項　労災補償法　(230)
　　　1　労災補償法の不法就労者への適用の有無　(230)
　　　2　労災補償の救済の内容　(235)
　　　3　逸失利益の算定　(237)
　　　4　Hoffman判決以後の裁判例の動向と同判決の射程
　　　　(241)
第3節　小括──アメリカ労働法と移民政策　(252)

第5章　アメリカ法の特色と日本法への提言 ──────── 256
第1節　アメリカ法の位置付け　(256)
第1項　検討の視点　(256)
第2項　アメリカ移民法における労働政策　(265)
　　　1　労働証明制度　(266)
　　　2　雇用主処罰制度　(268)
　　　3　移民関連不当雇用行為制度　(270)
　　　4　小括──アメリカ移民法における労働政策　(273)

第 3 項　アメリカ労働法における移民政策　(274)
　　　　　1　適法就労者の法的地位　(275)
　　　　　2　不法就労者の法的地位　(276)
　　　　　3　小括——アメリカ労働法における移民政策　(280)
　　　第 4 項　アメリカ法の全体的特色　(282)
　　第 2 節　日本法への示唆と今後の方向性　(286)
　　　第 1 項　入管法制　(286)
　　　　　1　アメリカ移民法からの示唆と留意すべき点　(286)
　　　　　2　今後の方向性　(291)
　　　第 2 項　労働法制　(300)
　　　　　1　アメリカ労働法からの示唆と留意すべき点　(300)
　　　　　2　今後の方向性　(306)

結章　要約と今後の課題 ──────────────── 318
　　第 1 節　要約　(318)
　　　　　1　問題の所在——日本法の状況（第 1 章）の要約　(318)
　　　　　2　アメリカ法の検討（第 2 章，第 3 章，第 4 章）の要約　(320)
　　　　　3　アメリカ法の特色と日本法への提言（第 5 章）の要約　(323)
　　第 2 節　今後の課題　(329)

　引用文献目録　(331)
　判例索引（日本）　(343)
　判例索引（アメリカ合衆国）　(344)
　事項索引　(348)

凡　例

　日本法および日本判例等に関する引用は，基本的に，法律編集者懇話会編著・法律文献等の出典の表示方法（2005年）に依った。

【判例集・定期刊行物の略称】

　民集　　　最高裁判所民事判例集
　裁判集民　　最高裁判所裁判集〔民事〕
　高民　　　高等裁判所民事判例集
　労民　　　労働関係民事裁判例集
　交民　　　交通事故民事裁判例集（ぎょうせい）
　最判解民事　　最高裁判所判例解説　民事篇
　命令集　　不当労働行為事件命令集
　判時　　　判例時報（判例時報社）
　判タ　　　判例タイムズ（判例タイムズ社）
　労判　　　労働判例（産労総合研究所）
　外法　　　外国の立法（国立国会図書館調査立法考査局）
　季労　　　季刊労働法（総合労働研究所）
　ジュリ　　ジュリスト（有斐閣）
　曹時　　　法曹時報（法曹会）
　米法　　　アメリカ法（日米法学会；東京大学出版会）
　法時　　　法律時報（日本評論社）
　法教　　　法学教室（有斐閣）
　リマークス　私法判例リマークス（日本評論社）
　労経速　　労働経済判例速報（日本経営者団体連盟）
　労研　　　日本労働研究雑誌（日本労働研究機構／労働政策研究・研修機構）
　労旬　　　労働法律旬報（旬報社）

　なお，大学紀要については略称を用いていない。

凡　例

アメリカ法およびアメリカ判例等に関する引用は，基本的に，THE BLUEBOOK; A UNIFORM SYSTEM OF CITATION（18th ed. Harv. L. Rev. Ass'n. 2005）に依った。

序章　はじめに

第1節　課題の設定

　本書は，外国人労働の法政策について検討しようとするものである。

　わが国では，1980年後半から1990年代初めにかけて人手不足問題を背景として外国人労働者の受入れが話題となった。そのなかで，わが国は，単純労働を目的とする外国人の入国を原則として認めない政策を採ってきたが[1]，21世紀に入り，少子・高齢化，経済・社会のグローバル化に対応するため，最近では，移民制度[2]の採用を含め，外国人労働者に関する政策のあり方が再び活発に議論されるに至っている[3]。

---

[1] 1992（平成4）年に法務省が策定した第1次出入国管理基本計画において，単純労働者の受入れに関しては慎重に検討していくとの方針が示された。2000（平成12）年の第2次出入国管理基本計画においてもこの方針は概ね堅持され，技能者・技術者については，「現行の在留資格に当てはまらない形態での就労に関して一定のニーズが認められ，その受入れを認めることが適当であると判断される場合には，外国人の技術者や技能者が日本人の労働市場や社会生活に悪影響を与えることなく，かつ，それらの外国人がより機動的な活躍をなし得るよう在留資格などの整備を検討していく」（同Ⅲ1(1)②，17頁）との方針が示されたが，この間の改正は，情報技術者（いわゆるIT技術者）につき，「技術」の在留資格での受入れ基準に国外の資格を認証して取り入れるなどの修正にとどまり，新たな在留資格が創設されることはなかった。その後，2005（平成17）年3月には，第3次出入国管理基本計画が策定され，人口減少時代における外国人労働者受入れのあり方を検討すべき時期に来ているとの認識を示し，「現在では専門的，技術的分野に該当するとは評価されていない分野における外国人労働者の受入れについて着実に検討していく」との方向性を示した（同Ⅲ1(2)）。

[2] 外国人労働者の受入れと移民の受入れは異なる概念である。一定の在留資格に対して，一定の在留期間と就労を認める外国人労働者受入れに対し，移民受入れは，外国人に永住権を与えてわが国に移住することを認めるものである。

序章　はじめに

　そこでの議論は，大きく分けて，①入管政策の観点からのものと，②労働政策の観点からのものとがある。前者の観点からは，主として，在留資格の見直しなど，新たな受入れ政策が論じられており，後者の観点からは，不法就労外国人（以下，「不法就労者」という[4]）への労働法令の適用問題や，外国人受入れの労働市場への影響が議論されている。しかし，少子・高齢化ないし経済・社会のグローバル化という時代において，これら入管政策と労働政策の双方の観点[5]がいかなる関係にあり，一方は他方にいかなる影響を与えるか，という議論は，これまでほとんどなされていない。

　そこで，本書は，入管政策および労働政策の二つの観点を取り入れて法的な検討を行うものである。

　本書では，この問題解決のために，比較法的検討を行うが，その対象として，裁判例が蓄積しており，かつ，わが国の入管法の母法であるアメリカ法を取り上げる。そこでは，アメリカ移民法と労働政策，アメリカ労働法と移

---

[3]　「21世紀日本の構想」懇談会・21世紀日本の構想－日本のフロンティアは日本の中にある（2000年）23頁，外国人雇用問題研究会・外国人雇用問題研究会報告書（2002年），規制改革・民間開放推進会議「規制改革・民間開放の推進に関する第3次答申」（2006年），規制改革会議「規制改革推進のための第1次答申」（2007年）や，日本経済団体連合会「外国人材受入問題に関する第二次提言」（2007年）などがあり，最近では，内閣府の経済財政諮問会議労働市場改革専門調査会「労働市場改革専門調査会第2次報告」（2007年9月21日）が，労働市場に悪影響を与えないことを確認したうえで新たな在留資格での外国人労働者の受入れについて検討すべきとの提言を行った。

[4]　いうまでもなく，本書でいう不法就労とは，就労それ自体が労働法に違反することを意味するものではなく，その就労活動が入管法違反であることを示す用語である。他方，適法就労とは，就労可能な在留資格を持ち（あるいは就労の許可を得て），それに基づき入管法が認める範囲で行われる就労を指す。前者の就労活動を行う外国人を不法就労者，後者の就労活動を行う外国人を適法就労者という。

[5]　本書では，入管法とその背景にある法政策を入管政策と呼び（外国人の入国・滞在に関する法および政策を意味する。これをアメリカ合衆国について述べるときは，それぞれ移民法および移民政策という），労働法とその背景にある法政策を労働政策（そのなかで，とくに労働市場に着目するときには，労働市場政策という用語を使うこともある）と呼ぶこととする。両政策を合わせて外国人労働者の政策一般をいう場合には，外国人政策（ないし外国人労働者政策）の用語を用いる。

民政策の関係をそれぞれ検討する。

　以上の検討を前提として，最後に日本法への提言を行うが，これまで，入管政策と労働政策（主として労働市場政策）の観点から，外国人労働の法政策について検討した研究は少なく，外国人労働者の入国・滞在[6]と就労管理，および労働法上の地位について提言を行うことは意義があると考える。

第2節　本書の構成

　本書では，まず，第1章で，日本法の状況および先行業績を概観して問題の所在を明らかにする。

　そのうえで，この問題解決のために，上記のような理由から，アメリカ法を対象として，比較法的検討を行う。そこでは，第2章において，アメリカ移民法を概観し，続いて，第3章において，アメリカ移民法と労働政策の関係に触れ，具体的には移民法の労働証明制度，および雇用主処罰制度と移民関連不当雇用行為制度についてみていく。さらに，第4章において，アメリカ労働法と移民政策の関係を検討するが，具体的には，労働法における外国人労働者の法的地位，とりわけ移民法との交錯が問題となる不法就労者の法的地位についてみていく。

　以上の検討を踏まえて，第5章において，アメリカ法の特色の検討と日本法への提言を行い，最後に今後の課題を述べる。

---

[6] わが国の入管法では，外国人の滞在について「在留」の用語が使われている。本書では，とくに入管法上の制度等の説明をするとき以外は，より一般に使われている「滞在」という用語を用いる。

第1章　問題の所在──日本法の状況

第1節　入　管　法

第1項　入管法の概略

1　歴　史

　わが国の出入国管理に関する法律は，1951（昭和26）年10月に政令として発せられた「出入国管理令」が基礎となっている。同令は，連合国軍総司令部の勧告を受け，主にアメリカ法を参考として制定されたものである[7]。同令は，1952（昭和27）年の平和条約の発効に伴い，そのまま法律としての効力を有するものとされた。その後，わが国の難民条約[8]批准に伴い，1981（昭和56）年に難民の認定手続きの規定が追加され，「出入国管理及び難民認定法」（以下，「入管法」という）として正式に法律の形をとるに至った[9]。同法は現在まで数度の改正を経ているが，最も重要な改正は，1989（平成元）年に行われ，在留資格の拡充，不法就労者の雇用主等を罰する不法就労助長罪などが盛り込まれた（翌年施行）。さらに，2004（平成16）年改正において，

---

[7] 清水洋樹・米国移民法における外国人の在留資格制度に関する研究（法務研究報告書85集1号）（法務総合研究所，1998年）9-10頁参照。入管法の随所にアメリカ移民法の影響が見受けられるが，なかでもとくに，上陸拒否事由，在留資格制度，退去強制事由および手続き等において，類似性が高いとの指摘がある（出入国管理法令研究会編著・新版出入国管理法講義（日本加除出版，1998年）19頁）。他方，入管法は，アメリカ移民法の入国管理のシステムをモデルにしているが，その非移民ビザの部分だけを受け継いでいるとの指摘もある（広渡清吾「外国人受け入れの法的論理」梶田孝道＝伊豫谷登士翁編・外国人労働者論（弘文堂，1992年）所収70頁）。

[8] 難民の地位に関する条約（昭和56年10月15日条約21号）。後掲注（174）参照。

不法就労助長罪等について罰金額を引き上げ，罰則を強化する一方，新たに出国命令制度を設け，自ら出頭するなど一定要件を満たした不法残留外国人については退去強制によらず，任意出国できるようにした[10]。

2 現行入管法における在留資格制度

(1) 総　説

　国際慣習法上，外国人には入国の自由はないとされている。すなわち，ある外国人の入国を認めるか否かは，国家の主権的権利に属し，その国家の自由裁量に任されると考えられている[11]。

　また，外国人の在留について，通説・判例は，在留の権利が憲法上保障されるものではないとする（マクリーン事件最高裁判決[12]）。入管法上，外国人は，原則として，下記の在留資格を有している場合に限り，わが国への入国・在留が認められ（入管法2条の2，7条1項2号），更新の許可があった場合（同21条）を除き，許可された在留期間を超えて在留することもできない。また，その在留資格によって認められていない収入や報酬を受ける活動を行うことはできない（同19条）。

　以上のように，わが国の入管法において，外国人の入国・滞在に関する基

---

[9] このようにわが国の入管法は，出入国管理の規定のほか，難民認定の規定も併せ持っている。本書では前者を取り扱う。後者は，2004（平成16）年の入管法改正により，難民認定申請中の不法滞在外国人（在留資格未取得外国人）に仮滞在許可を与えつつ退去強制手続きを一連の手続きとして進める（61条の2の2，61条の2の4）など難民認定手続きの大幅改正が行われた（法務省入国管理局編・出入国管理［平成17年版］（インパルスコーポレーション，2005年）140-143頁参照）。

[10] 出入国管理及び難民認定法の一部を改正する法律（平成16年6月2日法律第73号）。不法滞在対策にかかる改正部分については，同年12月2日から施行されている。

[11] 芦部信喜著＝高橋和之補訂・憲法［第4版］（岩波書店，2007年）92-93頁。

[12] 最大判昭和53・10・4民集32巻7号1223頁（ベトナム反戦活動をしていたアメリカ人の在留期間更新を法務大臣が拒否した事件で，最高裁は，外国人の人権の保障は在留制度の枠内で与えられるにすぎず，在留中の外国人の行為が合法的なものであっても，法務大臣は更新拒否の消極的事情として斟酌できると判断した）。芦部＝高橋・前掲注（11）書94-95頁は，同判決は，在留期間更新を入国とほぼ同視し，広範な裁量権を認めている点に問題があると指摘する。

本的な概念は、在留資格である。在留資格とは、「外国人が日本に在留する間、一定の活動を行うことができる資格あるいは外国人が一定の身分または地位に基づいて日本に在留して活動することができる法的資格」のことをいう[13]。すなわち、在留資格とは、日本がどのような外国人を受け入れるかについて、その外国人が日本で行おうとする活動の観点から類型化して入管法に定めたものである。外国人の上陸が許可されるためには、当該外国人の行おうとする活動が入管法に定める在留資格のいずれかに該当していることが求められ（これを在留資格該当性の要件という[14]）、そのいずれかに該当していないときは上陸が許可されない[15]。このように、予め入国しようとする外国人の国内での活動を在留資格によって定めるのは、アメリカ合衆国の移民法にならったものである。

入管法に定められた在留資格は、現在27あるが[16]、外国人はこの中のいずれか一つの資格を持って入国・滞在しなくてはならない[17]（同法2条の2第1項、第2項および別表第1、別表第2）。そのうち、就労することのできる在留資格と就労することのできない在留資格が決められているので、以下これ

---

[13] 山田鐐一＝黒木忠正・わかりやすい入管法［第6版］（有斐閣、2004年）30頁参照。なお、出入国管理法令研究会編・注解判例出入国管理外国人登録実務六法［平成20年版］（日本加除出版、2007年）12頁には、「外国人が本邦に在留して一定の活動を行うことができる法的地位又は一定の身分若しくは地位を有する者としての活動を行うことができる法的地位をいう」と定義されている。

[14] 具体的には入管法別表第1および別表第2の各在留資格につき、下欄に掲げられている活動に該当する必要がある。

[15] 入管法は、内外国人すべての出入国および難民の認定について定めた法律であるが、実際、不法残留等、入管法違反の外国人を除き、出国についてはほとんどが無条件に認められており、入管法の主たる目的は、外国人の入国および在留（滞在）を管理することにある。

[16] これらの在留資格のほかに、入管特例法（「日本国との平和条約に基づき日本の国籍を離脱した者等の出入国管理に関する特例法」）に定める「特別永住者」（同法2条、3条）がある。特別永住者は、終戦前から引き続き日本に在留している平和条約の発効により日本国籍を離脱した者およびその子孫が該当する（就労活動に制限はない）。

[17] ただし、「永住者」の在留資格は、入国時は与えられない。わが国が移民受入れ国でないという根拠はここにあるとされる。この点について、後掲注（66）参照。

をみていく。

　就労することのできる在留資格についてみると，まず，入管法別表第2に定められている「永住者」，「日本人の配偶者等」[18]，「永住者の配偶者等」，「定住者」は，その身分または地位に基づいて在留資格を与えられており，これらの在留資格を有する者は，日本国内での活動について制限はないことから，就労することができる。日系人労働者が，単純労働者を受け入れない政策をとるわが国で単純労働に従事できるのは，「日本人の配偶者等」（日系人では，主に日系2世が該当する[19]）や「定住者」（日系人では，主に日系3世が該当する[20]）の資格で入国・滞在しているためである[21]。

　これ以外の外国人は，専門的技術的分野等の外国人は受け入れるが，単純労働者は受け入れないとの入管政策のもと，わが国において行うことのできる活動の範囲が，在留資格ごとに決められている。入管法別表第1の1から同別表第1の5にそれらの在留資格が挙げられているが，その内，就労が許されているのは，同別表第1の1に定められている「外交」，「公用」，「教授」，「芸術」，「宗教」，「報道」といった公共性の高い在留資格と，同別表第1の2に定められている「投資・経営」，「法律・会計業務」，「医療」，「研究」，「教

---

[18] 「日本人の配偶者等」の在留資格を得れば，就労活動の制限を受けず，また帰化申請に必要な在留年数の要件が普通5年以上というところを3年以上に緩和されている（国籍法5条および7条）。この在留資格を得るためになされる偽装結婚が問題視されている。

[19] 日本人である親が国籍離脱前に生まれた子が該当し，離脱後（元日本人）に生まれた子は，「定住者」の在留資格が与えられる。

[20] 「日本人の配偶者等」の在留資格をもつ日系2世の配偶者にも，「定住者」の在留資格が付与され，その扶養を受けて生活する未成年で未婚の実子についても，同じく「定住者」の在留資格が与えられる。

[21] 日系4世以降は，このような日系人としての身分に基づく在留資格での受入れではなく，他の外国人と同様に扱われる。ただし，「定住者」の在留資格で1年以上の在留期間が与えられている者の扶養を受けて生活する未成年で未婚の実子等には，同様に「定住者」の在留資格が与えられる。また，日系3世に対する永住許可に基づく在留資格変更により「永住者」の在留資格を持つ者が増えており，その配偶者およびわが国で出生し継続して在留している子として「永住者の配偶者等」，もしくは，同様に永住許可を受けて自ら「永住者」になった場合はなお就労に制限を受けない。

育」,「技術」,「人文知識・国際業務」,「企業内転勤」,「興行」[22],「技能」[23]という専門性が高いとされる在留資格に限定されている。その他, 同別表第1の5に定められている法務大臣が指定する「特定活動」の在留資格は, 与えられた許可の内容により就労の可否が決まり[24], 下記の技能実習を内容とする場合には, 技能実習制度のもとで就労が認められることになる。

また, 同別表第1の3に定められている「文化活動」,「短期滞在」, および同別表第1の4に定められている「留学」,「就学」[25],「研修」,「家族滞在」は, いずれも日本で就労することができない資格として定められている。その内,「留学」,「就学」等, 法務大臣の「資格外活動許可」(同19条2項)を

---

[22] 「興行」の在留資格で入国する外国人が, かつて就労を目的とする在留資格の中で最も多かったことがある (2004 (平成16) 年の新規入国者数は134,879人)。しかし, この在留資格でダンサーとして入国し, 実際は風俗営業店でホステスとして不法就労している者が多く, 中には, 売春を強制されるなど人身取引の被害に遭っている事案もみられ問題となった (法務省入国管理局編・前掲注 (9) 書107-108頁参照)。これを受けて, 後述する基準省令の「興行」に係る部分が改正され, 審査が厳格になった。また, 刑法等の一部を改正する法律により, 人身取引の被害者について, その保護のため退去強制事由から削除するなどの入管法の改正がなされたほか, 風俗営業法が2005 (平成17) 年11月に改正され, 風俗営業者等に対し, 従業員の在留資格等の確認と確認結果を書面で保存するよう義務付けることとなった。これは, 従来, 入管法違反を問おうとしても「不法就労とは知らなかった」と言い逃れすることが可能だったが, 確認を義務付けることにより, 店側の"逃げ道"を断つ狙いがある, とされる (東京新聞2005年2月3日)。これらの措置により, 新規入国者数は, 2005 (平成17) 年は99,342人, 2006 (平成18) 年は48,249人と大幅に減少した。

[23] 産業上の特殊技能を要する業務に従事する活動とされ, 具体的には, 外国料理のコックなど外国特有の特殊技能等に限られており, 技能者一般を対象とするものではない。

[24] 入管法改正により, 法務大臣が指定する機関において, 特定分野の研究・教育及び関連する事業を行う活動や, 情報処理に係る業務に従事する活動を行う外国人及びその帯同する家族に対し,「特定活動」の在留資格を与えることが明示され, 在留期間も5年が認められることとなった (平成18年5月24日法律第43号。同年11月24日施行)。同改正により, 従来は, 構造改革特別区域法に基づき, いわゆる特区において認めていた特例を全国的に認めることとなった (これに伴い, 構造改革特別区域法の該当条文は削除された)。

得れば，一定限度のアルバイトが認められるものもあるが[26]，「研修」のように資格外活動許可が与えられていない在留資格がある。

　ここから示されるように，わが国の入管法は，一定の専門的技術的経験を有する者にのみ就労を目的とする在留資格を与えることを原則としている。逆に言えば，単純労働を目的とする在留資格は認められていない。ただし，前述のとおり，例外的に，日本人との血縁関係を有する等，身分によって与えられる在留資格，すなわち，「永住者」，「日本人の配偶者等」，「永住者の配偶者等」，「定住者」の在留資格を有する者については，その就労に制限が設けられていないため，単純労働に従事することも可能である。

　なお，在留資格「研修」については，一定の要件を満たしたうえで，業務に従事する研修（いわゆる実務研修）を実施することが認められているが，これは，労働を内容とするものではない[27]。他方，研修修了後，技能のさらなる習熟を目的に行われる技能実習は，研修を行った企業との雇用関係のもとで行われ，技能実習生には労働関係法令が適用される[28]。

　上記の在留資格には，在留資格に応じて在留できる期間（在留期間）が定められている（入管法2条の2第3項，同法施行規則3条および同別表第2）。在留期間に期限のない「永住者」や，任期中は在留が認められる「外交」（外交官等が該当する）および「公用」（外交官以外の外国公務員等が該当する）以

---

[25] 実際は就労の目的で，「就学」の在留資格で入国する「出稼ぎ労働者」が問題になったが，この資格で入国しようとする者への査証（ビザ）発給について，在外公館の審査が厳しくなった等の事情もあり，平成5年度には，対前年比9千人近い減少が見られた。

[26] 「留学」，「就学」，「家族滞在」等は，本来は就労できない在留資格であるが，資格外活動の許可を受けたうえで，一定限度の就労が可能である（入管法19条2項）。

[27] 早川智津子「外国人研修・技能実習の法律関係」企業法学会編・企業法学6巻（商事法務研究会，1997年）所収136-157頁。

[28] 技能実習生に対しては，在留資格「特定活動」が与えられ，研修期間と合わせて，最長3年まで滞在が可能である。研修1年に技能実習2年というパターンが多い。技能実習生は，雇用関係下でより実践的な技能等の修得のための活動を行う者として，労働基準法，労働安全衛生法，最低賃金法，労働者災害補償保険法等，雇用労働者に係る諸法令が適用される（労働大臣「技能実習制度推進事業運営基本方針」（1993年4月5日，2004年4月19日改正）Ⅱ9(4)）。

外の在留資格の在留期間は、「特定活動」のうち特定分野の研究等の活動について5年が認められるものを除き、「3年を超えることができない」(同法2条の2第3項)とされている[29]。同法施行規則別表第2には、在留資格ごとに付与することができる在留期間を複数定めているが(就労が認められる在留資格では、「興行」等を除き「3年又は1年」が多い)、入国管理局が在留状況等を確認するために短いほうの期間が付与されることがある[30]。在留期間は、在留資格の性質により、更新が認められないもの、滞在可能な期間に制限があるものを除き、在留期間更新の許可を受けることにより[31]、延長することができる(同法21条)。

(2) 基 準 省 令

入管法が定める上記の在留資格のうち、一部のものについては、その具体的な内容として入国(入管法上は「上陸」)の許可基準が、法務省令によって定められている。この「出入国管理及び難民認定法第7条第1項第2号の基準を定める省令」[32](以下、「基準省令」という)は、1989年の入管法改正に合わせ、従来は公表されていなかった上陸許可の基準が情報開示の一環として公表されたものである[33]。

基準省令が適用になる在留資格は、入管政策の観点から、わが国の産業や国民生活に及ぼす影響等を勘案し、受け入れる範囲を調整する必要があると

---

[29] 前掲注(24)参照。なお、法務大臣の諮問機関である第五次出入国管理政策懇談会は、2008(平成20)年3月、報告書「新たな在留管理制度に関する提言」をとりまとめ、在留期間の上限を5年に延長することなどの提言を行った。これを受け、法務省は平成21年通常国会に関係法案を提出する見通しである。

[30] 平林毅「在留期間の見直しについて」国際人流1999年11月号52-53頁。なお、在留期間の算定方法について、吉田達生「在留期間について」国際人流1999年2月号46-47頁がある。

[31] 法務大臣は、在留期間の更新を認めるに足りる相当な理由があるときに限り、在留期間の更新を許可することができる、とされている(入管法21条3項)。

[32] 平成2年5月24日法務省令第16号、最近改正平成19年8月24日法務省令第50号。平成2年以降、数度にわたり改正されている。

[33] 坂中英徳=高宅茂・改正入管法の解説(日本加除出版、1991年)14-15頁参照。

認められる以下の在留資格に限られている[34]。すなわち，就労活動に係る在留資格では，入管法別表第1の2に定められている「投資・経営」，「法律・会計業務」，「医療」，「研究」，「教育」，「技術」，「人文知識・国際業務」，「企業内転勤」，「興行」，「技能」の10在留資格，および同法別表第1の5の「特定活動」のうちの情報処理技術者であり，さらに，非就労活動に係る在留資格では，同法別表第1の4に定められている「留学」，「就学」，「研修」，「家族滞在」の4在留資格である。その具体的細目を基準省令で定めるのは「変化する国内，国外の社会，経済事情により，わが国の産業，国民生活に悪影響が及ばないよう迅速かつ的確に対処できるようにするため」[35]とされる。この基準は，上陸の申請にかかる在留資格の要件を具体的に定めた基準であり，在留資格の変更や，在留資格の取得[36]などの在留許可に際しては適用されないが[37]，行政の一貫性の観点からそれらの場合でも，参考とされる[38・39]。

基準省令の内容は，その対象とする在留資格により異なるが，そのうち就労活動の種類によって定められている在留資格（「投資・経営」，「法律・会計

---

[34] 基準省令について，坂中英徳＝齋藤利男・出入国管理及び難民認定法逐条解説［改訂第三版］（日本加除出版，2007年）298頁参照。

[35] 黒木忠正編・入管法・外登法用語事典（日本加除出版，2001年）175-176頁参照。

[36] 在留資格の取得とは，日本人が国籍を離脱した場合または外国人がわが国で出生して上陸手続きを経ていない場合などに，法務大臣に申請して許可を受けるものである。

[37] これらの許可は，法務大臣が①適当と認めるに足りる，②相当の理由があるときに限り許可することができるとされる（黒木・前掲注（35）書73-74頁参照）。

[38] 黒木・前掲注（35）書176頁参照。基準省令への適合性は求めないが，整合性は必要とされる（坂中英徳＝齋藤利男・全訂出入国管理及び難民認定法逐条解説（日本加除出版，2000年）469頁参照。なお，同書の改訂版である坂中＝齋藤・前掲注（34）書420-421頁では，法務大臣の自由裁量を強調しつつ，基準省令の基準及びその趣旨との適合性が求められるとの記述に変更されている）。

[39] 基準省令の基準は，上陸許可の基準であり，上陸許可を受けた後に，この基準に適合しなくなっても，直ちにその外国人が在留資格を失い，在留を継続できなくなったり，退去強制事由に該当するものではない。在留について，外国人は入管法上の在留資格該当性は一貫して求められるものの，上陸許可基準の影響は受けないとされる（坂中＝齋藤・前掲注（34）書300-301頁参照）。

業務」,「医療」,「研究」,「教育」,「技術」,「人文知識・国際業務」,「企業内転勤」,「興行」,「技能」)においては,概ね共通して「日本人が従事する場合に受ける報酬と同等額以上の報酬を受けること」という収入基準が設けられている[40・41]。なお,法務大臣は,基準省令を定めるにあたり,予め関係行政機関の長と協議することとされている(入管法7条3項)。また,基準省令の定める基準にはその特例を定める法務省告示が付されているものがある。

3　外国人をめぐる行政機関

わが国の外国人をめぐる行政機関としては,以下の省庁を挙げることができる。

(1)　法務省入国管理局

入管法上,入国・在留許可等に係る権限は,法務大臣にあるが,その権限

---

[40] 「日本人が従事する場合に受ける報酬と同等額以上の報酬」とは,同じ職種および地位の日本人が従事する場合に受ける報酬と比較して,同等額以上という意味であり,「報酬」とは基本給および賞与をいい,通勤手当,住宅手当,渡航旅費等を含まない,とされる(坂中＝齋藤・前掲注(38)書120頁参照)。なお,弁護士や公認会計士等が該当する「法律・会計業務」の在留資格については,基準省令にこのような収入基準が設定されていない。これに対し,「興行」の在留資格で演劇,演芸,歌謡,舞踊または演奏に従事する場合には,原則として,「月額20万円以上」との具体的な報酬額が基準省令に示されているうえ,受入れ側は,過去3年間に支払い義務を負う報酬の全額を支払っていることが求められている。また,外国人本人が負担すべき食費,宿舎費その他の個人的な日常生活に要する費用を報酬から控除(天引き)する場合は,労基法24条1項に抵触しないよう注意し,雇用契約に控除の規定がある場合は,控除予定額を明示し,いったん支払った後で別途徴収する場合も,徴収予定額を明示し,いずれの場合でも金額は社会通念に照らし妥当な金額内でなければならず,その際,それらの経費を差し引いた残余の額が契約上の報酬総額の二分の一を下回る場合は,経費の根拠および明細を示し,かつ,外国人芸能人が明確な形で了解していることの立証を求める取扱いがなされている(出入国管理関係法令研究会編・ひと目でわかる外国人の入国・在留案内(11訂版)(日本加除出版,2007年)53-54頁)。
[41] 基準省令の策定にあたって考慮される点は,報酬額のほか,学歴要件,実務経験年数,業務内容,受入れ機関に関する条件等である(坂中＝齋藤・前掲注(34)書298頁参照)。

は法務省入国管理局によって実行されている。法務省入国管理局は，全国 8 ブロックに地方入国管理局を置き，その下に支局および出張所等が設置されているほか，三つの入国者収容所（入国管理センター）を持っている（以下，これらを総称して「入管局」という）。入管局は，入管法に基づき，出入国審査，在留審査，退去強制手続き，難民認定等の業務を行っており，主要な職員として，上陸や退去強制についての審査，および法務大臣の補助機関として在留資格審査等を行う「入国審査官」や，入管法違反事件の調査や施設の警備等を行う「入国警備官」等が配置されている。これら入国審査官および入国警備官については，個々の職員が独立した出入国管理の業務を行う専門官制が採られている。2004（平成16）年には，後述する外国人登録の能率的な遂行を行うため，入国管理局登録管理官が設置されている[42]。

(2) 外 務 省

外務省は，その在外公館において，査証（「ビザ」と呼ばれる）[43]の発給業務を行っている（外務省設置法 4 条13号）。外務省と法務省との間では，外国人の入国に関し連絡調整が図られており，個々の案件の査証発給に疑義がある場合等その適否について，必要に応じ，外務大臣と法務大臣との間で協議が行われている（査証事前協議）[44]。

(3) 地方自治体（市区町村）

外国人の居住および身分関係の把握のため，外国人登録法に基づく外国人登録制度が設けられている（外国人登録法 1 条）。同制度のもとで，外国人は

---

[42] 入管局の組織について，法務省入国管理局編・出入国管理［平成19年版］（つくる企画，2007年）101-109頁参照。

[43] 査証は，外務省の権限として，大使，公使，領事官が発給する。査証は，外国人の旅券が正式かつ有効であり，入国・滞在が適当と認定する行為とされるが，入国手続きにおいて，査証と上陸許可は別個の行政処分であるとされ，査証を受けていても上陸が保証されるものではない。なお，わが国の査証は，在留資格とは異なる区分が設定されており，「外交」，「公用」，「就業」，「通過」，「短期滞在」，「一般」，「特定」の 7 区分である（坂中＝齋藤・前掲注（34）書284頁参照）。

[44] 法務省入国管理局編・前掲注（42）書18頁参照。

入国から90日以内に居住地の市区町村で外国人登録の申請をすることが義務付けられている（同3条）[45]。これに対し，市区町村長は，外国人登録原票に所定事項を登録したうえで，当該外国人にカード形式の「外国人登録証明書」を交付する（同5条）。全国的には，法務大臣の所掌事務として，入管局が外国人登録制度を管理している。

以上の外国人登録制度については，外国人が個人単位で管理されているため世帯で把握することが難しいなどの不備があり，外国人の子供の就学状況が把握できないなどの問題が生じていた。そこで，「規制改革推進のための3か年計画（改定）」（2008年3月25日閣議決定）において，外国人登録制度を見直し，適法な在留外国人の台帳制度へ改編すべく，内閣官房の調整のもとで，総務省および法務省が基本構想を作成したうえで，遅くとも平成21年通常国会までに関係法案を提出するとの内容が盛り込まれた。

なお，法務大臣の諮問機関である第五次出入国管理政策懇談会は，2008（平成20）年3月の報告書「新たな在留管理制度に関する提言」において，外国人登録法を廃止し，入管法のもとで外国人の入国・在留を法務大臣が集約的に管理する新たな制度を構築すべきこと，それとともに，外国人に対しては現在の外国人登録証明書に代わる在留カードを発行することなどの提言を行っている。

(4)　その他の行政機関の役割

以上の行政機関のほか，外国人問題に関し，関係行政機関の間の連携が図られている。

まず，入管法において，上述のとおり，法務大臣は，基準省令を定めるにあたり，予め関係行政機関の長と協議することとされている（入管法7条3項）。また，出入国管理基本計画の策定についても，同様に，予め関係行政機関の長と協議することとされている（同法61条の9第3項）。さらに，入管局は，同法の遂行に関し，警察庁，都道府県警察，海上保安庁，税関，公共

---

[45] 法務省入国管理局編・前掲注（42）書19-20頁，89-90頁参照。なお，「外交」，「公用」の在留資格や日米地位協定に基づく合衆国軍隊構成員等は，外国人登録の対象ではない（同）。

職業安定所その他の関係行政機関に必要な協力[46]を求めることができ（同法61条の8第1項），それら関係機関は，本来の任務の遂行を妨げない範囲で，できるだけ求めに応じなければならないとされている（同2項）。とくに，公共職業安定所との協力については，1989（平成元）年の入管法改正で付け加えられており，これに対応する形で，職業安定法が改正され，厚生労働大臣は，「労働力の需要供給の適正かつ円滑な調整等を図るため」[47]法務大臣に対し，労働を目的として在留する外国人の出入国に関する連絡・協力を求めることができ，これに対し，法務大臣は，本来の任務を妨げない範囲においてできるだけ求めに応じなければならない（旧職業安定法53条の2）とされた。その後，2007（平成19）年の雇用対策法改正に伴い，同条の規定は雇用対策法30条に移されている。また，厚生労働大臣は，外国人の在留の確認のため法務大臣から求めがあったときは，外国人雇用状況の届出等（雇用対策法28条）に係る情報を提供することが定められた（同法29条）。これらは，入管法の実効性確保のため，省庁間の連携を促進する規定といえる（雇用対策法および同法に基づく外国人雇用状況の届出制度については後述）。

　以上の入管法等の法律上の規定のほか，具体的な関係行政機関の間の連携として以下の協議をあげることができる。

　まず，入管法違反事件の防止や摘発の推進等を図るため，1971（昭和46）年から「入管法違反事犯の防止及び摘発対策協議会」を開催し，警察庁，法務省，外務省，財務省，厚生労働省，国土交通省による情報交換が行われている。

　次に，外国人労働者の受入れ問題を協議する場として，1988（昭和63）年，内閣官房に「外国人労働者問題関係省庁連絡会議」が設置され，内閣府，警察庁，総務省，外務省，財務省，文部科学省，厚生労働省，農林水産省，経済産業省，国土交通省による情報交換が行われている。

　なかでも，不法就労対策を協議するため，1992（平成4）年から，警察庁，

---

[46] 必要な協力とは，具体的には外国人に関する情報提供等とされる（出入国管理法令研究会編・前掲注（13）書132頁）。

[47] 改正当初は「国民の労働力の需要供給の適正かつ円滑な調整等を図るため」と「国民の」という言葉が付されていたが，その後の改正で削除された。

法務省，厚生労働省による「不法就労外国人対策等関係局長連絡会議」(局長級)および「不法就労外国人対策等協議会」(課長級)において，情報交換が行われている。

以上のように，複数の行政機関が，外国人問題に関与しているが，外国人の入国・滞在管理は，他省等との協議はあるものの法務省入管局が一元管理しているといえる。そして，入国後の就労に関しては，独自の管理が行われているわけではなく，入国・滞在を認めるか否かを決する段階で，就労可能性が判断の内容に含まれている。

4　不法滞在外国人

外国人が，わが国に適法に滞在するためには，入管法上の在留資格についての要件を満たし，有効な在留資格を持ち，当該在留資格で認められる範囲の活動を行っていなければならないが，わが国には現在，推計17万人余りの不法滞在外国人（後述）が存在するといわれ[48]，その定住化が進んでいるとの指摘もある[49]。以下，入管法に違反して，日本国内で就労する外国人（「不法就労者」という）に係る諸制度を概観しておく。

---

[48] 「第3次出入国管理基本計画」・前掲注(1)参照。2007(平成19)年1月1日現在，不法残留者は約17万人であり，約3万人いるとされる不法入国者や不法上陸者と合わせると約20万人の不法滞在者がいると推計されており，その大部分が不法就労をしていると見られている（法務省入国管理局・2007不法就労外国人対策キャンペーンパンフレット「ルールを守って国際化」）。入管局では，2004(平成16)年から5年間で不法滞在外国人を半減する取組みを行っている（法務省入管局平成16年2月13日付「不法滞在外国人半減に向けた入国管理局の取組について」http://www.moj.go.jp/PRESS/040213-1.html参照）。2008(平成20)年1月1日現在，不法残留者は14万9,785人となり（法務省入国管理局「本邦における不法残者数について」(平成20年2月)），不法滞在者の合計は17万人台と推計されている（法務大臣閣議後記者会見の概要（平成20年2月29日））。

[49] 在留資格をもたない者の外国人登録数は，平成18年末に17,415人であった（入管協会・在留外国人統計［平成19年版］（入管協会，2007年）66-67頁）。このことは，定住化傾向が強まっていることを反映している。

第 1 節 入 管 法

(1) 不法就労者

　入管法に反して，正式なパスポートを持たないで入国（不法入国，入管法24条1号，70条1項1号）したり，入国審査官から上陸許可を受けずに上陸したり（不法上陸，同24条2号，70条1項2号）[50]，在留期間を超過して滞在した（不法残留，同24条4号ロ，6号，6号の2，7号，70条1項5号）者など（ここでは，これらを総称して「不法滞在外国人」という）は，退去強制（同24条）および刑罰（同70条）の対象となる。不法入国および不法上陸は，不法に滞在する間は，違反の罪が継続すると解されており[51]，これらの者が不法に滞在している間は，刑事訴訟法の公訴時効にかからないようにするため，1999（平成11）年，入管法の改正により，滞在していること自体を違法とする不法在留罪の規定（同70条2項）が設けられた（翌年施行）。以上のような不法滞在外国人は，日本に滞在すること自体が許されていないため，就労することももちろん許されていないことになる。

　また，在留資格の枠外での就労活動を，許可を得ずに行うことも入管法上禁じられている（同73条）。そのような枠外での就労活動が「専ら」行われていたことが「明らか」と判断された場合[52]，刑罰の対象となるほか，退去強制の対象ともなる（資格外活動，同24条4号イ，70条1項4号）。

---

[50] 入国は，厳密には，外国人がわが国の領海・領空に入る「入国」と，領土に入る「上陸」とで，概念が分けられている（入管法3条1項1号，2号）。有効な旅券を所持せず入国すると，「不法入国罪」（同70条1項1号）が，有効な旅券を所持していても，入国審査官から上陸許可を受けず上陸すると「不法上陸罪」が問われることになる（同70条1項2号）。

[51] 入管法の不法残留罪，外国人登録法の登録義務違反は，ともに継続犯と解されている（大阪高判平成2・5・30判時1368号157頁など）。

[52] 「資格外活動の内容と在留資格に応じて認められた活動の内容とを活動時間や受益額などの観点から総合的に比較し，客観的に見て，外国人の在留目的が変更されているといえる程度に資格外活動を行っていることが証拠により認められる場合をいう」とされる（出入国管理法令研究会編・前掲注（13）書65-66頁）。また，法務大臣の許可を受けて，アルバイト程度の就労活動が認められる資格外活動の許可（入管法19条2項）がある（同書48頁）。一方，入管法別表第1の在留資格について，在留資格に係る活動を継続して3か月以上行っていないことにつき，正当な理由がない場合には，在留資格を取消すことができる在留資格取消制度が設けられている（入管法22条の4

第1章 問題の所在——日本法の状況

　入管法の在留資格制度上，就労することが認められないこれらの外国人が就労活動を行った場合，不法就労活動となる（73条の2第2項）。不法滞在外国人のほとんどが，なんらかの不法就労活動に従事していると考えられており，これに資格外活動を加えると，かなり多くの不法就労者がわが国に存在すると見られている[53]。

　なお，前述のとおり，外国人の居住関係および身分関係を把握することが目的である外国人登録制度では，不法滞在外国人であっても外国人登録法に基づく外国人登録の申請義務が課されているが[54]，2004（平成16）年より，市区町村はそのような外国人からの申請の受理の可否について，上記の入国管理局登録管理官へ照会することが必要となった[55]。交付される「外国人登録証明書」の在留資格欄には「在留の資格なし」と赤字で記載される[56]。

(2) 在留特別許可

　在留特別許可は，退去強制されるべき事由が認められるが，法務大臣が特別な事情を勘案してその裁量により在留の許可を与えるものである（入管法50条，61条の2の8）。在留特別許可は，退去強制手続き（同27条以下55条まで）の中で与えられる。すなわち，当該外国人の入管当局に対する出頭ないし入管当局による摘発等の後に，違反調査および審査，口頭審理を経て出された退去強制事由の通知に対し，外国人が異議の申出（同49条）をし，これに対し，法務大臣が異議の申出に理由がない（すなわち退去強制事由に該当する）

　　　第1項5号）。リストラされて失職した者が，真面目に就職先を探すなどして，当該在留資格に該当する活動を再開するために在留していると認められる場合は，正当な理由にあたりうると解されている（同書59頁）。
[53] 井口泰・外国人労働者新時代（筑摩書房，2001年）53-54頁参照。
[54] 出入国管理法令研究会編・前掲注（13）書602頁。
[55] 法務省入国管理局編・前掲注（9）書145頁。これにより，居住の事実などが確認される（法務省入国管理局編・前掲注（42）書90頁参照）。
[56] 法務省入国管理局広報資料平16.2 A「よく見て，よく確かめて，パスポートと登録証明書」3頁参照。なお，第五次出入国管理懇談会・前掲注（29）報告書は，外国人登録証明書を廃止し，新たに「在留カード」を発行するとの提言の中で，不法滞在外国人には「在留カード」を発行しないとの方向を示している。

と認めるが，特別の事情等を勘案して退去強制処分を行わずに特別に在留の許可を与えるものである[57]。在留特別許可によって，当該外国人の在留資格および在留期間等が決められるが[58]，同許可が認められなければ，退去強制処分がなされる[59]。

(3) 制　裁

　上述のとおり，不法就労者は，不法入国や不法上陸，不法残留，資格外活動などの入管法違反を理由に，行政処分である退去強制の対象となるほか（入管法24条。手続きについて同27条〜55条），刑罰として，3年以下の懲役・禁錮，300万円以下の罰金が科せられる（同70条）。

　また，不法就労者を雇用し[60]，支配下に置き[61]，または業として斡旋した者については，不法就労助長罪が成立し，現行法のもとでは，3年以下の懲役，300万円以下の罰金が科せられている（73条の2第1項)[62]。1989（平成元）年の入管法改正により，このような不法就労助長罪が創設された立法趣旨は，

---

[57] 2004（平成16）年に在留特別許可を与えられた外国人は，13,239人であった（法務省大臣官房司法法制部司法法制部編・第44出入国管理統計年報［平成17年版］（国立印刷局，2005年）154頁参照。ただし，2006（平成18）年には，9,360人となり，やや減っている（法務省大臣官房司法法制部司法法制部編・第46出入国管理統計年報［平成19年版］（国立印刷局，2007年）154頁参照））。2005年3月に公表された「第3次出入国管理基本計画」において，このような手続きを簡素化することを検討するとしている。

[58] 出入国管理法令研究会・前掲注（7）書277-278頁参照。

[59] この在留特別許可について，外国人には請求権がないとの見解がある。坂中＝齋藤・前掲注（34）書633-634頁参照。

[60] 73条の2第1項1号。法の文言上は，「事業活動に関し，外国人に不法就労活動をさせた者」となっており，雇用主や監督的立場の従業員が，その指示の下に働かせることを意味する。なお，本書での「雇用主」の用語には，そのような監督的立場の従業員も含まれ，労働法でいう「使用者」とほぼ同義であるが，後述するアメリカ移民法では，これを「雇用主」と訳すことが一般であるので，全体の用語の統一のため，「雇用主」の用語を用いている。

[61] 73条の2第1項2号。同行為を外国において行う者については，国外犯処罰の対象となる（刑法2条）。

[62] 懲役と罰金は併科でき（73条の2第1項），複数の外国人に不法就労活動をさせた場

第1章　問題の所在——日本法の状況

不法就労者本人に比して，そのような者が来日することの吸引力・推進力となっている者のほうが，悪質性がより高いことが多く，同規定を設けることにより，そのような者を取り締まることにあったとされる[63]。

さらに，2004年（平成16年）改正において，不法就労助長罪等について，上記の額に罰金額を引き上げて罰則を強化する一方，新たに出国命令制度を設け，自ら出頭するなど一定要件を満たした不法残留者については退去強制によらず，任意出国できるようにした（24条の2）[64]。このほか，虚偽や不正な手段を使って上陸した者に対し，より簡易な手続きのもとで，在留資格を取り消すことができる在留資格取消制度が設けられている（22条の4）。

5　入管法による外国人労働者への対応

各国の外国人労働者受入れ政策は，大別して，①外国人労働者を移民として受け入れるか，一時的な受入れにとどまるか，②いかなる範囲の労働者を受け入れるか，とくに，いわゆる単純労働（不熟練労働）を目的とする外国人の受入れを認めるかどうか，③入国・滞在とその後の就労について別々に管理する二元管理方式をとるか[65]，統一的な一元管理方式をとるか，また，

　　合，当該外国人ごとに成立し，それらの罪は併合罪の関係にあると解されている（同
　　1号につき，最三小決平成9・3・18判時1598号154頁（被告人であるスナック店長が，
　　不法就労者のタイ人女性5人をホステス兼売春婦として働かせていた事案）参照）。
　　なお，同様の場合に，同2号も併合罪となるが，3号は業態犯として包括一罪となる
　　との見解がある（同判決コメント・判時1598号154-155頁）。
[63]　法務省入国管理局監修＝入管協会編・図解入国・在留手続きマニュアル［第2次改
　　訂版］（第一法規出版，1994年）204-207頁。
[64]　出入国管理及び難民認定法の一部を改正する法律（平成16年6月2日法律第73号）。
　　不法滞在対策にかかる改正部分については，同年12月2日から施行されている。
[65]　入国・滞在と就労の管理については，ヨーロッパ大陸型では両者を別建てにする二
　　元管理方式がとられていることが多い。EU域内では，ローマ条約により人の自由移動
　　の原則が概ね確立しているので，入国・滞在および就労管理の対象となる外国人はEU
　　域外の者である（小宮文人＝濱口桂一郎訳著・EU労働法全書（旬報社，2005年）13-
　　18頁および20-24頁。濱口桂一郎・EU労働法の形成［増補版］（日本労働研究機構，
　　2001年）256-266頁，前田充康・EU拡大と労働問題（日本労働研究機構，1998年）
　　230-238頁参照）。二元管理を行っている国では，労働許可の判断にあたり，当該外国

そのような管理をいかなる行政機関が実施しているか，④外国人労働者の国内への流入による労働市場への影響をどのようにコントロールするか，という四つの観点から分類することができる。

そこで，わが国の入管法制の基本的枠組みを述べると，①について，入国当初から「永住者」の在留資格を付与することはないので，わが国は移民の受入れ政策をとっていないことになる[66]。次に②についてみると，現在の入管法の在留資格制度のもとでは，単純労働を目的とする在留資格は基本的に

人の雇用が国内労働市場に与える影響を判断の基礎とする労働市場テストを実施していることが少なくない。たとえば，2005年1月の新移民法施行前，ドイツにおいては外国人局（Ausländerbehörde）が入国・滞在管理を行い，連邦雇用庁（Bundesanstalt für Arbeit）が労働許可制度に基づき就労管理を行っていた（厚生労働省大臣官房国際労働課「海外における労働経済の動き」労働時報2000年5月号56-57頁参照）。その後，ドイツでは，2002年に可決した移民法修正案が，その議決方法を巡って違憲判決が出されたことにより，廃案となったが，2004年7月新移民法（EU市民及び外国人移民の管理と制限及び滞在と統合の規則に関する法律；移民法）が可決され（8月5日成立），翌1月に施行された。新移民法により，従来は五つに分けられていた滞在の許可が，有期の「滞在許可」，および期限を定めない「居住許可」の二つに統合されたことに加え（2007年の法改正により，EU域外の外国人にEU域内での長期滞在を認める「EC継続滞在許可」が加わった），外国人局を窓口とする行政のワンストップサービスが実現した。ただし，これらの許可の就労の可否に関し，外国人局は連邦雇用庁の同意を受ける必要があり，概念としては滞在と就労の管理は，別個になされているので，同国はなおも二元管理をとっているといいうる（とはいえ，二元管理，一元管理は，今日相対化しつつあるといえるかもしれない）。また，新移民法では，「統合」が重視されており，これらの許可を受けた外国人に対し，語学やドイツの法律，文化等について学ぶプログラムが提供され，外国人はこれらのプログラムを1回受講する権利を有するとともに，正当な理由なく，外国人がこれらの参加義務を履行しない場合，滞在許可延長に当たり不利に取り扱われる。

ドイツにおける新制度の紹介として，国際経済交流財団（委託先：三井情報開発）「外国人労働者問題に係る各国の政策・実態調査研究事業報告書」44-50頁（2005年），労働政策研究・研修機構編（今野浩一郎ほか執筆）「欧州における外国人労働者受入れ制度と社会統合―独・仏・英・伊・蘭5ヵ国比較調査―」労働政策研究報告書No.59（労働政策研究・研修機構，2006年）27-51頁［大島秀之執筆部分］，および，戸田典子「ドイツの滞在法――「外国人法」からEU「移民法」へ」外法234号4-32頁（2007年）参照。

認められておらず，専門的技術的分野の外国人のみを受け入れることとしている。③についてみると，以上のような在留資格制度は，入国・滞在管理と就労管理を区別するものではなく，わが国では一元管理方式がとられているといえる。また，そのような入国・滞在および就労の許可の決定は，法務省入国管理局によって一元的に行われていることを指摘しうる[67]。さらに，④の外国人労働者の国内労働市場への影響のコントロールについては，わが国では移民を受け入れず，一時的受入れについても単純労働を内容とする在留資格を認めてこなかったこともあり，外国人労働者が労働市場に与える影響については，明確な制度的枠組みを持たなかったといいうる。もっとも，在留資格の付与の基準を定めたいわゆる基準省令において，「日本人と同等額以上の報酬」を要件とするものがあるなど，一部労働市場への影響を考慮していることがうかがわれるものの，そのような視点が明確に示されているわけではない。

第2項　課題——外国人労働者受入れをめぐる状況

1　1980年代〜1990年代初の議論と対応

1980年代後半から90年代初のいわゆるバブル期の人手不足を背景に，外国人労働者受入れ問題をめぐり，「開国」か「鎖国」かの議論が盛り上がった[68]。

---

[66] 入国審査官が行う上陸審査において，入国（入管法上は「上陸」）時に「永住者」の在留資格が与えられることはなく，このことは，わが国が移民受入れ政策をとっていないことの現れとされる（入管法7条1項2号）。坂中＝齋藤・前掲注（34）書102頁および297頁参照。

[67] わが国の一元管理のもとで，就労を希望する外国人が在留資格に該当するかどうかの判断も法務省入国管理局で行われていることを問題視するものとして，西谷敏「外国人労働者をめぐる法政策と法適用」石部雅亮＝松本博之＝児玉寛編・法の国際化への道（信山社出版，1994年）所収19-42頁がある。同論文は，「労働法の観点からいえば，外国人労働者の労働法的保護の観点よりも秩序維持の観点が前に出やすいとか，労働省の定立する労働市場政策が法務省を通じて間接的にしか制度に反映しない，といった欠陥を内包する」と指摘する（同21頁）。村下博「外国人労働者問題と労働法学」同・外国人労働者問題の政策と法（大阪経済法科大学出版部，1999年）所収266-267頁でも同様の指摘がある。

[68] 桑原靖夫「見える国境・見えない国境」労研531号1頁（2004年）参照。

すなわち，労働力不足解消のために人手不足分野での外国人受入れを積極的に認めようとする「開国論」と，それに反対する「鎖国論」[69]との間で意見の対立が見られた。その中で，労働省（当時）から，資格制度が存在する職業や高度な判断を伴う事務系職業について，在留資格を拡大すべきとする一方，雇用許可制度により，労働条件等労働面や，労働力需給という観点から雇用主および労働者のチェックを行うとの提案がなされた[70]。雇用許可制度のもとでの許可の相手方となるのは，労働者個人でなく，事業主（雇用主）であり，労働省（大臣）がこれを行うものとし，許可によって受入れが可能なのは，①国内で確保が困難な相当程度以上の専門的・技術的または管理的職業や，外国語・外国文化に関する職業に従事する者，および，②技能研修の終了者や留学により日本の大学を卒業した者で，その研修や留学に関する実務経験を必要とする場合とした[71・72]。

しかし，このような雇用許可制度の導入は，以下に示すように，特別永住者[73]への差別を招く等との反発があり，この制度は実現に至らなかった[74]。

---

[69] 西尾幹二・労働鎖国のすすめ（光文社，1989年）。また，厳密な意味で鎖国論ではないが，労働力不足は，国内の労働力（女性等）を活用することで，解決可能であり，単純労働力の導入で解決すべきでない，との見解があった（後藤純一・外国人労働者と日本経済（有斐閣，1993年））。

[70] 雇用許可制度は，労働省・外国人労働者問題研究会報告書（1988年3月26日）で提案され，外国人労働者問題に関する調査検討のための懇談会・外国人労働者問題への対応の在り方について（1988年12月9日）も大枠でこれを支持した（外国人労働者問題に関する調査検討のための懇談会は労働大臣の私的諮問機関）。

[71] 同上（両報告書の受入れ可能範囲は若干異なるが，ここでは，前者の報告書での枠組みを示した）。雇用許可制度を紹介したものとして，小池和男「雇用許可制提唱の趣旨」ジュリ909号4-10頁（1988年），廣見和夫「外国人労働者問題の現状と今後における課題」季労147号80-89頁（1988年）。

[72] 雇用許可制度は，実現に至らなかったが，その中の研修後の実務経験という発想は，1993（平成5）年に創設された技能実習制度により，一定程度実現されたといいうる。研修後の技能実習への移行にあたっては，「研修成果の評価」（研修生が一定水準以上の技能を修得していると認められること），「在留状況の評価」，「技能実習計画の評価」という三つの評価がなされるほか，技能実習制度の運営の中核機関である財団法人国際研修協力機構（JITCO）を通じて，法務省以外に，厚生労働省，経済産業省，外務省，国土交通省等の省庁のコントロールのもと同制度は運営されている。

第1章　問題の所在——日本法の状況

(1)　わが国で雇用許可制度が実施されなかった経緯・背景

入管法の改正（1989（平成元）年公布，翌年施行）の論議が高まる中，1988（昭和63）年3月26日，労働省（当時）の「外国人労働者問題研究会」は，労働大臣への報告書[75]の中で，外国人労働者の不法就労の防止と適正な労働条件を確保するため，雇用主に事前の雇用許可を取ることを義務付ける「雇用許可制度」の導入を検討する，とした。しかし，雇用許可制度は，外国人の雇用機会を著しく制限することになるものとして，在日外国人団体から激しい反発を招いたほか，法務省（入国管理局）との二重の管理を強いるものとして反対された[76]。同年，12月9日，労働大臣（当時）の私的諮問機関である「外国人労働者問題に関する調査検討のための懇談会」は最終報告書[77]を労働大臣に提出し，その中で，「雇用許可制度」については，更に検討を進めるとしたものの，現在まで結果的には棚上げされたままになっている。

その後，就労が許される在留資格を持った外国人自らが申請した場合，法務大臣から就労資格証明書の交付を受けられるようになった（入管法19条の2第1項）。しかし，同証明制度は，外国人の就労を許可の対象とする性質のものではなく，就労資格があることを証明するものにとどまる。また，就労できることが明らかな場合，就労資格証明書を提出したこと，または提出しないことを理由として不利益な取扱いをすることは禁じられている（同2項）。

(2)　1989年入管法改正

その後，1989（平成元）年に入管法改正（翌年施行）がなされた。同改正における入管政策の特徴としては，単純労働者受入れを行わないという従来の政策を堅持しつつ，専門的技術的分野の外国人の受入れを促進するととも

---

[73]　特別永住者については，前掲注（16）参照。
[74]　雇用許可制度が入管法改正に盛り込まれなかった経緯について，坂中＝高宅・前掲注（33）書1-7頁参照。島田晴雄・外国人労働者問題の解決策（東洋経済新報社，1993年）63-64頁は，法務省の強い反対があったため，と指摘する。
[75]　前掲注（70）参照。
[76]　これに対する反論として，西谷・前掲注（67）論文参照。
[77]　前掲注（70）参照。

に[78]、①日系人の受入れの促進、②外国人研修制度の拡充、③前述した不法就労助長罪の創設を通じた不法就労対策を挙げることができる。すなわち、①によって、就労に制限のない在留資格で日系人の入国・滞在を認めることを通じ、単純労働分野での労働力不足への対応が図られた[79]。また、次の（3）でみるように、②については、中小企業団体等を通じ、海外に拠点を持たない中小企業でも外国人研修生の受入れが可能となり[80]、1993年には、前述の技能実習制度が導入された。

その中で、単純労働の技能と、2、3年の実務経験を通じて得られる中級技能とを区別し、外国人研修・技能実習制度のもとで中級技能の取得を目的とする外国人の受入れの推進を提唱するもの[81]が現れるなど、議論の進展が見られた[82]。他方で、外国人の労働法上の権利の実現と確保の強化を主張する議論も見られた[83]。

---

78 入管法改正により、「法律・会計業務」、「医療」、「研究」、「教育」、「人文知識・国際業務」、「企業内転勤」、「就学」等の在留資格が新設された。

79 前述のとおり、日系人は「日本人の配偶者等」（日系2世が該当する）、「定住者」（日系3世が該当する）在留資格で受け入れられるが、これらの在留資格は就労活動に制限がなく、単純労働分野での就労が可能である。

80 従来は、主として海外に子会社や合弁企業等の拠点をもつ大企業が現地従業員の技術修得を図る目的で「研修」を活用していたが、海外に拠点をもたない中小企業でも、中小企業団体等を通じて研修生を受け入れる、いわゆる団体監理型の研修が可能となった。早川・前掲注（27）論文136-157頁参照。

81 島田・前掲注（74）書95-96、118-119頁。

82 花見忠＝桑原靖夫編・あなたの隣人－外国人労働者（東洋経済新報社、1993年）、井口泰・国際的な人の移動と労働市場（日本労働研究機構、1997年）。この時期の研究動向として、諸外国の制度の研究が進められた。厚生労働省職業安定局外国人雇用対策課編・改訂諸外国における外国人労働者の現状と施策（日刊労働通信社、2003年）。ドイツの受入れ政策を紹介したものとして、野川忍・外国人労働者法（信山社出版、1993年）、手塚和彰・外国人労働者研究（信山社出版、2004年）。アメリカの受入れ政策を紹介したものとして、桑原靖夫・グローバル時代の外国人労働者（東洋経済新報社、2001年）。

83 寺澤勝子「外国人労働者の権利救済上の問題点」日本労働法学会誌75号81-107頁（1990年）、鬼束忠則「外国人労働者の保護に係わる法的問題点」季労149号68-73頁（1988年）、村下・前掲注（67）書264-302頁がある。

しかし，その後，いわゆるバブルの崩壊が起こり，企業のリストラが進むなか，人手不足問題が下火となるとともに，外国人労働者受入れの議論はいったん関心が薄れたかのように見えた。

(3) 外国人研修・技能実習制度

外国人研修制度は，開発途上国の青年等がわが国の技術・技能・知識を修得するため，わが国の機関に受け入れられて，それらを学ぶ活動（在留資格は「研修」）を行うものである。民間機関で行われる研修生の受入れ形態は，主に二つあり，海外の関連企業（現地法人や合弁会社，取引先）等の常勤職員を受け入れる企業単独型受入れと，中小企業団体（協同組合，商工会議所，商工会）などの団体とともにその傘下の中小企業等が受け入れる団体監理型受入れがある。研修期間は，通常1年以内であり，原則として，研修期間の全体の3分の2を超えない範囲で，商品の生産等の業務に従事するいわゆる実務研修を行うことが認められる（3分の1以上は，日本語教育などの座学研修を含む非実務研修を行うことが要求される）。

技能実習制度は，研修において学んだ技術等のいっそうの習熟を図るため，一定の職種につき，研修で修得した技能レベルの評価等を受けたうえで，研修を実施した受入れ企業と研修生（在留資格を「特定活動」に変更し，技能実習に移行後は技能実習生となる）との雇用関係のもとで行われるものである。技能実習の期間は，研修期間と併せて最長3年であり，研修期間1年，技能実習期間2年というパターンが多い。

労働法の観点からみて，両制度の最も大きな違いは，研修期間中の研修生は，労働者にあたらないとされているため労働法令が適用されない（賃金ではなく，生活実費としての研修手当の支給が認められるにとどまる）のに対し，すでに述べたとおり，技能実習期間中の技能実習生には，労働法令が適用されることである。

外国人研修・技能実習制度は，本来，上記のような技術等の移転が制度の趣旨とされている。ところが，昨今，同制度をめぐり，研修生の「所定時間外作業」や，技能実習生に対する労働法令違反など，受入れ機関等による不正行為事案が数多く指摘されるようになった。それとともに，制度の改正論

議が盛んになり，そのなかでもとくに研修生の保護の必要性が強く指摘されるようになった。

改正論議のうちの代表的なものが，厚生労働省および経済産業省のそれぞれの案である。そのうち，厚生労働省案（「研修・技能実習制度研究会中間報告」(2007年5月11日)）は，入国当初から研修生にも労働法令を適用する制度改正を提唱した（経済財政諮問会議労働市場改革専門調査会も2007年9月21日の「労働市場改革専門調査会第二次報告」において同様の提言を行っている）。これに対し，経済産業省は，『『研修・技能実習制度に関する研究会』とりまとめ」(2007年5月14日) を公表し，受入れ機関による技能教育，日本語教育，生活指導等を法令上義務づけたうえで罰則の強化を図るほか，研修生・技能実習生による申告・相談の仕組みを整備して保護の充実を図ること等を提唱した。最近では，2007年12月に法務省入国管理局が，「研修生及び技能実習生の入国・在留管理に関する指針」を改訂し，不正行為認定の対象となる行為を明確にした。同制度の改正については，政府の方針もあり（2008年3月25日に閣議決定された「規制改革推進のための3か年計画（改定）」では，実務研修中の研修生に対して労働関係法令を適用することなどが盛り込まれた），平成21年通常国会までの法案提出へ向けて制度改正の議論の間の調整が図られていくものとみられている[84]。

2　最近の議論

前述のとおり，1990年代にいったんは関心が薄れたかに見えた外国人労働者受入れをめぐる議論は，21世紀に入ると，社会・経済のグローバル化や少子・高齢化の進展を背景に，新たな議論を巻き起こしている[85]。そこでは，①各国で争奪競争が起こっている高度人材の受入れ促進（いわゆる世界的なITバブルを背景に，各国でインドなどからのIT技術者の獲得競争が起き，合衆国やドイツで，この分野での受入れ促進策が図られた），②看護・介護など労働力

---

[84] 以上については，早川智津子「外国人と労働法」ジュリ1350号21-29頁（2008年）および同論文中に引用の諸文献参照。

[85] 野川忍「外国人労働者法制をめぐる課題」季労219号4-22頁（2007年），早川・前掲注（84）論文参照。

第1章　問題の所在——日本法の状況

不足分野での受入れ拡大，③移民受入れを含む少子・高齢化社会における人口減少対策を，今日の議論の特色として挙げることができる[86]。その中で，移民受入れの議論も話題に上ったが[87]，少子・高齢化の人口減少分を外国人の受入れのみでカバーすることは現実的でない[88]との見解がより主流となってきており，外国人労働者受入れは，人口対策としてよりは，労働市場の需給調整の問題として議論されている。

　2002（平成14）年，厚生労働省の外国人雇用問題研究会は，外国人労働者の受入れにあたっては，労働市場との調整を図るべきであるとし，受入れ手法について選択肢を検討した[89]。

　2004年には，外務大臣の諮問機関である海外交流審議会が，答申「変化する世界における領事改革と外国人問題への新たな取組み」（2004年10月）を公表した。その中で，外国人労働者受入れの今後のあり方として，単純労働者の受入れについて，分野ごとに一定限度内で秩序ある導入の方途を考えること等について十分な議論を行い，国民的合意の形成を図ることや，経済連携協定（EPA[90]）を通じた看護師，介護福祉士受入れ体制の整備など，在留資

---

[86]　比較的早くからこのような観点を示したものとして，井口・前掲注（53）書がある。
[87]　「21世紀日本の構想」懇談会・前掲注（3）報告書。
[88]　国連経済社会局人口部の報告書「補充移民（Replacement Migration）－人口の減少・高齢化は救えるか」（2000年3月21日）では，日本の労働力人口（15歳～64歳）が1995年の8,720万人から，2050年には5,710万人に減少が見込まれるため，その分を補充する移民を受け入れるとすると，年60.9万人受け入れなければならないとの試算を行った。See POPULATION DIVISION, DEPARTMENT OF ECONOMIC AND SOCIAL AFFAIRS, UNITED NATIONS SECRETARIAT, REPLACEMENT MIGRATION - IS IT A SOLUTION TO DECLINING AND AGEING POPULATIONS?, Mar. 21, 2000, *available at*
http://www.un.org/esa/population/publications/migration/migration.htm（last visited Aug.1, 2005）。
[89]　外国人雇用問題研究会・外国人雇用問題研究会報告書（2002年7月）。
[90]　自由貿易協定（Free Trade Agreement: FTA）は，複数の国・地域が関税など貿易障壁を撤廃し，自由な貿易を実現するための協定である（木村福成＝鈴木厚編著・加速する東アジアFTA（ジェトロ，2003年）19-20頁）。最近のFTAは，貿易の自由化だけでなく，人の移動など対象が拡大してきており，経済連携協定（Economic Partnership Agreement: EPA）と呼ばれる。厚生労働省は，2006年のフィリピンとのEPAおよび

格の見直しも含めた新たな専門的，技術的分野での外国人労働者の受入れの提言がなされた。

　また，経済財政諮問会議は2030年に向けて実現されるべきわが国のかたちを論じた「日本21世紀ビジョン」において，日本に居住する外国人が現在に比べ大幅に増加することが見込まれる中，職場や地域において共通のルールやシステムの下で日本人と外国人が共生していることを目指すべき将来像とした[91]。これを具体化する「経済財政運営と構造改革に関する基本方針2005」（いわゆる「骨太の方針」）において，わが国が少子・高齢化およびグローバル化という潮流を乗り切るための「人間力強化」策の一つに，海外の人材活用を挙げ，「高度人材の受け入れを促進するとともに，現在は専門的・技術的分野とは評価されていない分野における外国人労働者の受入れについて，国民生活に与える影響を勘案し統合的な観点から検討する」，との方針を示した[92]。また，「日本で就労する外国人が国内で十分その能力を発揮できるよう，日本語教育や現地の人材育成，生活・就労環境の整備を促進する」ことを表明した[93・94]。

2007年のインドネシアとのEPAに基づき，両国からそれぞれ当初2年間で看護師および介護福祉士を1000人受け入れる方針を固めた。しかし，フィリピンについては，同国上院のEPA承認手続きが遅れていること，およびわが国の国会の承認も必要であることから，2008年度からの受入れ開始の目途が立っていない状況である（日本経済新聞2007年12月22日1面記事，および同2008年3月31日15面記事参照）。これに対し，インドネシアについては，2008年7月のEPA発効に伴い，受入れが開始されることとなった（在留資格は，「特定活動」）。「経済上の連携に関する日本国とインドネシア共和国との間の協定の適用を受けるインドネシア人看護師等の出入国管理上の取扱いに関する指針」（平成20年5月26日法務省告示278号），および「経済上の連携に関する日本国とインドネシア共和国との間の協定に基づく看護及び介護分野におけるインドネシア看護師等の受入れの実施に関する指針」（平成20年5月19日厚生労働省告示312号）参照。

[91]　内閣府編・日本21世紀ビジョン（国立印刷局，2005年）18頁参照。
[92]　「経済財政運営と構造改革に関する基本方針2005」（平成17年6月21日閣議決定）16頁。
[93]　同上16頁。
[94]　同様の視点を示すものとして，経済産業省は，わが国に求められる外国人の新たな

第1章 問題の所在——日本法の状況

　さらに，最近では，内閣府の経済財政諮問会議労働市場改革専門調査会「労働市場改革専門調査会第2次報告」(2007年9月21日）が，労働市場に悪影響を与えないことを確認したうえで新たな在留資格での外国人労働者の受入れについて検討すべきとの提言を行っている。

　加えて，規制改革・民間開放推進会議「規制改革・民間開放の推進に関する第3次答申」(2006年)，規制改革会議「規制改革推進のための第1次答申」(2007年）などでも，外国人労働者の受入れ体制整備が課題とされている[95]。

　これら政府レベルでの議論の高まりに呼応して，経済界からも盛んに提言がなされており，日本経済団体連合会（以下，日本経団連）は，「外国人受け入れ問題に関する提言」(2004年4月14日）を発表した。同報告は，その中で,「外国人庁」ないし「多文化共生庁」を設置して，外国人受入れ施策担当官庁を一元化し（当面は，内閣に「外国人受け入れ問題本部」を設置し,「特命担当大臣」を置くことで対応する)，基本法としての「外国人受け入れに関する基本法」および就労管理のための「外国人雇用法」制定を提言した[96]。そのうち，後者の「外国人雇用法」において，不法就労対策として雇用主に外国人を雇い入れる際，在留資格を確認することを義務付けることが述べられている[97]。また，介護・看護，農林水産業，製造業の現場労働者など労働力不足分野での外国人労働者の受入れが必要となるとし，①在留資格の見直し・

　　受入れ政策を考えるにあたっては，①外国人の生活環境の向上，②能力に見合った適切な就労条件，③受入れ制度の透明性の向上と不法就労，不法滞在に対する取締りの強化，の三つを念頭において議論を進める必要がある，と提言した（経済産業省・通商白書2005（ぎょうせい，2005年）266頁）。

[95] 2008年に，上記に基づく閣議決定「規制改革推進のための3か年計画（改定)」(2008年3月25日）がなされた。なお，一定要件のもとに単純労働者の受入れを認める案も示されており，2007年の法務大臣（当時）私案としての「外国人労働者受入れに関する検討の指示について」(2007年5月15日）があるほか，自由民主党内においても，国家戦略本部が，移民受入れを目指す提言を行っている（2008年6月20日産経新聞)。

[96] このほか，現行の外国人登録制度では，入国後の就労状況の把握が不十分であるとして，外国人労働者を行政サービスの対象者として把握するツールとして「外国人労働者手帳（カード)」を創設すべきであるとの提言もなされていた（社会経済生産性本部・雇用政策特別委員会報告書外国人労働者対策に関する提言(2005年6月)6‐7頁)。

労働市場テスト等を実施し，②二国間協定の締結を通じて，秩序ある受入れシステムを実現すべきと提言している。

同じく，日本経団連は，政府のEPA交渉に対応するため「経済連携の強化に向けた緊急提言」(2004年3月16日) を発表し，この中で，雇用情勢等への配慮から，適切な能力・技術を確保しつつ，わが国の雇用情勢等への影響に十分配慮することが重要であり，公的機関等による送出し・受入れ・国内における就労管理等業務の一元的な実施や，労働市場テスト，EPAを含む二国間協定等を通じた外国人の受入れ数のふさわしい水準の維持などを検討し，透明で安定した制度とすべきであると提言している。

最近では，日本経団連は，「外国人材受入問題に関する第二次提言」(2007年) を発表し，グローバルな人材マーケットから優秀な人材を獲得することが急務としたうえで，慢性的な人手不足が予想される技能分野の外国人材については，「いわゆる労働需給テストを導入し，そのニーズを明らかにした上で，量的規制を行なうのも一案である。」(同提言4頁) との提言を行った。

さらに，日本商工会議所は「少子高齢化，経済グローバル化時代における外国人労働者の受け入れのあり方について」(2003年9月17日) において，二国間協定に基づき，「『ものつくり』や看護・介護など，わが国の経済社会や国民生活にとって不可欠な産業分野」における単純労働者受入れを真剣に検討すべきとしている。

他方，90年代以降に受け入れられた外国人労働者は，当初は短期的な滞在(「出稼ぎ」) が想定されていたが，今日，日系人を中心として定住傾向がみられている。現在，日系人をめぐる問題として，間接雇用が多く，不安定雇用の状況に置かれているといった雇用管理面での問題や，社会保険未加入の問題があるほか，子どもの未就学の問題，地域社会との統合の問題も指摘されている[98]。また，不法就労者についても，長期化・定住傾向が指摘されて

97　同提言では，雇用主に，雇入れ時，在留資格を確認することを義務付けるほか，不法滞在者を雇い入れ，かつ悪質である場合には，官公需の受注や入札が停止されるなどの措置も付加されるべきと提言している。

98　日系人のこのような問題は数多く指摘されている。厚生労働省職業安定局・外国人労働者の雇用管理のあり方に関する研究会報告書 (2004年) 11-12頁。海外交流審議

いる[99]。こうした外国人の定住化に伴う諸問題がクローズアップされる中，社会統合が課題との議論もなされている[100]。

なお，外国人研修・技能実習制度をめぐる改正の議論については，上記第2項1(3)ですでに述べたとおり，実務研修中の研修生に労働関係法令を適用する方向で調整が図られる模様である。

3 小括と検討

以上，わが国における外国人労働者受入れをめぐる状況をみてきたが，以下では，その中で議論された内容をまとめ，検討すべき課題を探ることとする。

(1) 単純労働者受入れの可否が中心

これまでの外国人労働者受入れの議論の第一の特徴として，単純労働者の受入れの可否が議論の中心となっていたことが指摘できる。

上述のとおり，専門的技術的分野の外国人は受け入れるが，単純労働者を受け入れないとの入管政策のもと，単純労働者の受入れの可否は，バブル期の人手不足を背景に議論が盛んとなったが，バブルの崩壊とともに，十分な議論が尽くされないままに終わった。しかし，最近では，上記のとおり，少子・高齢化を背景に，分野毎に一定限度内で秩序ある導入を検討する議論（前述「海外交流審議会答申」）や，産業分野や日本語能力などの受入れ要件を検討するほか，わが国の産業・国民生活に与える影響を勘案しつつ，「専門

会答申「変化する世界における領事改革と外国人問題への新たな取組み」（2004年10月）9-13頁。

[99] これに対し，外国人研修・技能実習制度は，研修・技能実習終了後は，帰国する仕組みになっているため，定住の問題は一般には生じない。

[100] 比較的早くから，日系人問題を論じたものとして，梶田孝道・外国人労働者と日本（日本放送出版協会，1994年）がある。地域社会の視点から，統合の問題を論じたものとして，宮島喬＝梶田孝道編・外国人労働者から市民へ（有斐閣，1996年）がある。社会保障の観点からこの問題を論じるものとして，高藤昭・外国人と社会保障法（明石書店，2001年）などがある。

第1節　入管法

的,技術的分野に該当するとは評価されていない分野における外国人労働者受入れについて着実に検討していく」との方針が示されるに至っている(「第3次出入国管理基本計画」(2005年3月))。

他方,高度人材の受入れを促進することについては,おおむね意見の一致をみている(同上)。

(2) 労働市場政策に対する意識の不十分さ——到達点と限界

次に,第二の特徴として,外国人労働者受入れの議論のなかで,労働市場政策に対する意識の不十分さを挙げることができる。

本書は,入管政策を労働政策との交錯という観点から外国人労働者問題を検討しようとするものであるが,入管政策について,労働市場を意識したものであるべきとして,これまでにも,労働法学の立場から,今後の外国人受入れにおいて,国内の労働力需給状況を出入国管理に反映させる制度の設定が必要であるとの提言[101]や,労働力移動の国際化を背景に,外国人労働者の受入れを規定する入管法は雇用政策法の一分野であるとの指摘[102]がある。しかし,これらについて,詳細な検討は今のところ十分になされていない[103]。

また,労働市場を考慮したスキームの提言は,前述の「第3次出入国管理基本計画」において,単純労働者の受入れの検討において,国内労働力市場に与える影響を勘案するとあるが,その内容については,具体的ではなく,この点での検討はほとんどみられない。

このように,これまでの外国人労働者受入れの議論において,労働市場は抽象的には意識されてはきているが,労働市場への影響の判断基準をどうするかといった議論や,そのための制度設計をどうするかといった立法論のような具体的議論は,十分にはなされていない。

---

[101] 菅野和夫・雇用社会の法(有斐閣,補訂版,1997年)222頁。
[102] 諏訪康雄・雇用と法(放送大学教育振興会,1999年)248頁,251-252頁。
[103] 筆者のこのような問題意識については,早川智津子「外国人労働者の法的地位—入管法政策と労働法政策の交錯—(1)」筑波法政41号(2006年)43-65頁,同「外国人労働者の法的地位—入管法政策と労働法政策の交錯—(2・完)」筑波法政42号(2007年)57-82頁参照。

第1章 問題の所在——日本法の状況

第2節　労　働　法

第1項　外国人をめぐる労働法制の現状

　ここでは，主に外国人労働者の入管法上の地位（在留資格）と労働法上の地位との相互関係に着目してわが国の現状を紹介する[104]。まず，外国人労働者に対する労働法の適用一般についてみた上で，入管法上の地位が労働法上の取扱いに影響を及ぼしうる事案について裁判例を取り上げる。

1　外国人労働者と労働法
(1)　外国人労働者に対する労働法の適用

　労働法制における外国人労働者[105]の位置付けに目を転じると，入管法上の在留資格の枠内であれば，外国人の就労に対し，労働法上の就労制限は設けられてはいない[106]（そのような就労資格を有する外国人をここでは「適法就労者」

---

[104] ここで取り上げた問題以外にも，たとえば，以下のような問題がある。①在留期間中の解雇・雇用期間更新拒否（すなわち，在留資格が与えられた根拠となる就労活動ができなくなることから問題が生じうる。ただし，再就職のための求職活動をして，与えられている在留資格の活動を再開しようとしているような場合は，在留期間内であれば滞在が認められる取扱いになっている（前掲注（52）参照）），②法務大臣による在留期間更新の拒絶の効果，③基準省令の日本人と同等額以上の報酬の基準と労働法上の平等取扱い義務との衝突，等である。

[105] 本書において，特に断りがある場合を除き，我が国の入管法ないしアメリカ移民法上の就労資格を有する外国人を「適法就労者」，そのような就労資格を有しないで就労している外国人を「不法就労者」と呼び，両者を併せて「外国人労働者」と呼んでいる。ただし，わが国の労働法において，外国人労働者への適用を考える場合，文献等によっては，不法就労者を含むかどうかという点について明確でないことがあるので，本節においては，適法就労者に限定するか，不法就労者も含むかという点の断定を避けるために外国人労働者という用語を使っている。

[106] ただし，管理職の公務員について，最高裁は，東京都が管理職選考試験の受験資格に，日本国籍を有することを要件として，保健師である外国籍職員（特別永住者）の管理職受験を認めなかったことは，昇進すれば公権力を行使することがある管理職の

という）。労働法上は，外国人労働者に対しては，日本人と同様，平等取扱いが予定されている。労働基準法3条が国籍に基づく差別を禁止[107]していることは，外国人労働者に同法の適用があることを前提としているといいうる[108]。このほかにも，わが国の労働法は，一般的に外国人に対しても国籍を問わず適用されるのが原則である。他方，契約や不法行為のような私法に関わるルール（2007（平成19）年11月に成立した労働契約法もこれに属する）は，準拠法選択のルールに従って適用されるが，外国人の場合は準拠法が外国法になる可能性は日本人より多くなるものの，日本で就労する外国人については，日本法が適用されることが多くなると考えうる[109]。

　任用制度の適正な運営のため，合理的な理由に基づいて日本国民である職員と区別したものであり，労基法3条，憲法14条1項に違反しない，と判断した（最大判平成17・1・26民集59巻1号128頁）。同判決の判例評釈として，渡辺賢「判批」法時77巻13号332-335頁（2005年），高世三郎「判解」曹時60巻1号181-211頁（2008年）などがある。なお，外国人の投票権に関して，「外国人の人権は，基本的人権の理念によって保障される一方で，国民主権の原理によって制約されている」との見解がある（青柳幸一「外国人に対する社会権保障の法理」同・個人の尊重と人間の尊厳（尚学社，1996年）所収232-233頁）。公務員関係にある外国人についても公権力を行使することが予定される場合，これと同様の問題があると考えるが，本書においては，一般の労働関係にある外国人労働者を取り扱い，公務員関係については取り扱わない。

[107]　労基法3条が禁ずるのは，採用後の労働条件等に係る差別であって，採用については適用がないとされる（三菱樹脂事件・最大判昭48・12・12民集27巻11号1536頁参照）。

[108]　なお，前掲注（106）判決の原審である高裁判決（東京高判平成9・11・26高民50巻3号459頁）が認めた外国人に職業選択の自由（憲法22条1項）があるとする見解に反対する立場から，これを認めたならば，特定の職種に限って受入れを認める入管政策に反する上，いったん採用した外国人については，労基法3条が適用されることになるので，配置・昇進差別が禁止されることにより生ずる問題を指摘するものがある（花見忠「外国人労働者の権利と福祉に関するわが国の政策」M. ワイナー＝花見忠編著・臨時労働者か将来の市民か（日本労働研究機構，2000年）所収211-214頁参照）。

[109]　外国人労働者の労働契約においては，外国人労働者が一方当事者となる点で渉外性を有するため，いわゆる「私法」については，契約の準拠法が問題となる。契約で日本法を準拠法と定めている場合は，「法の適用に関する通則法」（以下，「通則法」という）7条により，原則として日本法が適用される。また，当事者の法選択がない場合

第1章 問題の所在——日本法の状況

　また，外国人の就労を適正化する見地から，外国人労働者のための立法上，行政上の措置が採られる場合がある。

　立法上の措置として代表的なものが，2007（平成19）年に改正された雇用対策法である。同改正において，適切な在留資格をもって就労する外国人への雇用管理の改善等の施策を講じる（4条1項10号）とする一方，外国人の不法就労活動を防止するとの規定が盛り込まれ（同4条3項），そのための法務大臣と厚生労働大臣の間の情報提供，連絡・協力体制（29条，30条）が定められた。このように同法は，外国人労働者をめぐる行政レベルの入管政策と労働市場政策との連携を意識したものといいうる。

　これと同時に，同法は，事業主に対しても，その雇用する外国人の雇用管理の改善に努めるとともに，自己の責めに帰すべき理由によるものでない解雇等により離職する場合において，本人が希望するときは，再就職の援助に関し必要な措置を講ずるように努めなければならない[110]との努力義務を定め

は，労務提供地法を当該労働契約の最密接関係地法（8条1項）と推定するものとされている（12条3項）ので，日本で労務を提供する外国人労働者については，日本法が適用される可能性が高い。なお，当事者の法選択がある場合でも，労働者が使用者に対し，当該労働契約に最密接関係地法（12条2項により労務提供地法と推定される）における強行規定を適用すべき旨を表示したときには，その強行規定をも適用することになる（同条1項）ので，外国法を選択する合意がある場合でも，日本の強行規定が適用されうる。労働契約法は，通則法に従って適用を決定することになるが，解雇権濫用法理を明文化した16条などは，ここでいう強行規定であると解する（野川忍・労働法（商事法務，2007年）115頁，小出邦夫編著・一問一答新しい国際私法——法の適用に関する通則法の解説（商事法務，2006年）81頁参照）。他方，労働基準法のような強行的な労働保護法は，いわゆる「公法」ないし，絶対的強行法規として，準拠法のいかんを問わず，属地的に適用される。山川隆一・国際労働関係の法理（信山社出版，1999年）23-25頁，同「国際的労働関係と労働基準法」季労173号64-89頁（1995年），同「外国人労働者と労働法上の問題点」季刊社会保障研究Vol.43 No.2，119-130頁（2007年）参照。なお，研究者の国際交流（わが国の研究者を国外の大学へ出張させ，派遣する場合と国外の大学から研究者の出張・派遣を受け入れる場合とがある）における労災事故に関連し，準拠法の問題等を検討したものとして，早川智津子「研究者の国際交流における労災事故への法的対応」岩手大学国際交流センター報告第3号（2007年）1-14頁がある。通則法については，神前禎・解説法の適用に関する通則法（弘文堂，2006年）55頁参照。

36

ている（同法8条）。

　上記雇用対策法の改正に伴い，同法8条および9条に基づき，従来の「外国人労働者の雇用・労働条件に関する指針」[111]に代わる「外国人労働者の雇用管理の改善等に関して事業主が適切に対処するための指針」[112]が策定された。

　新たな指針においては，事業主が，外国人労働者について，労働関係法令および社会保険関係法令を遵守するとともに，外国人労働者が適正な労働条件や安全衛生を確保しながら，在留資格の範囲内でその有する能力を有効に発揮しつつ就労できる環境が確保されるよう，適切な措置を講ずべきことを定めている。具体的には，募集・採用の適正化，適正な労働条件の確保（均等待遇，労働条件の明示，適正な労働時間の管理，労働基準法等関係法令の周知等），安全衛生の確保，社会保険の適用，適切な人事管理等の措置を講ずるべきとした。

---

[110] この点については，後掲注（112）掲記の新たな指針において，事業規模の縮小等で安易な解雇等を行わないようにするとともに，やむを得ず解雇等を行う場合にも，公共職業安定所と連携しつつ，希望する者には関連企業等への再就職のあっせんなど必要な援助を行うこと，などが定められた（指針第四，六）。

[111] 「外国人労働者の雇用・労働条件に関する指針の策定について」（平成5・5・26基発329号，職発414号，能発128号）（以下，「旧指針」という）。旧指針は，外国人労働者は，国内に生活基盤を有していないこと，日本語や我が国の労働慣行に習熟していないこと等から，就労に当たって生ずるトラブル等を未然に防止し，外国人労働者に関して，雇用管理を改善し，適正な労働条件及び安全衛生を確保しつつ就労できるようにするため，事業主が考慮すべき事項を定めたもの（旧指針第1）との趣旨が示されていた。なお，労働省（現厚生労働省）は，旧指針の平成8年の改定において「外国人労働者の採用に当たっての公平な採用選考について同指針中に明記することが適当である」とし，旧指針第3の1の(2)に「事業主は，外国人労働者について，出入国管理及び難民認定法その他の法令に抵触しない範囲内で，公平な採用選考に配慮するよう努めるものとする。」との文言を付け加えていた「外国人労働者の雇用・労働条件に関する指針の改定について」（平成8・4・19基発248号，職発240号，能発101号）。

[112] 平成19年8月3日厚生労働省告示第276号。同指針にいう外国人労働者には，特別永住者，在留資格が「外交」および「公用」の者は含まれないが，技能実習制度における「技能実習生」には適用される。なお，以前の指針では，永住者は除外されていたが，新たな指針においては，特別永住者以外の永住者は含まれるものと解される。

第1章 問題の所在——日本法の状況

とくに，本指針において，平等取扱いにつき，下記の事項が定められている。

まず，求人にあたって，事業主は「国籍による条件を付すなど差別的取扱いをしないよう十分留意すること」とした（同指針第四，一1）。また，新規学卒者採用にあたっては，留学生を対象から除外しないことが定められた。

また，適正な労働条件の確保のために，「事業主は，労働者の国籍を理由として，賃金，労働時間その他の労働条件について，差別的取扱いをしてはならない」（同指針第四，二1）とされた。

本指針は，それ自体として強制力を持つものではないが，上記の平等取扱いを実質化させるためのものと位置付けられる。

加えて，上記の雇用対策法の改正により，外国人雇用状況報告制度の強化が図られた[113]。

すなわち，従来，外国人労働者の雇用動向の把握のため，2003年から職業安定法施行規則に基づき，外国人雇用状況報告制度が導入されていた[114]が，2007（平成19）年，雇用対策法の改正により，外国人労働者を雇用するすべての雇用主に外国人労働者の雇用状況の届出が義務づけられることになった（同法28条1項及び附則2条1項。雇用対策法施行規則10条-12条）。

新たな外国人雇用状況の届出制度においては，事業主が，外国人労働者の雇入れ・離職および2007年10月1日時点の雇用状況について厚生労働大臣（提出は，管轄の公共職業安定所長）に届け出ることを義務づけている。これに伴い，上記指針において，外国人労働者の雇用状況の届出に係る事項が定められた。具体的には，氏名，在留資格，在留期間，生年月日，性別，国籍等を，旅券や外国人登録証等で確認し，届け出ることとなった。確認に当

---

[113] 同法のもとでの新たな届出制度においては，法務大臣から外国人の在留に関する確認のための求めがあったときは，厚生労働大臣は同届出に係る情報を提供するものとされた（同29条）。

[114] 従来の制度は，不法就労者や雇用主を摘発するためのものではないとされていた。2006（平成18）年6月1日現在の外国人雇用状況報告の集計結果（平成19年3月12日厚生労働省発表）によると，報告のあったもののうち，外国人労働者を直接雇用している事業所は27,323所，外国人労働者数は222,929人であり，これに対し，間接雇用している事業所は6,667所，外国人労働者数では167,291人であった。

たっては，氏名や言語などから外国人であることが一般的に明らかであるといった「通常の注意力をもって外国人であると判断できる場合」に確認することとさている[115]。これにより，外国人を雇おうとする者は，結果的に適法に就労する資格の確認を求められることとなった。

(2) 入管法と労働法
(a) 契約期間の解釈
　外国人労働者の雇用については，法務省（入管局）の在留資格の許可や在留期間に配慮しなくてはならない事情があり，労働契約上の雇用期間についても，当事者間の合意により，特別な取扱いがなされることがある。以下では，この点を検討する。
　外国人労働者の雇用契約につき，入管法との整合性を考慮して，「法務省（大臣）により在留資格が認められた日から」といった文言でその始期が定められたり，その終了については，「在留期間の満了時」とか，「法務省（大臣）により在留資格が取消され，または，期間の更新が認められなかった場合」といった文言が付されることがある。以下では，外国人労働者の雇用期間および契約終了をめぐる裁判例をみていく。
　1998（平成10）年の改正前の労働基準法14条は，期間の定めのある労働契約の上限を1年としていたことから，契約期間とその終了の解釈をめぐってしばしば紛争が起きていた。現行法では，3年が原則的な上限になっているため，在留資格に与えられる在留期間の多くの上限が3年となっていることと整合的なものになっているが，例外的に5年契約が認められる場合もあるなど，雇用期間と在留期間とは必ずしも一致しないので，このような問題はなお生じ得る。

　雇用契約書上の文言が「在留資格が認められた日から1年」となっている

---

[115] なお，日本語が堪能であるなど外国人であると判断できない場合にまで，確認を求めるものではないとされる。また，同指針に列挙された届出事項以外についての確認・届出は必要なく，外国人労働者のプライバシーの保護の観点からも留意すべきとされた（同指針）。

第1章　問題の所在──日本法の状況

場合で，実際の就労の開始時期が一致していなかった場合，雇用期間についての合意をどのように認定するか，という問題がある。次の裁判例はこの問題について判断を示している。

【1】　共同都心住宅販売事件[116]
〈事案〉　不動産売買等を業務とする被告Y会社は，アメリカ合衆国カリフォルニア州弁護士である原告Xを国際法務担当のエグゼクティブ・ダイレクターとする内容の雇用契約書を平成10年7月14日に調印した（実際の勤務は同年6月9日から始められていた）。同契約において，雇用期間は「法務省よりの滞在許可が認可される日から1年間」とされており，Xは同年9月6日に滞在許可を取得した。

Y会社は，Xが業績をあげられなかったことを理由に，同年9月21日付け・同24日到達の解雇通知書をもって，Xを懲戒解雇する意思表示をした。

これに対し，Xは，解雇の無効を主張して，雇用期間の満了までの賃金を請求した（本判決では，Y会社がXに貸与していた社宅の明渡し請求事件も同時に判断されているがここでは取り扱わない）。

〈判決要旨〉　東京地裁は以下のように判断し，Xの主張を一部認容・一部棄却した。

Y会社が，Xを解雇する事由のうち，Xが何らの業績も上げられなかったとの主張は，具体的な利益を上げられなかったという意味であり，事実XがY会社において具体的な利益を上げられなかったことは認められるが，具体的な利益を上げられる状況に至るには，3月半程度の雇用期間では足りない。

本件雇用契約の内容として，XがY会社に具体的な利益をもたらす程度の業績が含まれており，そのような業績を上げられない以上，解雇されることもやむをえない地位にあったとしても，上記のような短期間に業績が上がらなかったことを理由に解雇することは許されず，本件解雇は解雇権の濫用に当たる。

---

[116]　東京地判平成13・2・27労判812号48頁。なお，原告Xは，賃金請求事件では原告であるが，建物明渡し請求事件では被告となっている。

また，本件雇用契約書には，「法務省よりの滞在許可が認可される日から1年」との記載があることから，同契約書の文言に反する合意があったなどの特段の事情が認められない限り，雇用契約の合意の内容は，Xが滞在許可を取得した平成10年9月6日から1年後である平成11年9月5日にその終期を迎えるものであったと解するのが相当であるが，Xの就労開始が実際には平成10年6月9日であったことから，雇用期間は，当事者の合意上は，平成10年6月9日から平成11年9月5日までとなる。

しかし，この期間は1年を超えるものであることから，旧労働基準法14条本文に反するため，1年に短縮され（同法13条），平成10年6月9日から，平成11年6月8日となる。

なお，1年を超えた期間分について就労の実態があれば，黙示の更新の問題が生じるが（民法629条1項），本件においては，平成11年6月9日以降，就労の事実がないことから上記のとおり解するのが相当である。

よって，XがY会社に対し賃金請求ができる期間は，賃金が支払われていない平成10年8月21日から平成11年6月8日までである。

〈本判決の位置付け〉　本判決の特徴は，在留資格を取得しないままでの就労は契約関係の認定に影響を及ぼさないとしたうえで[117]，法務省の滞在許可から1年との雇用期間の合意があると認定しつつ，その期間を旧労働基準法14条により就労開始日から1年に短縮したという点にある。

本件は，滞在許可取得よりも前に就労が開始されている事案であるが，本判決によれば，滞在許可以後に就労が開始された場合に，本件と同様の合意があれば，特段の事情がない限り，雇用期間は滞在許可から1年後となるであろう。

---

[117] 滞在許可について，本判決の判決文では「ビザ」の用語が使用されているが，実際は在留資格であろう。具体的にどの在留資格かは判決の文面に示されておらず，許可日と在留期間の開始日についても認定されていない。入管局の審査によっては，審査に時間がかかり，許可日より遡って在留期間が認められることがあるので，平成10年6月9日以降，9月6日に滞在許可を得るまでの期間が不法就労であったかどうかについては判決文からは必ずしも明らかとはいえない。また，Y会社に雇用される前のXの日本での在留状況も明らかにされておらず，入管法上のXの法的地位は明らかではない。

第1章　問題の所在——日本法の状況

　本判決に疑問を呈するものとして，平成10年6月9日から就労を開始した雇用契約と，平成10年7月14日の雇用契約とは別個のもので，前の期限の定めのない契約を，後の契約が滞在許可から1年との不確定期限付きの雇用契約に変更したものであり，雇用契約の終期は平成11年9月5日となるとする見解がある[118]。

　これに対し，在留期間更新のために作成された雇用契約書記載内容から労働者の就労開始日から1年ではなく，法務省の在留資格の許可日より1年間とした次の裁判例がある。

【2】　情報システム監査事件[119]
〈事案〉　合衆国籍のXは，平成4年6月30日から，コンピュータ・システムの設計等を営むY会社で，翻訳等を行う業務で就労を開始した。当初は，雇用契約書は作成されておらず，平成4年8月，Xのビザ[120]更新のため，XとY会社の間で雇用期間を「法務省の在留資格の許可日より1年間」と記載した雇用契約書が作成された。その結果，Xは，「人文知識・国際業務」の在留資格で在留期間を平成4年10月28日から1年とする許可を受けた。平成5年6月4日，Y会社は，Xが業務命令に従わないなど勤務態度に問題があったことから，平成5年7月4日付け（当初は6月30日付けであったのをXの申し出があり変更した）で雇用契約を終了させる旨申し出た。これに対し，Xは解雇無効確認を求める訴えを提起した。
〈判決要旨〉　東京地裁は，以下のように，Xの勤務態度が，就業規則の解雇事由に該当すると認定し，Xの請求を棄却した。
　本件雇用契約書は，Xの在留ビザ[121]更新のために作成されたものであり，在留資格の許可がなされるのが就労開始日である平成4年6月30日や，雇用

---

[118]　同判決評釈である香川孝三「判批」ジュリ1236号122-124頁（2002年）参照。
[119]　東京地判平成6・5・17労判660号58頁。
[120]　本判決の判決文ではビザの用語が用いられているが，在留資格変更か，在留期間更新の手続きであったと推測される。
[121]　同上。

契約書の作成日である平成4年8月6日よりも後になされるであろうことは，Y会社も十分承知していたものと認められる。したがって，本件雇用契約の期間は，X主張のとおり，Xの在留資格の許可がなされた平成4年10月28日から1年であったものと認めるのが相当である。

Xは，Y会社から雇用契約書に定められた業務を命じられてもこれを拒否していたのであるから，就業規則所定の解雇事由に該当し，Y会社が平成5年6月4日にした，同年7月4日をもってXを解雇するとの意思表示は有効である。

〈本判決の位置付け〉 本判決は，在留期間更新のために作成された雇用契約書記載内容をそのまま労働契約の内容と捉え，雇用期間を労働者の就労開始日から1年ではなく，雇用契約書の文言どおり，法務省の在留資格の許可日より1年間とした点に特徴がある。

上記二つの事件は，雇用期間の開始日につき，雇用契約書の文言どおり「在留資格の許可日」を始期とするか，実際の就労開始日とするかが問題になった。どちらをとるかは事実認定によるが，雇用契約を判断する際に，在留資格の許可日を意識して判断したものといえる。

これに対し，次の裁判例では，雇用契約書は，入管当局への在留資格の申請の手続きのため使用したもので，被用者に提示されておらず，雇用期間が問題となった。

【3】 ユニスコープ事件[122]
〈事案〉 英国人Xは，翻訳業務を行うY会社の面接を豪州で受けたが，そこでは採用されず，その後，観光目的の査証で来日し，平成2年3月28日ごろ再度Y会社の面接を受けて採用された。

Y会社では，豪州で採用した者に対しては，期間1年の雇用契約を締結し，外国人を含む日本国内で採用した者に対しては，期間の定めのない契約を締結していた。

---

[122] 東京地判平成6・3・11労判666号61頁。

第1章　問題の所在——日本法の状況

　雇用契約締結時において，雇用契約書は作成されず，Y会社の代表者は，Xに対し，雇用期間は「査証次第」であって，在留許可の期間であると説明していた。

　Xは，平成2年6月8日，在留資格変更許可申請をし，同年8月27日に「人文知識・国際業務」の在留資格で，平成3年6月14日までの期間1年の在留を許可され，その後さらに1年の在留期間更新の許可を受けた。在留資格変更許可申請書の雇用期間欄には，「1年（6か月）」，在留期間更新許可申請書の雇用期間欄には「1年」と記載され，各申請書に添付されていた雇用契約書には，雇用期間欄に「在留資格変更許可日より当該資格許可期間まで」，その他の欄に「雇用期間満了時（許可期間満了時）に双方の合意および関係官庁の許可如何により延長できるものとする。ただし，当社としては，本邦在留許可期間の勤務可能なすべての期間の雇用を保障する」と記載されていたが，この雇用契約書は在留手続きの目的のために作成され，原告に提示されていなかった。

　また，Y会社では，年間報酬に慣れている外国人の理解を得るために，年間報酬額を提示した上で月額報酬を割り出す年俸制を採用していた。

　Xは，Y会社において英文技術翻訳の編集に従事していたが，自己のやり方に固執する余り，Y会社の仕様に従わなかったり，スケジュールどおりに進行させず，納期を守らないなど勤務態度が非協調的であったため，Y会社代表者は，Xに納期を遵守することを条件に月一定料の仕事を社外でする外注方式を提案したが，Xがこれを拒否したため，Y会社は，Xを解雇する意思表示をした。

　そこで，Xは，雇用契約期間は1年間であり，その途中でなされた本件解雇は違法な解雇であるとして，損害賠償として年間報酬から支払い済みの分を控除した金額の支払いなどを求めた。

　〈判決要旨〉　東京地裁は次のように判断し，Y会社のXの解雇を有効とした。

　在留資格変更許可申請書および在留期間更新許可申請書の雇用期間に1年である旨の記載があり，各申請書に添付された雇用契約書の雇用期間欄には，期間1年である旨の記載があるが，この雇用契約書はXとY会社の間で取り

交わされたものでないばかりか，Xに提示すらされていないものであり，しかも実際の雇用契約締結月日から2か月以上も経た後の在留資格変更許可申請時およびその1年後の在留期間更新許可申請時に，各申請書の添付書類として，その目的のために作成されたものであること，これらの記載を実質的なものであるとすると，平成3年3月までの期間1年の雇用契約であったとするXの主張とも符合しないこと，出入国管理法上，外国人の場合には在留期間に限り在留資格に基づく活動ができるにとどまるという制約があることなどからすれば，本件各申請書および雇用契約書の雇用期間欄の記載は，在留手続き上の形式的なものにすぎないものとみる余地があるから，これだけをもって，本件雇用契約が当然期間1年のものであったと結論付けることはできない。

また，Y会社がXに対し年間報酬を提示したことも，賃金形態としての年間報酬と，雇用契約が期間の定めのないものであることは矛盾するものではなく，期間1年の雇用契約を裏付けるものではない。かえって，Y会社が外国人についても日本国内で採用された者については期間の定めのない雇用契約を締結しており，Xが日本国内で採用されたものであること，雇用契約締結時において，Y会社代表者も雇用期間は査証次第であり，在留許可の期間である旨説明するにとどまっていることなどを考慮すれば，本件雇用契約は，在留資格変更および在留期間更新が許可されない場合には雇止めにするとの内容の期間の定めのない契約と認めるのが相当である。

本件雇用期間は期間の定めのないものであるから，解雇は原則として自由であるが，解雇に処することが著しく不合理であり，社会的通念上相当なものとして是認できない場合には，解雇権の濫用にあたると解する。

本件解雇が解雇権の濫用にあたるかについて判断すると，Xの能力こそは平均的なものであったが，自己のやり方に固執するあまり勤務態度は非協調的であり，納期を遵守する態度にも欠け，Y会社はたびたび勤務態度の問題点を指摘し注意喚起をするなど改善を求めてきたが，かえって反抗手段として，タイムカードを押さなかったり，無断欠勤するなどしたことが認められ，これら諸事情を総合すれば本件解雇には合理的理由があり，解雇権の濫用にはあたらない。

第 1 章 問題の所在——日本法の状況

〈本判決の位置付け〉 本判決の特徴は，在留手続きの申請書およびその添付書類である雇用契約書の雇用期間の記載は，在留手続きのための形式的なものに過ぎないとみる余地があるとして，それらを雇用契約の内容であるとは認めなかった点にある。

そのうえで，本件雇用契約は，在留資格変更および在留期間更新が認められないことを解除条件とした期間の定めのない雇用契約であると認めている。

このように判例では，法務省（入管局）に対する在留手続きにおいて提出される書類を雇用契約の内容とは切り離して判断するものがある。後述する山口製糖事件決定や，鳥井電器事件判決もその傾向を示したものといえる。

以上のほか，外国人労働者について，期間の定めのある契約の更新が繰り返されることがあり，期間満了による雇止めにつき，期間の定めのない契約における解雇法理を類推すべきかが問題になることがある。この点，外国人労働者を当事者とする事件は多くあるが，日本人の事件と同様に判断されており，在留期間など外国人の特質や入管法や入管政策とからめて判断しているものはほとんど見られない[123]。

これに対し，次の決定は，雇用契約が期間の定めのあるものであるとの認

---

[123] 外国人労働者を当事者として雇止めが問題となった事件として，旭川大学（外国人教員）事件・札幌高判平成13・1・31労判801号13頁，筑波大学（外国人教師）事件・東京地判平成11・5・25労判776号69頁，テンプル教育サポート・サービス事件・東京地判平成13・10・1労判820号89頁，亜細亜大学事件・最二小判平成2・12・21裁判集民161号459頁，東京中華学校事件・東京地決昭和58・3・15時1075号158頁，松下電器産業（外国人技術者）事件・大阪地決平成2・8・29労判571号24頁等があるが，いずれも期間の定めのある契約と認めたうえで，雇止めを適法としている。期間の定めのある契約であるが雇用継続の期待があるとして解雇法理を類推し，人員削減の必要最小限以上になされた雇止めを無効とした裁判例として，東京国際学園事件・東京地判平成13・3・15労判818号55頁（後掲注（138）本文参照）がある。一方，雇用契約書には期間の記載があったが，期間の定めのない雇用契約が結ばれていたとして，雇用契約の兼職禁止条項に反する解雇を有効としたものとして，関西外国語大学事件・大阪地判平成10・6・15労経速1681号10頁がある。

定につき，在留期間を理由の一つとしたものである。

【4】 フィリップス・ジャパン事件[124]

〈事案〉 Y会社は，アメリカ合衆国のP大学日本校を経営する会社であり，オーストラリア国籍を有する債権者Xは，同日本校で英語および英文学の教員として，平成元年4月1日から平成2年3月末日までの1年を雇用期間とする契約で，Y会社に雇用され，平成元年4月来日し，その後，4回更新されたが，Y会社から更新しない旨通知され，平成6年3月末日に雇止めとなったため，Xが地位保全の仮処分を求めた。

〈決定要旨〉 大阪地裁は，以下のとおりXの雇用契約は雇用期間満了によって終了したと認定し，Xの申立を却下した。

Xは，期間の定めのないものであったと主張するが，雇用期間を1年とする雇用契約書に署名して来日している事実から，主張は一応認めるに足らない。

本件雇用契約は過去4回更新されているが，必ずしも機械的，形式的に雇用契約書の作成が繰り返されていたというわけではなく，賃金の額などその都度改定されており，新契約が締結されないときには，帰国の旅費をY会社が負担するとの約定もなされていた。かつ，Xの在留資格自体が1年を限り，これが更新されているものであったし，Y会社が経営するP大学日本校においては，次第に学生数が減少し，長期にわたる雇用継続を期待するのもX，Y会社ともに次第に困難となっていく事情もあった。

以上によれば，期間満了後の雇用の継続を期待することに合理性が存在したものとは未だ言い難く，雇用契約が期間の定めのない雇用契約に転化したものとは認めがたい。

〈本決定の位置付け〉 本決定の特徴は，期間の定めのない契約と認めない理由の1つとして，Xの在留期間が1年であったことをあげている点にある。

(b) 入管法と労働契約関係

---

[124] 大阪地決平成6・8・23労判668号42頁。

第1章　問題の所在——日本法の状況

【1】　滋野鐵工事件[125]

〈事実〉　中国人Xは，所属する中国・S大学と訴外A組合との協定に基づき，鋳造の技術を学ぶため研修生として平成5年7月26日に来日し，A組合のもとで2か月間，日本語等の研修を受けた後，受入れ企業である訴外B会社と同一経営者のもとでステンレス製品製造等の同種の事業を営むY会社の作業場（B会社とY会社は，平成6年4月以降は同住所にあった）において，平成5年9月26日から平成6年11月17日に解雇されるまでの間，硝酸を扱う作業に従事していた。

なお，Xは，平成5年7月26日から1年間は在留資格「研修」を有する研修生であったが，平成6年7月27日からは技能実習生として，在留期間1年間の「特定活動」の在留資格を得ていた[126]。

Xは，作業中の硝酸の暴露により，肺機能障害を受けたとして，Y会社に対し，不法行為または雇用契約上の債務不履行（安全配慮義務違反）に基づく損害賠償を請求した。一審[127]は，中国の収入を基準に逸失利益を算定し，これに慰謝料を加えた額に，過失相殺として6割を控除した額等を損害賠償として認めた。これに対し，Y会社が控訴し，Xからも原審の過失割合および慰謝料額の認定について附帯控訴がなされたのが本件である。

本件では，①Xに対し，安全配慮義務を負うのがY会社か（または訴外B会社のみか），②Xの作業と障害との因果関係の有無，③Y会社の安全配慮義務違反の有無，④損害額が争点となったが，本判決は，①〜③につき，原判決の判断を維持し，④の損害額について，逸失利益の計算方法および慰謝料額を改め，6割の過失相殺を控除した額165万4338円を損害額として認定した。以下では，上記争点のうち①および③について，二審が維持している一審の判示事項を取り上げる。

〈判決要旨〉　名古屋高裁金沢支部は，次のように判示した。

まず，Y会社が，Xに対し安全配慮義務を負うかという点について，訴外B会社との間に交わされた「技能実習雇用契約書」にはXの押印があり，中

---

[125]　名古屋高金沢支判平成11・11・15判時1709号57頁。
[126]　外国人研修および技能実習については，早川・前掲注（27）論文136-157頁参照。
[127]　富山地高岡支判平成10・7・14判時1709号61頁〔参考〕。

国・S大学に対する「帰国通知書」にもB会社から解雇された旨記載されていることから，本件雇用契約はXとB会社との間で締結されたものと認めるのが相当である。

しかし，雇用契約において最も重要な給料の支払いの他，訓告，解雇通知書もY会社名によりなされ，従事した作業場，使用した保護具はY会社所有のものであり，B会社とY会社との間で事務手続きの混乱も生じていたことから，実質的にはY会社に雇用されていたものと認められる。

次に，Y会社の安全配慮義務違反については，Y会社は最低限の保護設備は備えていたことが認められる。しかし，硝酸は劇物で，安全衛生法で安全および衛生の教育義務が定められているにもかかわらず，Y会社代表者自身，この知識に欠け，硝酸の有毒性，危険性，いかなる疾病に罹患するか，危険を防ぐためにどのようにすればよいかについて具体的に説明，指導することを怠り，単に危険であると話し，保護具を着用させたのみであることから，この点についての安全配慮義務違反が認められ，また，より安全である低濃度の硝酸を購入すべきであったと考えられるとした。これに対し，Xの過失割合としては，Xが本件疾病にいたる経緯を考慮すれば，Xは，硝酸が有毒で危険であり，保護具を着用するよう指導を受け，保護具は作業場に設置され，度々保護具を着用するよう注意されていたにもかかわらず，着用していなかったこと，Xが本件作業に従事した前後に，同作業に従事した者がいたが，肺機能が低下したのはXのみであることから，Xが当該疾病に罹患したのは，このようなXの過失に起因していることが大きいと言え，これとY会社の安全配慮義務違反の程度，内容と対比して検討すると，損害の公平な分担の見地から，過失割合は，X6，Y会社4と認めるのが相当である。

Xは，平成5年7月26日に研修資格（6か月）で日本に入国し，その後研修を6か月更新した後，技能実習生として作業に従事するため，在留資格を特定活動に変更して滞在期間を1年更新し，その後，短期滞在で90日更新し，さらに15日更新したが，研修期間は原則として1年であり，しかもXは平成6年11月17日には解雇されていること，平成7年7月ころにはXの疾病は症状が固定したと判断されたことが認められ，逸失利益は，症状固定後中国で得られた収入である年18万円を基礎に算定するのが相当である。

〈本判決の位置付け〉　本判決は，入管法の手続き上の「受入れ企業」（訴外B会社）と技能実習生である原告との間の雇用契約の存在を認める形で，入管法上の扱いに一応の配慮を示しつつも，安全配慮義務の主体を判断するに際し，以下のとおり，入管法の手続き上の「受入れ企業」ではなく，実際に就労（技能実習）をしていた企業が安全配慮義務を負っていたとして，実態に応じて労働契約法理を適用したものといえる（労働契約関係における安全配慮義務は，判例法理として発展したものであり，使用者が施設内や業務中の労働者の生命身体を危険から保護するよう配慮すべき義務である[128]）。

本判決は，Y会社の安全配慮義務の有無について判断するなかで，「技能実習生雇用契約書」により，雇用契約はB会社とXの間で締結されていたと認められるものの，賃金がY会社から支給されていたこと，Y会社作業場でのみ作業し，B会社で作業に従事していなかったことなどから，Xは実質的にはY会社に雇用されていたと判断し，Y会社にXに対する安全配慮義務を負わせている点に特徴がある。

このような判断は，安全配慮義務が，「ある法律関係に基づいて特別な社会的接触の関係に入った当事者間において，当該法律関係の付随義務として当事者の一方又は双方が相手方に対して信義則上負う」（陸上自衛隊八戸車両整備工場事件・最三小判昭和50・2・25民集29巻2号143頁）ものとされ，この法律関係は労働関係のみに限定されず，直接の使用者でなくとも，使用者に準じた者へも認められうることによるものである（元請企業が下請企業の従業員に対し，安全配慮義務を負うとしたものとして，鹿島建設・大石塗装事件・最一小判昭和55・12・18民集34巻7号888頁）。また，不法就労者の労災事件につき，元請会社社長が現場で指示を与えていた事案において，直接の雇用関係はない元請会社社長および元請会社の安全配慮義務違反を認めたものがある（植樹園ほか事件・東京地判平成11・2・16労判761号101頁）。本判決は，外国人技能実習生につき，入管手続き上の受入れ企業と実際の就労先企業とが異な

---

[128] 安全配慮義務の内容を使用者が労働者の安全それ自体を確保すべき義務ととる説もあるが，判例・通説は，使用者は予め予測しうる危険等を排除しうるにたる人的物的諸条件を整えるに尽きるとする説に立っている（陸上自衛隊三三一会計隊事件・最二小判昭和58・5・27民集37巻4号477頁）。

第 2 節 労 働 法

るという実態が生じていた場合において[129]，実態としての労働関係に着目して安全配慮義務法理を適用したものといえる。

(c) 入管法上の手続きと労働契約の内容

次に，外国人労働者の入管法上の入国・在留手続きのために，使用者が作成した書類と労働契約の内容との関係が問題となった裁判例を取り上げる。

より具体的には，入国・在留手続きをクリアするために，表向きは入管法，基準省令および法務省告示に反しない契約をした形を整え，実際には，当事者間でこれらの規定に反する合意をした場合（いわゆる二重契約）[130]，これらの規定に反する契約は有効かが問題となる。すなわち，(1)入管法違反の裏契約を無効とするか否か，無効とした場合，(2)入管法および基準省令の直律的効力を認めるか否かという問題が生じる。また，(3)労働契約内容を配転などにより変更する場合，変更後の契約内容での就労が入管法に違反してしまうことになったときにはどのように取り扱うべきかという問題も生じうる。

次の事件では，在留資格「技術」で入国したフィリピン人従業員との間で合意した賃金と，入管法および日本人と同等額以上の報酬を受けることを要件としている基準省令に基づき入管当局へ申告した賃金額とが異なったことから，フィリピン人従業員が，入管当局に使用者が申告した賃金額との差額

---

[129] 技能実習制度は，技能実習の前に行われる研修を実施した企業と技能実習生の雇用関係のもとで実施されるものであり，入管当局の許可を得た場合を除き，制度的には，企業を移ることを予定していない。

[130] 入管法上は，わが国で行おうとする活動を偽って上陸許可を受けた場合，在留資格を取り消す制度がある（入管法22条の4第1項2号）。たとえば，単純労働を行おうとする者が，虚偽の申告をして「技術」の在留資格を得た場合には，在留資格取消制度の対象となる。虚偽の書類を提出して上陸許可を受けた場合も，同様に同制度の対象となるが（同条1項4号），これは，当該外国人に故意があることを要件としておらず，本人に認識がなくとも，外国人の受入れ機関が虚偽の書類を提出した場合には，取消しの対象となるとされている（出入国管理法令研究会編・前掲注（13）書58-59頁）。本項の山口製糖事件（決定）のようなケースは，現行入管法のもとで在留資格取消制度の対象となる可能性が高いであろう。

の支払いを求めた事案で，どちらを契約内容とするかが争われた。

【1】山口製糖事件[131]

〈事案〉　Y社（代表取締役Y1）は，人手不足に対処するため，フィリピン人労働者X1ら10名を雇用し，砂糖製造に従事させていた。なお，X1らの平成3年12月入国までの経緯において，XY間の雇用契約書（賃金月額300ドル）と別に，入管局に提出した「技術」の在留資格認定証明書交付申請書類の契約内容（賃金月額27万5千円ないし30万円），およびフィリピン出入国管理当局へ提出した契約書（賃金2100ドル）と異なる契約が行われていた。

X1ら（うち3人は途中から参加）は，平成4年2月27日午後，職場を無断で離れ，Yが保管していたパスポートの返還を求めるとともに，XY間の契約が「化学技術および電気技術の研修を目的とする契約」であるとして研修の実施を要求した。続いて3月3日に話し合いが持たれたが，折り合いがつかず，Y1は再度職場放棄があれば懲戒解雇もありうる旨通告した。3月4日および5日，X1らは一応出社したが，研修の実施を要求し，製糖労働者としての就労は契約違反であるとして拒否した。

これに対して，YはX1らを懲戒解雇した。そこで，X1らは，本件懲戒解雇に対して，地位の保全と，日，比各出入国管理当局へ提出した契約との差額の支払いを求め，仮処分を申請した。

〈決定要旨〉　東京地裁は，X1らの要求は，本件雇用契約とは別個の「研修を目的とする契約」を求めるものであり，本件集団的労務不提供は争議行為としての正当性を有しないとし，本件懲戒解雇処分について有効であるとしたうえで，賃金請求については次のように述べてX1らの申立を却下した。

Yは，平成3年8月のフィリピン国におけるX1らの採用面接において労働条件につき説明し，契約書に賃金額は300ドルと記載されていること，平成3年12月分，平成4年1月分および2月分の賃金につき，手取り300ドルを前提とする金額を確認したうえで受領していること，および2月27日，3月3日の話し合いにおいても賃金が問題とされていないことに照らし，XY

---

[131] 東京地決平成4・7・7判タ804号137頁。

間で賃金を手取り300ドルとする合意が成立していたものというべきである。
　賃金を月額2100ドルとする契約書はフィリピン国の出国手続き上作成されたものに過ぎず，これをもって賃金を月額2100ドルとする雇用契約が成立したと認定することはできない。
　本件契約の賃金額300ドルは入管局に申告した金額を下回り，基準省令における在留資格「技術」の基準である日本人と同等額以上の報酬を満たしておらず，Yの行為は実質的に単純労働者の就労を目的とした行為であり，入管法の脱法行為である。しかし，入管法は，日本国の出入国の公正な管理を目的とするものであって，日本国内で就労する外国人の保護を直接の目的とするものではない。不当に低い賃金については，最低賃金法等による保護があるが，本件賃金額が2100ドルになるわけではない。
　〈本決定の位置付け〉　本決定のように裁判例では，入管局に対する在留手続きにおいて提出される書類を雇用契約の内容とは切り離して判断する傾向にある。入管法には，労働基準法13条のような労働契約内容を規律する規定がないため，現行法上はやむを得ない判断とも言いうるが，本決定の，「入管法は，日本国の出入国の公正な管理を目的とするものであって，日本国内で就労する外国人の保護を直接の目的とするものではない」との判示からは，入管法と労働法の関係については特段の問題意識をもたなかったことがうかがわれる。

　以上と共通性があるのが，従業員の職務・職種など労働契約の内容を変更すると，入管法に違反する事態になってしまう場合に，かかる変更措置の効力をどのように評価すべきかという問題である。この点について直接判示したものではないが，以下の判決は検討の素材を提供している。

【2】　鳥井電器事件[132]
　〈事案〉　バングラデシュ人であるXは，平成3年10月3日ころ，プラスチック成型加工を営むY会社とXが就労できる在留資格を得ることを条件と

---

[132] 東京地判平成13・5・14労判806号18頁。なお，本件原告X所属の組合との団交拒

して，期間の定めのない雇用契約を締結した。Xは，Y会社が作成した月給25万円，職務内容を翻訳，海外業務，貿易業務およびコンピュータ制御のプラスチック成型機械の研修を職務内容とする雇用通知書および職務明細書等を添付し，在留資格変更申請を行い，同年12月17日に「人文知識・国際業務」の在留資格を得た。

　Y会社では，Xが勤務するうち，日本語能力が不足し，翻訳や日本語のコンピュータを操作させることが不可能であることが判明した。そのため，Y会社は，Xに工場でのプラスチック製品の組立て等の作業を担当させることにした。

　平成7年1月，Y会社による，Xの同作業を行う就業場所を2月よりA工場とする配転命令に対し，Xがこれを拒否したため，Y会社は，同年3月20日付けで解雇する意思表示をした。

　これに対し，Xが，解雇無効等の訴えを起こしたのが本件である。

　〈判決要旨〉東京地裁は，以下のように述べ，Xの請求をいずれも棄却した。

　Y会社はXの本国であるバングラデシュとの取引が拡大することを希望していいたものであり，Xが通訳を担当することも含め雇用契約を締結したので，契約の当初から単純作業に従事させることを予定していた事実は認められず，その後，Xが日本語能力に不足していることが判明したことから，当初予定していた職務の担当ができなくなった事実が認められる。そうすると，継続してプラスチック製品組立て作業等を担当させたことをもって，Y会社の責に帰すべき債務不履行や，不法行為に該当する事実を認めることはできない。

　Y会社の就業規則には，業務の都合上，従業員に配置転換等を命ずることがあると規定されていることから，Y会社は，業務上の必要に応じ，特段の事情がある場合を除き，その裁量によりXの勤務地を決定することができる。

　否の成否をめぐって，鳥井電器事件・東京地労委命令平成13・12・18命令集121集587頁が出されている。本件で，東京地労委は，Y会社が4回の団交において解雇事由の説明を尽くしており，その後の団交申入れに応じなかったことは団交拒否には該当しない，とした。

Xは，本件配転命令は，原告が有する「人文知識・国際業務」の在留資格以外の業務に従事させるものであり，Xの在留資格および雇用契約に違反すると主張するが，Xは現にその作業を担当していたのであるから，その作業を引き続き行うこととする配転命令が無効になるとするXの主張を採用することはできない。
　そして，Y会社は，経営合理化のためXを含む本社工場の作業員全員に配転命令を発したもので，配転命令には業務上の必要性があり，Xに著しい不利益を負わせる事情も認められないから配転命令は有効であり，これを拒否したXの行為は，就業規則の解雇事由に該当し，解雇権の濫用にも該当しないので，解雇は有効である。
　〈本判決の位置付け〉　本件は，外国人労働者の能力不足のために，「在留資格」に該当する業務を担当させることができない場合の問題を提起する。本件判決は，Y会社の配転命令を有効としたが，在留資格制度のもとでは，外国人はその在留資格以外の活動を制限されており，入管法上は資格外活動として違反になる可能性がある。本判決は，外国人の入管法上の地位について触れることなく，配転命令の有効性を判断している点に特徴がある。また，入管局に提出した雇用通知書の内容を雇用契約の内容として認めていない点にも特徴がある。

　これに対し，入管法違反の問題が含まれるわけではないが，次のように，入管局に提出した雇用契約書記載事項を雇用契約の内容として認める裁判例（マハラジャ事件判決）もある。

【3】　マハラジャ事件[133]
　〈事案〉　インド人原告Xは，インド料理店を経営する被告Y会社のインド人店長として，平成6年12月15日，平成7年3月23日から期間1年の雇用契約を締結し，雇用契約は平成11年3月まで1年ごとに更新された。
　Xは，Y会社に対し，未払の割増賃金の請求および解雇予告手当の支払い

---

[133]　東京地判平成12・12・22労判809号89頁。

第1章　問題の所在——日本法の状況

を請求した。

〈判決要旨〉　東京地裁は次のように判断し，割増賃金について請求を認め，解雇がなされたとは認められないとして解雇予告手当の請求を棄却した。

まず，雇用契約の準拠法について，Y会社の日本国内の店舗での就労，Yは日本に居住することになること，Y会社が日本法人であり，日本国内において主たる経営を行っていること，雇用契約書が日本語で作成されていること，賃金が日本円で支払われている等の事実を総合し，雇用契約の準拠法を日本法とする黙示の合意が成立していたと判断した。

次に，Y会社が雇用契約書は入管局に提出する目的だけで作成した架空のものであり，真実の雇用契約については口頭のみで締結していたと主張したことに対し，裁判所は，1年ごとの更新に伴い，Y会社が雇用契約書の内容に沿う在職証明書を毎年作成しており，口頭で真実の雇用契約を締結したことを認めるには合理性を欠くとの理由から，XとY会社との間の雇用契約は，雇用契約書記載の内容であるとし，当該契約内容に基づき，Xの時間外労働に対する未払いの割増賃金の請求を認めた。

これに対し，解雇予告手当の請求については，雇用契約は平成11年3月22日に期間満了により終了していたとして，解雇の事実を認めず，請求を退けた。

〈本判決の位置付け〉　本判決は，入管局に提出した雇用契約書は，架空のものであり，口頭で別の雇用契約が締結されていたとのY会社の主張は合理性を欠くとして，雇用契約書記載の内容を雇用契約の内容として認めたものである。

(d)　入管法上の手続きと不当労働行為——集団的労使関係法

労働組合法5条2項4号に従って，人種によって組合員資格を奪われないことを規約に含まない労働組合は，同条1項により，不当労働行為の救済が与えられないと規定されている。一方，労働組合が，人種による差別でなく，勤務形態の違いに着目して一定の労働者に組合員資格を与えないことは，違法ではないとされている（例えば，ある労働組合が短時間労働者を組合員資格から排除しても，短時間労働者も自ら別の労働組合を作ることができるので，それ自

体が違法になることはない)。しかし、外国人労働者が組合に加入した場合等には、労働組合法による保護が与えられることになる。以下の事例は、組合活動やストライキに参加し、雇用主から処分を受けた場合の保護にかかわるものである。

【1】 ネットユニバース事件[134]

〈事案〉 被申立人Y会社は、空港において航空貨物取扱業務を行う従業員約30名の下請会社であり、申立人X労働組合は、平成8年7月31日に同社の従業員である日系人18名で結成されたが、平成11年3月1日には5名になっている。Y会社は、組合結成前は、当初は雇用契約書を作成するが、更新にあたっては作成することなく1年とされていた雇用期間を、平成8年7月28日に、2ヶ月に変更し、雇用契約書に署名することを求めたが、組合員は同契約書を提出しなかった。

また、同年10月ころから、Y会社は、組合員が在留期間更新のために在職証明書の交付を申請しても、雇用契約書に署名しないことを理由に在職証明書を交付しなくなった。

X組合は、これらの行為が不当労働行為に当たるとして救済を申し立てた。

〈命令要旨〉 千葉地労委は、以下のとおり、不当労働行為の成立を認めた。

組合員である日系外国人の雇用契約更新にあたり、組合結成とほぼ同時期に、2ヶ月の雇用契約を提案していることについて、不当労働行為意思の存在が推認される。しかし、実際には従前どおり、1年ごとの更新となっており、2ヶ月に改める提案は提案されただけにとどまっている。したがって、この提案は、不当労働行為意思に基づいた威圧行為とみるのが妥当であるが、この提案が、組合支部維持の障害になっていることは明らかであり、X組合に対する支配介入を構成する。

そもそも書面の雇用契約書の取り交しがなされているといないとにかかわらず、自ら雇用する従業員が在留期間の更新等のために在職証明書の交付を求めてきた場合に、使用者は雇用主としての責任上、これを拒むことがあっ

---

[134] 千葉地労委命令平成11・8・27命令集114集292頁。

てはならない。わが国において適法に就労する外国人労働者にとって、在職証明書はその地位を保証するための極めて重要な文書のひとつである。その交付を雇用管理上の理由をもって拒むことはあってはならないことであり、正当な理由とは認められない。

　Y会社のこれらの行為は、組合結成と同時期以降になされたものであり、会社がX組合を嫌悪していたことは明白である。以上のことから、Y会社が行ったこれらの行為は、X組合の運営に対する支配介入であり、組合弱体化を企図した労働組合法7条3号に該当する不当労働行為であると判断する。

　〈本命令の位置付け〉　本命令は、適法に就労する外国人労働者にとって、在職証明書はその地位を保証するための極めて重要な文書であるとし、その交付を不当労働行為意思をもって拒むことは不当労働行為にあたるとした点に特徴がある。ここでは、入管法上の問題は直接現れていないが、入管法における在職証明書の手続き上の重要性を考慮した判断がなされているといいうる。なお、本命令では問題とされていないが、命令で一定期間の定めのある契約の更新ないしそれがなされたのと同様の取扱いを命ずるような場合、当該外国人の在留期間の期限との間で問題が生じうる。その際、法務大臣の許可を条件とするなど、入管法に配慮した取扱いが要請されるものと考える。

(3)　外国人差別の問題

　以下では、入管法上の取扱いとは直接は関係がないが、外国人労働者に特有の問題として、労働基準法3条は国籍差別を禁止していることから[135]、労働条件の差別が問題となった事案を取り上げる。外国人差別の問題が生じないその他の労働法プロパーの事件については特に論じない[136・137]。

---

[135]　なお、職業安定法3条は、人種、国籍等を理由として、職業紹介、職業指導等で差別的取扱いをすることを禁じている。

[136]　入管法の観点から労働法との交錯を生じない労働法プロパーの問題のなかには、外国人であることに特に結びついている事件もある。たとえば、賃金からの渡航費の控除について、株式会社本譲事件・神戸地姫路支判平成9・12・3労判730号40頁では、日系人であるXらがブラジルの職業斡旋業者を通じ労働者派遣を行うY会社に紹介さ

第2節　労働法

(a)　外国人差別と雇用期間の問題

　まず，外国人労働者について期間の定めのある契約とすることが差別になるかとの問題につき，次の判決は差別に当たらないとした。

　　れ，派遣先企業の疎外Ａ会社で就労する間，Ｙ会社が立て替えていた航空運賃が経費として控除（天引き）されていた事案で，裁判所は，航空運賃について，ＸらとＹ会社の間に，分割払いおよび給料から精算する旨の合意があり，合意はＸらの任意によるものと認められ，かつ，Ｘらの不利益となるものではなく，却って利益な面もあること，支払いの煩雑をさけうることから合理的であり，労基法24条1項の規定にかかわらず有効なものと認められるとした。なお，Ｙ会社がパスポートを保管していたことについて，裁判所は，Ｘらの任意の依頼によるものであり，Ｘらの返還要求に直ちに応ずるものであるかぎり，違法なものということはできないが，渡航費用の残額の返済がないことを理由に返還を拒むことは公序良俗に反し許されず，返還請求後のＹ会社の保管行為は違反であるとした。

　　本判決の特徴は，派遣会社が立替えていた外国人労働者の渡航費用を，賃金から返還させる合意相殺を有効とした点にある。このような合意相殺は，労働者の過半数代表との書面協定がない場合，労基法24条1項の賃金の全額払いとの関係で問題となるが，判例は認める傾向にある（菅野和夫・労働法［第8版］（弘文堂, 2008年）230頁）。

　　これに対し，外国人労働者に対する派遣業者やブローカーと，外国人労働者との相殺の合意は，言葉などの問題があり，完全な自由意思によるものではない可能性があり，この場合，相殺を認めないとする見解がある（手塚和彰・外国人と法［第3版］（有斐閣，2005年）272頁）。なお，同書は，外国人労働者に係るブローカーの問題を指摘し，労基法6条の中間搾取の問題や，1賃金支払期の賃金または退職金の4分の3に相当する部分は，民法510条および民事執行法152条2項により，使用者側から相殺することはできないことを指摘している。

　　なお，本判決は，渡航運賃については合意相殺を認めたが，その他の経費についてはＹ会社が支払ったことを認める証拠がない，合意が認められないなどの理由で賃金からの天引きを認めていない。

137　雇用上外国人の特性を考慮すべきかという問題について，懲戒処分にあたり，外国人の国民性を考慮したものに次の判決がある。三洋機械商事事件・東京地判平成9・3・25労判716号82頁では，裁判所は，海外取引の専門家でない中国人従業員Ｘの翻訳のミスで生じた二重払いを発端として生じた紛争で，Ｘがした机をたたくなどの行為は，懲戒事由にあたるとしても，懲戒解雇としては相当性を欠くとして，解雇を無効とした。本判決の特徴は，「日本人のようになあなあで済ますことができない中国人の国民性」を勘案し，社長らとＸとの間で生じた言い争いもＸに一方的に非があるとはいえないと判断し，懲戒処分にあたって国民性を勘案した点にある。また，朋栄事

第1章　問題の所在——日本法の状況

【1】　東京国際学園事件[138]

〈事案〉　専修学校Y学園の外国語教員であるXら（16名のうち13名が外国人）は，平成8年3月20日に8名が，平成9年3月20日に8名が書面をもって雇用期間満了による雇用の終了を通知された。

Xらは，これらの雇止めが無効であるとして，未払賃金を請求した。

〈判決要旨〉　東京地裁は，Xらの雇止めを無効であるとしたが，未払賃金の請求については，帰国や転職等により前提となる就労意思と能力を欠くとして請求を棄却した。以下では，外国人教員につき雇用期間を定めることが違法な差別となるかという問題に関する判示部分を取り上げる。

Y学園では外国人教員を多数雇用するために外国人教員の賃金を日本人教員の賃金よりも高くする必要があったが，終身雇用を前提とする従来の賃金体系では外国人教員にとって魅力があると思えるほどに高額の賃金を提供することはできなかったという状況の下で，本件契約は，外国人教員を期間の定めのある嘱託社員として扱うことによって従来の賃金体系との整合性を図るとともに，従来の賃金体系からみれば高額の賃金を提供することによって多数の外国人教員を雇用する目的で導入した契約であることからすれば，Y学園としては，雇用期間以外はすべて本件契約と同じ内容で，雇用期間の定めのない契約を締結することはできなかったものというべきである。

Y学園に外国人教員との間で期間の定めのない雇用契約を締結する意思がないことをもって，外国籍又は人種による明らかな差別であると認めること

件・東京地判平成9・2・4判時1595号139頁では，人事担当者からの退職勧告に対し，カナダ人労働者が「それはグッドアイディアだ」と返答をしたことが退職合意となるかが問題となったが，裁判所は退職合意は認められないと判断した。なお，外国人労働者の解雇事件については，就業規則のない会社は，労働契約上懲戒解雇の権限が付与されていないとして，インド料理店シェフ（パキスタン人）の懲戒解雇を無効にした判決として，ダムダム事件・東京地判平成13・2・5労判802号98頁がある。アクティ英会話スクール事件・大阪地判平成5・9・27労判646号55頁では，退職の意思表示が合意解約ではなく，退職の予告の意思表示であるとして，即時解雇した使用者に対し，30日分の平均賃金から，労働者の立替金相当額を相殺した限度で支払いを命じた。

[138]　東京地判平成13・3・15労判818号55頁。

はできず，雇用契約の期間を定める部分が憲法14条，労働基準法3条に違反して無効であるとはいえない。

〈本判決の位置付け〉　本判決は，日本人教員とは異なる賃金体系によって高額の賃金を支払っていることからすれば，外国人教員との間で期間の定めのない雇用契約を締結する意思がないことをもって，外国籍または人種による明らかな差別であると認めることはできず，雇用契約の期間を定める部分が憲法14条，労働基準法3条に違反して無効であるとはいえないとした点に特徴がある。また，帰国した外国人について就労意思と能力を立証していないとして，未払賃金の請求を否定した点も特徴がある。

【2】　ジャパンタイムズ事件[139]
〈事案〉　英字新聞を発行するY会社の外国人記者Xは，昭和62年8月1日に入社し，平成13年5月1日に非常勤嘱託として労働契約を締結した。賃金は，月例給約57万円のほか，役職手当等の手当が支給されていた。Y会社は，平成14年5月13日発行のXの記事の内容に不適切な記載があったとして，同25日に謝罪文を掲載するとともに，同年7月4日に同日付けでXを解雇する旨通知した。
　そこで，Xが解雇は無効であるとして訴えを提起した。
〈判決要旨〉　東京地裁は，解雇は無効であるとしつつ，労働契約は1年の期間の定めのある契約であると判断し，期間満了までの賃金等の請求を認めた。以下では，雇用期間についての判示部分を取り上げる。
　本件労働契約は期間を1年とする有期契約であり，毎年契約書を交わして更新してきたこと，最後に契約書が交わされたのは期間を平成13年5月1日から平成14年4月30日までとする契約についてであり，それ以降は契約書が交わされてはいないが，同年5月1日以降もXは従前どおりY会社に労務を提供し，Y会社はこれを受けて従前と同額の賃金を支払っていたことが認められ，このような事実からすると，XとY会社の間で平成14年5月1日以降も期間の点も含め従前と同様の内容による契約を更新するとの黙示の合意が

---

[139]　東京地判平成17・3・29労判897号81頁。

あったものと見ることができる。

　Xは，本件労働契約に期間の定めを設けることは外国人であるXに対する差別的取扱いである旨主張するが，本件労働契約は期間の点のみに着目すれば，定年までの継続雇用を前提とした日本人の正社員の労働契約よりも不利であるといえるものの，英文で記事を書く記者という専門職としての雇用であることから賃金の面ではむしろ相当優遇されていることを考慮すると，期間の定めが設けられていることが専ら原告の国籍や人種を理由とするものであるとはいえない。したがって，本件契約は，平成14年5月1日から1年間の期間を定めたものである。

　〈本判決の位置付け〉　本判決は，外国人労働者について，期間の定めのある契約とすることが差別とはならないとした。その理由として，期間の点では日本人正社員と比べ不利であっても，①専門職であること，②賃金面で相当優遇されていることを挙げている点に特徴がある。

(b)　外国人差別と日本語の問題

　外国人を雇用するに際しては，外国人は日本語能力が十分でないことも多いので，日本語の使用を外国人に求めることが外国人差別になるか，また，逆に，外国人に対し日本語教育を実施しないことが差別になるかが問題となる。

　次の判決では，外国人労働者に対し日本語教育をしないこと等が差別的取扱いになるかという，後者の問題が争われた。

【1】　三菱電機事件[140]

　〈事案〉　インド国籍でアメリカ合衆国在住の原告Xは，合衆国にある被告Y会社子会社社長と面接の上で，Y会社のシステム・エンジニアとして採用され，平成元年3月16日，雇用契約を締結した。そこで，Xは同年8月来日し，9月1日からY会社のコンピュータ製作所に勤務した。

　Xは，Y会社がXに対して日本語教育を実施しなかったことで，日本語教育が行われている白人の欧米系外国人社員および英語教育が行われている日

---

[140] 東京地判平成8・3・25労経速1592号25頁。

本人社員との関係で差別的取扱いを受けたとして、債務不履行（予備的に不法行為）に基づき、Y会社に対し、Xが日本語学校に支払った費用および日本語習得のための書籍代金の損害賠償および慰謝料500万円などを請求した。

〈判決要旨〉 東京地裁は以下のように判断し、Xの請求を退けた。

Y会社がXに対し日本語教育を施すことを約したことはなく、Xの主張を認めるに足る証拠はない。

Xは、Y会社が白人の欧米系外国人社員には日本語教育を行っており、Xが不当な差別を受けている旨主張するが、この社員は、外国大学の新卒採用であり、日本語教育を条件として2年間の嘱託契約で採用している者であるので、採用形態や雇用条件の異なるXと白人欧米系外国人社員とで日本語教育に関して差が存したとしても何ら差別的取扱いになることはない。

また、日本人社員に対し英語教育を実施していることを差別と主張していることについては、Y会社は日本人社員のうちで海外留学・海外勤務に従事させる場合に、業務上の必要に応じて英語教育で行っているが、Y会社の負担で英語教育を行うのはこのような場合に限られ、日本人社員全員に対して英語教育を施しているのではない。また、英会話の希望者に対し、定時後に教室を提供しているが、徴収した受講料を講師の支払いに充てており、Y会社が費用負担しているのではない。

さらに、Xは日本語のコンピュータ・マニュアルしか与えられず、劣悪な処遇を受けていたと主張するが、Y会社はコンピュータ・システムの性能評価などをXに対し行わせ、業務命令は英語で行い、評価結果も英語でレポートすることとなっており、日本語知識もごく一部で足り、配置された職場は英語に堪能な者が多く、英語力のある従業員をXの指導に当たらせていた。コンピュータ・ディスプレイの表示も基本的には英語であり、コンピュータ・マニュアルも、一部は日本語であるが、本質的な部分は英語で説明されていた。グループ内のミーティングも、必要な部分はグループのリーダーが英語で説明したりするなどしていた。このように、Xは職務遂行において日本語の能力がなくとも英語力があれば格別支障は生じなかったことから、処遇上の差別的取扱いも認められず、原告の主張に理由がない。

〈本判決の位置付け〉 本件では、日本語教育の実施が雇用契約上の義務に

第1章　問題の所在――日本法の状況

なっていたかが問題となったが，裁判所はそのような事実は認められないとした。

次に，Y会社が白人の欧米系嘱託社員に対し日本語教育を行っていることが，Xに対する差別的取扱いとなるかが問題となったが，裁判所は，雇用形態が異なることを理由に差別には当たらないとした。さらに，日本人社員に行っている英語教育については，Y会社負担で行う英語教育は，一部の業務の必要性のある者に対してであり，全員ではないことなどを理由に差別に当たらないとした。最後に，日本語を理解しないXに対し日本語のマニュアルやコンピュータが渡さていたため劣悪な処遇を受けたとの主張に対し，日本語能力がなくとも英語での職務遂行に支障はなかったとして，Xの主張を退けている。

わが国における外国人の統合にとって，職場や生活で日本語の習得を図ることは重要な意味を持つものである。しかし，法律上は特段の義務付けはなく，入管法でも在留資格において，日本語能力の要件を設定してはいない[141]。この点については，行政（厚生労働省）が，雇用主がとるべき措置として定めた「外国人労働者の雇用管理の改善等に関して事業主が適切に対処するための指針」[142]において，安全衛生の確保のため，「事業主は，外国人労働者が労働災害防止のための指示等を理解することができるようにするため，必要な日本語及び基本的な合図等を習得させるよう努めること」（同指針第四，三2）としているほか，外国人労働者の日本社会への対応の円滑化を図るため，「外国人労働者に対して日本語教育及び日本の生活習慣，文化，風習，雇用慣行等について理解を深めるための指導を行うとともに，外国人労働者からの生活上又は職業上の相談に応じるように努めること」（同指針第四，五2）とし，雇用主が外国人労働者に労働災害防止や生活指導等の観点から日本語

---

[141] 「第3次出入国管理基本計画」（前掲注（1））において，人口減少時代への対応として，専門的技術的分野に該当するとは評価されていない分野の外国人労働者の受入れを検討するとし，その際には，受入れ要件に日本語能力等を加えることを検討する，としている。

[142] 前掲注（112）指針。

第2節　労働法

教育を行うことを奨励している。また，書面での労働条件の明示，賃金の決定・支払い方法，安全衛生教育の実施，労働災害防止に関する標識・掲示，健康診断の実施，労働・社会保険制度の周知等については，雇用主は「外国人労働者が理解できるよう」にする必要があるとし（同指針第四，二２イおよびロ，同三１，３，４，同四１），労働基準法等関係法令の周知については，「理解を促進するための必要な配慮」を要請している（同指針第四，二４）。このようにわが国では，日本語教育をすることは法律上の義務とまではいえないが，行政は，日本語を理解しない外国人労働者に対する配慮を要請している。

(4)　小括——外国人労働者と労働法

以上，外国人労働者につき，入管法上の地位と労働法上の取扱いが関連性を持ちうる事案に関する裁判例等をみてきた。この点に関するわが国の裁判例は，そもそも数が多くない上に，両者の関連性について意識的に判断していないものもあり，必ずしも裁判例の動向まで明らかになっているとはいえないが，現状においては以下の傾向を見て取ることができよう。すなわち，ここでは，①入管法上の期間との関係で問題となりうる労働契約期間の解釈の問題，②入管法と労働契約関係の問題，③在留手続きのため入管当局に提出した書類が労働契約の内容となるかという問題，そのなかでも能力不足による配転とそれがもたらしうる資格外活動の可能性の問題，さらに，④集団的労使関係法における外国人組合員に対する不当労働行為の成否の問題についてみてきた。最後に，労働法プロパーの問題のうち，外国人差別の問題について，⑤雇用期間の問題および⑥日本語使用の問題を検討してきた。それぞれの問題につき，裁判例等の傾向を述べる。

まず，①入管法上の在留期間との関係で問題となりうる労働契約期間の解釈については，事実認定の問題であるが，裁判例の中には，在留資格の許可日や在留期間を意識した判断をしているものがある。例えば，上記フィリップス・ジャパン事件決定は，４回の更新の後の雇止めが問題となった事案で，雇用継続の合理的な期待を否定する根拠の一つに，在留期間が定められていることを挙げ，期間の定めのない契約への転化を認めなかった。同決定は，在留期間の存在を，期間の定めのある労働契約とみる根拠としたものといえ

る。上記共同都心住宅販売事件判決および上記情報システム監査事件判決は，雇用期間の開始日につき，雇用契約書の在留資格の許可日を始期とするか，実際の就労開始日とするかで，判断は分かれたが，いずれも在留資格の許可日を意識して判断したものといえる。これに対し，上記ユニスコープ事件判決のように，在留手続き上の雇用契約書の記載は，形式的なものに過ぎないとみる余地があるとし，労働契約は在留資格変更および在留期間更新が許可されない場合を解除条件とする期間の定めのない契約として構成したものがある。

次に，②入管法と労働契約関係の問題について，滋野鐵工事件判決は，入管法の手続き上の「受入れ企業」と技能実習生との間の雇用契約の存在を認める形で，入管法上の取扱いに一応の配慮を示しつつも，安全配慮義務を負う主体を判断するに際し，入管法の手続き上の「受入れ企業」ではなく，実際に就労（技能実習）をしていた企業が安全配慮義務を負っていたとして，実態に応じて労働契約法理を適用している。

また，③在留手続きのため入管当局に提出した書類が労働契約の内容にいかなる影響を及ぼすかという問題について，裁判例は，在留資格手続きのために作成された雇用契約書を重視しない傾向がある。上記山口製糖事件は，「技術」の在留資格の外国人に，製糖作業を行わせ，および上記鳥井電器事件は，「人文知識・国際業務」の在留資格の外国人にプラスチック製品組立作業等を行わせていた。いずれも，事案としては，入管法の在留資格外活動や，基準省令以下の賃金や労働条件が問題になりうるものであったが，この点について裁判所は判断を行っておらず，各事件における，労働契約の内容等にかかわって生じた問題につき影響をもたらしてはいない。これに対し，真の労働契約は口頭で行われていたという雇用主の主張を否定し，在留資格手続きのために作成された雇用契約書を労働契約の内容として認めたマハラジャ事件があるが，裁判例の傾向は，在留資格手続きのために作成された雇用契約書を重視しない傾向がある。

上記と関連して，上記鳥井電器事件判決は，能力不足を理由に外国人労働者を配転する場合，配転されたポジションで労働者が職務を遂行することが資格外活動と評価されることとなる点をどう考えるかという問題を提起しう

る事案であったが，裁判所は，配転によって資格外活動になるので配転命令は無効との外国人労働者の主張を容れず，配転命令拒否を解雇事由に該当すると判断している。このように裁判例は，労働契約の解釈をめぐって，入管法上の外国人労働者の地位に関連付けて判断したものはほとんど見られない。

さらに，④集団的労使関係法における外国人組合員に対する不当労働行為の成否につき，上記ネットユニバース事件で千葉地労委（当時）は，適法に就労する外国人労働者にとって，在職証明書はその地位を保証する重要な書類とし，雇用主は雇用管理上の理由をもって拒んではならないとし，その交付を拒否したことは組合の弱体化を企図した不当労働行為にあたると判断した。在職証明書それ自体は，労働法上は，労働者に交付請求権を与えるなどの特別な位置付けを与えられていないが，同命令は，入管法における手続きの重要性を不当労働行為の判断に結びつけたものと位置付けられる。ここでは，入管法を考慮した労働法の適用がなされているといえなくもない。

最後に，入管法とは直接に関連しないが，外国人に関わる労働法上の問題のうち，外国人差別の問題について，⑤雇用期間の問題および⑥日本語教育をしないことによる差別の問題があるが，まず，⑤雇用期間の問題について，上記東京国際学園事件判決は，外国人教員との間で，期間の定めのない契約を締結する意思がないことをもって，外国籍または人種による明らかな差別であると認めることはできないと述べた。同様に，上記ジャパンタイムズ事件判決も，外国人記者の期間の定めのある契約について，期間の点では日本人正社員と比べ不利であっても，職務の専門性および賃金面での優遇を理由に差別に当たらないとした。次に，⑥の日本語教育をしないことが差別的取扱いとなるかという問題については，上記三菱電機事件判決は，日本語教育が労働契約上の債務になっていないこと，日本語教育が行われている白人社員とは採用形態が異なり，業務上も日本語能力がなくとも格別支障が生じなかった等の理由で差別的取扱いはない，と判断している。このように裁判例は外国人労働者につき，採用形態が異なることなどを理由に，外国人について類型的に日本人と異なる取扱いをしても，差別とは認めない傾向がある。一方，上記のように，行政（厚生労働省）は，日本語の使用という面に関して，「外国人労働者の雇用管理の改善等に関して事業主が適切に対処するた

第1章　問題の所在──日本法の状況

めの指針」[143]において日本語教育をすることを奨励している（同指針第四，五2）。

　以上，わが国の裁判例の状況をまとめると，入管法上の取扱いが労働法上の取扱いに影響を与えるかどうかについては，まず，労働契約の期間については，在留期間との関係でこれを意識するものが多いといえる。次に，労働契約関係については，一応，入管法の手続き上の雇用主との雇用関係を認めつつ，安全配慮義務の主体の認定につき，実態に応じて判断したものがある。また，契約内容については，在留資格に関する許可申請のため入管当局に提出される「雇用契約書」を労働契約の内容とみる判例は少ない。さらに，外国人従業員を配転させた場合，当該外国人の「在留資格」に照らすと，資格外活動となるおそれが生じることがあるが，裁判所は，そもそもこれを意識することなく，配転の有効性を認めている。さらに，集団的労使関係法における外国人組合員に対する不当労働行為の成否が問題となった事件で，在留手続きに必要な在職証明の発給拒否を不当労働行為と認定した命令があるが，入管法を考慮して労働法の適用がなされているともいいうる。最後に，外国人差別との関係で，外国人について雇用期間を期間の定めのあるものとすることは，差別に当たらないとするものが大半である。日本語教育については，裁判例は日本語教育を行わなくとも差別を認めるものはないが，行政は日本語教育を奨励している。

2　不法就労者と労働法

(1)　不法就労者と労働法規の適用の有無

　労働基準法，最低賃金法，労働安全衛生法，労災保険法等の労働保護法は，すべての労働者に適用されることから，不法就労者であっても原則適用があると解されている。すなわち，学説においては，不法就労自体は，労働契約を無効にするほどの違法性はなく，また，労働基準法は，現実の就労に着目して労働者を保護することを主たる目的にしているとして，労働基準法および労災保険法の適用を認めるものがある[144・145]。行政解釈においても，職業

---

[143] 前掲注（112）指針。

第2節　労働法

安定法，労働者派遣法，労働基準法等の労働関係法令は，日本国内における労働であれば，不法就労者にも適用があるとしている[146・147]。労働組合法についても同様に適用があると考えられている[148]。

労働市場法では，上述のとおり職業安定法の適用はあるも，公共職業安定所では，求職の内容が法令に違反する場合は，申込みを受理しないことになっており，不法就労につながる職業紹介は行われない[149]。雇用保険法は，

---

[144] 小西國友＝渡辺章＝中嶋士元也・労働関係法［第3版］（有斐閣，1999年）38-39頁［小西執筆部分］。同様に，入管法違反の不法就労は公法的取締法規違反にすぎず，公序良俗に反する行為として無効（民法90条）となるものではないとする見解もある（手塚・前掲注（136）書267頁）。また，労基法の適用について，入管法違反の就労であっても，直ちにその就労が法的保護に値しないことを意味せず，同法の適用を受けるとの指摘もある（西谷・前掲注（67）論文29頁参照）。さらに，労基法3条の国籍差別の禁止は，不法就労者にも及ぶとの見解がある（水町勇一郎・労働法［第2版］（有斐閣，2008年）193頁参照）。

[145] このように不法就労者にも労働関係諸法令の適用があるとしても，法律上の権利の存在と，事実上の救済可能性は別個の事柄といえる（花見忠・労働政策（日本労働研究機構＝日本労使関係研究協会，2002年）182，195-196頁）。すなわち，不法就労者が保護を受けるのは現実問題として困難が伴い，具体的には，労働契約関係の特定の困難さや，低賃金就労，賃金不払い，解雇，労災かくし等の問題が発生しているとの指摘がある（鬼束・前掲注（83）論文70-72頁参照）。

[146] 昭和63・1・26基発50号，職発31号。ただし，職業安定法による公共職業安定機関による職業紹介・職業指導のサービスは，就労可能な在留資格の外国人のみが受けられ，不法就労者は受けられない扱いになっている（菅野・前掲注（136）書86-87頁）。

[147] 不法就労者に労働保護法の適用があっても，入管当局への通報を恐れて救済を求めないことがある。また，公務員は不法就労を発見した場合，入管当局への通報義務がある（入管法62条2項。前掲注（146）行政解釈。ただし，労働省（当時）は，法違反の是正を行うことにより，労働者の権利の救済に努めることとし，重大な違反がない限り，原則として，入管当局への通報を行わないとしていた（平成元・10・31基監発41号）。

[148] 下井隆史・労働基準法（日本労働研究機構，1999年）13-14頁（労基法，労組法，労働安全衛生法，労災保険法，最低賃金法，労働者派遣法，職業安定法等は，不法就労者を含む外国人労働者に適用される，とする），菅野和夫＝安西愈＝野川忍・実践・変化する雇用社会と法（有斐閣，2006年）342頁参照。

[149] 花見＝桑原編・前掲注（82）書97頁〔梅谷俊一郎執筆部分〕参照。

第1章　問題の所在——日本法の状況

原則として国籍を問わず適用されるが[150]，不法就労者への給付の実情は明らかではない[151]。

(2)　入管法違反と労働契約

以上のように不法就労者に労働法令の適用が認められるとしても，入管法上の違法性が労働契約にいかなる影響を与えるかが問題となる。入管法違反の労働契約の効力については，「このような契約は出入国管理法に違反するので違法であるといえる。だが，同じく法律違反であるといっても，使用者が15歳未満の年少労働者と労働契約を締結することを禁止する労働基準法56条に違反する労働契約と比較して，その違法の程度は軽微であり労働契約の無効を結果するほどの違法とは考え難い」と指摘されている[152]。また，資格外の就労を行っていた外国人の損害賠償請求の可否について，次に取り上げる裁判例[153]は，そのような就労が法的保護に値するかどうかは，「その就労を制限する入国管理に係る法令の立法趣旨，違反行為に対する社会倫理的非難の程度，一般取引に及ぼす影響，当事者間の信義公平等諸般の点を考慮して決するのが相当」としている。

すでに述べてきたとおり，在留資格のなかには，就労が認められていないものがある。そのなかで，「留学」，「就労」等のように資格外活動の許可を受ければ一定の要件のもと制限時間内のアルバイト（就労）が認められるものがある。これらの在留資格の外国人が許可を受けずに，または許可の時間を超えて就労することは認められていない。次の裁判例では，中国籍就学生の交通事故の事案につき，制限外の就労で得ていた賃金額を基に休業損害の賠償を認めることができるかが問題となった。なお，本件で当該就学生は入管法の資格外活動が行われたとは認定されていないので，不法就労者といえるかどうかは断定できない事案である。

150　労務行政研究所編・新版雇用保険法（コンメンタール）（労務行政，2004年）298頁。
151　菅野・前掲注（136）書87頁，手塚・前掲注（136）書376-377頁参照。
152　小西他・前掲注（144）書38頁［小西執筆部分］。
153　後掲注（154）掲記の裁判例参照。

第2節　労働法

【1】　中国籍就学生損害賠償反訴請求事件[154]

〈事案〉　中国籍就学生Xは，平成元年3月11日に横断歩道を自転車で通行中，Y会社のY1が運転する自動車に接触され，傷害を負った。Xがアルバイトの休業損害等の賠償を求めたところ，Yらは，Xは入管法上就学生として入管局の許可を得て認められる制限時間（当時は週20時間）を超えて就労していること等を理由に，Xの就労は違法就労であって，法の保護に値せず，休業損害も発生しないと主張し，これに対し，Xが反訴した。

〈判決要旨〉　東京地裁は次のように述べ，Xの休業損害の賠償を認めた。

違法就労が，法的保護に値するかどうかは，その就労を制限する入国管理に係る法令の立法趣旨，違反行為に対する社会倫理的非難の程度，一般取引に及ぼす影響，当事者間の信義公平等諸般の点を考慮して決するのが相当である。Xの入管法に違反する就労は，報酬を受ける活動を専ら行っていると明らかに認められない限りは，その違法性は強度のものではなく，反道徳的で醜悪な行為とはいえず，Xが相手方事業者と締結する労働契約が私法上当然に無効となるべきものではなく，Xは相手方事業者に対し賃金の支払いを請求しうる権利を有する。また，賠償の対象とするのでなければ，Yらの不法行為により，Xのアルバイト収入の利益を失わせながら，Yらがこれを賠償する責任を負わないことになり，損害の公平な負担という観念に照らし，当事者の公平に反することになる。実質的な見地からみても，アルバイトという形であれ，その就労がある程度に及びあるいは及ぶ蓋然性があれば，在留資格を有する者が，日本の社会の中で生活していく上での利益として法的保護に値すると解するのが相当である。したがって，Xの就労が入管法に違反して違法であったとしても，在留資格のある間におけるXの休業損害を算定するに際しては，その違法就労により日本で取得している金額を基礎として算定することも許されると解するのが相当である。

〈本判決の位置付け〉　本判決は，資格外活動の許可が出された場合の制限時間を超えて就労していた中国籍就学生につき，交通事故による休業損害の賠償を認めたが，違法就労と法的保護との関係につき，①就労を制限する入

---

[154]　東京地判平成3・4・26判時1409号84頁。

第1章　問題の所在——日本法の状況

管法令の立法趣旨，②違反行為に対する社会倫理的非難の程度，③一般取引に及ぼす影響，④当事者間の信義公平等諸般の点を考慮するとの一般論を示している点で特徴がある。そのうえで，本件については，(ｱ)違法性は強度ではない，(ｲ)損害の公平な負担，(ｳ)在留資格を有している者が日本で生活していく上での利益の保護，という観点を示し，Ｘの違法な就労により取得している金額を休業損害の算定の基礎としうるとしている。本件では労働関係における問題が争われたわけではなく，適用が問題となったのも民法（不法行為法）であるが，以上のような発想は，労働関係における損害賠償，ひいては，労働法規の適用にも妥当する面があると考えられよう。なお，本件の射程は，判決も言うように，在留資格を有する者の資格外の就労が専ら行われていることが明らかであるとはいえない場合である。資格外の就労を専ら行っていることが明らかな場合には，入管法上，退去強制の対象となりうるので（資格外活動，入管法70条1項4号，73条），このように射程を限定した本判決は，入管政策との調整を意識しているといえる。

(3)　不法就労者の逸失利益

　また，労災事件につき，不法就労者が損害賠償を請求する場合の逸失利益の算定[155]においては，わが国の基準によるか，出国先国（本国）基準によるか，という問題が生ずる[156]。この点について，憲法14条の平等原則をもとに日本人と同様に日本の賃金水準で算定すべしとの見解もあるが（高松高判平成3・6・25判時1406号28頁は，この見解を採用し，観光目的で滞在中に交通事

---

[155]　労災保険法上の労災給付が支給されている場合，労働福祉事業の一環として支給される特別支給金を除き，その額は財産的損害（うち消極的財産損害を逸失利益という）を填補するので，残りの額が賠償すべき額となる（改進社事件最高裁判決でもそのように取り扱われている）。

[156]　伊藤文夫「外国人被害者と自賠責保険の取扱いの現状」日本交通法学会編・外国人労働者への交通事故賠償（交通法研究21号）（有斐閣，1992年）51-61頁では，不法就労者の逸失利益の算定にあたり，自賠責保険の実務では，裁判と異なり，査定要綱等により定型的に処理せざるをえないと述べつつ，不法就労者については，「将来的意味においては無職者といわざるをえず」，査定要綱の無職者の処理方法を類推適用する流れがあるとする（同論文58頁）。

故死した中国人に日本の賃金センサスを基礎に60歳までの逸失利益を認めた），最高裁の判断を示したものとして，以下の改進社事件最高裁判決がある。

【1】 改進社事件最高裁判決[157]
〈事案〉 本件は，パキスタン人不法就労者が，もとの雇用主に対し，安全配慮義務違反に基づき，労働災害についての損害賠償を請求した事件で，逸失利益の算定が問題となった。
〈判決要旨〉 最高裁は以下のように判断した。
まず，逸失利益は，相当程度の蓋然性をもって推定される将来の収入等の状況を基礎に算定されるが，算定方法については，被害者が日本人か否かによって異ならないとした。
その上で，一時的にわが国に滞在する外国人については，わが国での就労可能期間ないし滞在可能期間はわが国での収入等を基礎とし，その後は想定される出国先（多くは母国）での収入を基礎として逸失利益を算定するのが合理的であるとした。そして，わが国での就労可能期間は，「来日目的，事故の時点における本人の意思，在留資格の有無，在留資格の内容，在留期間，在留期間更新の実績及び蓋然性，就労資格の有無，就労の態様等の事実的及び規範的な諸要素」を考慮して認定するのが相当であるとした。そこで，不法残留外国人については，入管法の退去強制の対象となり，わが国における就労および滞在は不安定であり，事実上はある程度の期間滞在している不法残留外国人がいることを考慮しても，在留特別許可等によりその滞在及び就労が合法的なものとなる具体的蓋然性が認められる場合はともかく，就労可能期間を長期にわたるものと認めることはできない，と判示し，本件では，

---

[157] 最三小判平成9・1・28民集51巻1号78頁。本判決の判例評釈として，奥田安弘「判批」ジュリ1131号137-140頁（1998年），窪田充見「判批」法教204号130-131頁（1997年），山川隆一「判批」ジュリ臨増1135号［平成9年度重要判例解説］297-298頁（1998年），川神裕「判解」最判解民事平成9年度（上）50-91頁（2000年），米津孝司「判批」法時70巻3号125-128頁（1998年）等多数ある（改進社事件判決評釈については，後掲注（161）も参照）。本判決を含む外国人の逸失利益について，村田敏「外国人が被った災害による損害賠償の国内及び国際的権利保障」判タ771号17-24頁（1992年）。

第1章　問題の所在——日本法の状況

事故後に勤めた会社を退社した日の翌日から3年間はわが国における収入を，その後は来日前にパキスタンで得ていた収入を基礎として算定するものと判断した。

〈本判決の位置付け〉　本判決は，逸失利益を事実認定の問題として判断したものといえる[158]。そのうえで，最高裁が逸失利益を算定するにあたり，不法就労者について，わが国での一定期間の滞在の蓋然性は認めたものの，長期にわたるものと認めることはできないとしたこと（本件では3年間）は，入管政策の観点からの規範的要素も考慮に入れたものといえる[159]。本判決は，これに続く，同種の事件の先例となっている[160]。ただし，本判決では，考慮すべき「規範的な諸要素」についてその内容が明確に示されていなかったため，「規範的諸要素」の解釈をめぐって，学説において混乱が生じていることが示すように[161]，問題も生じている。

また，以上の点とも関連するが，外国人の逸失利益の算定を，わが国での

---

[158] 山川隆一「国際化する労働関係の法的課題」岩村正彦他編・岩波講座現代の法12・職業生活と法（岩波書店，1998年）所収194-195頁。

[159] 不法就労者の就労可能期間について，不法就労者の場合は，摘発によって退去強制させられる可能性と自ら進んで帰国する可能性とを払拭することはできない，として，改進社事件最高裁判決以前に同旨の指摘をしたものとして，藤村和夫「外国人不法就労者の損害賠償」同・交通事故賠償理論の新展開（日本評論社，1998年）所収246-247頁参照。

[160] 浦和地判平成9・7・2判タ959号213頁（交通事故死した中国人（就労資格の有無は認定されていない）につき，裁判所は改進社事件最高裁判決の判断基準を引用したうえで，被害者は日本語が十分でなく，日本で定職もなかったことから長期間日本に滞在する蓋然性は少ないとして日本での就労可能期間を2年と認定した）など。

[161] 本判決のいう規範的要素の解釈をめぐる混乱を指摘するものとして，改進社事件判例評釈である山川・前掲注（157）判批297-298頁参照。すなわち，被災労働者保護の要素を規範的要素と読む立場（同判決評釈である，水野勝「判批」労判717号7-13頁（1997年），野川忍「判批」ジュリ1123号153-156頁（1997年））と，入管法違反ゆえに帰国せざるを得ないことを規範的要素と読む立場がみられる（同判決評釈である，川神裕「判解」ジュリ1117号177-180頁（1997年）（最高裁判所調査官である同氏は，「不法滞在であって退去強制の対象となるという規範的要素」をある程度重視せざるを得ないとする（同180頁）。川神・前掲注（157）判解68-69頁でも，同様の見解が繰り返されている），窪田・前掲注（157）判批130-131頁）。両者の視点を含めるべきと

収入をベースに算定するか，本国ベースで算定するかとの問題について，前述の高松高裁判決のように，憲法14条の平等原則をもとに日本人と同様に日本の賃金水準で算定すべしとの見解もあるが，本判決は，逸失利益は，相当の蓋然性をもって推定される被害者の将来の収入を基礎として，被害者個々人の具体的事情を考慮して行われるのが相当であるとし，こうした逸失利益の算定方法は，被害者が日本人であると否とによって異ならないとしている。こうした最高裁の見解によれば，逸失利益は個々人の具体的事情を考慮し算定されるので，高松高裁判決のいうような憲法14条の問題は生ぜず，むしろ事実認定の問題として位置付けられるといえる[162]。

【2】 イラン人不法就労者労災事故逸失利益請求事件[163]

〈事案〉 イラン人の不法就労者であるXが，プレス機を操作中に右手4指の指先を切断したことにつき，雇用主Yに安全配慮義務違反があったとして，Yに損害賠償を請求した。

〈判決要旨〉 不法就労者である原告は可能な限り長期間日本に滞在することを望んでいたとしても，最終的には退去強制の対象とならざるを得ず，妻

の立場として，同判決評釈である吉村良一「判批」リマークス1998〈上〉68-72頁（1998年）がある。

[162] 日本での就労可能期間の認定については，外国人が現実に日本に滞在し，就労していた（または就労可能であった）場合には，改進社事件最高裁判決で示された基準に従い，逸失利益の算定にあたり日本での就労可能期間が認められるものと解される。これに対し，予定される滞在期間が限定されている在留資格（例えば，「研修」および技能実習のための「特定活動」等）については，改進社事件のような不法就労者のケースと比べ，日本での就労可能期間が実際に認められなかったり，認められたとしても短いため，逸失利益の算定において，日本より収入水準が低い国からの外国人について少額の損害賠償しか認められない場合が生じうることから，入管法上合法に滞在している外国人と不法に滞在している外国人との間に不均衡が生じるのではないかという疑問が生じる。この点については，日本での滞在可能性が事実認定の問題であることから，事案に応じ実質的に判断されるのがむしろ公平であり，このために実際の損害額の認定において合法外国人が不法就労者より不利な場合があるとしてもやむをえないと考える。

[163] 東京地八王子支判平成4・11・25判時1479号146頁。

帯者は単身者ほど長期間日本に滞在しないのが自然として，逸失利益を症状固定後2年間につき日本ベースで，その後はイランベースで算定した。

〈本判決の位置付け〉 改進社事件最高裁判決より前に出された判決であるが，本判決は，不法就労者自身が長期間日本に滞在する意思があったとしても，最終的には「退去強制の対象」となる立場であるとし，逸失利益の算定につき，2年間を日本ベースとし，その後を本国ベースとした点に特徴がある。また，改進社事件最高裁判決では示されていない態度であるが，妻帯者は単身者よりも長期間滞在しないのが自然として，本国での家族関係によって，日本での滞在・就労可能期間の長短を分けようとしている点にも特徴がある。

【3】 ガーナ人不法就労者労災事故逸失利益請求事件[164]
〈事案〉 ガーナ人の不法就労者であるXは，プラグの組立て作業中に左手首を小型射出成形機に挟まれて切断したことにつき，雇用主を相手に安全配慮義務違反および不法行為に基づく損害賠償を請求した。
〈判決要旨〉 不法残留し就労する者は，最終的には退去強制の対象となるのであって，原告Xに特別に在留が合法化され退去強制処分を免れ得るなどの事情もうかがえないことなどを総合勘案すると，逸失利益は，症状固定時から3年間は日本ベースで算定し，その後67歳まではガーナベースで算定するとした。
〈本判決の位置付け〉 本判決も改進社事件最高裁判決より前に出された判決であるが，本判決の特徴は，原告が，特別に在留が合法化され退去強制処分を免れ得るなどの事情を主張立証すれば，日本ベースでの算定もありうることを示唆していることにある。以上の点は，改進社事件最高裁判決の傍論で取り上げられた「在留特別許可等によりその滞在及び就労が合法的なものとなる具体的蓋然性」の意味について，具体的に述べていたものといいうる。

改進社事件最高裁判決以降の裁判例をみると，おおむね同判決に沿った傾

---

[164] 東京地判平成5・8・31判時1479号146頁（判決文掲載は149頁）。

向を示している（植樹園ほか事件・東京地判平成11・2・16労判761号101頁では，不法就労者である原告の後遺障害の逸失利益を算定するにあたり，日本での就労可能期間を「症状固定日」の翌日から3年として，その間は日本での収入を基礎とし，その後67歳までは母国（韓国）の建設業の平均賃金を基礎として算定した。また，中島興業・中島スチール事件・名古屋地判平成15・8・29労判863号51頁は，不法就労者の労災事故での逸失利益につき，事故がなければ，なお3年間は日本で就労可能であったとし，症状固定時から3年間は日本での収入を基礎とし，その後67歳までは母国（韓国）の高卒男性の全産業前年齢平均賃金を基礎として算定した）。さらに，インド国籍の不法就労者の労災事件である三協マテハン事件・名古屋高判平成15・9・24労判863号85頁は，就労資格のない外国人の逸失利益に関し，後遺症の症状固定時から少なくとも3年間は労働者が日本国内で就労する蓋然性を認め，それ以後はインドで就労し収入を得ることができたものと認めるのが相当としたうえで，3年間について日本の賃金水準により逸失利益を算定し，その後67歳までの逸失利益については，インドにおいて来日前の職業で得ていた賃金をもとに算定した。

改進社事件最高裁判決は，「一時的に我が国に滞在し将来出国が予定される外国人」に言及しているが，これには，不法残留外国人のみならず，将来出国が予定される者である限り，合法的に日本に滞在し就労する外国人も含まれうるので[165]，同様に，日本での就労可能期間内は日本の収入を基礎とし，その後は出国先での収入を基礎に逸失利益が算定されると考えられる[166]。

一方で，不法就労者でないが，日本での就労の蓋然性がないため，日本での就労可能期間があるとは認められず，逸失利益の算定において日本の収入が考慮されなかった判決もある。研修目的のため，日本での就労の蓋然性が

---

[165] 交通事故により後遺障害を負った「日本人の配偶者等」の在留資格を持つブラジル日系人につき，本人が日本で資金を貯めて将来はブラジルでコンビニエンスストアを開店するのを目的に当初は2年間で帰国するつもりで来日したと認定し，日本での就労可能期間を症状固定から5年間とした裁判例（岐阜地御嵩支判平成9・3・17判タ953号224頁）がある。

[166] 山川・前掲注（157）判批297-298頁参照。

なく，その結果，日本での就労可能期間が認められなかった裁判例として，東京地判平成5・1・28判時1457号115頁（韓国人獣医師が研修目的で来日中に交通事故死した事案）がある[167]。また，逸失利益を算定するのは，日本において現に就労し，あるいは，就労可能な被害者を前提としているとして，研修目的で来日した被害者の日本での就労可能期間を否定したものがある（大阪地判平成5・4・16交民26巻2号495頁（インド人が企業研修で来日中に交通事故死した事案））。これに対し，交通事故で障害を負った当時は就労不可能な「短期滞在」の在留資格であった者が，事故後，就労可能な「技術」の在留資格を取得し，家族も日本にいた事案において，長期在留に高い蓋然性があるとして症状固定時から67歳までの全期間を日本での就労可能期間とした例がある（名古屋高判平成5・5・25交民26巻3号589頁）。

(4) 外国人の労働災害と慰謝料

次に，逸失利益とは性質を別にするが，慰謝料についてみると，外国人の場合，日本の物価水準を基準とするか，予定されている出国先を基準とするかという問題がある（この問題は，不法就労者特有の問題ではなく，外国人一般の問題である）。慰謝料は非財産的（精神的）損害に対する賠償であり，逸失利益は消極的財産損害であるという違いがあるが，双方とも損害賠償の問題であるので，ここで述べておく。

【1】 滋野鐵工事件[168]

本判決の事実関係は前記のとおりである。以下では，慰謝料についての判示のみ取り上げる。

〈判決要旨〉 裁判所は，本件では原告の生活の本拠が本国にあり，そこでの物価水準は慰謝料を考慮する要素となるとした。

〈本判決の位置付け〉 慰謝料の算定については，本件第一審が，原告Xがすでに帰国していたことから，本国の賃金・物価水準が日本に比べ低いこと

---

[167] 東京高判平成7・1・19判夕886号244頁も同旨（大学院への進学準備中であった韓国人の交通事故死の事案で，日本で就職する蓋然性を認めるのは困難とした）。

[168] 前掲注（125）判決。

を理由として本国水準で慰謝料を算定したのに対し，本判決は，生活の本拠が本国にあり，そこでの物価水準を慰謝料を考慮する要素とした点に特徴がある。本判決が採用した論拠によれば，外国人がなお日本に滞在し，生活の本拠が日本にある場合には，日本の物価水準を考慮の要素とすることとなろう。裁判例では，交通事故で死亡したスリランカ人の不法就労者の遺族が請求した慰謝料につき，死亡慰謝料の算定にあたっては，日本人と外国人とを問わず，遺族の生活の基盤がどこにあり，どの国で費消されるのかなどを考慮して，実質的な価値を日本と当該外国との経済的事情の相違に応じて公平，平等なものにする必要があるとしたものがある（東京高判平成13・1・25判タ1059号298頁）[169]。

このように生活の本拠を重視する立場がある一方，生活の本拠も考慮すべき事情であるとしつつも，日本人とのバランスも考慮して慰謝料額を決定する裁判例がある（離婚後帰国した中国人妻の日本人夫への離婚慰謝料請求事件で，慰謝料額算定にあたって，帰国後の中国での所得・物価水準は逸失利益の算定と比べさほど重視すべきではなく，これを重要な要素として慰謝料の額を減額すれば，夫側に日本人妻と離婚した場合に比して不当に得をさせる結果を生じ，公平を欠くことになるとして，帰国の事実も考慮した上で100万円の慰謝料を認めたものがある（仙台高秋田支判平成8・1・29判時1556号81頁））。

外国人の慰謝料額の裁判例の傾向について，現状では日本人より低めの場合が多いが，死亡事件などで，慰謝料の定額化傾向とともに，裁判例の認める額は日本人の場合の慰謝料額に近づいているとの指摘もある[170]。

なお，前述の改進社事件最高裁判決では，日本人以上の慰謝料額の請求に対し，日本人以上の慰謝料額を認める事情がないとして斥けている。

---

[169] 同様の見解を示すものとして，わが国より所得水準ないし物価水準の低い国の国民が日本人と同様の基準により慰謝料請求権を取得することは，実質的には，外国人に日本人より多くを慰謝した結果となるのではないか，との指摘がある（長久保守夫＝森木田邦裕「東京地裁民事第27部（民事交通部）における民事交通事件の処理について（一）」司法研修所論集86号65頁（1991年））。

[170] 村山浩昭「不法残留外国人の逸失利益の算定等について」判タ1000号161-168頁（1999年）参照。

(5) 不法滞在外国人と社会保障法規の適用の有無

不法滞在外国人に対する社会保障法の適用については不明確な点が多い[171]。厚生年金, 健康保険などの被用者保険は, 国籍条項はなく, 外国人が適法かどうか詮索されずに適用される[172]との指摘もあるが, 行政解釈では, 健康保険は「適法に就労する外国人に対しては, 短時間就労者も含めて日本人と同様の取扱いとする」（平成4年3月31日保険発第38号）とあり, 同通知には「厚生年金保険の適用の適正化についても同様」と就労が適法であることを前提とするかの記述があることには注意を要する[173]。

国民年金法は, わが国が, 難民条約批准後[174], 1981（昭和56）年6月12日の改正（昭和57年1月1日施行）で国籍条項[175]を撤廃したため, 現行法に国籍条項はないが, 不法滞在外国人に適用されるかどうかは不明である[176・177]。

---

[171] 倉田聡「外国人の社会保障」ジュリ1101号46-50頁（1996年）参照。また, 社会保険制度による解決は実現困難との認識のうえで, これとは別に救急医療の保護のあり方を検討したものとして, 岩村正彦「外国人労働者と公的医療・公的年金」季刊社会保障研究43巻2号107-118頁（2007年）参照。

[172] 菅野・前掲注（136）書87頁。

[173] 行政は, 不法滞在外国人について, 不法な就労を前提とした使用関係は不安定なものであり, 健康保険の「常用的雇用関係」とは認められないとの立場を示している（外国人に係る医療に関する懇談会報告書（1995年）6頁参照）。

[174] 難民の地位に関する条約（昭和56年10月15日条約21号）。同条約は24条において, 労働法制および社会保障について, 難民に自国民と同一の待遇を与えること（均等待遇）が規定されている。

[175] 旧国民保険法7条1項に国籍条項があったことを国籍差別であるとして, 在日韓国人（特別永住者）である原告が国賠請求した事件では, 当時の社会的・経済的状況に照らし, まず日本国民に社会保障を行うことが急務であったこと, 外国人に対する社会保険を含む社会保障の責任は第一次的にはその者の属する国家が負うべきであるから, 国がどのように処遇するかについては, 特別の条約が存しない限り, 政治的判断により決定することができ, 限られた財源の下で自国民を在留外国人より優先的に扱うことも許されること, また, 国際人権規約から旧国保法の国籍条項撤廃までの2年は年金制度を見直すための合理的な期間であった等と述べ, 国賠請求を棄却した判決がある（大阪地判平成17・5・25判時1898号75頁）。

[176] 手塚・前掲注（136）書377頁は適用されないとする。

[177] 国民年金法の被保険者資格を定める7条の「日本国内に住所を有する」者に不法滞

第2節 労働法

　生活保護法には，国籍条項があり，「永住者」，「定住者」，「日本人の配偶者等」の定住性のある在留資格をもつ者に対しては，準用されるが，定住性のない外国人には準用されず，不法滞在外国人は生活保護の対象とならない（最三小判平成13・9・25判時1768号47頁）[178]。

　国民健康保険法については，国民年金法と同様に難民条約批准後，国籍条項が撤廃されている。不法滞在外国人への同法の適用については，法が在留資格を有しない外国人を一律に除外する趣旨と解することはできないが，安定した居住関係を継続的に維持し得る蓋然性が高いと認められることが必要とした最高裁判決が下された[179]。しかし，同判決後，同法施行規則が改正され，在留資格を有する者に適用されることが前提となったため，原則として，不法滞在外国人に適用はない[180]。

　　在外国人は該当しない取扱いとなっている。なお，労災保険は，在留資格の有無を問わず，不法就労者にも適用がある。
[178]　本判決は，交通事故にあった不法滞在外国人について，不法残留者を生活保護の対象に含めるかどうかは立法府の裁量であるとして生活保護申請却下処分を適法とした。なお，生活保護法には，国籍条項があるため，原則は国民のみに適用される（2条）。しかし，行政処分として，生活保護法の準用という形で生活保護が与えられる場合がある（昭和29・5・8社発382号，平成13・10・15社援保発50号，同51号）。ただし，行政処分であるので，外国人に医療扶助を請求する権利はなく，その場合も適法に定住する外国人に限るとされている。事案としては，くも膜下出血で入院した留学生に対し，神戸市が生活保護の医療扶助を与えたが，厚生省は準用する外国人の範囲は永住者などであるとし，国庫負担の対象にならない旨の見解を示したため，市が全額負担したケースがある（そのため，住民が市に代位して国庫負担金を請求したが，裁判所は住民訴訟の対象でない等の理由で請求を棄却した。神戸地判平成7・6・19判例地方自治139号58頁）。
[179]　最一小判平成16・1・15民集58巻1号226頁。
[180]　在留資格のない外国人の法的地位については，早川智津子「在留資格のない外国人と国民健康保険被保険者証不交付処分の適否」季労205号195-211頁（2004年）参照。なお，国民健康保険法の適用については，本判決後の平成16年6月8日に国民健康保険法施行規則第1条が改正され，外国人の同法の適用には，入管法上の在留資格を有することが前提とされた。これにより，同法の適用をめぐる議論は，行政解釈上の決着をみた（学説上は，施行規則の定めは法の委任の範囲を逸脱しているとの疑問が呈されている（岩村・前掲注（171）論文116-117頁））。なお，高齢者の医療の確保に関

(6) 小括——不法就労者と労働法

以上，不法就労者と労働法の問題をみてきた。ここでは，主として，①不法就労者への労働法規の適用の問題の取扱い，②入管法違反の労働契約の取扱い，③不法就労者の逸失利益，および，④不法就労者を含む不法滞在外国人への社会保障法規の適用の各問題についてみてきた。

まず，①不法就労者に対し，労働法規の適用があるかという問題については，一般に，不法就労者にも，労働基準法，最低賃金法，労働安全衛生法，労災保険法等の労働保護法の適用があるとされている。行政解釈も，職業安定法，労働者派遣法，労働基準法等の労働関係法令の適用があるとしている。ただし，このように職安法の適用が認められるとしても，同法上の公共職業安定所による職業紹介は，不法就労者には行われないこととされている。このことは，不法就労状態を継続させるのを防ぐ見地から，将来の就労については法的保護を与えないようにしているものと推察される。また，雇用保険の適用がないことは，法文上は明らかではないが，雇用保険は，保険給付という利益を与える点で社会保障の性質があるうえ，不法就労者は将来の就職の能力が入管法上認められるものでないことからも，同法による法的保護が与えられないとしてもやむをえないともいえよう[181]。

次に，②入管法違反と労働契約の問題について，中国籍就学生損害賠償反訴請求事件判決は，直接労働契約に係わる事件ではないが，入管法令上の違法就労と法的保護との関係につき，㋐就労を制限する入管法令の立法趣旨，㋑違反行為に対する社会倫理的非難の程度，㋒一般取引に及ぼす影響，㋓当事者間の信義公平等諸般の点を考慮するとの一般論を示している。ここでは，法的保護を与えるにあたり，入管法違反という事実を考慮することが必要となることが示されている。

さらに，③不法就労者の逸失利益の問題について，改進社事件最高裁判決が，一時的にわが国に滞在する外国人については，わが国での就労可能期間ないし滞在可能期間はわが国での収入等を基礎とし，その後は想定される出

する法律に基づく後期高齢者医療制度の被保険者の適用除外（51条2号）を定めた施行規則9条1号に，これと同様の規定が設けられた。

[181] 前掲注 (151) 参照。

国先での収入を基礎として逸失利益を算定するとした上で，不法残留外国人については，入管法の退去強制の対象となり，就労可能期間を長期にわたるものと認めることはできない，と判示し，同事件では，事故後に勤務した会社を退社した日の翌日から3年間はわが国における収入を，その後は来日前にパキスタンで得ていた収入を基礎として算定するものと判断した。同判決は，これに続く同種の事件の先例となっている。同判決の立場は，不法就労者には入管法上わが国での滞在が認められるべきでないという規範的理念と，現実には一定期間わが国に滞在しているという実態に基づく保護の必要性を調和させようとしたものと位置付けられよう。

　最後に，④不法就労者を含む不法滞在外国人の社会保障法規の適用の問題に関しては，まず，厚生年金保険法，健康保険法については，国籍条項がないが，行政解釈では，適法就労を前提とする解釈がなされている。国民年金法も国籍条項はないが，適用の有無は明らかではない。一方，生活保護法には，国籍条項があり，外国人の場合は，定住性ある在留資格を有する者には準用が認められるが，不法滞在外国人には適用がないとの最高裁判決がある。最後に，国民健康保険法は，国籍条項はないが，不法滞在外国人への同法の適用については，一定の場合に限って適用を認めた最高裁判決が出されたが，その後の規則改正により，適用が否定された。このように不法滞在外国人への社会保障法規の適用については，必ずしも取扱いが統一されているわけではないものの，労働法規に比べると保護の程度は弱いといえる。

第2項　課　題

1　理論的検討の不足

　以上，わが国の外国人をめぐる労働法制の現状をみてきたが，外国人の労働法上の取扱いの問題としては，入管法違反の労働契約の効力など入管法と労働法の双方に跨る問題，労基法3条の外国人差別の成否，不法就労者への労働法令の適用，不法就労者の逸失利益などの問題がある。しかし，いまだ裁判例は少なく，理論的検討も不足しているため，個別的な対応がなされるにとどまっている。この点については，まずそれぞれの問題について検討を

深める必要があるが，さらに，外国人の労働関係をめぐる基本的な考え方や対応方針を整理する必要があろう。

2　入管政策的発想の少なさ

また，外国人の労働法上の取扱いを検討する場合に，上記の改進社事件最高裁判決など，入管政策的発想が示された判例もあるが，一般には入管政策的見地からの検討が十分になされているとはいえない。とくに，適法就労者について，労働基準法3条で平等取扱いが保障されていると考えられているが，在留資格や在留期間との関係での取扱いの差異，たとえば，入管法の在留資格によって活動が制限されている外国人の配転可能性は日本人よりも狭く，その結果，能力不足による解雇が正当となる幅が広くなるといえるか，といった検討課題がある。また，不法就労者への対応をいかにするか，という理論的検討は必ずしも十分になされていない。

第3節　比較法的検討の必要性

以上みてきたように，わが国においては，入管法において，外国人労働者受入れの制度設計に，労働政策ないし労働市場政策からの発想が不足しており，逆に労働法においては，入管政策からの発想が不足している。

そこで，以下の理由により，本書では，アメリカ法について比較法的検討を行うこととする。そこでは，アメリカ移民法と労働政策の関係，アメリカ労働法と移民政策の関係をそれぞれ検討する。

本書でこの二つの視点を取り上げてアメリカ法を検討する第一の理由は，アメリカ法においては，外国人政策を実施するにあたり，労働市場政策の視点を採り入れた移民法の制度設計がなされているとともに，外国人労働者の法的地位に関して，移民政策との整合性を図った労働法の適用および解釈がなされており，アメリカ合衆国においては移民法と労働法が相互の政策に交錯する形で影響を与えているからである。具体的には，前者において，移民法の労働証明制度，および雇用主処罰制度と移民関連不当雇用行為制度についてみていく。後者においては，労働法における外国人の法的地位，とりわ

け移民法との交錯が問題となる不法就労者の法的地位についてみていく。

　また，アメリカ法を取り上げる第二の理由は，わが国の入管法は，合衆国の移民法と同様のタイプの入国・滞在手続きを採用したといわれており，労働市場政策と移民法政策の交錯という観点から，外国人労働者の受入れ問題を検討する場合には，わが国の入管法の母法である合衆国の移民法における諸制度の内容やその運用状況は有益な示唆を与えうるからである。すなわち，アメリカ移民法では，在留資格制度と同様のビザのシステムをとり，入国・滞在管理と就労管理を一元的に扱っているのである[182]。

　わが国の入管法も，入国・滞在管理と就労管理を一元的に扱っているが，後述する労働証明制度と同様の制度は採用されていない。わが国の外国人受入れ問題を検討する場合には，国内労働市場への影響をどう考えるかが重要な論点となるので，わが国の入管法の母法である合衆国の移民法における労働証明制度の内容やその運用状況は有益な示唆を与えうるものである。また，わが国の不法就労助長罪に対応する制度として，合衆国には，不法就労者の雇用主を処罰する制度があるが，同制度の運用状況や，それとともに設けられた移民関連不当雇用行為制度は，わが国の制度の運用や将来の制度設計にとって参考になりうる。このように，合衆国の移民法の検討は，わが国の入管法上の問題を考えるに当たって有益なものとなると思われる。

　さらに，わが国における外国人労働者受入れを検討するにあたり，労働市場の将来像を見据えた入国管理政策の重要性が増してきていると同時に，入管政策を踏まえて労働政策を検討する必要も生じている。しかし，後に見るように，労働法における外国人労働者の法的地位の検討は未だ十分とはいえず，とくに，入管法と労働法の衝突が生じる不法就労者に対し，労働法規の適用はあるか，あるとしてどのような救済が与えられるかといった問題については，改進社事件最高裁判決など若干の判例[183]や行政解釈[184]があるだけで，学術的な検討[185]も十分に尽くされていないのが現状である。これに対

182　本書第2章第1節参照。

183　改進社事件・最三小判平成9・1・28民集51巻1号78頁，植樹園ほか事件・東京地判平成11・2・16労判761号101頁など。

184　昭和63・1・26基発50号，職発31号。

し，アメリカ合衆国では，1986年のIRCAにより，雇用主が不法就労者を雇用することを禁止する規定が設けられたこともあり，とくに90年代に入ってから，不法就労者への労働法の適用および救済内容の問題について判例の蓄積が見られる[186]。わが国においても，1989年の入管法改正により，不法就労助長罪（73条の2第1項）が設けられたことに照らすと，このようなアメリカ法の状況を検討することは比較法的意義があるものと考える。

このように，アメリカ法においては，移民法（移民政策）と労働法（労働政策）との交錯がみられる。わが国においては，これまで，入管法（入管政策）と労働法（労働政策）が別個に議論されてきたが，アメリカ法のこのような発想を取り入れることは，わが国の外国人政策を検討し，入管法および労働法を解釈する場合にも役立つものと考える。

---

[185] この分野の主な概説書として，手塚・前掲注（136）書267-296頁などがある。
[186] IRCAのもとでの労働法規の適用問題を検討したものとして，尾崎正利「合衆国入国管理法の改正と労働法規適用問題」三重法経85号39-61頁（1990年）などがある。

第2章　アメリカ移民法の概要

第1節　基本的特徴

　本書の検討にあたっては，アメリカ合衆国における移民法の概要を把握しておく必要があるが，その前提として，まず，アメリカ移民法の基本枠組みについて述べることとする。合衆国の移民法における基本的な法典は1952年制定の「移民及び国籍法」（Immigration and Nationality Act of 1952）（以下，INAという）であり，同法は制定後，数度の改正を経ているが，本書でINAというときは，その後の改正をも含めたものを意味することがある。

　ところで，上述のとおり，各国の外国人労働者受入れ政策は，大別して，①外国人労働者を移民として受け入れているか，一時的な受入れにとどまるか，②いかなる範囲の労働者を受け入れるか，とくに，いわゆる単純労働（不熟練労働）を目的とする外国人の受入れを認めるかどうか，③入国・滞在とその後の就労について別々に管理する二元管理方式をとるか，統一的な一元管理方式をとるか，④外国人労働者の国内への流入による労働市場への影響をどのようにコントロールするか，という四つの観点から分類することができる。

　この外国人政策の四つの分類に従えば，アメリカ合衆国の外国人労働者受入れ政策は，①移民受入れ国である，②家族関係移民については入国後の就労に特段制限を設けない一方で，一定の資格要件（専門技能保持者が優先される）を満たした雇用関係移民および非移民を受け入れている[187]，③入国・滞在と就労について，ビザ（visa）[188]システムにより統一的な一元管理を行っている，④受入れ可能な外国人の資格要件をビザの種類で区分し，そのうち一

---

[187]　さらに後述する多様性移民がある。

定の類型のビザの発給にあたっては、労働長官が労働市場への影響を判定する労働証明制度が実施されている点に特徴がある。

以上のうち、①の「移民」の受入れは合衆国の政策の基本的特徴である。「移民」とは、一般的な意味では、「ある国を離れて永住を目的として別の国に移動する者」[189]をいう。ただし、INAにおける「移民」（immigrant）という用語は、「非移民（nonimmigrant alien）」のカテゴリーに該当しないすべての外国人を指すと定義されている[190]。ここで、「非移民」については細分化された規定があるが、その概ね共通する特徴は、㋐その外国人が外国に「住所」（residence）を有しており、かつ、その住所を放棄する意図がないこと[191]、および㋑一時的ないし短期的（temporary）な活動（事業、就労、留学など）をするため合衆国に入国する者であることである。移民は、合法的な永住資格を持った永住外国人（permanent resident alien）と、永住資格を持たない不法外国人（illegal alien）[192]を含んでいる。このように退去手続きの対象となる不法外国人も、INA上は移民に含まれる（合法移民には、当初より国務省から移民ビザ（immigrant visa）を受けた者と、非移民ビザで入国し、後に永住資格への変更を許可された者とがある）。

---

[188] ビザ（査証）は、入国手続きの際、ビザの印が押された旅券が真正のもので、所持人が入国資格を持つものであることを示す公式の認証（official indorsement）である（BLACK'S LAW DICTIONARY 1601-1602（8th ed., West 2004））。なお、合衆国では、入国許可を受けるとビザのカテゴリーに沿ったステータス（status, 在留資格）が与えられる。後述する移民ビザの数量の中には、入国後ステータスを変更して永住許可を受けた事案（adjustment of status）が含まれている。これらは、厳密な意味では入国前に出されるビザの発給数に入らないが、同国の文献でもビザとステータスの区別はあいまいであり、本書でも、便宜上、外国人の入国・在留資格のカテゴリーを述べる際、ビザの用語を使うことがある。

[189] Id. at 750.

[190] 8 U.S.C.S. § 1101(a)(15)（2007）. なお、こうした規定のもとでは、すべての外国人は、領事のビザの発給および入国審査官の入国許可に際し、移民法の「非移民」資格に該当することを自ら立証しない限り、「移民」であるとの推定が働くことになる（See id. § 1184(b)）。

[191] 例外的にH-1Bビザ、Lビザなど外国の住所を放棄する意図を問われない（すなわち将来の永住資格への変更を意図していてもかまわない）非移民のカテゴリーがある。

次に，②の受入れ可能な外国人の範囲については，後で詳述するが，専門的な知識や技能を有する外国人労働者の優遇という，最近の主要国にほぼ共通してみられる傾向がアメリカ移民法にもみられる[193]。

また，③の一元管理方式は，ヨーロッパ各国[194]等でみられる入国・滞在許可と就労許可を区別した二元管理方式と対比されるものである。こうした二元管理方式のもとでは，外国人が就労するためには，入国・滞在許可とは別に，就労許可を受けなければならない[195]が，アメリカ合衆国のような一元管理方式は，入国・滞在許可と就労許可を特に区別せず，就労資格の有無に照らして入国・滞在許可を与えることとしている。

さらに，④の労働市場のコントロールについては，外国人労働者が流入してくると，国内の労働者の雇用状況が悪化したり，労働条件が低下したりするおそれがあるため，多くの国において，入国・滞在許可または就労許可を与えるかどうかを判断する際にこうした国内労働市場への影響を考慮する，

---

192 合衆国の不法外国人の数は，1996年10月時点で約500万人であると推定されていたが（See U.S. INS, Illegal Alien Resident Population, *available at* http://www.ins.gov/graphics/aboutins/statistics/Illegals.htm（last modified Jan. 24, 2002）），2000年1月時点では約700万人（See U.S. INS, Estimates of the Unauthorized Immigrant Population Residing in the United States: 1990 to 2000, *available at* http://www.immigration.gov/graphics/shared/aboutus/statistics/Ill_Report_1211.pdf（last visited July 9, 2003）），さらに，2006年1月時点で，1155万人と推計されている（See Michael Hoefer, Nancy Rytina & Christopher Campbell, *Estimates of the Unauthorized Immigrant Population Residing in the United States: January 2006*, POPULATION ESTIMATES（Aug. 2007, Office of Immigration Statistics, Dep't of Homeland Security), at table 1, *available at* http://www.dhs.gov/xlibrary/assets/statistics/publications/ill_pe_2006.pdf（last visited June 7, 2008））。

193 井口・前掲注（53）書75-81頁参照。

194 EU域内では，ローマ条約により自由移動の原則が確立しているので，入国・滞在および就労管理の対象となる外国人はEU域外の者である。濱口・前掲注（65）書256-266頁，前田・前掲注（65）書230-238頁参照。

195 柳屋孝安「西ドイツにおける労働許可制度」季労149号（1988年）40-56頁参照。なお，ドイツにおける最近の移民法改正については，前掲注（65）参照）。

いわゆる労働市場テスト（labor market test）が用意されている[196]。第3章第1節以降でみるように，アメリカ合衆国の労働証明制度もこうしたシステムの一種といいうる。

第2節　歴　史

第1項　移民の歴史的動向

合衆国国土安全保障省[197]の統計によれば，1820年から2007年（会計年度）までに同国に受入れを認められた移民は約7,312万人である[198]。その間を10年ごとに区切ってみると，1820年代（1820年から1929年）には約13万人，1830年代には約54万人であったが，1840年代以降は，変動はあるものの概ね増加を続け，1900年代（1900年から1909年）には約820万人といったんピークを迎えた。その後，世界恐慌による影響により，1930年代には約70万人にまで激減したが，第二次世界大戦後は移民が再び増加し，1990年代には約978万人と再びピークを迎えた。とくに，1980年代後半に後述する移民改正管理法（IRCA）により不法外国人の合法化が行われたこともあり，1989年から1991年の3年間は，年間約109万人から約183万人の間で推移した。最近のデータである2007年度の状況についてみると，105万2,415人が合法的な移民として合衆国における永住資格を認められている。

他方，永住を目的としない非移民の受入れは，2006年度に，のべ入国者数で1億7,510万人であった[199]。

---

[196] 井口・前掲注（82）書242-243頁参照。

[197] もとは，移民法を執行する行政機関は，合衆国移民帰化局（Immigration and Naturalization Service: INS）であったが，後記のとおり，2003年，組織変更が行われた。

[198] *See* U.S. Dep't of Homeland Security, Yearbook of Immigration Statistics: 2007, at table 1, *available at*
http://www.dhs.gov/ximgtn/statistics/publications/LPR07.shtm (last modified April 2, 2008). 1898年以前は到着ベース等，それ以降は永住許可ベースで算出したもの。1908年以前の入国者数は正確ではないとされる。

将来における移民の動向につき，合衆国労働省は，1996年から2050年までに合衆国に入国する移民は毎年約82万人で，3人のうち2人は入国時点において労働年齢（working age）であると予想している。また，2050年までに移民の数は8,000万人にまで増加し，人口増加の3分の2を占める主要な要因となると分析し，人種別の人口構成もヒスパニックおよびアジア系の比率の増加により多様化が進むものとみている[200]。

第2項　法規制の歴史[201]

以下では，アメリカ合衆国における移民に関する法規制の歴史を概観する。同国における移民関連の立法や法改正は，以下のもの以外にも多数存在するが，ここでは移民政策の枠組みに関わるものを中心として，主要なもののみ紹介する。

1　初期の規制──望ましくない外国人の排除

アメリカ合衆国は独立後，開拓のために多くの労働力を確保することが必要とされた。そのため，初期の移民政策の重点は，移民の受入れを促進することにあった。南北戦争後も，移民受入れについて規制はほとんどなかったが，1875年には，売春婦および犯罪者の入国を禁止する法律が制定された。

---

[199] *See* U.S. DEP'T OF HOMELAND SECURITY, 2006 YEARBOOK OF IMMIGRATION STATISTICS, at table 25, *available at*
http://www.dhs.gov/ximgtn/statistics/publications/yearbook.shtm （last modified Sept. 13, 2007）.

[200] *See* U.S. DEP'T OF LABOR, FUTUREWORK: TRENDS AND CHALLENGES FOR WORK IN THE 21ST CENTURY 2 （1999）, *available at*
http://www.dol.gov/asp/futurework/report/chapter1/main.htm （last visited Mar.5, 2002）.

[201] アメリカ合衆国の移民法史については，高佐智美「アメリカにおける移民法政策の変遷」一橋論叢119巻1号（1998年）49-66頁，同・アメリカにおける市民権（勁草書房，2003年）201-226頁，およびDAVID WEISSBRODT & LAURA DANIELSON, IMMIGRATION LAW AND PROCEDURE IN A NUTSHELL 1-52 （5th ed., West 2005）参照。また，政策動向については，小井土彰宏「岐路に立つアメリカ合衆国の移民政策」駒井洋監修＝小井土彰宏編著・移民政策の国際比較（明石書店，2003年）所収29-81頁参照。

この時点では、特に望ましくない外国人の受入れのみを拒否する政策がとられていた。

2　人種差別的移民規制

西海岸では、ゴールドラッシュの影響を受けて1850年代頃から多くの中国人移民が流入したため、白人労働者との間に軋轢が生じた。そこで合衆国は、1882年にいわゆる中国人排斥法（Chinese Exclusion Act）を成立させ、中国人への市民権の付与を禁止した（1943年廃止）。他方、中国人排斥運動の中で、中国人移民に代わり日本人移民が増えたため、今度は日本人移民の排斥運動が起こり、1907年および1908年に大統領は日本政府に対し日本人の合衆国行きの出国を規制する措置をとるよう要請し、両国の間で紳士協定が結ばれた。その後1917年法において、一定地域からのアジア人の入国が原則として禁止された[202]。この禁止は、後述する1952年INAによって廃止されるまで続いた。

3　割当て法（quota laws）

第一次世界大戦前夜、南欧・東欧の国からのいわゆる「新移民」（北欧・西欧の伝統的な移民送出し国からの移民に比してこう呼ばれた）の入国が増え、その数は戦後さらに急増した。これにより合衆国は、移民を数量的に制限するに至った。すなわち、1921年法および1924年法は、それぞれ1910年、1890年当時の人口調査に基づく外国出生者数を基礎に国別の割当て数を定めたため、伝統的な移民送出し国でない南欧・東欧の国から移民しようとする者にとって不利な結果をもたらした。また、合衆国全体の人口の出身国別の割合を基礎に割当てを定める「出身国別割当て」を採用した1929年法も、北欧・西欧諸国に多くの移民受入れ枠を割り当てたため、同様の状況が続いた。

こうした割当て制度によって制限を課された南欧・東欧の国からの移民が減少すると、割当て制度の対象外地域であったラテン・アメリカ、とくにメ

---

[202] 1917年法では、移民に英語テストを課すこと、共産主義者を排除することが規定されていた。アジアおよび南欧・東欧からの移民を排斥しようとする一連の現象は、合衆国のナショナリズムの構造が変化することに対するおそれに由来するとの指摘がある（高佐・前掲注（201）論文55頁）。

キシコからの移民が多く流入するようになった。

4 1952年移民及び国籍法（INA）

前記のとおり，1952年に制定されたINAは，外国人の入国・滞在に関する現行の移民法の基盤となっている法律である。制定当初のINAにおいては，従前の法が採用していた，合衆国の人口の出身国別割合を基礎に移民受入れ枠を決める出身国別の割当て方式は維持しつつ，その中で，職業能力や家族関係等を基礎とする四つの優先順位の順にビザを割り当てる制度が設けられた。すなわち，一定の資格要件を満たす者に対し，原則として所定の優先順位に従ってビザを割り当てる方法が導入されたのである。

その後，従来の出身国別の割当て方式が差別的であるとの批判を受け，1965年改正法でこれを廃止する一方，優先制度を改正し，7位までの優先順位を設けた。この1965年改正法では，合衆国市民や定住外国人の家族に対し優先的にビザを与える「家族再結合」（family reunification）の原則[203]が重視された。

また，同法は，外国人労働者の受入れが国内労働市場に悪影響を及ぼすのを防ぐため，後述する労働証明制度を取り入れた。現行制度の枠組みは，1965年改正法により採用され，その後数度の改正がなされている。

5 1986年法（移民改正管理法: IRCA）

1986年「移民改正管理法」(Immigration Reform and Control Act of 1986)（以下，IRCAという）[204]は，INAの改正法として位置付けられる。同法は，移民受入れの枠組みを基本的に変えるものではないが，不法就労者の増加に対応す

---

[203] 初めは単身で海外から移ってきた外国人が，受入れ国での生活の安定後，母国から配偶者，子などの家族を呼び寄せる。この流れを「家族再結合」という。桑原靖夫・国境を越える労働者（岩波書店，1991年）36-37頁。合衆国市民が外国人配偶者や子などを呼び寄せるのも同様である。

[204] Pub. L. No. 99-603, 100 Stat. 3359（1986）．同法を紹介した邦文の論文として，川原謙一「シンプソン・ロディノ・マゾリ移民修正管理法」ジュリ909号40-49頁（1988年)，石岡邦章・最近における米国移民法改正についての実証的研究（法務研究報告書82集4号）（法務総合研究所，1995年）がある。

るため立法されたものである。

　IRCA以前のINAにおいては，不法就労者自身は退去強制の対象ではあったが，雇用主が不法就労者を雇用すること自体は禁じられてはいなかった[205]。しかし，増加し続ける不法就労者の問題を背景に，IRCAは，不法就労者を雇用する雇用主に制裁を科す処罰規定を設け[206]，雇用主等に被用者の就労資格等を確認させる就労資格書類確認制度を創設した。その目的は，就労資格のない外国人を雇用する雇用主等に制裁を加えることで，不法就労のインセンティブを減らし，これを防止しようとすることにある。

　IRCAは，このような雇用主処罰規定を設ける一方で[207]，すでに長期滞在している移民法上の資格のない外国人（無資格外国人）の地位を合法化するため，アムネスティ・プログラムを採用し，さらに，雇用主処罰規定が差別的な雇用行為を誘発するとの懸念に対応するため，適法就労者に対する出身国および国籍に基づく差別を禁止する移民関連不当雇用行為制度を盛り込んだ[208]。

---

[205] INA上，在留する資格のない外国人を匿うこと（harboring）は禁止されていたが，雇用は匿うことにはあたらないとして除外されていた（8 U.S.C.A. § 1324(a)（West 1987））。

[206] IRCAにおいて雇用主処罰の対象となるのは，①施行日である1986年11月6日より後に，合衆国内で外国人を雇用するため，外国人に就労資格がないと知りつつ採用，募集，有料職業紹介（refer for a fee）をすること（8 U.S.C.S. § 1324a(a)(1)(A)(2005)），②外国人が不法就労者である（または不法就労者になった）ことを知りつつ，継続して雇用すること（See id. § 1324a(a)(2)），および③労働者を採用するにあたって就労資格の書類による確認義務を怠ったこと（See id. § 1324a(a)(1)(B)）である。雇用主処罰制度については，紺屋博昭「アメリカ移民法における雇用主〈懲罰〉制度」日本労働法学会誌98号191-203頁（2001年）参照。

[207] IRCAの施行により不法就労者を雇用することは移民法に違反することになったので，不法就労者に労働法を適用することができるかどうかが問題となった。IRCA後のアメリカ労働法における不法就労者の法的地位については，早川智津子「アメリカ労働法における外国人不法就労者の法的地位」法学政治学論究46号（2000年）25-59頁および本書第4章第2節参照。

[208] IRCAは，4人以上の者を雇用する者が，採用，募集，有料職業紹介または解雇に関し，不法就労者を除く，個人を出身国や国籍によって差別することを，移民関連不当雇用行為として禁止した（8 U.S.C.S. §§1324b(a)(1)-(2)(2005)）。すなわち，

第 2 節 歴 史

6　1990年法・1996年法

IRCA成立後，1990年代に次の二つの法律によるINAの改正があった。

まず，「1990年移民法」(Immigration Act of 1990: IMMACT 90)（以下，1990年法という）は，合法的入国者に関わる制度を改正した。すなわち，家族関係および雇用関係の移民ビザの割当て数を増加させるとともに，1965年以来移民ビザ取得が不利になっていた国からの移民を増加させるため，それらの対象国からの申込者に抽選でビザを与える「多様性移民ビザ」制度を創設した。さらに，IRCAにより創設した就労資格書類確認制度に関する濫用行為を移民関連不当雇用行為に加えた。

次に，「不法移民改正及び移民責任法」(Illegal Immigration Reform and Immigrant Responsibility Act of 1996: IIRAIRA)（以下，1996年法という）は，無資格外国人の国外への排除にかかる手続きを大幅に簡素化した[209]。また，同法は，1990年法で加えられた就労資格書類確認制度の濫用に関する規定に，

　IRCAは，1964年公民権法第7編 (Title VII) が適用されない4人から14人までの被用者を雇用する小規模事業所にも出身国差別を禁止している。ただし，国籍差別については，上記規定は合衆国の市民，および一定要件を満たして市民になろうとしている者と認められた外国人に限って適用される (See id. §§1324b(a)(1)(B), (3))。雇用主処罰と移民関連不当雇用行為を併せて検討したものとして，早川智津子「アメリカ移民法における不法就労問題への対応策―雇用主処罰と移民関連不当雇用行為を中心に―」筑波法政35号（2003年）145-177頁，および本書第3章第2節参照。

[209]　カリフォルニア州では1994年，不法外国人が学校教育や福祉・医療サービスを利用することを認めない「プロポジション187」(Proposition 187) が住民投票で可決されたが，翌年連邦地方裁判所はこれを違憲とした (League of United Latin Am. Citizens v. Wilson, 908 F. Supp. 755 (C.D.Cal. 1995))。しかし，1996年に連邦法である「個人責任及び雇用機会調和法 (Personal Responsibility and Work Opportunity Reconciliation Act of 1996)」（同法について，後掲注（546）参照）が成立したため，「プロポジション187」は同法に先占され，法的価値がなくなった (League of United Latin Am. Citizens v. Wilson, 997 F.Supp. 1244 (C.D.Cal. 1997)。なお，同法により，合法的な永住外国人等，適格性のある外国人 (qualified alien) 以外の外国人は，緊急医療等を除き，原則として，連邦の公的給付 (federal public benefit) を利用する資格がないとされた。「プロポジション187」の合憲性の有無について検討した邦文の論文として，青柳幸一「『不法滞在外国人排斥法』の合憲性」同・人権・社会・国家（尚学社，2002年）所収173-198頁がある。

差別意図の要件を追加した。

7 2002年国土安全保障法

2001年9月11日のいわゆる同時多発テロにより，合衆国では国内のテロリスト対策が急務となり，国土安全保障省を創設する2002年国土安全保障法（Homeland Security Act of 2002: HSA）[210]が制定された。後述するように，同法は，従来，司法長官がもっていた移民法の運営執行に関する多くの権限を，国土安全保障長官に移すとともに，司法省にあった合衆国移民帰化局（Immigration and Naturalization Services）（以下，INSという）を三つの局に解体し，国土安全保障省の管轄下においた。しかし，同法はINAを始めとする移民法やその規則については，修正または廃止されているものを除き，従前の法令をそのまま運用するとしている[211]。

8 最近の移民法改正に関する動き

最近では，合衆国下院および上院それぞれが，移民法改正案を提出し，移民法をめぐる改正論議が盛んになった[212]。2005年12月に下院を通過した法案は，国境警備強化や不法移民やそれに助力を与えた者に1年の禁固刑を科す規制強化を盛り込んだ。他方，上院案は，不法移民に一定条件のもとで永住資格への変更を可能とする一時的な滞在ビザを与えるなど，親移民的な法案といわれたが，2007年6月に上院は同法案を否決した。

---

[210] Pub.L. No. 107-296, 116 Stat. 2135（Nov. 25, 2002）.

[211] 6 U.S.C.S. §§552(a)&(b)（2005）．なお，2002年の第107回合衆国議会において，移民法の分野での立法が相次いだ。たとえば，子の資格保護法（Child Status Protection Act, Pub.L. No. 107-208, 116 Stat. 927（Aug. 6, 2002））, 国境警備の促進及びビザ入国改正法（Enhanced Border Security and Visa Entry Reform Act, Pub.L. No. 107-173, 116 Stat. 543（May 14, 2002））, 家族関連移民法（Family Sponsor Immigration Act, Pub.L. No. 107-150, 116 Stat. 74（Mar. 13, 2002））などである。

[212] この間の議論については，井樋三枝子「包括的移民制度改正法案の審議－『非合法移民』をどうするか－」外法229号（2006年）147-158頁，および北澤謙「上院，包括的移民制度改革法案を否決－その経緯と背景」Business Labor Trend 2007年9月号40-41頁参照。

第3節　移民に関連する行政手続きと行政機構

第1項　入国・滞在手続き

　アメリカ合衆国に入国するためには，原則として，まず入国・滞在目的に沿ったビザを申請し，発給を受ける必要がある。ビザの発給を受けた後，入国にあたって国土安全保障省CBP（後述）の入国審査官により入国が許可されると，ビザの内容に沿った活動をアメリカ合衆国において行うことが認められることになる。

　ビザの申請は，本人の住居から最も近い合衆国在外公館で行う（発給は後述する国務省の管轄である）。ビザの種類に応じて，直接ビザの申請ができるものと，本人がビザを申請する前に，雇用主などアメリカ合衆国国内の受入れ先が，本人に代わってまず合衆国国内の国土安全保障省のBCIS（後述）に申請を行い，その許可を必要とするものがある。さらに，雇用関係移民ビザのうち，後述する優先順位第二位・第三位のビザの申請を行う場合には，その前に後述の労働証明手続きを経ることが必要とされている。また，非移民ビザのうち一定のものについては，後述する一時的労働証明手続きを経ることが必要である（労働証明および一時的労働証明について，本書第3章第1節参照）。

第2項　行政機構

　連邦国家である合衆国では，ある事項について連邦と州のいずれが権限を持つかという問題がしばしば生ずるが，移民問題は，州ではなく，連邦に権限がある[213]。

---

[213] Henderson v. Mayor of New York, 92 U.S. 259（1876）. 本件では，外国からニューヨーク港に到着した船の船主に外国人渡航者数に応じた税金を課すニューヨーク州法の合憲性が争われたが，合衆国最高裁は，外国との通商を規制する権限は連邦にあるとする合衆国憲法の通商条項（U.S. CONST. art.I, § 8, cl.3）を根拠に，連邦でなく州による規制は違憲であると判断した。今日，移民問題を扱う権限は州ではなく連邦にあるとすることに概ね異論はないが，その根拠を合衆国憲法のどこに求めるかについ

第2章　アメリカ移民法の概要

外国人に関する手続きを扱う主な連邦の行政機構は，以下のとおりである。

1　国務省（Department of State）

在外公館でビザの発給を行う。領事職員によるビザの発給拒否は，一般的には，行政的にも，司法的にも再審査できないとされている。なお，国務省は外国人の登録に関する事務も行っている。

2　司法省（Department of Justice）

2002年国土安全保障法（HSA）施行前においては，司法長官は，INAおよび外国人の移住・帰化に関するその他すべての法律を運営執行する権限を持っており，この権限のほとんどは同省内の組織であるINSへ委譲されていた。INSは，入国審査のほか，一部ビザの事前審査，国境の警備，不法外国人の国外への排除，一時的在留資格の永住資格への変更許可の審査および帰化の審査などを行っていた。

上述のとおり，HSA施行により，INAの執行権限のほとんどが司法省から切り離されてINSが解体された後も，司法省には，従来からINSに独立して設けられていた，移民の国外排除に対する異議等を扱う移民裁判所（Immigration Courts）[214]および移民不服申立局（Board of Immigration Appeals: BIA）が置かれている。また，雇用主処罰および移民関連不当雇用行為事件において判定を行う首席行政聴聞官室（Office of the Chief Administrative Hearing Officer: OCAHO）も[215]，司法省に置かれている。これらは出入国審査に関する行政機関（Executive Office for Immigration Review: EOIR）を構成している。

　ては，通商条項のほか，帰化条項（art.I, § 8, cl.4），戦争権条項（art.I, § 8, cl.11），移住・輸入条項（art.I, § 9, cl.1）など特定の条項により委任されているとする説（委任説）や，憲法の特定の条文ではなく，連邦には国家主権の問題を扱う固有の権限が憲法により与えられており，そこに移民問題が含まれているとする説（固有権説）の対立がある（See THOMAS ALEXANDER ALEINIKOFF, DAVID A. MARTIN & HIROSHI MOTOMURA, IMMIGRATION AND CITIZENSHIP PROCESS AND POLICY 177-184（5th ed., West 2003）; WEISSBRODT ET AL., *supra* note 201, at 3-4 & 53-60）。

214　地方に移民裁判所があり，中央にこれらを統括する首席移民判事室（Office of the Chief Immigration Judge: OCIJ）が置かれている。

なお，移民関連不当雇用行為の申立を受けて救済請求（complaint）を行う特別検察官室（Office of Special Counsel for Immigration-Related Unfair Employment Practices: OSC）は，司法省の公民権部門（Civil Rights Division）に置かれている。

3　国土安全保障省（Department of Homeland Security）

上述のとおり，2002年国土安全保障法（HSA）による機構改革により，INAに関する司法長官の権限の多くは国土安全保障長官に移り，INSは，2003年3月1日より国土安全保障省へ移管され，入国審査・国境警備は，同省の税関及び国境警備局（Bureau of Customs and Border Protection: CBP）が，雇用主処罰制度の執行を含む国内での調査と法の執行は，移民及び関税執行局（Bureau of Immigration and Customs Enforcement: ICE）がそれぞれ担当することとなり，そのほかの帰化および移民サービスに係る権能（移民ビザ，帰化，難民等に係る審査など）は，帰化及び移民サービス局（Bureau of Citizenship and Immigration Service: BCIS）が担当することとなった[216]。

4　労働省（Department of Labor）

労働省は，一定のビザの発給に関して労働証明制度を実施する[217]。法文上は，労働長官が，国務長官および国土安全保障長官（かつては，司法長官）

---

[215]　OCAHOの職権には，さらに，1990年法で加えられた，移民法に関する書類偽造および不正使用等に関する制裁手続きを管轄することが含まれている。なお，OCAHOの決定については，ADMINISTRATIVE DECISIONS UNDER EMPLOYER SANCTIONS, UNFAIR IMMIGRATION-RELATED EMPLOYMENT PRACTICES AND CIVIL PENALTY DOCUMENT FRAUD LAWS OF THE UNITED STATESと題する決定集があり，インターネットでの検索が可能となっているが（http:// www.usdoj.gov/eoir/OcahoMain/ocahosibpage.htm），本書での引用は，LEXISによる。

[216]　この機構改革により，INA上の司法長官およびINS等の権限も変更されているが，本書では，確認できたもののみ，修正後の表現を用いている。規則において，INAの定義規定が変更されるまでの間，従来の規則上でのINSは，2003年3月1日以降は，特定されていない限り，BCIS，CBP，およびICEと読みかえるとの規定がある（8 C.F.R. §1.1(c)（2007））。なお，BCISは通称では「USCIS」と呼ばれることもある。

に対してその外国人の就労が国内労働市場に悪影響を及ぼさないことを証明することとされているが[218]，後述するように，実際の労働証明の発給についての判断は，労働省の労働証明官（Certifying Officer）が行う。なお，労働証明が拒否された場合，雇用主はワシントンD.C.に置かれている外国人労働証明不服申立局（Board of Alien Labor Certification Appeals: BALCA）に不服申立をすることができる。BALCAは，労働省に任命された行政法審判官（Administrative Law Judge: ALJ）によって組織されている。

第4節　各種ビザ

以下では，アメリカ合衆国のビザ制度について述べることとする。ビザは大別すると，①移民ビザと②非移民ビザに分かれており，それぞれについて概要を述べる。

第1項　移民ビザ（immigrant visas）

移民ビザは数量的な制限の有無により二つのカテゴリーに分けられる。まず，「合衆国市民の直近の親族（immediate relatives of U.S. citizens）」[219]などに与える移民ビザがあり，これらには数量的な制限はない。一方，数量的な制限を受けるものには，①家族関係（family-sponsored），②雇用関係（employment-based），③多様性（diversity）の三つの移民ビザがある[220]（同じカテゴリーに

217　合衆国の労働証明制度については，早川智津子「アメリカ移民法における労働証明制度」企業法学会編・企業法学9巻（商事法務，2002年）所収205-238頁（同論文では，2005年から導入されたPERM（後述）以前の労働証明制度について検討した），および同「アメリカ移民法と労働市場政策—労働証明制度を中心として—」季労219号（2007年）72-85頁および本書第3章第1節参照。

218　8 U.S.C.S. § 1182(a)(5)(A)(i)（2007）.

219　See id. § 1151(b)(2)(A)(i). 合衆国市民の直近の親族ビザが与えられるのは，合衆国市民の「子（child）」および配偶者，または「21歳以上の合衆国市民」の親である。「子」とは，未婚で，21歳未満かつ，嫡出子，継子（stepchild），非嫡出子，養子，外国で養子縁組みされた孤児，または養子となるため合衆国に来た孤児の何れかに該当するものとされる。

帯同する配偶者および子のビザが置かれている場合がある)。

　1990年法は，施行後3年間は毎年全世界からの移民を70万人まで増加させ，その後は上限を毎年675,000人としている。家族関係と，雇用関係の移民ビザについては，それらを更に細分化した優先順位がそれぞれ設けられている。

1　家族関係移民ビザ

　家族関係移民ビザにおいては，次の四つの優先順位が設けられている。すなわち，順位の高い方から，①合衆国市民の未婚の息子および娘（sons and daughters）[221]，②合法的な永住外国人の配偶者および子，未婚の息子並びに娘，③合衆国市民の既婚の息子および娘，④合衆国市民（市民が21歳以上である場合）の兄弟姉妹である。

2　雇用関係移民ビザ

　雇用関係移民ビザには，次のとおり，優先順位が設けられている。1会計年度に発給されるビザの件数には枠が設けられているが，この優先順位[222]により，ビザが割り当てられる仕組みになっている。

(1)　優先順位第一位

　雇用関係移民ビザで優先順位の第一位となるのは優先労働者（priority workers）である。このタイプの移民には，①科学，芸術，教育，事業およびスポーツの分野で，「傑出した能力（extraordinary ability）」をもつ者，②著名な教授および研究者，③特定の多国籍企業の役員，管理職が含まれる。

　①のカテゴリーに入る者は，その分野で国内外の賞賛を得ていることを証明しなければならないが，合衆国においても当該分野で活躍することを予定していれば，特定の採用の申出を受けていることを必要とせず，雇用主を通さずとも本人がビザを申請することができる。②のカテゴリーには，教育・

---

[220]　See id. §§ 1153(a),(b)&(c).
[221]　「息子および娘」とは前掲注（219）の「子」に当てはまらない者を指す。
[222]　各順位にも枠があるが，その中での発給数が上限に達しなかった場合，ルールに従い，他の順位に割り振ることができる仕組みになっている。

研究に3年以上従事し，国際的に認められている教授および研究者が該当する。また，③は合衆国企業の海外現地法人などで，過去3年のうち最低1年間役員または管理職として勤務してきた者をいう。②，③ともに雇用主からの採用の申出が必要で，雇用主が本人に代わって国土安全保障省のBCISへ申請することになる。

(2) 優先順位第二位

①学士号より上の学位をもつ専門家，および②科学，芸術，事業の分野で「特別な能力（exceptional ability）」をもつ者が該当する。ここで，「特別な能力」とは，専門領域において，通常のレベルより明らかに高いレベルに達していることを指す。この優先順位第二位でビザの申請をする者は，国土安全保障長官（かつては司法長官）が免除した場合などを除き，後述する労働証明を受けることが必要である。合衆国内の雇用主となる者からの採用の申出が必要で，その者が本人に代わって国土安全保障省のBCISへビザの申請を行う。国土安全保障長官により，「合衆国の国益（national interest）」に適うと認められた場合には，採用の申出および労働証明が免除されることがある[223]。

(3) 優先順位第三位

①人材が不足している熟練労働者（skilled workers），②学士号を取得している専門家，③人材が不足している分野でのその他の労働者が該当する。雇用主になろうとする者が本人に代わり申請する。この優先順位第三位でビザ

---

[223] この免除制度は，1990年法に基づき導入された。同制度における国益の定義は，厳格に解されている（New York State Dep't of Transp., 1998 BIA LEXIS 26（B.I.A. Aug. 7, 1998）(interim dec. No.3363)）。この点に関し，Adam J. Rosser, Note, *The National Interest Waiver of IMMACT90*（14 GEO. IMMGR. L.J. 165（1999））は，特定の雇用主のもとで勤務するものでないフリーランスの芸術家等が雇用主の採用の申出なしに個人で申請する場合や，H-1Bビザの者が永住資格を申請するのに期限が近づいているため手続き期間を短縮したいという場合や，優先順位第一位のビザに該当する研究者などがその適格性の立証が不足している場合などが想定されているとする。なお，医療専門職が不足している地域における医師に対しては，国益に基づく免除が制度化されている。

を申請する場合も原則として労働証明を受けなければならない。①のカテゴリーは，最低2年の訓練または経験を要する職務に従事している者であり，②は大卒以上の専門家③はその者の申請する職務が2年より少ない期間の訓練または経験を要するものを指す[224]。

(4) 優先順位第四位

特定移民（certain special immigrant）といわれる，①宗教活動従事者，②外国にある合衆国政府機関の職員，③旧パナマ運河会社の職員，④退職した国連機関の職員，⑤国連職員の家族，⑥アメリカ合衆国の軍隊職員などに割り当てられる。

(5) 優先順位第五位

雇用創出ビザ（employment creation visa）といわれ，一定要件を満たした投資家に与えられる。一般には，百万ドル以上の投資を行い，10名以上の合衆国市民，永住外国人または合法的に就労が認められている外国人（本人および家族は除く）を常勤として雇用することが要件となる。失業率が高い地域については，投資額の要件が緩和されている。

3 多様性移民ビザ

1990年法に基づき，1995年から，多様性移民ビザ制度（diversity immigrant visa program）が実施され，コンピュータによるランダムな抽選によって移民ビザが発給されている。多様性移民ビザは，ビザ発給が多い国以外の国からの外国人に移民の機会を与えようとするものである[225]。

第2項　非移民ビザ（non-immigrant visas）[226]

前述したように，INA上，外国人が非移民のカテゴリーに入ることを立証

---

[224] ③のビザの割当てはわずかで，その数は年間10,000以下に制限されている。
[225] U.S. Dep't of State, Diversity Visa Lottery Instructions, *available at* http://www.travel.state.gov/visa/immigrants/types/types_1318.html （last visited June 6, 2008）.

しなければ，移民であるとの推定が働くことになる。そのため，国土安全保障省のBCISやCBP等は，非移民ビザのほとんどについて，外国人に，真正な非移民であることの立証を要求している。すなわち，①許可された活動だけを行うこと，および，②合衆国に永住する意図がないことについての立証である。

非移民で一時的な就労を目的とするビザのうち，下記のH，L，O，Pビザは，合衆国の在外公館でビザの発給を受ける前にBCISの許可を得なくてはならない（また，許可された範囲内の就労活動が認められる）。さらに，HビザのサブカテゴリーであるH-1B，H-1C，H-2A，H-2B等については，労働証明そのものではないが，それと同様に労働省が関与する一時的労働証明制度という仕組みがとられている（第3章1節6項参照）。以下，雇用に係る主な非移民ビザをとりあげる。また，同じカテゴリー内にその外国人が帯同する配偶者および子のビザが置かれていることが多い。

1 Eビザ

合衆国と外国との通商条約に基づいて業務に従事する貿易業者（E-1）および投資者（E-2）が対象となる。

2 Hビザ

Hビザは，さらに，H-1B（特別職業従事者），H-1C（看護師），H-2A（一時的農業労働者），H-2B（農業以外の臨時の事業のための労働者），H-3（産業研修生）に細分される。そのうち，もっともよく利用されているH-1Bビザは，特別の職業（specialty occupations）に従事する外国人を対象とする。具体的には，国家資格や，学士以上の学歴，それと同等の経験を持つ者等が該当する[227]。

---

[226] 8 U.S.C.S. § 1101(a)(15). 以下は，非移民本人についての説明であるが，各ビザカテゴリーに帯同する配偶者および子のビザに関するサブ・カテゴリーが置かれるのが通常である。

3 Lビザ

外国で1年以上の勤務の経験のある多国籍企業の役員，管理職や専門的な職員の転勤者を対象とする。

4 Oビザ

O-1ビザは，科学，芸術，教育，事業，スポーツの分野において国際的，国内的な賞賛を得ている「傑出した能力（extraordinary ability）」をもつ外国人に付与される。O-2ビザはそうした外国人を補助随行する者に付与される。

5 Pビザ

Pビザは，世界的に認められているレベルのスポーツ選手，芸能集団のメンバー，合衆国と外国の間の交換プログラム，および「文化的特徴」のあるプログラムのもとで芸術，芸能活動を行う外国人に対して与えられる。なお，1990年法は，OビザやPビザのほかに，国際交換プログラム参加者のためのQビザおよび宗教活動従事者のためのRビザを創設している。

---

[227] H-1Bビザの数量制限が設定された1990年法では，同ビザの年間の発給上限は65,000であったのが，1998年に「アメリカの競争力及び労働力改善法（American Competitiveness and Workforce Improvement Act: ACWIA）」による時限的法改正により，人数枠が1999年度および2000年度の時点で各115,000に広げられた。その後さらに，情報技術分野の高い技能を修得した外国人労働力を導入するため，2000年に「21世紀におけるアメリカの競争力法（American Competitiveness in the 21st Century Act of 2000）」により，H-1Bビザの枠が，2001年度から2003年度までの3年間に限り年間195,000に拡大された（高等教育機関で働く者は受入れ枠の制限を受けないことになった）。また，同法により，H-1Bでの在留期間は3年までとなり，更新により最長6年までの在留が可能となった。同法による受入れ枠拡大は，2004年度には終了し，もとの65,000に戻ったが，2004年12月に財政支出に関する法律に含まれる「2004年H-1Bビザ改革法」（H-1B Visa Reform Act of 2004）（2005年5月5日施行）に基づき，合衆国の高等教育機関による修士以上の学位を有する者には，20,000の別枠が設定された。2008年度からは，一般のH-1Bの65,000の枠のうち，6,800は合衆国とチリおよびシンガポールとのFTA枠が当てはまるH-1B1ビザに配分されることになった。最近のH-1Bビザによる外国人の受入れについては，Austin T. Fragomen, Jr., *Preparing for the Fiscal 2009 H-1B Filing Season*, 85 INTERPRETER RELEASES 185（2008）参照。

6　Fビザ

F-1ビザは，大学等の高等教育機関への留学生に対して与えられるものであるが，同ビザ保持者は，合衆国労働者が代替されることがない限りにおいて，1週間に20時間を超えない範囲で，大学構内での就労が許されている[228]。

第5節　退去強制と入国拒否

従来のINAのもとで，外国人は，INSの入国審査を受けずに合衆国に入国した者に対しても，入国許可を受けてその後に不法滞在になった者と同様の「退去強制手続き（deportation proceeding）」が適用されていた[229]。他方，合衆国に入国していない者に対しては，より簡易な「入国拒否手続き」（exclusion proceeding）がとられていた。

1996年法（IIRAIRA）は，この「退去強制」と「入国拒否」の区別を改め，INS（現在は，国土安全保障省CBP）の入国審査を受けたうえで合衆国への入国が許可されていない限り，外国人はすべて「不許可事由」（grounds for inadmissibility）に該当することとした。「不許可」の対象は，従前の「入国拒否」の対象者のみならず，審査を受けずに入国した者も含んでいる。他方，審査を受けて入国を許可された後の非違行為等により適格性を失ったような場合には，「排除事由」（grounds for removal）に該当する。「不許可」の場合も，「排除」の場合も，国外への退去については「排除手続き」（removal proceeding）が適用されるが，いずれに該当するかによって，退去のための手続きにおける立証責任が異なってくる[230]。

---

[228] 留学生の学外での就労については，実習（practical training）の場合を除き，就労許可（work authorization）が必要となる。

[229] INS（現在はICE）への通報が労働法上の請求に対する報復として行われた場合であっても，INSの退去強制はそれとしてなしうるとの判決がある（Montero v. INS, 124 F.3d 381, 1997 U.S. App. LEXIS 22957 (2d Cir.)）。これに異を唱える論文として，Lori A. Nessel, Article, *Undocumented Immigrants in the Workplace: The Fallacy of Labor Protection and the Need for Reform*, 36 HARV. C.R.-C.L. L. REV. 345 (2001).

[230] WEISSBRODT ET AL., *supra* note 201, at 269 & 282-284.

第3章　アメリカ移民法と労働政策

　本章では，まず，第1節において，アメリカ移民法における労働証明制度（labor certification program）について述べたうえで，次に，第2節において，同法における雇用主処罰制度と移民関連不当雇用行為制度について述べる。最後に，本章のまとめとしてアメリカ移民法と労働政策の関係について述べることとしたい。

第1節　アメリカ移民法における労働証明制度

　本節では，アメリカ合衆国の移民法における労働証明制度について，法規制の内容および裁判例等における運用状況等について述べる[231]。そのうえで，合衆国の労働証明制度の特徴について分析を加えることとする。

第1項　労働証明制度の沿革[232]

　外国人労働者の受入れが国内労働市場にもたらす影響については，早くから懸念が示されており，合衆国議会は，1885年に契約労働法（Contract Labor Laws of 1885）[233]を通過させ，その2年後に同法を強化する改正法[234]を成立させた。同法は，外国からの労働力の輸入，またはそれに便宜を図ることを禁止し，そのような契約を一定の例外を除いて無効にした。当時，鉱山で働か

---

[231] 合衆国の労働証明制度の運用状況に関する概説として，Ruth Ellen Wasem, *Immigration of Foreign Workers: Labor Market Tests and Protections*, CRS REP. FOR CONG. RL33977（Apr. 24, 2007）がある。

[232] ALEINIKOFF ET AL., *supra* note 213, at 332-333. なお，1990年法において雇用関連移民の割当て数が拡大したことから，労働証明はより一層重要性を増しているとの指摘がある（STEPHEN H. LEGOMSKY, IMMIGRATION AND REFUGEE LAW AND PPOLICY 295（4th ed. Foundation Press 2005））。

[233] 23 Stat. 332（1885）.

107

せるため外国から安い労働力を導入したことが労働力の供給過剰を招き，国内労働者の賃金を引き下げるようになったことへの懸念を反映したものである。

それまでの移民関連法を統合し法典化した1952年のINAは，これに代えて労働証明制度を新設した。同制度は初め，外国からの熟練・未熟練労働者が合衆国労働者を排除し，その賃金や労働条件に不利な影響を及ぼすことを防ぐため，労働長官が，一定の職業が供給過剰である場合，その職業について移民を受入れないことを宣言することを認めていたが，労働長官がそのような権限を行使することはまれであった。

そこで，1965年，議会は，アメリカ労働総同盟・産業別労働組合会議（American Federation of Labor and Congress of Industrial Organization: AFL-CIO）[235]の強力なロビー活動を受けて，従前の労働証明制度を廃止し，より制約的な現行制度を採用した。すなわち，外国人を雇用しようとする者は，上記のように，国内の労働市場に悪影響が生じないことについての積極的な立証が求められることになった。

1965年改正法のもとでの労働証明制度は労働省が実施機関となっていたが，当時は運営面での規定が十分に整備されていなかった。その後1977年に詳細な労働証明の手続きが労働省規則等により規定され[236]，さらに1980年の改正により[237]，手続きの整備が図られた。

なお，手続きの一層の簡素化・迅速化を図るため[238・239]，労働省は，新規

---

[234] 24 Stat. 414.
[235] AFL-CIOについては，中窪裕也・アメリカ労働法（弘文堂，1995年）12-28頁参照。
[236] 42 Fed.Reg. 3440（1977）.
[237] 45 Fed.Reg. 83926（1980）.
[238] *ETA publishes Final PERM Regulations*, 82 INTERPRETER RELEASES 1 (Jan. 4, 2005).
[239] 従来の労働証明手続きは，時間がかかることが問題とされていた。2002年2月現在，労働省地方支局では，最も遅れているダラス地方支局で2000年1月受付案件が処理されており（最も早いフィラデルフィア地方支局は2001年12月案件が処理されていた），州の公共職業紹介機関では，たとえばカリフォルニア州では2001年4月受付案件，テキサス州では2001年3月受付案件が処理されているという状況であった。

第 1 節　アメリカ移民法における労働証明制度

則「電子申請管理プログラム」（Program Electronic Review Management: PERM）を2004年12月27日に公表し[240]，2005年3月28日より，同規則を施行した。PERMのもとで，手続き面の改正が図られたが[241]，一方で，従来の制度における労働証明の枠組みと要件は維持されている[242・243]。

第 2 項　労働証明制度の概要

前述した雇用関係の優先順位第二位および第三位の移民ビザを申請するためには，労働長官による労働証明を受けることが必要である[244]。この労働証明は，①外国人を雇用しようとする地域において，能力，就職する意欲および適格性を有する合衆国労働者[245]が十分存在せず[246]，かつ，②当該外国

---

http://ows.doleta.gov/foreign/times.asp（last visited Feb. 28, 2002）参照。なお，本文（第 2 章 4 節）で述べたように移民ビザ（合衆国市民の直近の親族除く）および一部の非移民ビザは，年間に発給できるビザの数に上限が定められている。ビザは，申請時期の早い者から順に発給されていくが，数量が上限に達すると，翌年以降の割当てを待たなくてはならない。こうした順番待ちで数年を要する場合があるといわれる（http://www.travel.state.gov/visa;employ-based.html　（last visited Feb. 28, 2002））。

240　Labor Certification for the Permanent Employment of Aliens in the United States; Implementation of New System, 69 Fed. Reg. 77326（Dec. 27, 2004）（codified at 20 C.F.R. pt. 656）.

241　See Stacy Shore, *Labor Certification in the 21st Century: PERM, The Wave of the Future*, 05-3 IMMIGR. BRIEFINGS 1（March 2005）. なお，PERMは，中間試案の段階では従来の制度より厳格な要件を課すことにより労働証明の許可に厳しい制約を加える方向であったが，それよりも緩やかな内容になったとされる（同）。AUSTIN T. FRAGOMEN, JR. & STEVEN C. BELL, LABOR CERTIFICATION HANDBOOK 2005 SUPPLEMENT, at vi（WEST 2005）において，しばらくの間は，PERMの修正がありうることを示唆している。

242　See Deborah J. Notkin, *The New PERM Regulations for Labor Certification*, BASIC IMMIGRATION LAW 2005, at 25（Practising Law Institute, 2005）.

243　したがって，以下で紹介する裁判例等も，労働証明の要件という観点からは引き続き有効性を持っている。

244　8 U.S.C.S. § 1182(a)(5)(A)(i)（2007）.

245　労働証明制度のもとでの合衆国労働者（United States worker）は，労働省規則において，合衆国市民および合衆国国籍者，適法永住者，難民，庇護者等が該当すると規定されている（20 C.F.R. § 656.3（2007））.

人を雇用することにより、同様の雇用上の地位にある合衆国労働者の賃金その他の労働条件に「不利な影響を及ぼす」(adversely affect) ことがない[247]場合に与えられる。この要件の該当性については、労働省規則に基づき労働長官（実際には労働省におかれている労働証明官（Certifying Officer）が審査を担当する）が判断し、該当性が認められた場合、労働長官が国務長官および国土安全保障長官（かつては、司法長官）に対して要件該当性の認証（これを労働証明と呼んでいる）を行い[248]、それを受けてビザが付与される仕組みとなっている。労働証明が要求されるビザの申請にあたって、労働証明を付さずにビザの申請をした場合は、入国不許可事由に該当し、入国が拒否される。この労働証明制度の目的は、前述の沿革からも示されるように、①外国人労働者が合衆国労働者の雇用機会を奪うのを防ぎ、かつ、②外国人労働者の雇用により合衆国労働者の賃金や労働条件に不利な影響が生ずるのを防ぐことにある[249]。

第3項　労働証明の手続き

労働証明の手続きとしては、PERM以前は、まず、外国人が雇用される職業が、ポジティブリストである後述のスケジュールA、またはネガティブリストであるスケジュールBに該当する場合には、下記のような特別な手続きがとられ、どちらにも該当しない場合は、個別の労働証明手続き（individual

---

[246]　8 U.S.C.S. § 1182(a)(5)(A)(i)(I) によれば、ビザの申請および合衆国の入国許可を受ける時点で外国人が熟練・未熟練労働に従事する地域において、能力、就職する意欲および適格性を有する十分な数の労働者がいないことが条件とされている。

[247]　See id. § 1182(a)(5)(A)(i)(II) において、当該外国人を雇用することにより合衆国で同様の雇用上の地位にある合衆国労働者の賃金および労働条件に不利な影響を生じないことが条件とされている。

[248]　労働証明の虚偽の利用や濫用を防ぐため、2007年7月16日以降、従来は事実上黙認されていた当該外国人の代替が明文で禁止されたほか、労働証明に180日間の有効期限が設けられた（20 C.F.R. §§ 656.11(a) & 656.30(b)）。改正の背景については、72 Fed. Reg. 27904（May 17, 2007）参照。

[249]　Ozbirman v. Regional Manpower Administrator, U.S. Dep't of Labor, 335 F.Supp. 467, 471（D.C.N.Y. 1971）. See infra note 294.

certification process）がとられていた。すなわち，当該職業がスケジュールAに該当すれば，労働証明の手続きを経ることなしにビザの申請ができ，スケジュールBに該当すれば労働証明の発給は認められない扱いとなっていた。スケジュールA，B共に，時間，コスト，手間がかかる労働証明の手続きを迅速化するため，特定の職業を類型化し，許可・不許可の処理を定型化したものとされる。

しかし，2005年のPERMの実施に伴い，手続き面での改正が図られ，スケジュールAは残されたが[250]，スケジュールBは廃止された[251]。これにより，スケジュールAに該当する場合を除いて，通常の労働証明手続き（basic labor certification process）を経ることになった。

なお，労働証明の申請にかかる職業については，当該外国人がその後に別の職業に転職する意図を持っていた場合，その労働証明についてのビザの申請が適法なものかどうかが問題となる。この点について，Yui Sing Tse v. INS[252]は，合衆国労働者の保護と外国人の職業選択（変更）の自由という見地から，外国人が証明を受けた職業に合理的な期間従事することを要求することは適切であるとするとともに，外国人は，証明を受けた職業に合理的な期間従事する意図を持っていれば足りるとした。

以下では，PERMによる改正後における労働証明の手続きを概観する。

---

[250] ただし，看護師等について，特定のライセンスを要求するなどの内容面での変更があった。

[251] *See* ETA, DOL, *Permanent Labor Certification Program Final Regulation Frequency Asked Questions*, Apr. 7, 2005, *abailable at*, http://workforcesecurity.doleta.gov/foreign/pdf/perm_faqs_4-6-05.pdf（last visited Dec. 14, 2005）参照。

[252] 596 F.2d 831（9th Cir. 1979）。本件では，中華料理のコックとして労働証明を受けた外国人が，コックとして働きながら歯科医の養成学校に通い4年後に卒業したら歯科医になろうという意図を持っていたので，その労働証明に係るビザの申請が適法なものであるかどうかが問題となった。

1 通常の労働証明手続き（basic labor certification process）

通常の労働証明手続きは以下のようなものである[253]。

外国人を雇用しようとする雇用主は，外国人本人名義の労働証明の申請書類を作成し，それを労働省雇用訓練局（Employment and Training Administration: ETA）の申請処理センター（ETA application processing center）宛てに電子申請または，郵送で提出する[254]。また，申請に際して，雇用主は，雇用しようとする外国人に，後述する「支配的賃金」（prevailing wage）以上の額の賃金を支払うこと，当該賃金は，手数料制など出来高払いではないこと（支配的賃金以上の額につき支払いの保証があれば別である），当該賃金を支払うに十分な資金があること，そして，当該雇用機会が，人種等による不当な差別に関わるものではなく，また，当該雇用機会はストライキ等に基づき生じたものでもないこと，さらに，合衆国労働者にも応募可能であることなどを明示し，応募を拒絶した場合はそれが業務に関連する適法な理由によるものであったことなどを誓約することを要する[255]。

なお，雇用主は，労働証明を申請するにあたって交渉代表組合にその旨を通知すること，交渉代表組合がない場合には掲示により当該事業場の従業員への周知を行うことも求められている[256]。

また，雇用主は，申請に先立ち，次の手続きを経ておかなければならない。

第一に，雇用主は，その地域の合衆国労働者に対する募集広告を出さなければならない[257]。募集条件は，次項で詳しくみるように合衆国労働者が排

---

[253] 20 C.F.R. § 656.17.

[254] PERM実施以前は，その外国人を雇用しようとする地域の州の公共職業紹介機関に提出されていた。

[255] See id. § 656.10(c).

[256] See id. § 656.10(d)(1). この周知義務は，1990年法によって導入された（Immigration Act of 1990 §122(b)(1), 104 Stat. 4978, 4995 (1990)）。交渉代表組合が存在しない場合には，社内公募の手続きが要求される。

[257] 募集広告の方法について，従来は州の公共職業紹介機関の指導のもとで同機関において募集を行うこととされていたが，PERMでは，募集における州の公共職業紹介機関の指導を必要とはせず，申請前に，労働省規則に定められた方式での募集手続きを行えば足りるものとした。

除されるような過度に制約的なものを付してはならず，また，適正な賃金と労働時間等についての詳細な事項を含んでいなければならない。とくに，募集において提示した賃金額については，その地域における支配的賃金を下回ってはならないとされる。支配的賃金の額の決定は，州の公共職業紹介機関[258]が行う[259]。

適切な募集を行った結果，当該地域においてその職務につく能力，就職意欲および適格性を有する労働者が存在せず，かつ，その外国人の雇用が，同様の雇用上の地位にある合衆国労働者の賃金や労働条件に不利な影響を与えないと認められる場合[260]，労働証明官は，雇用主に対し，労働証明を発給する（実際には，申請書類[261]上に労働証明官が署名したものが労働証明となる。なお，同書類が労働証明となるためには，労働証明官の署名のほかに，雇用主，外国人本人，代理人（弁護士を含む）の署名を必要とする）[262]。この通知を受けた場合には，雇用主は国土安全保障省のBCISに対し，雇用関係移民ビザの申請手続きを行うことができる。

要件が満たされていないと判断したときは，労働証明官は，労働証明を拒否することができるが[263]，その前に雇用主宛に審査状（audit letter）を送付

---

[258] 州の公共職業紹介機関は，わが国の公共職業安定所にあたる。州によってState Employment Security Agency（SESA）や，State Employment Serviceなど，名称が異なる。これらは，State Workforce Agencies（SWAs）と総称される。

[259] 支配的賃金の決定においては，従来どおり，州の公共職業紹介機関の関与が残されている。

[260] 特殊な問題を含む案件について，雇用訓練局の労働証明官は，その審査を全国労働証明官（National Certifying Officer）である外国人労働証明担当官室（Office of Foreign Labor Certification Administrator）に照会することができるとされている（20 C.F.R. § 656.24(a)(2)）。

[261] ETA様式9089（ETA Form 9089）と呼ばれる様式が決められており，最初の段階では，この様式のみの提出で足り，証拠書類を添付する必要はない。

[262] 労働証明の書類は，雇用主が提出していた申請書に労働省の労働証明の署名がなされたものである（20 C.F.R. §§ 656.17(a), 656.24(c)）。

[263] なお，申請後に，労働証明官が必要とした場合には，求職票の提出先を労働証明官とするなどの条件を付して，労働証明官による監督のもとでの募集広告を雇用主に命ずることができる。

し，労働証明の要件を満たしていることの証拠等の提出を求めることもできる（この審査状はランダムにも発行されることがある）[264]。雇用主が，所定の期間内（通常は30日以内）に労働証明官から要求された書類を提出して反証しない場合には，要件が満たされていないとの判断が確定する[265]。

労働証明が拒否された場合，雇用主は外国人労働証明不服申立局（BALCA）に不服申立をすることができる[266]。さらに，これに不服があれば，連邦裁判所での司法審査も可能になっている。

(1) 募集義務

PERMは，労働証明の申請の180日前から30日前までの間に，以下の2段階の募集手続きを経ることを求めている[267]。すなわち，第一に，雇用しようとする地域で一般に購読されている新聞の日曜版等に2度の募集広告の掲載を行うことが義務付けられる[268]。募集広告には，雇用主の名称，勤務地，地位の説明および履歴書の提出先の情報を記すことが求められる（支配的賃金より低い賃金額などは，記載してはならない）。第二に，州の公共職業紹介機関に，30日間の求人申込を提出する必要がある[269]。

---

[264] PERM以前は，労働証明官は，要件が満たされていないと判断した場合，雇用主に決定通知書（Notice of Findings: NOF）を交付し，これに対し，雇用主は35日内に反証することができ，この反証に失敗すると労働証明を拒否する最終決定（Final Determination: FD）が雇用主に交付するというのが，手続きの流れであった。

[265] 20 C.F.R. § 656.20(a).

[266] See id. §§ 656.26 & 656.27. なお，雇用主が申立を行う場合には外国人本人の申立も可能となる。

[267] 従来の制度では，州の公共職業紹介機関に労働証明の申請をした後，30日間にわたり同機関で適格性のある合衆国労働者の募集を行う必要があった（ただし，一定の募集活動を行っていた場合，雇用主が従前に一定期間募集の努力をしていた場合には改めて当該地位につき募集を行うことが不要となる制度（Reduction in Recruitment: RIR）があったが，PERM実施にともない廃止された（20 C.F.R. § 656.21(i) (2004) (repealed 2005))。なお，RIRを利用するには，労働証明官による承認が必要とされていた。

[268] 経験や高度な学歴（advanced degree）を要求する場合に限り，新聞の日曜版に代えて専門誌（professional journal）で募集広告をすることも認められている。

第1節　アメリカ移民法における労働証明制度

なお，大学教員（競争的な募集・選抜が行われる場合）については，このような募集方法を取ることが免除される[270]。

(2)　専門職の募集

一般に学士号以上の学歴が求められる専門レベルの地位においては，以上の2段階の募集義務に加え，さらに以下のうち，三つ以上の段階を経ることが求められる。すなわち，①雇用主のホームページでの求人広告の掲載，②第三者のホームページでの求人広告の掲載，③就職説明会（job fairs）の利用，④大学での募集または求人広告の掲示，⑤募集会社の利用，⑥ラジオまたはテレビCMの放送，⑦地域または民族的新聞，⑧地位に関係する業界団体での書面による募集活動，等10ある条件のいずれか三つ以上を選択する必要がある。三つのうちの一つは，申請前の30日以内に行えばよいが，二つは申請日の180日前から30日前までの間に行わなければならないとされる。

以上のようにPERMでは，募集手続きとその期間を明確にすることにより，従来の制度の下での募集をどの程度行うかという点についての労働証明官の裁量の幅を狭めたとされる[271]。なお，申請後の段階で，労働証明官は，雇用主に労働証明官の監督のもとでの申請後の募集（post-filling supervised recruitment）の実施を求めることができ，労働証明官が募集広告の内容や，掲載紙を指定することができるとされている。この申請後募集においては，応募者（求職者）の応募書類は，労働証明官宛（その後，雇用主に回される）とするなど，労働省規則で詳細な内容が決められている[272]。

---

[269]　PERMについて，募集に際し，州公共職業紹介機関の関与がなくなったとの制度紹介がなされているが（See supra note 238, and Shore, supra note 241, at 2)，このような形でなお関与がある。ただし，この求人申込みは，一般の求人申込みと同じものである。

[270]　20 C.F.R. § 656.18(b) (2007).

[271]　Shore, supra note 241, at 2.

[272]　20 C.F.R. § 656.21.

第3章　アメリカ移民法と労働政策

(3)　労働証明申請前に行うべきその他の事項

(a)　**支配的賃金の決定**

　従来，労働証明の対象となる労働者に申し出る賃金の額は，支配的賃金と5％までの差が認められており，95％以上であればよいとされていたが，PERMのもとでは，支配的賃金と同額以上でなければならないことになった。支配的賃金は，被用者の初任給でもなければ現在の賃金でもなく，労働証明の申請のための募集時の賃金であり，申請対象者たる外国人につき，移民資格が認められた場合の賃金でもある。なお，協約賃金が適用になる場合には，協約賃金が支配的賃金にあたるものとして取り扱われている[273]。

　支配的賃金の決定は，雇用する地域にある州の公共職業紹介機関で行われる。一般に，支配的賃金は，他に代わる統計がない場合，労働省職業別雇用統計（Occupational Employment Statistics: OES）が用いられる。雇用主側が，一定の賃金統計を提出することができるが，それによって求められる支配的賃金は労働証明の申請前に州の公共職業紹介機関の承認を受けておく必要がある。従来の制度では，支配賃金に，デービス・ベーコン法（Davis-Bacon Act）[274]およびマクナマラ・オハラ・サービス契約法（McNamara-O'Hara Service Contract Act）[275]の下で定められた地域別の支配的賃金を用いていたが，PERMでは，この規定を削除し，その代わりに，雇用主が任意にこれらの法のもとでの支配的賃金を用いることを認め[276]，適切な求人がなされた場合に，支配的賃金であるとの一応の証明となりうる，とした。また，支配的賃金は従来二つのレベル別に出されていたが，PERMのもとでは，四つのレベ

---

[273] See id. § 656.40(b)(1).

[274] 40 U.S.C.S. § 276a et seq. (2001). 同法は，公共施設や公共事業の現場で働く労働者の報酬額について定めた連邦法である（BLACK'S LAW DICTIONARY, supra note 186, at 424）。

[275] 41 U.S.C.S. § 351 et seq. (2001). 同法は，連邦またはコロンビア特別区との契約に基づきサービスを提供する事業者が遵守すべき労働者の最低賃金や安全衛生基準等を定めた法律である
（http://www.dol.gov/dol/esa/public/regs/compliance/whd/web/SCA_FAQ.htm（last visited Feb. 19, 2002））。

[276] 20 C.F.R. § 656.40(b)(4).

ル別に出されることになった。

(b) 職務の要求レベル（Minimum Job Requirements）

従来は，職業名辞典（Dictionary of Occupational Titles: DOT）に挙げられている職務内容以上の条件を付すことを原則として禁じていたが，PERMのもとでは，DOTに代えて，オンライン検索可能なO*NET[277]を用いることになった。O*NETの定める以上の要求をする場合には，後述する業務上の必要性（business necessity）が求められる。

また，PERMでは，雇用主のもとですでに雇われている外国人の労働証明の手続きにおいて，当該外国人が雇用主のもとで積んだ経験を，職務条件に含めることを制限している[278]。

(c) レイオフした被用者への周知等

雇用主が労働証明の申請前の6か月以内に同じまたは同様の職業の被用者をレイオフしていた場合には，そのようなレイオフされた被用者に通知をし，それらの者すべてについて求人の条件を満たしているかどうかを検討しなくてはならないとした[279]。

2 スケジュールA（Schedule A）

以上の手続きに対し，合衆国で慢性的に不足している職業については（スケジュールAという名称のリストが設けられている），当該外国人は，合衆国労働者にとって代わることもなく，また，賃金や労働条件に不利な影響も与えるものではないとみなされ，労働証明手続きが不要とされている。すなわち，これらの職業において適格性のある外国人は，自動的に労働証明が与えられたものとみなされ，直接ビザの申請を行うことができる。スケジュールAに該当するかどうかの判断は労働省ではなく，国土安全保障省のBCISが行う[280]。

---

[277] http://online.onetcenter.org （last visited June 6, 2008）.
[278] 20 C.F.R. § 656.17(i)(3).
[279] See id. § 656.17(k).
[280] See id. § 656.15(a).

PERMの施行以降，現在のスケジュールAに挙げられている職業は，グループⅠの①理学療法士（physical therapist）および②プロの看護師（professional nurse）と，グループⅡの③科学および芸術の分野における特別な能力（exceptional ability in the sciences or arts）を持っている者および④特別な能力のある実演芸術（performing arts）に従事する者となっている[281]。

3　スケジュールB（Schedule B）の廃止

これに対し，従来は，十分な合衆国労働者で満たされているとみなされ，労働証明の発給が認められない職業が列挙されていた（スケジュールB）。適用除外規定もあるが，それが認められることはまれであったとされる。駐車場係員，バーテンダー，トラック運転手など多岐にわたる職種がこれに該当していた[282]。しかし，前述のとおり，2005年のPERMの実施に伴い，スケジュールBは廃止され，従来スケジュールBのカテゴリーに入っていた職業についても，労働証明の申請自体は可能となった（これとは逆に従来の除外規定もなくなっている）[283]。

第4項　労働証明の要件――裁判例等の状況

上述のように，労働証明を発給するための要件は，①外国人を雇用しようとする地域において，能力があり，就職する意欲と適格性を有する合衆国労働者が十分存在せず（以下，「第一の要件」という），かつ，②外国人の雇用が，同様の雇用上の地位にある合衆国労働者の賃金や労働条件に不利な影響を生じないこと（以下，「第二の要件」という），である[284]。労働証明発給の段階では，雇用主はこれらの要件に従った手続きをとる必要がある。また，労働証明官による労働証明発給の拒否があった後は，上述のように，雇用主は審査請求の手続きで争うことができるが，そこでは雇用主が，これらの要件についての立証責任を負う。

281　*See id.* § 656.5.
282　20 C.F.R. §§ 656.11 & 656.23 (2004) (repealed 2005).
283　ETA, *supra* note 251.
284　前掲注（246）および（247）参照。

上記二つの要件は以下で詳細に述べるように、労働省規則によってさらに具体的に定められている。労働証明を申請するに先立って必要になる募集活動において、「業務上の必要性」(business necessity) が認められないのに、合衆国労働者が排除されるような過度に制約的な条件を付したりすることは第一の要件に反することとなり、また、支配的賃金未満で募集することは原則として、第二の要件に反して不利な影響を生じさせるものと判断され、労働証明官によって労働証明の発給が拒否される理由になる。そこで、裁判例およびBALCAの決定を素材に、以上の要件該当性についての具体的な運用状況を見ていくこととする。

1　第一の要件——地域に適格性ある合衆国労働者がいないこと

外国人を雇用しようとする地域において適格性を有する合衆国労働者が十分存在しないという労働証明の第一の要件を満たすためには、雇用主は労働省規則に従い募集活動を行うことが必要となる。募集において、雇用主は過度に制約的な条件を付してはならず、これに反している場合、第一の要件を欠くものとされる。

具体的には、雇用主が合衆国労働者の募集について、①合衆国でその仕事に通常要求されること以外のことを要求すること、②O*NETに挙げられている職務内容以上の条件を付すこと、③外国語の能力を要求することは、「業務上の必要性」がない限り、過度な制約となり、労働証明は認められない[285]。また、④複数の職務を合わせて要求するには、通常そのような要求に基づき労働者を雇用しているなどの事情が必要である[286]。さらに、⑤家事使用人につき、雇用主の家に住込むことを労働条件とするためには、雇用主によって、そのことが「職務の遂行に欠かせない」(essential to perform) ものであることが立証される必要がある[287]。なお、一般的には、合衆国労働者は当該職務に要求される最低の基準を満たしていれば、「適格性」を備えているものとみなされるので、そのような合衆国労働者が応募してきた場合、

---

[285] 20 C.F.R. §§ 656.17(h)(1)&(2) (2007).
[286] *See id.* § 656.17(h)(3).
[287] *See id.* § 656.17(j)(2).

たとえ外国人の方が能力等が上であっても，労働証明は認められないとされる[288]。

以下，これらの要件に関する代表的事例を概観する。

【1】　Marion Graham事件[289]

〈事案〉　本件において雇用主は，住込みで働く外国人のベビーシッター兼家事使用人に移民ビザを取得させるため，労働証明を申請した。雇用主が合衆国労働者の募集をした結果，応募者はなかったが，労働証明官は，雇用主の家に住み込むという条件が過度の制約にあたるとする決定通知書を交付した。そこで雇用主は，住込みを条件とすることは業務上の必要性に基づくものであると主張した。その理由として，本件家事使用人の職務は，家事とベビーシッターの仕事が半々で多忙なこと，雇用主の夫が病院長であるため一日中電話があり，住込みの使用人を雇って夜間の電話番をさせることが必要であること，雇用主は個人的に夫の出張に同行し家を留守にすることがあり，家事と育児に全責任を負う住込みの使用人が必要であること，家事使用人と夜間のベビーシッターを別々に雇うと賃金が高くつくこと，雇用主は病気の母親の面倒も含め，毎日さまざまな個人的用事を家事使用人にさせる必要があることを挙げ，さらに，当該外国人は子どもが生まれたときから世話をしてきており，雇用主は当該外国人を信頼していると主張した。

しかし，労働証明官は，雇用主が，住込みという条件が業務上の必要性に基づくものであることを証明していないとして，労働証明の発給を拒否した。そのため，雇用主はBALCAに対し不服申立を行ったが，BALCAは申立を以下の理由で却下し，労働証明官の労働証明拒否の決定を維持した。

〈決定要旨〉　家事使用人に住込みを求めることについて業務上の必要性の

---

[288]　しかし，教員，および科学や芸術の分野で「特別な能力」を持つ者に限り，外国人と「同等の適格性」（equally qualified）の基準が用いられ，最低基準を満たす合衆国労働者が応募してきたとしても，外国人のほうがそれよりレベルが上であれば，外国人の方を選ぶことができる（8 U.S.C.S. §§ 1182(a)(5)(i)(I)&(ii)）。外国人の大学教員について，同様の基準が20 C.F.R. §656.18(b) に反映されている。

[289]　No.88-INA-102, 1990 BALCA LEXIS 72（BALCA, Feb. 2, 1990）.

基準を適用する場合，雇用主は募集における条件が通常の態様における職務の遂行に欠かせないことを立証しなければならない。その判断にあたっては，雇用主の職業，家庭外での事業活動，家事それ自体の状況，その他の斟酌すべき事情も含め，それが職務に欠かせないかどうかを個別に検討すべきである。

　業務上の必要性の基準を本件に当てはめると，雇用主の主張は具体性を欠き，適切な根拠を欠いている。すなわち，深夜における電話の頻度の証拠がなく，なぜ専門の電話サービスを利用しないのか，1ヶ月に何日外泊するのか，将来，夫の出張で家を留守にする見込み，雑用の仕事や母親の世話の必要についても立証されておらず，さらに，家事使用人と不在の時の夜間のベビーシッターをそれぞれ雇った場合の特別のコストについての疎明もないので，本件において住込みを条件とすることについて，業務上の必要性の立証は不十分である。

　〈本決定の位置付け〉　本決定の特徴は，上記第一の要件のうちの⑤に関し，住込みの業務上の必要性について，雇用主にその内容を具体的に立証することを求めたことにある。本決定によれば，家事使用人に対し，住込みを条件とすることの業務上の必要性を立証するには，住込みを必要とする雇用主側の職業や家庭事情，それが必要となる頻度，他の代替的なサービスの利用可能性の有無およびコストの比較などについて具体的なデータの提出が必要となる。

【2】　Information Industries, Inc.事件[290]

　〈事案〉　本件では，コンピュータのコンサルタント業を営む雇用主が，デンバー州のAT&Tに派遣する外国人システム・エンジニアを採用するため，労働証明の申請を行った。その際，雇用主は，国内の労働者の募集手続きにおいて，工学の学士号とコンピュータ科学の修士号の二つの学位を持つことを条件としたことから，労働証明官はこれを過度な制約であるとして労働証明の発給を拒否した。これに対し，雇用主がBALCAに対し不服を申し立て

---

[290] No.88-INA-82, 1989 BALCA LEXIS 658（BALCA, Feb. 9, 1989）.

たのが本件である。BALCAは，以下の理由により労働証明官の決定を取り消し，本件を労働証明官に差し戻した。

〈決定要旨〉 労働証明を受けるための手続きにおける募集活動においては，①当該職務の募集条件が合衆国内で通常要求されるものであること，②その仕事が職業名辞典（DOT）において定義されているものであること，③英語以外の外国語能力を要求しないことの三点を遵守することが要求されるが，その適用除外を認めるための業務上の必要性の判断にあたっては，1964年公民権法第7編などの差別事件で要求される「業務上の必要性」までの厳格な判断基準は用いられない。労働証明における業務上の必要性については，雇用主側が，①その募集条件が，雇用主の事業における職務に合理的な関連性を有していること，かつ，②当該募集条件が合理的にみて雇用主の指定した職務を遂行する上で欠かせないものであることを立証するべきであるが，単に業務の効率や質に役立つ旨や向上させる旨を述べるだけではその基準は満たされない。

本件においては，雇用主はなぜシステム・エンジニアに工学の学士号が必要であるか述べておらず，一方，労働証明官も，工学の学士号やコンピュータ科学の修士号の二つを条件とすることは真正な要求と言えないと判断したことにつき理由を述べていない。

このような場合，労働証明官は，まず本件の仕事にふさわしい職業名を決定し，次に本件での募集条件が合衆国におけるその職業に通常のものであるかどうかを判断し，通常のものでないとした場合，その理由を述べた決定通知書を交付し，これに対し，雇用主は上述の業務上の必要性の基準に沿った反証を挙げる機会が与えられるべきである。

〈本決定の位置付け〉 本決定の特徴は，労働証明手続きにおける労働省規則の定める要件の例外が認められるための業務上の必要性について，①その募集条件が雇用主の事業における職務に合理的な関連性を有していること，かつ，②当該募集条件が合理的な態様において雇用主の挙げる職務を遂行する上で欠かせないものであること，という一般的基準を示し，その立証を雇用主側に要求したことにある。また，募集条件の適否についての労働証明官の判断および雇用主の反証のプロセスを示した点も注目される。

【3】 Tel-Ko Electronics, Inc. 事件[291]

〈事案〉 本件では、韓国系企業による電子工学技術者の募集において、韓国語の能力のあることを条件としたことが過度の制約にあたるかが問題となった。労働証明官は、外国語の要求は過度の制約にあたり、外国語の業務上の必要性についても立証されていないとして決定通知書を交付した。その上で、外国語の能力を要求することにつき業務上の必要性を立証するには、①当該従業員が業務上接する者の属性、②それらの人のうち英語を解さない人の割合、③韓国語を使う業務の割合、④当該従業員が韓国語を使うことになる時間の割合について証拠書類を提出することを求めた。

これに対し、雇用主は、自らの事業が韓国における供給業者の電子機器の修理保全であり、電話などの通信手段を使って韓国側と連絡をとっていることを主張し、当該従業員の労働時間の95％以上は韓国語が使われることになること、供給業者や雇用主の従業員の95％以上は韓国人で英語を解さないこと、事業の95％以上は韓国語で行われていることをあげて反証した。しかし、労働証明官は、業務上の必要性が立証されていないとして労働証明の発給を拒否したため、雇用主がBALCAに不服申立を行った。これに対し、BALCAは労働証明官の決定を維持し、BALCAの行政審判官全員による審議においても発給拒否はなお維持された。そこで、雇用主が再審理を求めたところ、BALCAは、次のとおり労働証明官に労働証明の発給を命ずる決定を下した。

〈決定要旨〉 上記のInformation Industries, Inc.事件で示された業務上の必要性判断の基準、すなわち、①当該募集条件が雇用主の事業における職務に合理的な関連性を有していること、かつ、②募集条件が合理的にみて雇用主が指定した職務を遂行する上で欠かせないものであること、という二つの要件の適用に際し、外国語の能力を要求する場合には、上記①について、雇用主は、事業のかなりの部分が外国語で遂行されているか、外国語を話す顧客または従業員との間で行われることを立証しなければならず、かつ、上記②については、当該従業員の職務が外国語の意思疎通や読解能力を必要とすることを立証しなければならない。

---

[291] No.88-INA-416, 1990 BALCA LEXIS 316（BALCA, July 30, 1990）.

本件については，雇用主は事業のほとんど全部を韓国の供給業者との間で行っており，外国語の能力を要求することはその事業と合理的な関係があるので，①の基準は満たされる。また，当該職務に就く者は供給業者と頻繁に連絡を取り合わなければならず，そのためには供給業者の話す韓国語を話せなければならないこと，供給業者および雇用主の従業員の95％が韓国人であり，当該職務につく従業員は韓国語を話せなければならないこと，当該従業員は労働時間の95％以上において韓国語を使うことになり，職務には韓国語しか話さない顧客との対応も含まれるから，②の基準も満たされる。

〈本決定の位置付け〉 労働証明を取得する過程で行われる国内労働者の募集において，外国語能力を要求すると，これに応ずることのできる国内労働者の数は少なくなる。そこで，こうした要求が過度の制約にあたるか否かが問題になるが，本決定は，前述のInformation Industries, Inc. 事件決定でBALCAが示した業務上の必要性判断における二つの基準を，こうした外国語能力の要求についても具体的に適用したことに意義がある。すなわち，外国語能力を要求する場合の業務上の必要性は，①雇用主の事業のかなりの部分が，外国語で遂行されているか，外国語を話す顧客または他の従業員との間で行われること，および②当該従業員の職務が外国語の意思疎通や読解能力を必要とすることの二つの基準である。

2 第二の要件――合衆国労働者の労働条件が不利にならないこと

労働証明の発給における第二の要件の趣旨は，外国人労働者が低賃金で雇用されることにより，同様の雇用上の地位にある合衆国労働者の賃金や労働条件に不利な影響が生じるのを防ぐことにある。そこで，外国人を雇用するに先立って支配的賃金を下回る額で労働者を募集することが，合衆国労働者の賃金や労働条件に対して不利な影響があるとされるとともに[292]，外国人に対して支払われる賃金も，支配的賃金以上でなければ，同じく不利な影響を生じさせることとなるとされる[293]。

---

[292] 20 C.F.R. § 656.24(b)(3). 8 U.S.C.S. § 1182(a)(5) に基づき，労働長官はこうした規則を定める権限をもつことが認められている（Production Tool Corp. v. Employment & Training Admin., U.S. Dep't of Labor, 688 F.2d 1161, 1168 （7th Cir. 1982））。

しかし，支配的賃金は，労働省規則に基づく要件であり，INA自体の定める要件ではない。そこで，①これを判断基準として使うこと自体が合理的といえるか，②一般的には基準として使えるとしても，他の要素も考慮にいれるべき場合があるかという問題が残る。そこで，以下ではこれらの点についての代表的事例をみていく。

最初に，協約賃金がある場合にも支配的賃金を支払わなければならないかが問題となった二つの裁判例を取り上げる。

【1】 Ozbirman v. Regional Manpower Administrator, U.S. Dep't of Labor[294]

〈事案〉 本件では，洋服仕立人の募集に関するOzbirman事件と，自動車修理工の募集に関するWebson事件が，同一判決で判断されている。ここでは後者のWebson事件を扱う[295]。

本件において，ニューヨーク労働局は，自動車修理工は国内で不足している職種に該当しているものと認める一方で，原告の賃金が時給3.25ドルであり，ニューヨーク・タクシー労働組合の地方支部の協約賃金には適合しているものの，自動車修理工の支配的賃金である時給4.05ドルを下回っているという理由で労働証明を拒否した。そこで，原告は，労働省規則が法の趣旨を誤っており，労働長官が労働証明の発給を拒否したのは裁量権の濫用であるとして提訴した。連邦地方裁判所は，原告の主張を認め，労働長官に本件を差し戻した。

〈判決要旨〉 労働長官が，本件賃金が支配的賃金を下回っているという理由だけで労働証明の発給を拒否したことは，金銭の形をとらない報酬を考慮に入れていない点で誤りである。すなわち，賃金とその他の福利厚生を合わせてみたとき，本件では国内労働者への不利な影響は必ずしも生じえない。「不利な影響」の解釈にあたっては，短縮された労働時間，独特の休暇期間や労働条件，家庭や家族との接触，その他の福利厚生が労働市場や賃金に影

293　20 C.F.R. § 656.10(c)(1).
294　335 F.Supp. 467（D.C.N.Y. 1971）.
295　前者のOzbirman事件は，洋服仕立人については十分な合衆国労働者がいるとして，裁判所も労働省による労働証明の拒否を妥当とした。

響を与えるので，このようなさまざまな変数を考慮して行うべきである。また，原告には同僚と同じく，協約賃金が提示されており，労働組合の努力の結果を無視して，単に支配的賃金を下回っているという理由だけで労働長官が労働証明の発給を拒否したことは裁量権の濫用である。

〈本判決の位置付け〉 本件では，採用する外国人に支払う予定であった協約に適合する賃金が支配的賃金を下回っていたことから，国内労働者に不利な影響が生ずるかが問題となった。特に，本判決では，賃金以外の福利厚生も考慮にいれることができるかが問題となったが，裁判所は支配的賃金が賃金以外の別の変数を適切に考慮に入れていないと判断し，労働長官に差し戻した。本判決は，厳密な意味での賃金以外の福利厚生などを含めた待遇が，不利な影響の有無の判断要素となりうるとしており，本判決の射程は，協約賃金を支払う場合以外の事案にも及ぶ余地があると思われる。

【2】 Naporano Metal & Iron Co. v. Secretary of Labor[296]

〈事案〉 本件では，雇用主が外国人を溶接工として採用するにあたり，労働証明の申請を行ったところ，その外国人の賃金を，雇用主と労働組合の地方支部との間に締結された労働協約に基づく賃金額（時給3.87ドル。その後協約賃金の改定により，4.12ドル）としていたことから，労働証明官がその額はその地域で支払われている溶接工の支配的賃金を下回っているとして，労働証明の発給を拒否する決定を下した。そこで，雇用主が不服を申し立てたが，再び労働証明の発給を拒否されたため，労働長官を相手に連邦地方裁判所に労働証明の発給を請求する訴えを起こした。一審は，労働組合との間で決められた協約賃金は，支配的賃金を下回っていても合衆国労働者に不利な影響をもたらすものではないとして，労働長官に労働証明の発給を命じた。そこで，労働長官が控訴したのが本件である。第3巡回区控訴裁判所は，次のように判断して控訴を棄却した。

〈判決要旨〉 労働協約に基づき外国人にも非外国人と同様に支払われる賃金は，以下の理由により，同様の雇用上の地位にある合衆国労働者の賃金お

---

[296] 529 F.2d 537（3d Cir. 1976）.

よび労働条件に不利な影響があるものとはいえないので，労働長官が労働証明の発給を拒否したことは違法である。

　INAにおける「同様の雇用上の地位にある合衆国労働者の賃金および労働条件に不利な影響を及ぼさないこと」という規定には，「不利な影響」についての定義がないため，労働長官はその規定の解釈にあたって裁量権を有する。そこで，合衆国労働者に不利な影響をもたらす賃金について，労働省規則は，支配的賃金を下回ってはならないと定めている。そして，その支配的賃金については，デービス・ベーコン法のもとで労働長官が定めたものと同じ規定が用いられている。本件においては，労働協約に基づいて，合衆国労働者も同様の賃金が支払われていたのであるから，人為的な支配的賃金の方式を検討しなくとも，労働協約に非難すべき点がない限り，労働協約に従った賃金が支払われるならば，その地域の合衆国労働者の賃金および労働条件に不利な影響があるとはいえない。

　〈本判決の位置付け〉　ここでも，労働協約に適合する賃金が支配的賃金を下回っていたことが問題となったが，裁判所は，協約賃金が支配的賃金を下回っているとしても，外国人にも合衆国労働者にも同様に支払われる協約賃金は，その地域において不利な影響は認められないとした。支配的賃金を下回っていることだけで一律に労働証明の発給を拒否することは裁量権の濫用になるとした点で，上記Ozbirman (Webson) 事件判決と同様の立場に立つものといえる。ただし，上記Ozbirman (Webson) 事件判決は，協約賃金以外にも，賃金以外の福利厚生を含めて不利な影響がないかどうかを判断すべきことを示唆しているが，本判決は，より一般的に，協約賃金に従っていれば不利な影響はないと判断している点に特色がある。

　本判決を受けて，1977年に労働長官は，支配的賃金の定義を修正して，当該雇用機会が労使の対等な交渉によって締結された労働協約の適用下にあるものである場合には，その協約賃金は，同様の雇用上の地位にある合衆国労働者に不利な影響をもたらさないとし，その協約賃金を労働証明手続きにおいては支配的賃金とみなすこととなった[297]。

---

[297] *See supra* note 273.

第3章　アメリカ移民法と労働政策

　以上二つの判決は，協約賃金と支配的賃金の関係が問題となったもので，支配的賃金を用いること自体の適否については特段判断がなされなかった。しかし，そもそも支配的賃金という判断基準を用いることは適法か，また，一般的には適法としても，個々の事案についてどの範囲で支配的賃金を用いうるかが問題となりうる。以下に挙げる二つのケースについてはこの点を検討するが，裁判例は支配的賃金という判断基準を用いること自体は一般的には妥当としている。

　まず，支配的賃金は，「同様の雇用上の地位にある」合衆国労働者について考えることになるが，この要件については，支配的賃金の算定基礎とされた業種が雇用主の業種と厳密に同一であることを要するかが問題となる。

【3】　Industrial Holographics, Inc. v. Donovan[298]

〈事案〉　ゴムタイヤ製造機の製造業者である雇用主は，ミシガン州で輸出担当マネージャーとして雇用しようとした外国人のために労働証明を申請した。雇用主は，月給1,000ドルとする募集広告を出したが，ミシガン雇用安定委員会は，同州の5名の事業主と連絡をとって，この地域の輸出担当マネージャーの支配的賃金は1,666ドルであると算定したので，労働証明官は，支配的賃金での募集がなされていないとする決定通知書を交付した。雇用主はこれを受けて，月給1,666ドルとする募集広告を出したが，州の公共職業紹介機関に所定の30日間広告を出していないことなどを理由に，労働証明官は労働証明の発給を拒否する最終決定を交付した。これに対する不服申立が棄却されたため，雇用主は連邦地方裁判所に訴えを起こしたが，裁判所は，支配的賃金の基準の適否については，労働省が規則により支配的賃金の基準を定めたことは恣意的なものではないと判断し，請求を棄却した。そこで雇用主側が控訴し，調査対象となった会社はゴムタイヤ製造機の製造業者ではなく，「同様の雇用上の地位にある」者の賃金には当たらないと主張した。しかし，第7巡回区控訴裁判所は，以下のように判断して，労働証明の発給拒否を適法とした。

---

[298]　722 F.2d 1362（7th Cir. 1983）.

第1節　アメリカ移民法における労働証明制度

　〈判決要旨〉　立法が行政機関に規則制定の権限を委任した場合，当該機関の定めた規則は，立法の目的と合理的に合致しており，適切な手続きによって公表され，恣意的なものでないならば適法といえる。本件における規則については，労働長官が支配的賃金を労働証明の判断の基準として用いる規則を定めたことは合理的なものであり，規則において，支配的賃金未満の賃金による外国人の雇用は合衆国労働者の賃金および労働条件に不利な影響をもたらすと推定していることに対し，雇用主側はそのような一般的な推定が恣意的であるとの立証をしていない。

　労働証明発給の拒否についての司法審査は，当該決定が，恣意的または裁量権の濫用であると認められるか否かを判断基準とする。本件においては，ミシガン雇用安定委員会は同州における5名の事業主を調査して輸出担当マネージャーの支配的賃金を1,666ドルであると算定しているが，そこで調査の対象となった事業主の業種が控訴人の業種とは異なる業種であっても，問題となっている職務が同等の機能を持つものであれば，支配的賃金の算定において依拠しうるものであり，控訴人は，これに対する反証を挙げていない。また，控訴人は，本件において委員会が選択した職務上のカテゴリーが不適切であるとの立証もしていないので，この点においても支配的賃金の基準による決定は恣意的ではなく，裁量権の濫用にも当たらない。

　〈本判決の位置付け〉　本判決は，合衆国労働者の賃金や労働条件に不利な影響が及ぶかの判断に関し，支配的賃金という移民法上は明文の根拠のない基準を用いることを定めた労働省規則につき，原則として合理性があることを明示した点で意義がある。また，本判決は，支配的賃金の算定にあたって，雇用主の業種とは異なる業種の状況を調査対象としても，職務のカテゴリーが同等であれば，支配的賃金の算定の基礎に用いうるという運用を支持した点でも意義がある。

　上記Ozbirman（Webson）事件とNaporano Metal & Iron Co.事件の判決は，支配的賃金によることが妥当ではない場合があることを示しているものであるが，本判決は，支配的賃金の基準によることが原則として合理性があるとの命題を示した上で，本件でこの基準によった決定を適法とする一方，この基準は推定にとどまり，雇用主側で反証を挙げてそれによらずに判断するこ

129

とを求めうる場合がありうることを示したものといえる。この点では，上記二つの判決はそうした推定が破られる事案であったということができるので，本判決の立場と必ずしも矛盾するものではないといえよう。

【4】 Hathaway Children's Service事件[299]

〈事案〉 本件の雇用主は，障害児のための非営利の養護施設である。雇用主は，施設内の清掃および電気・配管などの簡単な修理を行わせる外国人のため労働証明を申請した。その仕事は，特別な教育は不要であるが，6ヶ月程度の経験を必要とするものであり，雇用主は時給6.05ドルを支払うことを申し出ていた（申請の時点で，その外国人はすでにその雇用主のもとで4年以上もその職に従事していた）。しかし，労働証明官は，その額は支配的賃金である10.96ドルを下回っているとして雇用主に決定通知書を交付した。

そこで，雇用主はTuskegee University事件[300]でのBALCAの決定に依拠し，労働省規則の支配的賃金の算定にあたって，「同様の雇用上の地位にある労働者の賃金」という要件における「同様の雇用上の地位にある」とは，本件では南カリフォルニアの同様の非営利の児童福祉施設であると主張した。しかし，労働証明官は労働証明の発給を拒否したため，雇用主はBALCAに不服申立を行ったが，BALCAは，労働証明の発給を拒否した労働証明官の決定を維持した。

〈決定要旨〉 支配的賃金の基準は，当該地域において同様の技能や知識レベルの職務に従事する労働者の賃金の最低額を立証するためのものである。支配的賃金の算定においては事業の性質も考慮するとしたTuskegee University事件の決定は覆されるべきものであり，支配的賃金はその職務に求められる技能や知識のレベルによって決められ，雇用される機関の性質や雇用主の資

---

[299] No. 91-INA-388, 1994 BALCA LEXIS 1（BALCA, Feb. 4, 1994）.

[300] No. 87-INA-561, 1988 BALCA LEXIS 374（BALCA, Feb. 23, 1988）. アラバマ州の私立のアメリカン・アフリカン大学が物理学の助教授に外国人を採用しようとしたところ，募集した賃金がその地域の大学の支配的賃金の年収30,670ドルより低いことを理由に労働証明の発給が拒否された事案で，アメリカン・アフリカン大学を地域的範囲とする支配的賃金を用いることを認めた。

金力の有無には左右されるものではないと判断する。また，雇用主の資金力が乏しいことを考慮して支配的賃金の要件を免除する特段の規定もないので，本件決定に違法な点はない。

〈本決定の位置付け〉　支配的賃金の算定について，Tuskegee University事件におけるBALCAの決定は，同様の雇用上の地位にある者とは，職務の名称や内容だけでなく，私立であるか，公立であるか，宗教的事業であるかそうでないか，営利事業であるか，非営利事業であるかなど，事業や機関の性質も同様に考慮されるべきであるとした。しかし，本決定は，営利・非営利など所属機関の種別を問わないとすることにより，Tuskegee University事件でのBALCAの判断を覆している。

本決定によれば，大学の研究者の賃金は，合衆国国内の研究者であっても，企業所属の研究者の賃金レベルを下回ることがあるため，大学が外国人の研究者を雇用することができなくなるという問題が生じた。そこで，労働省は，本決定のルールの例外として，大学等の一定の研究機関の研究者に限り，その地域における同様の機関の賃金をもって支配的賃金を決定するとし，これらの機関の研究者についての特例を定めた[301]。

第5項　一時的労働証明制度（temporary labor certification program）

非移民についても，入国許可の判断にあたって労働市場への影響が考慮されることがある。こうした制度は，非移民ビザの種類に応じていくつかの異なる仕組みをとっている。たとえば，一時的な農業労働者のためのH-2Aビザ，および臨時的な事業のためのH-2Bビザについては，移民ビザの労働証明と類似する募集の手続きが必要となるが[302]，非移民ビザの代表であるH-1B（IT技術者など専門職従事者等に適用されている）については，以下に述べ

---

[301]　20 C.F.R. § 656.40(e).

[302]　H-2Aでは，支配的賃金以外に，不利な影響を持つ賃金額（Adverse Effect Wage Rates, AEWRs）が設定されており，法定の最低賃金とともに，これらの額を上回る募集をしなければならない（20 C.F.R. § 655.107）。H-2Bでは，雇用主は募集および面接を実施し，その結果合衆国労働者を不採用とした理由を付した報告書を州の公共職業紹介機関へ提出する。

るような労働条件申請制度が採用されている。医療専門職が不足している地域における看護師のためのH-1Cビザについても，概ね同様の制度がある[303]。

1　労働条件申請制度

1990年法のもとで，労働条件申請制度（Labor Condition Application: LCA）が創設された。この制度は，専門的職業能力を有する外国人等に与えられるH-1Bビザを申請するに先立ち，雇用主が労働省の雇用・職業訓練局（ETA）の申請処理センターに対し，賃金や労働条件等について下記のような誓約（attestation）を伴う電子申請[304]を行う制度である。

この労働条件申請制度において，雇用主が誓約する主な内容は，①その外国人に支払われる賃金が，その職務について当該雇用における「実際に支払われている賃金」(actual wage)[305]か，その職種についての当該地域における支配的賃金[306]のいずれか高い方の額以上であること[307]，②その外国人に与えられる労働条件が，同様の雇用上の地位にある合衆国労働者の労働条件に不利な影響を及ぼすものでないこと[308]，③雇用しようとする職場において関連する職業分類の範囲でストライキまたはロックアウトが行われていないこと[309]，④雇用しようとする職場において，当該申請を行うことの周知を図り，交渉代表組合がある場合には同組合に通知することである[310]。以上のよ

---

[303]　*See id.* §§ 655.1100 to 655.1260.

[304]　*See id.* § 655.720(b). 特段の事情がある場合は，郵送でも受け付けられている（*See id.* § 655.720(a)）。

[305]　実際に支払われている賃金（actual wage）とは，当該雇用につき同様の経験と適格性を有するその他すべての従業員に支払われている賃金水準をさす（8 U.S.C.S. § 1182(n)(1)(A)(i)(I)）。

[306]　労働条件申請制度における支配的賃金額は，①協約賃金，②州の公共職業紹介機関への依頼により決定された支配的賃金，③一定の賃金統計などのいずれかを用いることができる（20 C.F.R. § 655.731(a)(2)）。

[307]　8 U.S.C.S. § 1182(n)(1)(A)(i), 20 C.F.R. § 655.731(a).

[308]　8 U.S.C.S. § 1182(n)(1)(A)(ii), 20 C.F.R. § 655.732(a).

[309]　8 U.S.C.S. § 1182(n)(1)(B), 20 C.F.R. § 655.733.

[310]　8 U.S.C.S. § 1182(n)(1)(C), 20 C.F.R. § 655.734.

うな要件を満たす申請であれば，労働省ETAの担当官は申請書類にサインをすることにより認証の決定を下すことになる。続いて，雇用主は，外国人のために誓約欄に自らのサインをしたこの書類を添えてBCISに対しH-1Bビザの申請を行う。また，雇用主は，個々のH-1Bビザの外国人労働者に対し，雇用開始日に遅れることなくこのLCAの書類のコピーを渡すことが必要とされている。

雇用主は，こうして受け入れたH-1Bビザの外国人に対し，所定の賃金を支払うなど，誓約条件を実現しなければならない[311]。所定の賃金とは，LCAで誓約されている上記①の「実際の賃金」か「支配的賃金」かいずれか高いほうである。雇用主が，これらの誓約条件に違反した場合，それにより利益を害された者（当該職場の交渉代表組合を含む）は，労働省に苦情を申し立てることができ，申立については労働省の賃金・時間部（Wage and Hour Division）が調査を行う。違反が認められた場合，同部の担当官（administrator）は，賃金等の支払いを命ずることができるほか[312]，雇用主は行政罰[313]を課されたり，その後一定期間雇用に関するビザの申請を拒否されたりすることがある[314]・[315]。賃金・時間部の命令に不服がある場合は，同省の行政不服審査局（Administrative Review Board: ARB）に対し，不服申立をすることができる。

なお，本人都合による就労不能の場合あるいは真正な解雇（bona fide termination）がなされた場合等には，雇用主は支払いを免れることができる[316]。

---

[311] 20 C.F.R. § 655.731(c).

[312] *See id.* § 655.810(a). 同部の担当官は，外国人に代わって行政的な支払申立を行うことができる。なお，LCAの認証は，雇用の日から3年間の有効期限が設けられている（*See id.* § 655.750(a)）。

[313] 行政罰（civil fineまたはcivil monetary penaltyともいう）は，民事罰と訳されることもある。

[314] 8 U.S.C.S. § 1182(n)(2).

[315] Carl M. Shusterman & David L. Neal, *Survey and Analysis of H-1B Labor Condition Application Decisions*, 72 INTERPRETER RELEASES 49（1995）に労働条件申請制度についての決定のケース紹介がある。

[316] 雇用主の賃金支払義務について，8 U.S.C.S. § 1182(n)(2)(C)(vii)(I), 20 C.F.R. § § 655.731(c)(1) & (7)(i) & (ii).

真正な解雇については，BCISへの通報および一定の条件のもとで当該外国人の帰国旅費の提供が必要とされる[317]。

このように，非移民ビザであるH-1Bビザのための労働条件申請制度は，一定の事項について誓約するだけで足り（ただし，支配的賃金等の支払義務は別途根拠づけられている），実際の募集手続きを経ることまでは要さず，また，一定期間に同一の職種で採用しようとするH-1B労働者の人数分をまとめて申請でき，雇用しようとする個々の外国人を特定して申請することを要しないので，雇用関係移民ビザの労働証明手続きに比べ簡便なものとなっている。これは，H-1Bビザがアメリカ合衆国での一時的な就労を目的とするものであって，労働市場に対する影響が移民の場合に比べて少ないからであろう。このように，外国人労働者の国内労働市場への悪影響の有無を判断するための基準は，ビザの種類によって内容が異なっている。

2 濫用のおそれがある特定の雇用主に対する加重的手続き

労働条件申請制度を濫用するおそれのある特定の雇用主は，以下の追加的誓約手続きを踏む必要がある[318]。具体的には，(ア)「H-1Bに依存している雇用主」(H-1B dependent employer)[319]，および(イ)過去5年間に労働条件申請制度の申請に際し，故意の違反（failure）または不実表示があった雇用主は，次の事項も誓約することが必要である。すなわち，①H-1Bビザを申請する前後90日間は合衆国労働者を外国人により代替（displace）しないこと[320]，②同期間内に，合衆国労働者を代替することになることを知りつつ，外国人を他者のもとに派遣してその職場で働かせ，両者の間に雇用関係の存在をうかがわ

---

[317] 20 C.F.R. § 655.731(c)(7)(ii).

[318] この加重的手続きは，当初，1998年の「アメリカの競争力及び労働力改善法（ACWIA）」により加えられた。同法は時限立法であったが，その後の法改正を経て，現在も概ね同様の手続きがある。

[319] 「H-1Bに依存している雇用主」の要件については，8 U.S.C.S. § 1182(n)(3)(A), 20 C.F.R. § 655.736(a) 参照。

[320] H-1Bビザの外国人が配属されるポジションが，レイオフされた合衆国労働者のポジションと実質的に同一のものであれば，H-1Bビザ申請者への置き換えがあったものとされる。

せるような状態にしないこと，③労働条件申請制度を申請する前に，外国人に与えようとする地位について，産業レベルで認められた手続きにより，同人に対するのと同等以上の報酬で，合衆国労働者に対して募集を行い[321]，同等以上の適格性をもつ合衆国労働者がいればその者に対し採用の申出をするという誠実な手続き（good faith steps）を経ること，である[322]。以上のうち②は，他の会社へ役務を提供するために外国人労働者を利用しようとする場合に合衆国労働者を代替することを防止しようとするものである。

第2節　アメリカ移民法における雇用主処罰制度と移民関連不当雇用行為制度

　本節では，アメリカ合衆国の移民法が，不法就労問題についていかなる対応をしているかについて，雇用主処罰制度および移民関連不当雇用行為制度に焦点を当て，それぞれの法規制の内容および裁判例等における運用状況等について検討する。

　まず，雇用主処罰制度は，1986年にIRCA（移民改正管理法）によって創設された，就労資格のない外国人を雇用した者を処罰することにより不法就労を取り締まろうとする制度である。しかし，雇用主処罰制度の実施は，外国人や外国人らしき外貌の者の雇用差別をもたらす可能性があることから，アメリカ合衆国は，IRCAにおいて雇用主処罰制度を導入するにあたり，そのような弊害を防止するため，一定の国籍差別や出身国差別を禁止した「移民関連不当雇用行為制度」を創設した[323]。

　次に，移民関連不当雇用行為制度は，前記のように，雇用主処罰制度の導入に対する反作用としての外国人等に対する差別を規制する制度として生まれたものである。わが国の入管法は「不法就労助長罪」を導入しながらも，外国人への差別に対する措置は採用しておらず，労働法の分野でも労働条件

---

[321] 通常の通勤圏内で募集を行うとされている。
[322] 8 U.S.C.S. §§ 1182(n)(1)(E)-(G), 20 C.F.R. § 655.705(c)(1). これに違反した場合，合衆国労働者は，司法省の移民関連不当雇用行為を扱う特別検察官室（OSC）に対し，救済請求（complaint）を行うことができる（20 C.F.R. § 655.734(a)(1)(ii)）。

第3章　アメリカ移民法と労働政策

差別に関する労働基準法3条を除き，特段の措置はなされていない[324]。そのため，合衆国の移民法における移民関連不当雇用行為制度の検討は有益な示唆を与えうるが，同制度を検討した先行業績は少ない[325]。また，雇用主処罰制度については，詳細な先行業績があるが[326]，この制度と移民関連不当雇用行為制度との関連には必ずしも焦点が当てられていないことから，本書においてこれら二つの制度を取り上げ，両者の関連性について検討を行うことには意義があると考える。

---

[323] わが国では，最近，外国人労働者に関する政策のあり方が再び活発になってきており，その中で不法就労対策も議論されている。わが国の入管法は，1989（平成元）年改正において，「不法就労助長罪」（現73条の2第1項）による雇用主等の処罰の制度を導入し，さらに，2004（平成16）年改正において，不法就労助長罪等について罰金額を引き上げ，罰則を強化する一方，新たに出国命令制度を設け，自ら出頭するなど一定要件を満たした不法残留者については退去強制によらず，任意出国できるようにした（出入国管理及び難民認定法の一部を改正する法律（平成16年6月2日法律第73号）。不法滞在対策にかかる改正部分については，同年12月2日から施行されている）。国際化の進展につれ，今後不法就労助長罪の適用事例が増え，この制度の重要性も増していくものと予想される。

[324] 労基法3条は，従来から国籍差別を禁止している。しかし，労働条件差別に限られ，採用差別は規制対象外とされているため，外国人差別への対応としては十分でない。伊豫谷登士翁「アメリカ合衆国の移民政策と労働市場」社会保障研究所編『外国人労働者と社会保障』（東京大学出版会，1991年）所収133-151頁は，IRCAの成立に至る移民政策の動向について考察するなかで，日本法におけるこの点の法的整備の欠如を指摘している（同150頁注15参照）。

[325] この制度を紹介した邦文の先行業績として，石岡・前掲注（204）報告書50-55頁，尾崎・前掲注（186）論文39-61頁がある。

[326] 雇用主処罰については，紺屋博昭「サンクションを通じて見た外国人，雇用ルール，そして労働法（一）」北大法学論集53巻5号1179-1265頁（2003年），同（二）北法54巻3号795-848頁（2003年），同（三）北法54巻4号1147-1200頁（2003年），同（四）北法54巻5号1545-1601頁（2003年），および，紺屋・前掲注（206）論文191-203頁が，不法就労者を雇用した雇用主に科せられる行政罰について詳細な検討を行っている。また，雇用主処罰と移民関連不当雇用行為を併せて検討したものとして，早川・前掲注（208）論文参照。

第 2 節　アメリカ移民法における雇用主処罰制度と移民関連不当雇用行為制度

第 1 項　不法就労者の雇用主処罰制度

1　IRCAにおける不法就労者の法的地位

　外国人の入国・在留に関する基本法であるINAにおいて，不法就労者は「無資格外国人」（unauthorized alien）と呼ばれており，①合法的に永住が認められた外国人，または②INAあるいは国土安全保障長官（かつては司法長官）により雇用されることが認められた外国人，のいずれでもない外国人をいうとされている[327]。

　前述のとおり，かつては雇用主が不法就労者を雇用すること自体は禁じられてはいなかったが，IRCAが立法された際に，次に述べる雇用主処罰規定が設けられた。もっとも，IRCAはその立法過程において，すでに長期滞在している不法就労者を合法化すべしとする主張，および，雇用主処罰規定が差別的な雇用行為を誘発することを懸念する主張の抵抗にあった[328]。このため，IRCAはこれらの意見を採り入れた形で，①1982年1月1日以前から滞在している不法就労者を合法化するアムネスティ・プログラムを創設し，さらに，②適法就労者に対する出身国および国籍に基づく差別を禁止する移民関連不当雇用行為制度を盛り込んだ[329]。

2　雇用主処罰制度の内容

(1)　概　要

　IRCAにおいて雇用主処罰の対象となるのは，①施行日である1986年11月6日より後に，合衆国内で外国人を雇用するため，外国人に就労資格がないと知りつつ採用，募集，職業紹介をすること[330]，②外国人が不法就労者である（または不法就労者になった）ことを知りつつ，継続して雇用すること[331]，

---

[327]　8 U.S.C.S. §1324a(h)(3) (2005).

[328]　WEISSBRODT ET AL., *supra* note 201, at 21-22.

[329]　IRCAはこのほか，移民帰化局（INS）の職員増を決め，農業労働者に短期滞在または永住の資格を与える制度を創設した。

[330]　8 U.S.C.S. §1324a(a)(1)(A). 募集および職業紹介については，有料で行うことが対象となる（8 C.F.R. §§274a.1(d)&(e) (2003)）。

および③労働者を採用するにあたって書類による就労資格の確認義務を怠ったことである。以上のようなIRCAの禁止規定に違反した者に対しては，中止・禁止命令や，過料からなる行政罰，および罰金もしくは懲役またはその双方からなる刑事罰が科せられる。また，就労資格に関する書類の確認を怠った者に対しても，行政罰が課せられる。

こうした制裁手続きについては，国土安全保障省（DHS）の移民及び関税執行局（ICE，かつてはINSが行っていた）が，まず，過料通告書（Notice of Intent to Fine: NIF）を雇用主に対して交付する。雇用主はこれに応じて過料を払うか，または，異議を述べて，聴聞の実施を求めるかのどちらかを選択できる。後者の場合，DHSが首席行政聴聞官室（OCAHO）に訴追請求をすることにより，行政法審判官（Administrative Law Judge: ALJ）が主宰する聴聞が開かれる。OCAHOは，雇用主の法違反を認めたときには，中止・禁止命令，および，違反した場合の制裁を定めた命令を下す。決定に不服がある場合は，首席行政聴聞官（Chief Administrative Hearing Officer: CAHO）および司法長官に対し，不服審査（administrative review）を申し立てることもができるが，決定に対する司法審査は，連邦控訴裁判所に対する訴えの提起により行われる[332]。IRCAは，このように不法就労者の雇用主処罰規定を置いたが，不法就労者本人は，退去強制の対象となるとしても，その就労自体は処罰されていない。

不法就労者1人につき雇用主等に課せられる行政罰は，初回で，275ドル以上2200ドル以下の過料，二回目以降は増額する過料が課せられる[333]。さらに，刑事罰として，制度的違反の場合（pattern or practice）は，不法就労者1人につき3000ドル以下の罰金または6ヶ月以下の懲役，またはその両刑が科せられる。雇用主等は，自らに科せられた過料や罰金の責任を被用者に転嫁することが禁止されている[334]。また，後述する就労資格書類確認制度

---

[331] 8 U.S.C.S. §1324a(a)(2)．この継続雇用の禁止規定は，IRCA施行前の1986年11月6日以前に採用された外国人の継続雇用には適用がない（IRCA101条(a)(3)(B)）。この規定を「祖父条項」（grandfather clause）という。

[332] 詳しくは，紺屋・前掲注（206）論文194-196頁参照。

[333] 8 U.S.C.S. §1324a(e)(4), 8 C.F.R. §274a.10(b)(1).

に従わず，書類確認を怠った雇用主に対しても，行政罰が課せられる。対象者1人につき，110ドルから1100ドルまでの過料が課せられるが，その額は企業の規模や，違反の程度，不法就労者の有無等を考慮した上で決められる[335]。

なお，これらのIRCAの刑事罰および行政罰規定は，不法就労者を雇用，採用，募集，職業紹介する者に刑事罰および行政罰を課す州法または地方の法に先占する[336]。

(2) 「知りつつ」の解釈

前述のとおり，IRCAは，施行日である1986年11月6日より後に，合衆国内で外国人を雇用するため，外国人に就労資格がないと「知りつつ」(knowingly)，採用，募集，職業紹介，および雇用の継続をすることを禁じている[337]。

ここで「知りつつ」とは，就労資格がないことを具体的に認識している場合のみでなく，他の事実を通じて認識の事実が公正に推定される場合や，相当な注意をもってすれば就労資格がないことを知りうべきであった場合も含まれるとされている[338]。こうした取扱いについての代表的な裁判例は次のケースである。

【1】 Mester Manufacturing Co. v. INS[339]

〈事案〉 本件は，雇用主処罰をめぐる最初の裁判例である。本件では，雇用主が，INSから被用者の外国人登録番号がINSの記録と異なるなどと通知されていたにもかかわらず，被用者の就労資格を再確認しないまま雇用を続

334　8 U.S.C.S. §1324a(g)(1).
335　See id. §1324a(e)(5), 8 C.F.R. §274a.10(b)(2). See AUSTIN T. FRAGOMEN, JR. & STEVEN C. BELL, IMMIGRATION FUNDAMENTALS, 10-24 (4th ed. 1997). この書類確認義務は，IRCA成立当時は，募集者および職業紹介事業者に対しても課せられていたが，1990年法による改正で，農業労働者の募集および職業紹介を行う農業関係機関（agricultural association）を除いて，募集者および職業紹介事業者はこの義務が免除された。
336　8 U.S.C.S. §1324a(h)(2).
337　See id. §§1324a(a)(1)(A)&(2).
338　8 C.F.R. §274a.1(l)(1)(2005).
339　879 F.2d 561(9th Cir. 1989).

けた。聴聞において，行政法審判官が，雇用主の法違反を認めたため，雇用主は，第9巡回区控訴裁判所に対し司法審査を求めた。

〈判決要旨〉　裁判所は，INSが，外国人登録証が虚偽のものであることにつき一応の証明を行っているのに対し，雇用主は，それとは逆の証拠をあげていないので，この点についての行政法審判官の認定は実質的証拠に基づいていると判断した。その上で，雇用主が疑わしい状況でありながら故意に調査をせず，被用者が不法就労者であることが判明した場合には，雇用主にそのことについての現実の認識がなかったとしても，擬制的認識があったと認められ，「知りつつ」という要件を満たすと判断した。

〈本判決の位置付け〉　本判決は，雇用主が被用者は不法就労者であるという認識を有していたものと判断されるという「擬制的認識」（constructive knowledge）のルールを明らかにしたものとして位置付けられる。本件のように，INSから被用者が不法就労者である可能性があるとの通知を受けた場合には，雇用主にその者の就労資格を確認する義務が生じ，それを怠って当該被用者を雇用し続けた場合には，「知りつつ」雇用したとして処罰される。

本判決後，当時のINSは，「擬制的認識」について，たとえば次のような場合に雇用主は就労資格がないことの「認識」を有するものとみなすものとする旨の基準を設けた。すなわち，①就労資格確認様式（employment eligibility verification form，様式 I-9：Form I-9，この書類については後述）の文書を完成していない場合，②（たとえば，労働証明手続きやビザの申請手続きを通じて）外国人に就労資格がないことを示しうる情報を有している場合，③雇用主が第三者による不法就労者の紹介を許すこと，または雇用主のためにかかる行為をすることを許すことのもたらす法的帰結をあえて無視した場合である[340]。これに対し，被用者の外国人的容貌やアクセントに基づいて雇用主の擬制的

---

[340] *See supra* note 338. 具体的には，このような例が挙げられる。たとえば，就労許可の有効期限が過ぎても更新されていない外国人を継続して雇用している場合や，下請業者がかつて不法就労者を雇用したことを知りつつその下請業者を利用する場合や，雇用主が第三者に書類確認の権限を委任する場合などである。FRAGOMEN & BELL, *supra* note 335, at 10-5 & 10-21.

認識を認めてはならないとしている[341]。

　以上のような擬制的認識の成立については，国土安全保障省のICE等（かつてはINS）から被用者が不法就労者である可能性があるとの通知を受けていた場合，その通知を受けた後，どれほどの期間内に雇用主が被用者の就労資格を確認すべきであるか（その期間経過後は，認識があったとして雇用主は処罰の対象となりうる）が問題となる。

【2】　New El Rey Sausage Co. v. INS[342]
　〈事案〉　本件において，雇用主はINSから被用者の外国人登録番号が本人のものではないので，それらの者が，INSが交付する有効な就労許可（employment authorization）の書類を提示できなければ，不法就労者とみなされるとの通知を受けた。そのため，雇用主は，当該被用者に口頭で就労資格の有無を尋ねたところ，被用者が適法就労者であると答えたため，そのまま就労資格の書類確認をしなかった。その約1か月後，INSが立入検査を行ったところ，2名の被用者が雇用され続けていることが確認されたため，INSは雇用主が被用者を不法就労者と知りつつ継続して雇用しているとして，OCAHOに訴追を行った。行政法審判官は，雇用主には被用者が不法就労者であることの現実の認識はないとしたが，擬制的認識の成立を認めた。このため，雇用主が不服審査の申し立てをしたが，首席行政聴聞官（CAHO）も，この決定を維持したため，雇用主は第9巡回区控訴裁判所に司法審査を求めた。
　〈判決要旨〉　裁判所は，雇用主には，INSから不法就労者の疑いがあるとの通知を受けたのち，被用者が就労資格を持っているかどうかを調べるための合理的期間が与えられていたにもかかわらず，その間に就労資格を確認しなかった場合は「擬制的認識」が認められるとして，行政法審判官の決定を維持した。

　前述のMester Manufacturing事件判決は，合理的期間に関する基準を明示

---

[341] 8 C.F.R. §274a.1⑴⑵.
[342] 925 F.2d 1153（9th Cir. 1991）.

したわけではなかったが，雇用主がINSの通知により被用者が不法就労者であるとの認識を有していたものと擬制される場合，不法就労者であることを理由としてその者を解雇しないことが雇用主処罰の対象とされるまでには，合理的期間を経ていること求められるとの見解を示した。New El Rey Sausage事件判決は，これを受けて，INSの通知により，被用者が不法就労者であるとの推定が生じるので，雇用主は，被用者が適法就労者であるかどうかを見極めうる「合理的期間」内に就労資格の確認を行うべきであったとする合理的期間の基準を明示した。この合理的期間の判断にあたっては，Mester Manufacturing事件判決は，単に日数だけでなく，不法就労者であるかもしれないという情報を得てから雇用主が確認するためにとった手段などが考慮すべき要素となることを示している[343]。

また，国土安全保障省のICE等（かつてのINS）の通知に対し，雇用主はどのような行動をとるべきかが問題となるが，この点について，New El Rey Sausage事件判決は，傍論ではあるものの，通知を受けたのみでただちに停職，解雇処分を行うことには問題があると述べている。これに対し，INSの通知後に雇用主がした問合せに対し，INSから回答がない間雇用を続けたことには正当な理由があるとの雇用主の主張に対し，行政法審判官は，その間は，雇用主は一時的に雇用を停止すべきであり，INSの回答がなかったことは抗弁とならないと判断したOCAHOの決定がある[344]。また，INSの通知を受けながら，雇用を継続できるとの弁護士のアドバイスに従って雇用を続けたのは合理的であったとの雇用主の主張に対し，行政法審判官が，雇用主は様式I-9を改めて作成すべきだったのであり，これを行わなかった以上，確認を行ったとするには不充分であると認定したOCAHOの決定がある[345]。

(3) 就労資格書類確認制度

就労資格書類確認制度（employment verification system）は，他の雇用主処

---

[343] *See supra* note 339, at 568 n.9. ただし，この指摘は傍論である。
[344] United States v. Christie Automotive Products, 1991 OCAHO LEXIS 78, *admin. rev. denied*, 1991 OCAHO LEXIS 82.
[345] United States v. 4431 Inc., 1994 OCAHO LEXIS 20.

第2節　アメリカ移民法における雇用主処罰制度と移民関連不当雇用行為制度

罰の類型とともにIRCAにより創設されたものであるが[346]，この制度のもとでは，雇用主は労働者[347]を採用するにあたり，就労資格および本人との同一性を，合衆国旅券や，外国人登録証（Alien Registration Receipt Card）など一定の証明書類で確認するとともに，就労資格確認様式（様式I-9）を完成し[348]，それを保管しなければならない[349]・[350]。雇用主がこの義務に従わずに合衆国内で労働者を採用することは禁じられている[351]。これに対する違反については，前述のとおり，行政罰が科せられる。

　この制度のもとで確認すべき書類は，移民法および規則で定められており[352]，これらは三つの類型に分けられている。すなわち，①本人の同一性と就労資格を同時に証明しうる書類，②同一性だけを証明しうる書類，および③就労資格のみを証明しうる書類である。上述したとおり，この制度のもとでは同一性と就労資格を確認しなければならないので，①の書類であれば，1つの書類だけで確認ができるが，そうでなければ，同一性を示す②の書類1つと，就労資格を示す③の書類1つを組み合わせることで確認がなされる。同規則においては，①の書類は，リストA（合衆国旅券や外国人登録証など），②の書類はリストB（運転免許証など），③の書類はリストC（社会保障番号カードなど）にそれぞれ列挙されている。なお，このうちどの書類を提出するかの選択は労働者に委ねられ，雇用主が特定してはならないとされている[353]。

　雇用主は，これらの書類が表面上真正であることを確認できればよく[354]，

---

[346] 8 U.S.C.S. §1324a(b).

[347] 外国人であるか，合衆国市民であるかを問わず，すべての被用者が対象となる。

[348] 8 C.F.R. §274a.2.

[349] 8 U.S.C.S. §1324a(b)(3).

[350] 独立契約者や家事労働者については，書類確認義務はない（8 C.F.R. §§274a.1(f), (h), (j)）。

[351] 8 U.S.C.S. §1324a(a)(1)(B).

[352] See id. §1324a(b)(1), 8 C.F.R. §274a.2(b)(1)(v).

[353] しかし，特定していたとしても，単に通常の雇用手続きとして行ったものであれば，差別にならないとしたケースがある（United States v. Vineyards, 1995 OCAHO LEXIS 124）。

[354] 8 U.S.C.S. §1324a(b)(1)(A).

労働者が上記規定に定められた書類を提示していれば，雇用主がその書類を拒否したり，それ以外の書類を要求することは禁じられる[355]。なお，この就労資格書類確認制度については，移民法の規定以上の書類を要求したり，表面上真正な書類を拒否するという形での濫用が問題とされており，この点については後述する。

(4) 誠実履行の抗弁（Good Faith Defense）

他方，雇用主は，就労資格書類確認制度に従って書類確認義務を誠実に履行することで，不法就労者と知って雇ったのではないという積極的抗弁（affirmative defense）を主張することができる[356]。この場合，書類確認における「誠実」とは何かが問題となるが，この点について以下のケースをとりあげる。

【1】 Collins Foods International, Inc. v. INS[357]

〈事案〉 本件で，雇用主の採用担当者は被用者に採用の申出を長距離電話で伝え，採用時に，同人から提示された運転免許証および社会保障カードの

---

[355] *See id.* §1324b(a)(6)（2003）.

[356] *See id.* §1324a(a)(3)．規則では，この積極的抗弁は，反証可能な推定であるとされる（8 C.F.R. §274a.4）。すなわち，雇用主のこの抗弁は，国土安全保障省のICE等（かつてはINS）の反証により覆されうる。なお，1996年法により，書類確認義務の履行にあたって，技術的，手続き的なミスがあったとしても，なお，誠実履行の抗弁の主張が認められることとなった（8 U.S.C.S. §1324a(b)(6)．ただし，当局からミスを指摘されながら指定された期日が過ぎても修正しない場合，および制度的違反者を除く）。同改正は，提案した下院議員の名前をとって，ソニー・ボノ修正（"Sonny Bono" amendment）と呼ばれる。さらに，同法において，一定の州の雇用主につき，確認すべき書類を限定した上で，INS（当時）および社会保障庁（Social Security Administration: SSA）のコンピュータのデータベースに接続して，当該書類に基づき就労資格を確認できるなどのパイロットプログラムが設けられていた。1996年法による改正について，Juan P. Osuna, *Breaking New Ground: the 1996 Immigration Act's Provisons on Work Verification and Employer Sanctions*, 11 GEO. IMMIGR. L.J. 329, 335-348（1997）参照。

[357] 948 F.2d 549（9th Cir. 1991）.

表面だけみて様式I-9を作成していた。後に、この被用者が不法就労者であること、および、社会保障カードが偽造されたものであったことが判明した。そこで、INSは、雇用主は不法就労者と知りつつ被用者を雇用したことを理由とする罰金通告書（NIF）を雇用主に交付したところ、雇用主の要求により、聴聞が行われた。

　行政法審判官は、雇用主に現実の認識はなかったが、次の二つの理由から、「擬制的認識」があったと判断した。すなわち、①採用担当者が就労資格を書類で確認することなく電話で採用の申出を行っていたこと、および、②社会保障カードの裏面をINSハンドブックと付き合わせて真偽を調べなかったことから、不法就労者と認識していたと扱われると判断した。

　〈判決要旨〉　これに対し、雇用主が司法審査を申し立てたところ、第9巡回区控訴裁判所は、行政法審判官があげた上記の理由は、「擬制的認識」の根拠とはなりえないとした。すなわち、①について、法は、書類を確認する前に採用の申出をすることを禁じていないうえ、規則も、採用から3営業日以内に就労資格を書類で確認し、様式I-9を作成することを求めているのみであること[358]、さらに、雇用主が採用前に応募者の就労資格を調査して採用しなかった場合には、出身国や人種、国籍に基づく差別の訴えを提起されるおそれがあることから、IRCAのもとではむしろ採用前に就労資格を確認しないほうがよいとし、②については、雇用主は、書類が表面上真正らしいものであることを確認すればよく、INSハンドブックの見本と付き合わせて見ることまでは要求されていないとし、行政法審判官の決定を破棄した。

　〈本判決の位置付け〉　本判決は、雇用主の書類確認義務における誠実履行の抗弁について、①書類確認は、採用の申出の後でよいこと、②被用者の提出した書類が表面上真正なものであることを確認すれば、書類確認を「誠実に」行ったものとして扱われること、を示したものである。

---

[358]　8 C.F.R. §274a.2(b)(1)(ii).

(5) 独立契約者（Independent Contractor）

IRCAにおける雇用主処罰制度ないし書類確認義務は，原則として，雇用主と被用者の関係が存在する場合に適用されるものである。ここで被用者（employee）とは，雇用主に賃金や報酬のため，役務・労働を提供するものと定義されており，独立契約者や私人宅での家内労働については被用者から除かれている[359]。独立契約者かどうかは，その名目だけでなく，道具や資材を負担しているか，役務等が一般向けに提供されているものか，同時に複数の注文者に提供されているか，提供する役務等に対する利益や損失の機会を所有しているか，仕事の手順や時間を自己決定しているか，などを総合判断して決められる[360]。

しかしながら，契約，下請契約，その他の労務の提供を利用した者が，外国人が不法就労者であると知りつつその労務の提供を受けた場合には，外国人を不法に雇用したとみなされ[361]，独立契約者を利用した場合であっても，不法就労者の雇用禁止規定の対象となる。この規定は，第三者を介して不法就労者を利用するなどの脱法行為を防ぐために設けられたものである。

第2項　移民関連不当雇用行為制度

IRCAは，国籍等を理由とする一定の適法就労者への差別を移民関連不当雇用行為（unfair immigration-related employment practices）として禁止している[362]。前述したように，IRCAに差別禁止規定が盛り込まれたのは，不法就労者の雇用を禁ずることが，適法就労者に対する差別を生むことになるとの懸念が示されていたことによる[363]。たとえば，①雇用主が，就労資格書類の確認の過程で，応募者の国籍を知ることになるから，合衆国市民だけを雇お

---

[359] *See id.* §274a.1(f).

[360] *See id.* §274a.1(j).

[361] 8 U.S.C.S. §1324a(a)(4), 8 C.F.R. §274a.5.

[362] 8 U.S.C.S. §1324b.

[363] H.R. REP. No. 99-682(I), at 49 (1986), *reprinted in* 1986 U.S.C.C.A.N. 5649, 5653. ここからは，議会がIRCA制定に当たり不法就労者の雇用を禁止する規定が，雇用主が外国人のように見える個人に対する差別を誘発することを懸念し，差別禁止規定を置いたことがうかがえる。

第2節　アメリカ移民法における雇用主処罰制度と移民関連不当雇用行為制度

うとするようになる，②雇用主が，雇用主処罰を避けようとして，外国人のような容貌やアクセントや名前をもつ者を採用しないようになる，といった形態の差別である[364]。また，IRCAにより多くの不法就労者が合法化されて合法的に滞在する外国人の数が増え，それらの人に対する国籍差別が広がるおそれもあった[365]。こうした懸念に配慮してIRCAにおいて独自の差別禁止規定が盛り込まれた。

すなわち，IRCAは，以下の2以降において詳述するとおり，①募集，採用，職業紹介および解雇における一定の範囲の出身国差別（national origin discrimination），および②これらの事項における国籍差別（citizenship discrimination）[366]，ならびに③雇用主による就労資格書類確認制度の濫用を，移民関連不当雇用行為として禁止している。

1　管轄機関および手続き

移民関連不当雇用行為に対しては行政手続きによる救済システムが設けられている。すなわち，移民関連不当雇用行為事件においては，雇用主処罰事件と同じく，司法省にある首席行政聴聞官室（OCAHO）に所属する行政法

---

[364] *See* Fredric J. Bendremer & Lisa A. Heiden, Selected Comment on 1986 Immigration Reform: *The Unfair Immigration-Related Employment Practices Provision: A Modicum of Protection Against National Origin and Citizenship Status Discrimination*, 41 U. MIAMI L. REV. 1025, 1028（1987）. *See also*, Michael A. Scaperlanda, Article, *The Paradox of a Title: Discrimination within the Anti-discrimination Provisions of the Immigration Reform and Control Act of 1986*, 1988 WIS. L. REV. 1043, 1047（1988）. また，移民関連不当雇用行為規定の立法過程については，Linda Sue Johnson, Comment, *The Antidiscrimination Provision of the Immigration Reform and Control Act*, 62 TUL. L. REV. 1059（1988）参照。

[365] *See* Bendremer & Heiden, *supra* note 364, at 1028 *and* Scaperlanda, *supra* note 364, at 1047.

[366] 出身国差別で問題となる出身国とは，出生した国ないし祖先のいた国を指す。国籍差別で問題となる国籍は，アメリカ国籍（citizenship status）を持つ市民か，持たない（noncitizenship）外国人かを指し，特定の出身国や人種を示すものではない。*See* Carlos A. Gonzalez, Note, *Standards of Proof in Section 274B of the Immigration Reform and Control Act of 1986*, 41 VAND. L. REV. 1323, 1324 n.8 & n.9（1988）.

審判官（ALJ）が聴聞を行い，差別是正命令等を下す[367]。

また，司法省には，「移民関連不当雇用行為に関する特別検察官室」(Office of Special Counsel for Immigration-Related Unfair Employment Practices: OSC) が設置され[368]，調査，救済請求等の権限が与えられている[369]。なお，出身国差別については，IRCAは1964年公民権法第7編（以下，単に「第7編」ということがある）が適用されない小規模事業主の差別禁止規定を置いており，OSCはこれについても管轄権を持つ[370]。

移民関連不当雇用行為の申立は，差別を受けていると主張する者またはICE（かつてはINS）の担当官が，OSCの特別検察官に対して書面を提出して行う。特別検察官は，10日以内に相手方に対し，申立があったことを通知する[371]。特別検察官は，申立を受けて120日以内に，調査を行い，申立が真正であると信ずるに足る合理的な理由がある場合に，OCAHOの行政法審判官に救済請求状（complaint）を提出するかどうかを決定する[372]。ただし，移民関連不当雇用行為がなされたときから180日を超過した後に出された申立については，特別検察官は救済請求状を提出してはならない[373]。

特別検察官が「故意の差別行為」(knowing and intentional discriminatory activity) または「制度的差別行為」(pattern or practice discriminatory activity) の移民関連不当雇用行為の申立を受けた場合に，120日以内に行政法審判官

[367] 28 C.F.R. pt. 68 (2005).

[368] 立法過程において，IRCAのもとでの差別禁止についても，EEOCに管轄権を与えるとの議論があったが (H.R. REP. No. 99-682(I), at 110 (1986), *reprinted in* 1986 U.S.C.C.A.N. 5649, 5714-15)，IRCAはOSCを新設した。Johnson, *supra* note 364, at 1098.

[369] H-1Bビザに係る労働条件申請制度（LCA）のもとで，H-1Bに依存している雇用主等の一定の雇用主については，合衆国の労働者の募集を行い，同等レベル以上の応募者に採用の申出をすることの誓約が課されている（前掲注 (319) 本文参照）。これに反した場合，当該合衆国労働者はOSCに対し，不服申立を行うことができる (20 C.F.R. §655.734(a)(1)(ii) (2007)).

[370] 8 U.S.C.S. §1324b(b)(2).

[371] *See id.* §1324b(b)(1).

[372] *See id.* §1324b(d)(1).

[373] *See id.* §1324b(d)(3).

に対し救済請求状を提出しないときは,特別検察官は,申立人に対し,その期間内に救済請求状を提出しないことを告知するものとし,申立人はその告知を受けてから90日以内に,直接,行政法審判官に救済請求状を提出できる(当事者による救済請求: private action)[374]。特別検察官が120日以内に救済請求状を提出しなかった場合でも,告知後の90日間は,特別検察官は申立を調査し,改めて行政法審判官に救済請求状を提出することができる[375]。

　以上のような救済請求状を受けて,OCAHOの行政法審判官が審問を行い,それに基づいて命令を発する。命令の内容としては,①中止・禁止命令のほか,②最長3年以内に採用した個人に対し,法に従った書類確認を行うこと,③同期間に応募してきた者の氏名,住所を保存しておくこと,④バックペイ付きまたはバックペイなしの採用,⑤行政罰としての一定額の金銭の支払い,⑥ポスト・ノーティス,⑦教育の実施,などがある[376・377]。こうした命令に

---

[374] *See id.* §1324b(d)(2). 当事者による救済請求は,特別検察官が救済請求状を一定の期間内に行政法審判官に提出しない場合のみ行うことができ,特別検察官への申立(charge)の段階を踏まないで直接OCAHOへ救済請求を行うことはできない。また,当事者による救済請求ができるのは,条文上「故意の差別行為」または「制度的差別行為」に限られ,差別的インパクト法理のもとでの救済請求はできない。IRCA成立当時,レーガン大統領は,IRCAが禁止する差別は,差別的取扱の事件だけで,差別的インパクトの事件ではないとの見解を述べていた(22 WEEKLY COMP. PRES. DOC. 1534 (Nov. 6, 1986))。この見解によると,雇用主の差別意図がない表面上中立的な被用者の選抜行為は,IRCAのもとで差別とならないことになる。これに対し,条文上,差別的インパクトの事件の救済請求が制限されているのは当事者による救済請求のみで,特別検察官の救済請求権限にそのような限定を加える文言はないこと,IRCAの差別禁止規定は1964年公民権法第7編をモデルとしているという立法史とを根拠に,大統領のこのような法解釈は誤っているとし,議会は特別検察官の権限を差別的意図のある事件だけに限っておらず,雇用主の表面上中立的な行為も差別的インパクトがあれば,IRCAのもとで禁止されているとの見解がある (Gonzalez, *supra* note 366, at 1347-1355 (1988). Johnson, *supra* note 364, at 1102も,立法史を検討し,レーガン大統領の解釈を誤りと指摘している。

[375] 8 U.S.C.S. §1324b(d)(2). 特別検察官は,以上の他に,行政法審判官の命令に執行力を付与することを連邦地方裁判所に対し請求する任務を有する。

[376] *See id.* §1324b(g). IRCAに基づく差別の救済に与えられるバックペイは,特別検察官に対する申立がなされた時点からさかのぼって2年に限定されている。

対しては，連邦控訴裁判所への司法審査の道が残されている。

2 小規模事業主の出身国差別の禁止

IRCAは，3人を超える被用者を雇用する事業主等に対し，出身国を理由とする，①採用，②募集，③職業紹介および④解雇における差別を禁止しているが[378]，雇用における出身国差別一般を禁止する1964年公民権法第7編703条が適用される場合はこの規定の適用は除外される[379]。第7編は15人以上の被用者を雇用する事業に適用されるので，IRCAの出身国差別規定が適用になるのは，4人以上14人以下の被用者を雇用する小規模事業主ということになる[380]。また，第7編と異なり，IRCAは報酬その他の労働条件に関する差別は対象としていない。IRCAに基づく出身国差別禁止の対象は，不法就労者を除くすべての者[381]，すなわち合衆国市民ないし合衆国国籍者[382]，および合法的に就労・滞在する資格を有する外国人である。

以上の出身国差別禁止規定および後述する国籍差別禁止規定は，就労資格書類確認制度の濫用禁止規定の適用対象が原則として，雇用主に限られ，募集者，職業紹介事業者には適用されないのとは異なり，雇用主の他，募集者，職業紹介事業者にも適用される。

---

[377] 2000年3月までの間に，OSCが処理した申立は，6000件を超えたが，与えられたバックペイは，約2.1百万ドル，行政罰は，約1.8百万ドル，との報告がなされている（Special Report, BNA Daily Labor Report, No. 79, 4/24/00, at B-1, *cited from* LEWIS ET AL., *infra* note 426, at 61）。

[378] 8 U.S.C.S. §1324b(a)(1).

[379] *See id.* §1324b(a)(2)(B).

[380] なお，被用者の数え方は，第7編では当年および前年の20週以上の各労働日に15人以上の被用者がいることが必要になるのに対し，IRCAでは差別のあった日の常勤およびパートタイムの被用者数を数えることになる。

[381] 8 U.S.C.S. §1324b(a)(1).

[382] 有国籍者と市民を区別して用いる場合には，有国籍者には，合衆国の海外属領で生まれた市民権のない国籍を有する者などが該当する。国籍（nationality）と市民権（citizenship）の違いについては，萩野芳夫「国籍・市民権の性質」[1981-2] 米法274-289頁参照。

第2節　アメリカ移民法における雇用主処罰制度と移民関連不当雇用行為制度

3　国籍差別の禁止

IRCAのもとでは，国籍を理由とする採用，募集，職業紹介，解雇における差別も禁止されている[383]。1964年公民権法第7編は，出身国差別は禁止しているが，国籍差別自体を禁止してはいないので，国籍差別禁止は，1986年のIRCAにより創設された制度である[384]。しかし，現行の国籍差別禁止規定によって保護される対象は，前述した出身国差別禁止規定の対象より狭く，保護される者（protected individual）は，①合衆国の市民ないし合衆国の国籍を持つ者，および②一定範囲の外国人に限られる[385]。②の外国人は，永住者，期限つき滞在者（temporary residents: 合法化により，または特別農業労働者で期限つき滞在が認められた者），難民，および庇護者であるが，永住資格を得て市民権の申請が可能になった時点から6か月以内に市民権を申請しない者，および申請から2年以内に市民権を取得できない者は除かれる[386]。

　IRCA制定にあたり，当初の法案では「出身国または外国人であること」に対する差別を禁止するという文言が用いられ，保護される外国人をとくに限定しない扱いであったが，議会での議論で，国籍は後天的に取得できるも

---

[383] ただし，合衆国国籍を持つことが，法，規則，大統領令，連邦ないし地方政府の契約の規定により要求され，または，国土安全保障長官が，雇用主が公的機関との業務を遂行するに当たり不可欠なものであると認める異別取扱いには，適用を除外される（8 U.S.C.S. §1324b(a)(2)(C)）。

[384] H.R. REP. No.99-682(I), at 70(1986), *reprinted in* 1986 U.S.C.C.A.N. 5469, 5674. IRCAの差別禁止規定の当初の目的は，雇用主がIRCAの就労資格書類の確認手続きを差別の手段として利用することを防止することにあったが，この規定をそのような就労資格書類の確認手続きによって引き起こされた差別の犠牲者を保護するためだけに限定せず，それ以外の形態の国籍差別にも広く当てはまると解釈されている（United States v. McDonnell Douglas Corp., 1991 OCAHO LEXIS 70では，就労可能な合衆国労働者がいるにもかかわらず，これがないとして，H-2Bビザで外国人を受入れようとしていた雇用主が，合衆国労働者を採用拒否した事案について，行政法審判官はOSCのこのような見解を支持した）。

[385] 8 U.S.C.S. §1324b(a)(3).

[386] *Id.* 申請から2年以内に市民権を取得することとの要件は，厳格には適用されず，BCIS（かつてはINS）での手続きの遅れと，継続して市民権取得の意思があることが立証できれば2年を超えても差し支えないとされている。

のであるから，合衆国国籍を持つ者を優先すべきであるという主張がなされたため，保護範囲を狭め，市民および「市民になろうとする者」（intending citizen）と定められ，「市民になろうとする者」は，市民になる宣言をしているものを対象としたが，その後，1990年法により，宣言までは不要とする現在のような保護範囲に改められた[387]。

こうしたIRCAのもとでの差別禁止規定については，その適用にあたり，いかなる分析枠組みないし立証のルールを用いうるかが問題となるが[388]，この点については，以下のケースがあげられる。

【1】 Klimas v. Department of Treasury[389]
〈事案〉 本件では，帰化により市民権を取得した被用者が，国籍を理由として解雇されたとしてOCAHOに申し立てを行ったが，行政法審判官は，被用者はIRCAによる保護の対象者であることと解雇との因果関係についての立証をしていないとして，申立を却下したため，被用者は，第9巡回区控訴裁判所に司法審査を求めた。
〈判決要旨〉 裁判所は，1964年公民権法第7編の差別禁止規定を外国人であることないしアメリカ市民でないことに基づく雇用差別にも拡大しようとして合衆国議会がIRCAに国籍差別禁止条項を置いた立法の趣旨に基づき[390]，IRCAのもとでの差別事件にも第7編の分析枠組みを用いることは適切であるとした。そのうえで，第7編のもとでの意図的差別の立証をめぐる代表的

---

[387] 最初に差別禁止条項を提案した下院議員Barney Frankが1984年に提出した法案（Frank Amendmentと呼ばれる）では，出身国および外国人であることの差別を禁止し，外国人を保護される者とそうでない者とに分けていなかった。Frank Amendmentは下院を通過したが，第98回議会の両院協議会（conference committee）で挫折し，再び下院に移民法改正案が提出されたときには，国籍差別禁止条項に，「市民および市民になろうとする者」との文字が加えられていた。Scaperlanda, *supra* note 364, at 1050.

[388] Gonzalez, *supra* note 366, at 1353-1355.

[389] 1994 U.S. App. LEXIS 3064（9th Cir. 1994），*cert. denied*, 511 U.S. 1147（1994）.

[390] *See supra* note 384, 1986 U.S.C.C.A.N. 5674.

第2節　アメリカ移民法における雇用主処罰制度と移民関連不当雇用行為制度

判決であるMcDonnell Douglas Corp. v. Green[391]の分析枠組みを用い，本件において原告は「一応の証明」（prima facie）として，①保護される集団の一員であること，②不適切な仕事の遂行によって解雇された可能性を排除するに足る十分な仕事を行っていたこと，③雇用主が原告の代わりに同様の適格性を持った者を探したこと，を立証しなければならないとした。そして，本件では，原告は職務遂行上に不適切な行動があったため上記②の立証ができず，原告の国籍を理由に解雇がなされたことが立証できていないとして原告の請求を棄却した。

〈本判決の位置付け〉　第7編のもとでは，意図的差別の事件につき，上記のMcDonnell Douglas Corp. v. Greenが基本的な分析枠組みを設定している。すなわち，まず原告が差別の一応の証明をし，次に被告が適法で非差別的な理由を挙げ，さらに原告において，それが口実にすぎないことを立証する，という枠組みである。本判決は，解雇事件における国籍差別の立証責任について，この枠組みを応用したうえで上記のような判断を下したものと位置付けられる。

次に，この「一応の証明」の枠組みにおいては，雇用主側による異別取扱いを正当化する適法で非差別的理由の主張としていかなるものが認められるかが問題となるが，この点については以下のケースを取り上げる。

【2】　Toussaint v. Tekwood Associates, Inc.[392]
〈事案〉　本件において，合衆国市民である申立人は，1994年に被申立人会社のプログラマーの募集に応募し，会社の採用手続きに従うことを条件に採用の申出を受けたが，採用手続きにおいて，会社が求めた社会保障番号を示せなかったので，採用を取り消された。申立人の不採用後も，会社はそのポストの求人募集を続けていたことから，申立人は，会社が申立人を採用しなかったことは，①出身国差別，②国籍差別，および③就労資格書類確認制度

---

[391]　411 U.S. 792 (1973).
[392]　1996 OCAHO LEXIS 53.

の濫用にあたるとして，採用とバックペイを請求する申立をOCAHOに対して行った。ここでは，②の国籍差別に関する部分について取り上げる。

本件で申立人は，合衆国市民であることに基づく差別により採用を取り消されたと主張した。また，不採用理由は，社会保障番号を提示できなかったことによるものであること，さらに，本人はその仕事に適格であり，不採用後そのポストは空席のままで，会社は募集を続けていたと主張した。

〈決定要旨〉　行政法審判官は，IRCAの出身国差別および国籍差別の差別的取扱いの申立に関する立証責任については，1964年公民権法第7編の差別的取扱いにおける枠組みを適用しうるとして，McDonnell Douglas Corp. v. Green[393]判決の枠組みを適用し，国籍差別の立証責任について，次のように述べた。

まず，被用者側は，雇用主側に差別的な意図があったことを立証しなければならないが，不採用が問題となっている本件では，一応の証明として，①申立人はIRCAにより保護される者であること，②雇用主の募集している仕事について応募し，適格を有したこと，③適格であるにもかかわらず，採用を拒否されたこと，④その拒否の後もそのポストが空席のままであり，申立人と同様の適格を有する者の募集を継続していたことを，立証する必要があるとした。

次に，一応の証明がなされた場合，雇用主は，それが適法な，差別的でない理由に基づくものであることを示さなければならないが，雇用主が反論に成功した場合，申立人は，雇用主の挙げた理由が，違法な差別の単なる口実にすぎず，真実の理由は禁止されている理由に基づくものであることを立証しなければならないと判示した。

以上の枠組みにより，行政法審判官は，本件については，申立人が一応の証明をなしたことを認めた。これに対し，会社側において，税金を源泉徴収するために社会保障番号を求めることは，通常の採用手続きであることを挙げ，申立人を採用しなかったことには，適法で差別的でない理由があると主張したところ，行政法審判官は，IRCAの解釈，文言，立法史から，IRCAは

---

[393]　前掲注（391）。

第2節　アメリカ移民法における雇用主処罰制度と移民関連不当雇用行為制度

雇用の前提条件として社会保障番号を求めることを制限していないとし，会社側の主張を認めた。

〈本決定の位置付け〉　本決定は，国籍に基づく採用差別事案についても，第7編における一応の証明についての枠組みを用いうることを示した上で，一応の証明がなされた場合における雇用主側の正当理由の主張について判断し，社会保障番号の提示拒否が不採用についての正当理由となりうること，およびその前提として雇用主が採用手続きにおいて社会保障番号の提示を求めることができることを認めた点に特徴がある。

4　出身国差別と国籍差別の交錯する事件の取扱い

上述のとおり，出身国差別事件については，第7編が適用される場合にはIRCAは適用されないことが定められているため，第7編を管轄するIRCAの明文の規定により，EEOCとOSCとの間の管轄権のオーバーラップは生じないこととされているが，同一の事案において，出身国差別と国籍差別の両者が交錯する場合がありうる。その場合については，EEOCとOSCがそれぞれ別個に手続きを遂行しうるか，ないしは，別個に法違反が成立しうるかが問題となる。

【1】　Romo v. Todd Corp.[394]

〈事案〉　申立人は，1976年に合衆国に不法入国したのち滞在を続け，1986年9月から被申立人会社により雇用されていたが，1987年4月に就労資格を証明できないことを理由に解雇されたため，申立人は，出身国差別の申立をEEOCに，国籍差別の申立をOSCに対してそれぞれ行った。そこで，同一の行為について，出身国差別と，国籍差別の二つの申立をすることが認められるかが問題となった[395]。

---

[394]　1988 OCAHO LEXIS 2, *aff'd*, 900 F.2d 164（9th Cir. 1990）, *amended by* 1990 U.S. App. LEXIS 7226（9th Cir. 1990）.

[395]　本件では，1990年法で改正される前のIRCAの条文が適用されたことから，さらに，申立人が，国籍差別を申し立てることができる前述の「市民になろうとする者」の定義に当てはまるかが問題となった。これに対し，行政法審判官は，申立人が「市民に

〈決定要旨〉　この点について，行政法審判官は，事案によっては同一の行為が出身国差別にも国籍差別にも当たることがあることを認めたうえ，出身国差別については，明文の規定で，管轄が雇用主の被用者数によってEEOCかOSCかに分けられ，両機関がともに管轄権を行使することが禁止されているが，同一の事案が出身国と国籍に基づく場合については，明文で禁止されていないことから，第7編に基づく出身国差別とIRCAに基づく国籍差別の申立をそれぞれ行うことは両立しうる，と判断した。

以上のように，第7編に基づく申立とIRCAに基づく申立は両立しうるものであるが，OSCとEEOCは，管轄権のオーバーラップを避けるため申し合わせを行い，以下のようなメモランダムが作成されている。このメモランダムは，1989年に作成されたが[396]，1998年に，それまでの法改正などを踏まえ若干の改正がなされた[397]。主な改正点は，就労資格書類確認制度の濫用および報復に関するOSCへの移送について記述を加えたこと，OSCに移送する際のEEOCによる移民資格の調査を不要としたこと[398]などである。

なろうとする者」であるためには，条文上，差別があったとする解雇時点で，合法化の申請を行っていなければならないとし，申立人はこれに当たらないとして，救済請求を却下した。申立人は控訴したが，連邦控訴裁判所も行政法審判官の判断を維持した。なお，前記のとおりIRCAは，不法滞在者の合法化を行ったが，その申請期間は本件解雇の翌月である1987年5月になって開始されたので，解雇時点において，申立人は合法化の申請資格はあったものの，合法化の申請を行っていなかった。

[396] Dep't of Justice & EEOC, Organization, Functions and Authority Delegations and Coordination; Special Counsel for Immigration Related Unfair Employment Practices and Equal Employment Opportunity Commission, 54 Fed. Reg. 32499（Aug. 8, 1989）.

[397] Dep't of Justice & EEOC, Office of Special Counsel for Immigration Related Unfair Employment Practices; Coordination of Functions; Memorandum of Understanding, 63 Fed. Reg. 5518（Feb. 3, 1998）.

[398] 第7編は，不法就労者にも適用があるとされる（EEOC v. Tortilleria "La Mejor", 758 F. Supp. 585（E.D. Cal. 1991）. *See supra* note 513. しかし，差別事件の被害者である不法就労者に対する救済の内容については，本書第4章においてみるように議論があり（Hoffman Plastic Compounds, Inc. v. NLRB, 535 U.S. 137（2002），後掲注（468）判決において，合衆国最高裁が，不法就労者に対するNLRAのもとでのバックペイの

第2節　アメリカ移民法における雇用主処罰制度と移民関連不当雇用行為制度

　上記メモランダムでは，まず，出身国差別について，申立が個別の行為または制度的差別に対するもののときは，次の三点をすべて満たした場合には，EEOCは事件をOSCの特別検察官に移送しなければならないとした。すなわち，①採用，解雇，募集，職業紹介の差別の申立であること，②EEOCの管轄外であること（雇用主の被用者が当年または前年に20暦週以上の各労働日に15人より少ないとき，または，雇用主が第7編の明文で適用除外とされているとき），③差別のあったとされる日に4人以上の常勤またはパートタイムの被用者がいること，の三点である。

　次に，国籍差別については，申立が個別の行為または制度的差別に対するもののときは，上記①および③の二点を満たしたとき，EEOCは事件をOSCに委ねなければならないとした。しかし，国籍差別の申立であっても，第7編が適用される雇用主等である場合，EEOCは可能な範囲で，第7編の出身国差別の事件として扱い，OSCに移送しないとした。また，市民権を条件とすることや市民権がある者を選好することが，出身国差別の目的または効果を有しているなど，EEOCが管轄権を持つ申立の場合は，第7編に基づいてEEOCが取扱い，他方で，その申立が上述のOSCが扱う国籍差別事件の要件を満たす部分がある場合には，その部分についてOSCに移送し，調査においては両機関が協力して行うものとしている。

　これに対し，OSCからEEOCに事件を移送しなければならないのは，まず，出身国差別の場合，申立が個別の行為，制度的差別および集合的差別（class discrimination）に対するもののときは，①OSCの管轄外であること，または，IRCAの規定に基づく申立であることを述べていないこと，②採用，解雇，

救済を否定したことから，第7編のもとでの救済の可否についても議論がなされている），EEOCは，差別事件において，就労資格の有無について調査しない方針をとっている（See EEOC, Rescission of Enforcement Guidance on Remedies Available to Undocumented Workers Under Federal Employment Laws（June 27, 2002）, available at http://www.eeoc.gov/docs/undoc-rescind.html（last visited July 21, 2003））。Hoffman Plastic Compounds事件判決については，後掲注（468），および早川智津子「外国人不法就労者に対するバックペイ命令の可否Hoffman Plastic Compounds, Inc. v. NLRB, 535 U.S. 137（2002）」労旬1543＝44号（2003年）84-87頁参照。

報酬，条件および雇用上の特権が問題となっていること，の両方を満たした場合であるとした。次に，国籍差別の申立であっても，この二点の条件に加え，③申し立てられている差別行為が，出身国に基づく差別の目的または効果を持っているとき，のすべてを満たした場合は，OSCは事件をEEOCに移送しなければならないとした。

5　就労資格書類確認制度の濫用

(1) 制度の内容

就労資格書類確認制度において，雇用主が労働者に対して移民法により要求される書類³⁹⁹以外の書類を要求したり，表面上真正のものである書類の確認を拒否することは，上述の出身国差別または国籍差別の意図がある場合は移民関連不当雇用行為となる⁴⁰⁰。これを「就労資格書類確認制度の濫用」（書類濫用: document abuse) という。1986年にIRCAは，雇用主が外国人を不法就労者と知りつつ雇用することがないように書類確認義務規定を新設したが，当時はこの書類確認における差別禁止規定はなく，1990年法によってこの書類差別禁止規定が追加された。本規定が設けられるに至ったのは，書類確認義務の履行を口実とした出身国差別等の存在が指摘されたことを背景とすると考えられている⁴⁰¹。

399　*See supra* note 346.

400　*See supra* note 355.

401　*See, The Immigration Act of 1990 Analyzed: Part 11- Employer Sanctions, Antidiscrimination and Document Fraud*, 68 Interpreter Releases 239（1991）．なお，就労資格書類確認制度の濫用と，出身国差別が交錯する事件の取扱いについては，上述のOSCおよびEEOCの管轄についてのメモランダム（前掲注（397）本文参照）がある。まず，就労資格書類確認制度の濫用について，申立が個別の行為または制度的差別に対するもののときは，①就労資格を確認する際に，規定より多くまたは異なる書類を要求したり，書類を拒絶したり，特別の書類を要求したこと，および②差別のあったとされる日に4人以上の常勤またはパートタイムの被用者がいること，との二つの要件を満たした場合には，EEOCは事件をOSCの特別検察官に移送しなければならないとされている。しかし，雇用主等が第7編の適用を受けるものである場合，EEOCは可能な限り，就労資格書類確認制度の濫用が，出身国差別の目的および効果をもつ場合には，第7編の事件として取扱い，そのような場合，EEOCはOSCへの移送

第2節　アメリカ移民法における雇用主処罰制度と移民関連不当雇用行為制度

(2)　差別意図の問題

　ところで，1990年法は国籍ないし出身国差別の意図を書類確認制度の濫用の要件として定めていなかったため，雇用主が，書類確認義務に従おうとする場合，そのことにより書類確認制度の濫用が認められてしまうのではないかという問題が惹起した。次にみるように，裁判例には解釈上差別意図が要求されるとするものもあったが，必ずしも一般的な理解にはならなかったため，雇用主が書類確認義務を履行するのを容易にするための方策の一環として[402]，1996年法（IIRAIRA）により，「差別の目的または意図をもって」という文言が付け加えられ，差別意図の要件が明文化された（IIRAIRA§421）。

　前述のとおり，雇用主処罰の擬制的認識の成立に対しては，書類確認義務の誠実履行が抗弁となるとの明文の規定があるのに対し，移民関連不当雇用行為としての書類確認制度の濫用の成立に対する抗弁としては明文上の規定がないため，同義務の誠実履行が，後者の抗弁たりうるかが問題となる。

　これについては，1996年法が本規定に差別意図を要件とした結果，誠実履行がなされていれば差別意図は否定されるとの見解が有力である[403]。

　書類確認制度における差別意図をめぐる事例としては，以下のものがある。

【1】　Robison Fruit Ranch, Inc. v. United States[404]

〈事案〉　本件で雇用主は，合衆国市民および外国人の応募者両方に，移民法上は1つの書類の確認で足りるところを2種類の書類を要求していた（合衆国市民に対しては，運転免許証および社会保障カードを要求し，外国人に対し

　　はせず，申立の一部がOSCの管轄の条件を満たす場合には，その部分について，OSCに移送される。

[402]　H.R. REP. No.104-469 on H.R. 2202, at 168（1996）（1996年法に先立つH.R.2202についての報告書による）。上記H.R.2202は，のちに他の法案と合体して議会を通過し，そのうち移民法にかかる部分がIIRAIRAと呼ばれている（IIRAIRAについては，本書第2章2節6参照）。See Lenni B. Benson, Symposium, *Back to the Future: Congress Atacks the Right to Judicial Review of Immigration Proceedings*, 29 CONN. L. REV. 1411, 1412 n.5（1997）.

[403]　FRAGOMEN & BELL, *supra* note 335, at 10.

[404]　147 F.3d 798（9th Cir. 1998）.

ては，INSの書類および社会保障カード，または2種類のIDを要求した）。行政法審判官は，この措置が就労資格書類確認制度の濫用にあたるとしたが，第9巡回区控訴裁判所は，次のように述べて，応募者に対して出身国または国籍に基づく差別的な不利益取扱いをし，または差別的な負担を負わせる場合でなければ法違反は成立しないとして，行政法審判官の決定を違法とした。

〈判決要旨〉　裁判所は，まず，本件が1996年の法改正前の事案であったことから，就労資格書類確認制度の濫用について定めた1990年法の規定の解釈を行った。改正前の規定では，就労資格書類を確認するために，規定より多くのまたは異なる書類を要求し，あるいは，表面上真正な書類を拒否した場合には，移民関連不当雇用行為として扱われる，とのみ規定されていた。裁判所は，就労資格書類確認制度において，規定より多くの書類を要求した雇用主は，差別の立証なしに移民関連不当雇用行為の責任を負うとの政府の解釈を否定し，1996年法では1990年法に含まれていた差別意図の要件を単に明文化にしたにすぎないと判断した。

そのうえで，本件で，雇用主は二つの書類を要求しているが，合衆国市民と外国人に平等に2種類の書類を要求しているので，差別にはあたらず，またその要求に従わなかったために採用されなかった者もいないことから，差別意図の立証がないと判断した。

〈本判決の位置付け〉　本判決は，1996年法による改正以前であっても就労資格書類確認制度の濫用を移民関連不当雇用行為と判断するにあたっては，1990年法も差別意図の立証を要求していたとしたものである。しかし，このような立場は，一般的なものではなく，本件事案での雇用主の行為は当時の法解釈のもとで違法となりうるものであった。そこで，上述のような1996年法による改正が行われ，差別意図の要否を巡る議論に一応の決着がみられた。

【2】　United States v. Townsend Culinary, Inc.[405]

〈事案〉　被申立人会社の人事担当マネージャーは，市民でない2名の被用者の継続雇用に際し，その就労資格を確認するためにINS発行の就労許可書

---

[405]　1999 OCAHO LEXIS 11.

の提示を求めたところ，その時点において，INSから期間更新の許可書類がまだ本人の手元に届いていなかったことから，2人とも就労資格があることを証明できる社会保障カードを提示したが，マネージャーは，2人がINSの就労許可書を提示しなかったことを理由に，それぞれを解雇した。そこで，OSCが救済請求を行ったところ，行政法審判官は以下のように判断した。

〈決定要旨〉　まず，就労資格書類確認制度の濫用については，①法が要求するよりも多くの書類またはそれと異なる書類を要求する場合と，②表面上真正の書類の確認を拒否する場合があり，これらは，採用に際して，移民関連不当雇用行為になりうるが，雇用の継続の際の再確認においても同様であるとした。そのうえで，①の場合については，OSCは，次の三つの要件について立証をしなければならないとした。すなわち，(a)被申立人が当該書類を要求したこと，(b)就労資格書類確認制度で要求されるより多くのまたはそれと異なる書類を要求したこと，(c)その要求は，就労資格書類確認制度を定めた法の規定に従うために行われたこと，の三点である。本件では，マネージャーがINSの発行した特定の書類を要求したことは，就労資格書類確認制度の規定に従おうとして行ったものであり，その際に，法律上の要求範囲を超えてINSの特定の書類のみに拘ったことは，差別意図に基づく移民関連不当雇用行為となるとし，2名の被用者それぞれについて，バックペイおよび復職の命令を与えた。

〈本決定の位置付け〉　本決定は，採用のときだけでなく，雇用継続についても同様に就労資格書類確認制度の濫用の禁止規定が適用されるとし，規定より多くのまたはそれと異なる書類を要求した場合の立証すべき事項を示したものである。

【3】　United States v. Diversified Technology & Services of Virginia, Inc.[406]
〈事案〉　本件では，雇用主が過失により，被用者が提出した書類（様式I-94）がINSの取扱い上はそれのみで就労資格を証明するのに十分な書類であることを知らずに，その書類のみでは不十分であるとして，採用後に同人の就労

---

[406] 2003 OCAHO LEXIS 9, *motion for recons. denied*, 2003 OCAHO LEXIS 11.

第3章　アメリカ移民法と労働政策

を拒絶したことが，就労資格書類確認制度の濫用にあたるかが問題となった。

〈決定要旨〉　この問題につき，OSCは，①規定より多くのまたは異なる書類の要求，あるいは表面上真正な書類の拒否があり，②書類を要求された被用者が保護される集団の一員であれば，雇用主に対し就労資格書類確認制度の濫用の責任を追及できると主張したが，行政法審判官は，1996年法による改正において，差別意図の要件が明文化されたことにより，上記の①と②の事実の間に因果関係が必要であると述べた。また，行政法審判官は，就労資格書類確認制度の濫用に関し，上記の因果関係につき一応の証明がなされた場合でも，雇用主側が，書類拒否が差別的でないという理由を挙げれば，すなわち，非差別的な理由に基づくものであることを示せば，そうした措置をとったのが誤解に基づくものであったとしても，差別意図を否定する反証となるとした。

〈本決定の位置付け〉　本決定は，就労資格書類確認制度の濫用の成立要件における差別意図の位置付けを示したものであり，雇用主は，誤解に基づく措置であったとしても，違法でない理由を挙げられれば反証として十分であるとしたものである。

(3)　就労資格の再調査の問題

なお，以上に関連して，すでに雇用されている者について，前述の「擬制的認識」による雇用主処罰を避けるために，当初の書類以外のものを要求するなどして，被用者の就労資格を調べることが，法が禁止する移民関連不当雇用行為となるかが問題となった。

OSCは，雇用主に被用者が不法就労者であるという現実の認識または擬制的認識が認められる場合は，雇用主は，就労資格を確認するための再調査を行っても，IRCAのもとでの移民関連不当雇用行為の責任を問われないとの見解をとっていたが[407]，実際には，就労資格書類確認制度の濫用がかなり広く認められる傾向が生じた[408]。しかしその後，上述のとおり，1996年法による改正により，差別的意図がある場合に限り違法とされることになった

---

[407] FRAGOMEN & BELL, *supra* note 335, at 10-5 & 10-6.

第2節　アメリカ移民法における雇用主処罰制度と移民関連不当雇用行為制度

ため，就労資格書類確認制度の濫用を主張する者は，雇用主の差別意図を立証しなければならなくなった。すなわち，雇用主の行為が「誠実」に同制度に従おうとする意図に基づいている場合は，同制度の濫用は成立しない。したがって，擬制的認識があったものとされうる状況において，雇用主が就労資格を確認するために当初提出されたもの以外の書類を要求した場合でも，このような意図に基づくものであれば，就労資格書類確認制度の濫用は成立しない。

6　適用除外

IRCAの移民関連不当雇用行為の禁止規定は，以下の場合には適用が除外される。

(1)　不法就労者の除外

IRCAの出身国差別および国籍差別の禁止条項は，明文上，不法就労者（無資格外国人）には適用されない[409]。1964年公民権法第7編の適用については，国籍差別の禁止は第7編にはもともと含まれていないので，不法就労者への適用は問題にならない。一方，出身国差別については，裁判例も，EEOCも不法就労者への第7編の適用を認めている[410]。しかし，第7編は前述のとお

---

[408]　期限付の就労資格で就労する者に対して雇用主は，許可の期間が更新されたかどうかを再確認しなければならない（INS v. China Wok Restaurant, Inc., 1994 OCAHO LEXIS 17）。ただし，United States v. Louis Padnos Iron & Metal Co., 1992 OCAHO LEXIS 17では，当初期限付滞在カード（Temporary Resident Card）を提示して採用された被用者が，期間満了時期の書類の再確認のためにINAの規則所定の社会保障カードと州発行の身分証を提示したが，雇用主がこの書類では許可期間が更新されているかわからないといって拒否し，同人を解雇した事案につき，行政法審判官は就労資格書類確認制度の濫用を認めた。このように不確定な状態のときには，就労資格が与えられているか否かによって，不当な結果が事後的に生じうるので，そのような場合には，雇用主は就労資格の更新がなされたか改めて確認を要求しうるとの主張がある。See LOBERT C. DIVINE, IMMIGRATION PRACTICE 965（LEXIS Publishing 2000）.
[409]　See supra note 381.
[410]　前掲注（398）参照。

り，14人以下の事業に適用されず，またIRCAは不法就労者への適用を除外しているので，このような小規模事業主のもとで働く不法就労者には，出身国差別禁止規定の適用がないことになる。

(2) 被用者3人以下の小規模事業
被用者が3人以下の事業は適用除外となる[411]。

(3) 同様の適格性のもとでの合衆国市民の優先
さらに，合衆国の市民ないし合衆国の国籍を持つ者が外国人と同様に適格であると認められる場合には，採用，募集，職業紹介に際し，合衆国の市民ないし合衆国国籍者を優先的に選ぶことは禁止されていない[412]。すなわち，この場合には，国籍を理由とする異別取扱いが許容されることになる。

第3節　小括——アメリカ移民法と労働政策

以上の検討を受け，アメリカ合衆国の移民法が同国の労働政策といかなる関係に立つかについて，以下特徴をまとめたい。

第1項　労働証明制度の特徴

労働証明制度は，合衆国の労働市場への影響を考慮し，①合衆国労働者の雇用機会が奪われるのを防ぎ，②外国人が低賃金で雇われることによる賃金の引下げ圧力が生じるのを抑えるため，①について合衆国労働者の事前募集を行うこと，②について支配的賃金以上での募集と外国人の採用を行うことを要求している。そこでは，雇用機会と賃金水準等の二点をチェックすることで労働市場への悪影響を防止しようとするものということができる。

外国人労働者の入国・滞在の可否，あるいは入国後の就労の可否を決定す

411　8 U.S.C.S. §1324b(a)(2)(A).

412　*See id.* §1324b(a)(4). この「同様の適格性」の除外規定については，濫用のおそれを指摘する見解がある。Johnson, *supra* note 364, at 1095. なお，その他法律等により合衆国国籍を持つことが要求される場合も適用除外となる（前掲注（383）参照）。

るに当たっては，国内の労働市場への影響を判断の基礎とする制度，すなわち，いわゆる労働市場テスト（labor market test）を採用している国が少なからずみられるが[413]，合衆国の労働証明制度もその一種として位置付けられる。

　また，この労働証明制度により，外国人の入国の可否を決定するに当たって，国内労働市場への悪影響を避けようとしている点で，アメリカ合衆国では労働市場政策を考慮した移民政策がとられているということができる。このように，移民法において労働市場政策を考慮した制度を設けることは，今後のわが国における入管法のあり方を考えるにあたって有益な示唆を提供するものである。

　ただし，労働証明制度は，雇用関係移民ビザの優先順位第二位と第三位が対象であり，さらに，労働証明を不要とするカテゴリー（スケジュールA）を設けることにより，個別の労働証明手続きが行われる対象をある程度絞り込んでいる。また，求人広告掲載など募集手続きを定型化することで従来の募集手続き等を簡素化したPERMを導入するなど，さまざまな面で手続きの簡素化を図っている。

　他方，特定の非移民ビザに適用される労働条件申請制度などの一時的労働証明制度についても，ほぼ同様の着眼点がうかがわれる。ただし，この制度は，上記の労働証明と異なり，非移民について用いられるものであり，長期的滞在が想定されていない者を対象としているので，ビザによって内容は異なるが手続きの簡素化が図られている。また，労働条件申請制度の場合は，支配的賃金等の支払いの誓約は労働省に対してなされるが，雇用主が誓約した賃金額を外国人に支払う義務が規則で定められている点において，移民政策上の要件が労働法上の権利に結び付けられており，この点もわが国にとって参考となりうる[414]。

第2項　雇用主処罰制度および移民関連不当雇用行為制度の特徴

　不法就労者を雇用する雇用主を処罰する雇用主処罰制度自体は，移民法プ

---

[413] 各国の労働市場テストについては，井口・前掲注（82）書226頁および239-243頁，同・前掲注（53）書93-96頁，厚生労働省職業安定局外国人雇用対策課編・前掲注（82）書，労働政策研究・研修機構編・前掲注（65）報告書参照。

第3章 アメリカ移民法と労働政策

ロパーの問題であるが，詳細な手続き，免責される要件などのルールが決められている。

　この制度は，労働政策の観点からみると，就労する資格のない外国人が事実上合衆国に入国して就労している場合，合衆国の労働市場に悪影響を生じうるので，それを防止するために不法就労者の雇用主を処罰することで不法就労者を雇用する需要を抑えようとしたものと位置付けられる。また，雇用主に労働者の就労資格等を確認させる「就労資格書類確認制度」は，行政罰により不法就労者の雇用を防ぐためのものである点で，雇用主処罰制度の一環として位置付けられる。

　一方，雇用主処罰を厳格にすると，その波及効果として，適法に就労しうる外国人労働者等への差別が生ずるおそれがあるので，その手当てのための労働者保護が要請される。そのため，移民法に移民関連不当雇用行為が規定されている。

　このように，アメリカ移民法においては，労働市場への悪影響を防ぐための雇用主処罰とそれによる労働者の不利益を回避するための移民関連不当雇用行為の禁止がセットになって規定されているところに特徴がある。

414　山口製糖事件・前掲注（131）決定で，裁判所は，入管局に提出された書類記載の条件が労働契約の内容となることを認めなかった。このような取扱いは，現行入管法上はやむを得ないとしても，入国時にわが国の労働条件への影響の有無を判断して入国審査をしたことの意義が画餅に帰すおそれがある。わが国において，入管当局に対し提出した書類記載の賃金等の労働条件を労働契約の内容とするよう，合衆国の労働条件申請制度類似の制度を導入することを検討する必要があると思われる。なお，労働証明制度の場合は，雇用主が支配的賃金を外国人に支払う義務については，支配的賃金を支払う旨の申出を当該外国人に対して行うことが要求されているため（20 C.F.R. § 656.10(c)(1)(2007)），外国人はそれが契約内容になっているとして支払いを求めうると思われる。詳細は，後掲注（671）本文参照。

第4章　アメリカ労働法と移民政策

　本章では，まず，第1節において，アメリカ労働法における外国人の法的地位について，主として適法就労者の法的地位について概観したうえで，次に，第2節において，同法における不法就労者[415]の法的地位を検討する。最後に，本章のまとめとしてアメリカ労働法の特徴について述べることとしたい。

第1節　アメリカ労働法における外国人の法的地位
——適法就労者と差別禁止

第1項　国　籍　差　別

　合衆国における外国人の労働法上の地位についてみると，就労資格ある外国人については，労働法の適用につき，特に制約は設けられておらず，合衆国労働者と同様の法の適用がある。

　さらに外国人であることによる差別の禁止，すなわち，国籍差別の禁止についてみると，アメリカ労働法（主として，1964年公民権法第7編）では，出身国差別は明文で禁止しているが，国籍差別については，原則として禁止していない。この点に関し，就労資格のある外国人の採用拒否が問題となった下記のEspinoza v. Farah Manufacturing Co.[416]において，合衆国最高裁は，外国人に1964年公民権法第7編の適用はあるが，外国人であることに基づく差別は第7編の禁止する差別に当たらないと判示している。この判決によれば，たとえば，メキシコ出身の適法就労外国人に対し，合衆国市民でないことを

---

[415] 不法就労者の定義については，前掲注（327）の本文参照。
[416] 414 U.S. 86（1973）．*See infra* note 417.

理由に採用しない国籍差別は，第7編のもとでは違法とはならないが，メキシコ出身であることを理由に採用を拒んだ場合，第7編のもとでの出身国差別として違法になる。

このように労働法では，国籍差別を禁止する規定がないが，移民法においては，前述のとおり，IRCAのもとで，合衆国市民および合衆国市民になろうとしている一定の適法就労外国人について，国籍を理由とした採用，募集，職業紹介，解雇における差別が禁止されている。

【1】 Espinoza v. Farah Manufacturing Co.[417]

〈事案〉 本件では，合法永住者である原告が被告会社の縫製工の募集に応募したところ，外国人であることを理由に採用が拒否された。本件では，メキシコ国籍である原告は採用拒否された一方で，出身国をメキシコとする合衆国国籍を持つ従業員が多く採用されていたため，原告は，合衆国国籍がないことを理由に採用を差別することは第7編に違反すると主張した。

〈判決要旨〉 これに対し，合衆国最高裁は，まず，第7編の立法史を引用し[418]，出身国差別は，祖先（ancestry）に基づく差別であると定義したうえで，第7編は，国籍差別が，出身国差別の目的ないし効果を有する場合にはこれを禁止する，と述べた。

次に，最高裁は，第7編703条の「すべての個人」との文言に依拠するとともに，「国外の外国人」には第7編を適用しないとの702条の文言を反対解釈し，国内にいる外国人には第7編の適用がある，と判断した。

そのうえで，第7編は雇用主が，人種，肌の色，宗教，性別，出身国に基づく差別をすることを禁止し，このような差別から外国人も保護されるとした。たとえば，アングロ・サクソン出身者は採用するが，メキシコやスペイン出身者を採用しない場合には，出身国差別となるとした。

その一方で，第7編は，国籍ないし外国人であることを理由とした差別を禁止していない，と判断し，原告の主張を退けた。

---

[417] 414 U.S. 86（1973）.
[418] H.R. Rep. No. 914, 88th Cong., 1st Sess., 87（1963）.

第1節　アメリカ労働法における外国人の法的地位—適法就労者と差別禁止

〈本判決の位置付け〉　本判決の意義は，合衆国最高裁が，出身国差別は，祖先に基づく差別であると定義し，外国人にも第7編の適用があるとしたことにある。一方，国籍差別は一般には第7編の禁止する出身国差別に当たらず，出身国差別の目的ないし効果がある場合に第7編の適用があるとした点で特徴がある。すなわち，第7編は国籍差別を禁止していないが，本判決により外国人に対する差別が一定の要件のもとで出身国差別として違法となりうることが示された。

第2項　出身国差別の禁止

アメリカ労働法は，1964年公民権法第7編において，出身国に基づく採用，解雇および労働条件等の差別を禁止している（703条(a)）。出身国には，祖先の生まれた国を含んでおり，アングロ・サクソン系，イタリア系，ヒスパニック等，民族的出自を包摂する概念ととらえられている[419]。第7編が禁止する差別は，雇用主が意図的に差別を行う「差別的取扱い」と，差別的意図がなかったとしても，結果として不当な差別をもたらす「差別的インパクト」の両方を含むものとして判例法理が確立している。すなわち，差別的取扱いは，人種，皮膚の色，宗教，性または出身国を理由に，雇用主が意図的に差別を行うもの[420]であり，差別的インパクトについての判例法理とは，中立的に見える制度が結果として差別をもたらすならば，雇用主の差別意思の有無に関わらず，違法な差別となりうる[421]というものである。これについては，差別的取扱いの法理によれば，差別意図のもとで不利益取扱いを行っているかが問題となる。次に，差別的インパクトの法理のもとでは，不利益な効果が生じているかが問題となり，生じている場合でも，雇用主が「職務関連性」ないし「業務上の必要性」を立証できれば，違法な差別に当たらないとされている[422]。なお，すでに述べたとおり，IRCAは，第7編ではカバーしてい

---

[419] 中窪・前掲注（235）書211頁参照。
[420] 同上183頁参照。
[421] 同上183，196頁参照。
[422] 1991年公民権法により，差別的インパクトの抗弁として職務関連性ないし業務上の必要性が明文化された。同上200-202頁参照。

なかった小規模事業についても，出身国差別を拡大した。

出身国差別の事案において代表的な問題は，外国語訛りの英語のアクセント（foreign accent）や身長など体格に関するものを基準として設けることが差別的インパクト法理のもとで法違反になるのではないかという問題であり，裁判例も出身国差別となることを認めている[423]。

これに対し，議論が分かれているのは，職場において，「英語のみ」の使用を認め，他の言語の使用を禁止するルール（「英語のみルール」（English-only rule）と呼ばれる）を定めることが，出身国差別となるかという問題である。英語のみルールが出身国差別となるかについては見解が分かれている[424]。以下，これについて検討する。

1 英語のみルール

【1】 EEOCガイドライン

まず，EEOCは，英語のみルールが第7編の禁止する出身国差別に当たるとして，次のようなガイドラインを示している[425]。すなわち，EEOCは，英語のみルールが，①職場で常時要求されるか，②一定時間に限定して要求されるかによって分け，①常時要求される場合には，そのルールが第7編に違反するものと推定する。EEOCはその理由として，個人の第一言語（primary language）は，出身国の本質的特徴であり，その使用を常に禁止することは，個人の雇用機会に不利な影響をもたらすほか，「劣等，孤立，脅迫的」（inferiority, isolation and intimidation）な雰囲気を生み出す可能性があるからとしている。

---

[423] 英語の外国語訛りについて，Fragante v. City & County of Honolulu, 888 F.2d 591（9th Cir. 1989), cert. denied, 494 U.S. 1081（1990），身長について，長距離トラック運転手の採用に身長条件を付すことは，ヒスパニック系に対する差別であり違法であるとしたUnited States v. Lee Way Motor Freight, Inc., 625 F.2d 918（10th Cir. 1979）がある。

[424] See Maria Shim, *English-only cases multiply*, NAT'L L.J., Oct. 23, 2000（EEOCへの英語のみルールの苦情の受付件数は1996年には77件であったが2000年には約5倍になったとする）。

[425] 29 C.F.R. §1606.7（2005）.

次に，②の英語のみルールを一定の時間に限定して要求する場合，雇用主は，そのルールが正当な業務上の必要性（business necessity）に基づくことを立証しなければならないとした[426]。その上で，雇用主は，英語のみルールを適用することを従業員に周知しなければならないとし，雇用主が周知を怠りながら，そのルール違反として被用者に不利な決定を行った場合，雇用主の英語のみルールが出身国差別と推定されるとした。

以上のように，EEOCのガイドラインは，特に差別的取扱い法理と差別的インパクト法理を分け取り扱っているわけではないが，「不利な影響」に言及していることから，後者に重点を置いていると見られる。他方で，ルールの周知を怠りながら不利な決定を行った場合に出身国差別が推定されるとの点は，差別的取扱い法理に言及しているようであり，EEOCの法令遵守マニュアルでは，英語のみルールが差別意図をもってなされた場合，出身国差別となるとして，差別的取扱い法理についても言及している[427]。

また，EEOCガイドラインは，差別的インパクト法理の適用にあたっては，場合分けをしているものの，英語のみルールが差別的インパクトを生じさせることについて，個別的な事実の立証を待つまでもなく推定されるとの取扱いを示している点で特色があるとみられる（法違反そのものまで推定するか，業務上の必要性の立証による免責の道を示しているかなどについては場合により異なる）。

これに対し，下級審の判断は一定せず，従来の裁判例は，EEOCのガイドラインの見解を採用せずに[428]，差別的インパクトが存在したかどうかを個

---

[426] 学説において，1991年公民権法での第7編改正により，雇用主側は抗弁として，問題となっている職務との関連性ないし業務上の必要性を立証しなければならないが，本EEOCガイドラインは，業務上の必要性についてのみ述べており，職務との関連性の立証を落としていると指摘するものがある。See HAROLD S. LEWIS, JR. & ELIZABETH J. NORMAN, EMPLOYMENT DISCRIMINATION LAW AND PRACTICE 81-82（2d ed. West 2004).

[427] EEOC, Section 13: National Origin Discrimination, EEOC COMPLIANCE MANUAL, Directives Transmittal, No. 915.003, Dec. 2, 2002, *available at* http://www.eeoc.gov/policy/docs/national-origin.html#VC（last visited June 6, 2008).

別事案ごとに判断するものが多かった[429]。次の判決はそのような立場に立つ判決である。

【2】　Garcia v. Spun Steak Co.[430]

〈事案〉　食肉加工業を営む被告会社では，33名の従業員のうち，24名がスペイン語を話す，ヒスパニック系の従業員であった。うち，2名は英語を解さないが，その他の従業員は，レベルは異なるもののそれぞれ英語を話すことができた。被告会社は，採用の条件として，英語能力を要求したことはない。従業員の約3分の2が，食肉製造ラインなど製造部門で働く従業員であり，原告GarciaおよびBuitragoも，製造ラインで作業に従事していた。なお，原告両名は，英語とスペイン語の完全なバイリンガルであった。1990年9月以前は，被告会社は仕事中に同僚とスペイン語で話すことを禁じてはいなかったが，アフリカ系アメリカ人および中国系アメリカ人従業員が被告会社に，原告両名がスペイン語で人種的な悪口を言ったとの苦情を述べたことをきっ

---

[428]　See Amy Crowe, Note, *May I Speak? Issues Raised by Employer's English-Only Policies*, 30 IOWA J. CORP. L. 593（2005）. 同論文は，英語のみルールをめぐる裁判例の動向を分析するなかで，現時点で連邦の控訴裁判所レベルの判決で，EEOCガイドラインを採用しているものはないこと（後掲注（429）判決は取り消されている），地方裁判所レベルでEEOCと同様の立場に立つ判決があるが（後掲注（436）判決），最高裁の立場は示されていないと述べ，裁判所はEEOCガイドラインに従うべきであると主張する。

[429]　一方，EEOCガイドラインに従った判決として，Gutierrez v. Municipal Court of Southeast Judicial Dist., County of Los Angeles, 838 F.2d 1031（9th Cir. 1988）, *reh'g denied*, 861 F.2d 1187（9th Cir. 1988）, *vacated as moot*, 490 U.S. 1016（1989）, *on remand at*, 873 F.2d 1342（9th Cir. 1989）. 同事件で，第9巡回区控訴裁判所は，スペイン語通訳に対し，休憩，昼食，通訳時以外のスペイン語の使用を禁じた事案で，英語のみルールは一般に保護されるグループに不利な影響を与えるとし，バイリンガルであっても，母国語は出身国と結びついており，使用者は責任を免れないとした。しかし，同判決は，最高裁で，争訟性を欠くとして（moot）取り消されたうえ控訴裁判所に差し戻され，さらに控訴裁判所において訴えを却下すべきものとされた。

[430]　998 F.2d 1480（9th Cir. 1993）, *reh'g denied*, 13 F.3d 296（9th Cir. 1993）, *cert. denied*, 512 U.S. 1228（1994）.

第1節　アメリカ労働法における外国人の法的地位—適法就労者と差別禁止

かけに，被告会社は，職場での人種的調和，職場の安全，生産性向上を図ることを理由として，職場での英語のみルールを採用した。同ルールの内容は，仕事に関して英語のみを話すことを要求し，昼食，休憩，自由時間にスペイン語を話すことは自由であるけれども，他の従業員を侮辱する形でスペイン語を話さないよう求めるものであった（同ルールが厳格に適用されたかどうかの証明はない）。なお，清掃作業員については，現場責任者がスペイン語を解することから，スペイン語で話すことを例外として認めていたため，英語が話せない2名の従業員のうち1名は，このルールの適用を受けていなかった。

1990年11月，原告両名は，勤務時間中にスペイン語を話していたとして，被告会社から警告文書を受け取り，約2ヶ月後，両名は並んで働くことを禁止された。そのため，原告両名は，被告会社のスペイン語を話す従業員を代表した労働組合とともに，被告会社の英語のみルールは，1964年公民権法第7編に違反しているとして，連邦地方裁判所に訴えを提起した。その訴訟において，原告，被告双方が，サマリー・ジャッジメントを求めたところ，連邦地方裁判所は，被告会社の英語のみルールには十分な業務上の正当性 (business justification) がなく，ヒスパニック系の従業員に差別的インパクト (discriminatory impact) を与えているので，第7編に違反するとして，被告会社の申立を却下し，原告らにサマリー・ジャッジメントを与えたため，これに対し，被告会社が第9巡回区控訴裁判所に控訴したのが本件である。

〈判決要旨〉　第9巡回区控訴裁判所は，以下のように述べて，バイリンガルの従業員については，差別の一応の証明は成り立ちえないので，被告会社の英語のみルールは第7編に違反しないとして，その部分について，原判決を破棄し，英語が話せない従業員について，同ルールによって差別的インパクトがあったかどうかを審理するよう，原審に差戻した。

同裁判所は，まず，原告らが，被告の英語のみルールが，ヒスパニック系の労働者の雇用条件に重荷を課し，他の労働者が享受している特権を否定する差別的インパクトがあると主張しているので，雇用条件についても差別的インパクト法理が適用になるかどうかを検討する必要がある，と述べた。

そこで，本件では雇用条件が争われており，第7編の703条(a)(2)には当てはまらないので[431]，703条(a)(1)を適用すべきであるとしたうえで[432]，同条

(a)(1)について差別的インパクト法理が適用しうるかどうかについて，合衆国最高裁の判断は示されていないが，最高裁は，同条(a)(1)を広く解していることから，同条(a)(1)のもとでの差別的インパクトの法理によって検討をなしうるとした。

次に，差別的インパクトの一応の証明が成り立つためには，一見中立的なルールが保護されるクラスに対し，十分に不利な影響もたらすことを，原告が立証しなければならないとした。原告は，ルールに不利な影響があること，保護されるクラスの雇用条件にそのルールの効果が及ぶこと，その不利な影響は十分なものであること，従業員一般には同じレベルでの不利な影響は生じていないことを立証しなければならないとした。

そこで，本件のスペイン語を話す従業員が，一応の証明をしているかをみると，原告らは，被告会社の英語のみルールが，①仕事において，文化的遺産（cultural heritage）を表現する機会（ability）を否定している，②英語だけを話す従業員が享受している雇用上の特権を否定している，③「劣等，孤立，脅迫的」（inferiority, isolation and intimidation）な雰囲気を生み出している，という点で不利な影響があると主張しているが，以下の理由でこれを認めることはできないと判断した。

まず，①についてみると，第7編は，職場で文化的遺産を表現する機会を保護してはいない。次に，②についてみると，英語もスペイン語も両方流暢に話せる従業員にとって，ルールは不利な影響をもたらしていない。バイリンガルの従業員は，英語のみルールに容易に従うことができ，かつ，仕事中に話をするという特権を享受しているからである。一方，母国語しか話すことができない者にとって，英語のみルールは不利な影響をもたらすおそれがあるが，本件については，該当する従業員が1人いるが，仕事中にお喋りを

---

431 人種，皮膚の色，宗教，性，または出身国を理由として，個人の雇用機会を奪ったり，その他被用者としての地位に不利な影響を与えるような方法で，被用者や求職者を，制限，隔離または分類すること。中窪・前掲注（235）書182頁参照。

432 人種，皮膚の色，宗教，性，または出身国を理由として，個人を雇用せず，あるいは雇用を拒否し，もしくは個人を解雇すること，または，雇用における報酬，条件，権利について，個人を差別すること。中窪・前掲注（235）書182頁参照。

するよりは，むしろ静かに作業をすることを好む上，その者についてはルールを適用せず，上司に対しスペイン語で話しかけることが認められていたというのだから，同人については差戻して審理をする必要があるし，他にもそのような従業員がいることは記録からは明らかにされていないが，これは事実認定の問題なので，サマリー・ジャッジメントに適さない。

　さらに，③については，原告は，英語のみルールが民族的緊張を職場環境にもたらし，そのような環境自体が雇用条件であると主張する。しかし，職場環境が差別的であるかということは事実認定の問題で，ルールがあるというだけで，敵対的環境があるとはいえない。

　最後に，裁判所は，状況によっては，英語のみルールが差別的な緊張を高める可能性を否定はしないとしつつも，そのようなルールがあるという事実だけで，原告側の一応の証明を認め，雇用主側にそのルールの業務上の正当性を常に立証させようとするEEOCの立場には反対であると述べている。また，EEOCの英語のみルールに関するガイドラインを否定しないが，裁判所はそのようなガイドラインに拘束されないと述べた。最高裁は，差別的インパクトの事件において，雇用主に立証責任が移る前に，原告は差別の影響を立証しなくてはならないとしており，その立証なしに英語のみルールに差別的インパクトがあると推定するEEOCガイドラインはこの方針に反している。第7編の立法史料にも，英語のみルールを差別的と推定されることを示唆するものはない。

　したがって，バイリンガルの従業員については，一応の証明に失敗しているので，裁判所は，ルールの業務上の正当性を判断する必要がない。差戻審において，労働組合が英語のできない労働者について，一応の証明を立証した場合に限り，連邦地方裁判所は，被告会社の業務上の正当性について判断することができる。

　なお，本判決の後，原告側から裁判官全員による再審理の申立が成されたが，棄却され，最高裁での裁量上訴の申立も棄却された。

　〈本判決の位置付け〉　本判決は，英語のみルールが，適用対象時間を限定するものであっても，原則として差別的インパクトをもつと推定されるというEEOCのガイドラインの立場とは異なり，そのように差別的インパクトを

推定することはできず，インパクトの現実の認定が必要であるとした点，および，こうした立場を前提にして，バイリンガルの従業員は容易にルールに従うことができるので，差別的インパクトを認めることはできないと判示した点に特徴がある（バイリンガルの従業員について差別的インパクトを認定しなかった裁判例は，本判決以前にもみられた[433]）。

なお，本件では，原告側が差別的インパクトにつき一応の証明をすることができなかったので，被告会社の英語のみルールの業務上の必要性の有無についての判断が示されていないが，この問題について，EEOCは，①英語のみを話す顧客，同僚，上司とのコミュニケーションのため，②緊急時などに，安全確保のため共通の言語を話す必要があるため，③共同作業での効率を上げるため，④同僚や顧客とのコミュニケーションが求められる職務の従業員を英語のみ話す上司が監督できるようにするため，という理由を業務上の必要性として挙げている[434]。また，学説において，安全確保が必要な製造部門の労働者には業務上の必要性が認められるとしても，事務系職員（office personnel）や業務外での同僚間の会話については業務上の必要性は認めることはできないとする見解がある[435]。

他方，上記Garcia v. Spun Steak Co.判決の立場とは異なり，最近では，連邦地方裁判所レベルのものにとどまるが，EEOCガイドラインと同様の取扱いを示すものや，同ガイドラインに従うかどうかはともかくとして，英語のみルールに対して厳しい立場に立つ裁判例も出てきている。

例えば，EEOC v. Synchro-Start Products, Inc.[436]は，ポーランド系やヒス

---

[433] Garcia v. Gloor, 618 F.2d 264（5th Cir. 1980）, *reh'g denied*, 625 F.2d 1016（5th Cir. 1980）, *cert. denied*, 449 U.S. 1113（1981）; *see also*, Garcia v. Rush-Presbyterian-St. Luke's Medical Center, 660 F.2d 1217（7th Cir. 1981）; *and* Jurado v. Eleven-Fifty Corp., 813 F. 2d 1406（9th Cir. 1987）.

[434] *See supra* note 427. EEOCは，好事例（best practice）として，英語のみルールによる不利な影響を最小限にするために，ネイティブでない労働者に英語のクラスを提供することなどを勧めている（*Id.*）。

[435] LEWIS ET AL., *supra note* 426, at 83.

[436] 29 F. Supp. 2d 911, 1999 U.S. Dist. LEXIS 471（N.D. Ill.）.

第1節　アメリカ労働法における外国人の法的地位—適法就労者と差別禁止

パニック系の従業員を多く雇っていた職場で、十分に英語を話すことができない従業員にも勤務時間中の英語のみルールを適用した事案において、英語のみルールについての差別的インパクトの判断にEEOCガイドラインを用いることができるかが問題となり、連邦地方裁判所は、従業員側が差別的インパクトを立証することは困難であるのに対し、雇用主がルールを設けた趣旨を説明するのは容易であることを理由に、EEOCガイドラインは第7編に適合している解釈であると判断した（雇用主のしたEEOCの申立却下の申立が棄却された）。また、EEOC v. Premier Operator Services, Inc.[437]で連邦地方裁判所は、雇用主が建物内での外国語使用を認めず、休憩時間においても同ルールが厳格に適用されたため、同ルールに同意しなかったヒスパニック系のバイリンガルの電話オペレーターが解雇された事案で、同ルールの適用により、ヒスパニック系従業員だけが監視や潜在的な懲罰や解雇にさらされていたとして、差別的取扱い法理および差別的インパクト法理のいずれによっても違法な措置であったと判断し、差止め、補償的損害賠償および懲罰的損害賠償を認めた。

　以上の裁判例につき大まかな整理をすれば、枠組み自体の差は別としても、英語のみルールに容易に従えるバイリンガルについては、結論的に差別的インパクトが認められていないのに対し、英語を十分理解できない従業員に対しては、差別の成立可能性が認められている。また、差別的取扱いについては、職場内での外国語使用禁止を、勤務時間中にとどまらず休憩時間にまで適用する場合には差別意図を認定しうるとの理解も成り立ちそうである。いずれにせよ、これらの裁判例は事案を異にしており、英語のみルールについては合衆国最高裁判決もないため、裁判例の傾向はいまだに固まっていない。

　いずれにせよ、アメリカ労働法は、外国出身であることを理由とする差別を禁止することにより、雇用の場において、外国出身者とそうでない者に平等な機会を与えることとしている。英語のみルールが一定要件のもとで違法となりうる（このこと自体には異論は出されていないようである）という解釈は、出身国と言語との関係に着目して、このような法政策を具体化したもの

---

[437] 113 F.Supp. 2d 1066, 2000 U.S. Dist. LEXIS 17057（N.D. Tex.）.

であり，英語のみルールが違法とされる場合につき，外国出身者が職場において言語による不利益を受けないという意味での社会的な統合を促進する機能を持つものである。英語のみルールは言語という側面を取り上げたものであるが，他の側面での出身国差別の禁止も含めて，アメリカ労働法は，移民政策の見地からみれば，外国出身者の社会的統合という政策実現の機能を果たしているということができる。

第2節　アメリカ労働法における不法就労者の法的地位

本節では，アメリカ労働法における不法就労者の法的地位について，労使関係法および雇用関係法分野の最近の判例を中心に取り上げて検討する。

前述のように，IRCA施行以前には，移民法上，就労資格のない外国人の雇用を禁止する規定は存在しなかったので，不法就労者に労働法を適用したとしても移民法と直接の矛盾を生じることはなかった。しかし，IRCAの施行により不法就労者を雇用することは移民法に違反することになったので，不法就労者に労働法を適用することができるかどうかが問題となった。そこで，以下では，裁判例等を中心として，労働法における不法就労者の法的地位について検討する。

第1項　労使関係法

労使関係法（集団的労働関係法）の分野に関しては，全国労働関係法 (National Labor Relations Act: NLRA) における不法就労者の法的地位が問題となる。NLRAは，労働者の団結権等を保障し（7条），これに対する雇用主および労働団体の侵害行為を不当労働行為として禁止している（8条）。以下では，①不法就労者がこうしたNLRAの保護を受けられるかどうか，②もし，受けられるとするとその救済の内容はどのようなものであるかを検討する。

1　NLRAの不法就労者への適用の有無

まず，IRCA施行以前の事件であるが，不法就労者にNLRAの適用があるとした合衆国最高裁判決として，Sure-Tan事件を取り上げる。

第2節　アメリカ労働法における不法就労者の法的地位

【1】　Sure-Tan, Inc. v. NLRB[438]

〈事案〉　本件では，交渉代表組合の選出手続きの過程で，被用者の組合活動に対する報復として，雇用主が選挙に勝利した組合を支持した不法就労者をINSへ通報したため，不法就労者は退去強制を避けるため自発的に出国した。そこで，出国の直接の原因となった雇用主のINSへの通報行為が，組合活動に対する報復のための「みなし解雇」(constructive discharge)[439]として，NLRAが禁止する不当労働行為にあたるかどうかが争点となった。その前提として問題となったのが，不法就労者にNLRAの適用があるか，すなわち，不法就労者がNLRA上の「被用者」(employee)にあたるかどうかという点である。

全国労働関係局（National Labor Relations Board: NLRB）は，不法就労者にもNLRAの適用があるとし，第7巡回区控訴裁判所もこれを維持して，NLRBの命令に執行力を与えたため，雇用主が上告したところ，合衆国最高裁は，NLRAの適用については原審を維持したが，原審が当初の命令の修正を指示した救済内容に関して事件をNLRBに差し戻した。救済内容の問題については後述することとし，ここでは不法就労者にNLRAの適用があるとした最高裁の判断について検討することとする。

〈判決要旨〉　合衆国最高裁は，不法就労者はNLRA2条(3)に定める「被用者」にあたるかについて文理解釈を行い，同条は，「被用者」の定義につき，「すべての被用者」を含むと規定したうえで，この被用者から除外される者について明示的に列挙しているが[440]，不法就労者はこの除外者に該当しないことから，不法就労者も同条の「被用者」にあたるとした。

次に，不法就労者にNLRAを適用することが同法の目的に適うか否かについて，NLRAの目的は，団体交渉のプロセスを強化し，保護することにある

---

[438]　467 U.S. 883 (1984).

[439]　「みなし解雇」とは，労働者が退職せざるを得ない状況を使用者が作出し，それにより労働者が退職した場合に，これを解雇とみなすことである。

[440]　29 U.S.C.A. §152 (3) (West 1998). 農業労働者，家事使用人，親または配偶者に使用される者，独立契約者，監督者，NLRAの「使用者」以外の者に使用される者などが被用者から除外される。

としたうえで、不法就労者にNLRAを適用しないことの不都合を指摘した。すなわち、もし、組合活動への参加や雇用主による脅迫からの保護を不法就労者に与えないとすれば、適法就労者の団結と同様の利益を受けることのない下層の労働者を形成することになり、その結果、すべての被用者の団結を蝕み、団体交渉の効果を妨げることになるので、不法就労者にNLRAを適用することは、同法の目的とも一致するとした。

さらに、最高裁は、不法就労者にNLRAを適用することで移民法の政策との間に衝突が生じるかどうかについて、まず、INAは、入国許可の条件と、その後の合法的滞在の取扱いの規定を中心としていること、さらに、合法的に入国、滞在することが認められていない外国人を匿う（harbor）ことは禁じているが、雇用（雇用に通常・正常に付随する行為を含む）は、匿うこととみなされない[441]として、禁止される行為から雇用を明示的に除外していることをあげ、雇用主と不法就労者との間の雇用関係はINAのもとで禁止されていないので、不法就労者にNLRAを適用することがINAの政策と衝突するとはいえないとした。

次に、最高裁は、移民を規制する目的は、合衆国労働者の仕事を保護することにあるので、不法就労者にNLRAを適用することは、合衆国労働者の賃金・労働条件が、労働基準に従わない不法就労者との競争で不利な影響を受けることを防止するのに役立つものであるとした。そのうえで、雇用主が適法就労者より不法就労者を選ぶことに利点がないということに気付けば、不法就労者を雇用するインセンティブも減少し、その結果、移民法に違反して入国しようとする外国人のインセンティブも減少するので、不法就労者にNLRAを適用することは、INAの目的とも調和するとした。

〈本判決の位置付け〉　以上述べたように、本判決は、①不法就労者は法律の文言上、「被用者」に含まれること、②不法就労者にNLRAを適用することが、同法の目的とも一致すること、かつ、③INAとの関係では、同法に雇用禁止規定がなく、また、同法の政策とも衝突しないということから、不法就労者にNLRAの適用があるとしたものとして位置付けられる。

---

[441]　前掲注（205）。

しかし，1986年，不法就労者を雇用することを禁じたIRCAが成立し，INAを改正した。同法の施行により，本判決が不法就労者にNLRAの適用があるとした理由のうち，INAが不法就労者の雇用を禁じていないという理由が成り立たなくなったので，IRCA以後の事件について，本判決の枠組みが適用できるかどうかが問題となった。

そこで次に，IRCA施行後の判決を取り上げることとする。

【2】　NLRB v. A.P.R.A. Fuel Oil Buyers Group, Inc.[442]

〈事案〉　本件では，雇用主は就労資格がないと知りつつ，外国人労働者を採用したが，その後，労働組合の組織化活動において，その労働者が組合を支持したため解雇した。NLRBはこれを不当労働行為と認め，条件付の復職とバックペイを与えた（救済の内容については後に検討する）。本件においても，Sure-Tan事件判決と同様に，不法就労者にNLRAの適用があるかが争点となったが，とくに，IRCAにより修正されたINAとNLRAとの間の相互関係が問題となった。

〈判決要旨〉　この点について第2巡回区控訴裁判所は，IRCAの立法過程を検証し，議会の意図は，不法就労者への法の保護を削減することなしに，その雇用機会を減少させようとしたことにあると判断した。すなわち，立法史料によると，①IRCAは不法就労者の雇用機会を取り除くため，雇用主の処罰規定を設けたが，②IRCAは，その他の法に基づいて不法就労者に与えられる法的保護および救済を削減する意図はなく，特に，NLRA上の「被用者」の定義を変更したり，同法による保護を制限しようとするものではないとした。したがって，IRCA施行後も，NLRAのもとで不法就労者に救済を与えることにIRCAとの衝突はないと判断した。

〈本判決の位置付け〉　以上のことから，本判決は，IRCA以後においてもSure-Tan事件判決の枠組みを維持したものであるといえる。学説においても，同様の理由により，本判決の結論を支持するものが目立っている[443]。ただし，Sure-Tan事件判決は救済の対象となる労働者が国外にいた事案であるのに対

---

[442]　134 F.3d 50（2d Cir. 1997）.

し，本件では労働者が国内に滞在していたという点で事案の違いがあり，本判決で裁判所は，国内に滞在しているという事実をもって，原告の就労可能性[444]を肯定している。この点については，救済の問題に関して後述する。

【3】 NLRB v. Kolkka[445]

〈事案〉 本件では，組合代表選挙の過程において，雇用主は，不法就労者が投票人に混じっているとして反対したが，NLRBは組合に排他的交渉代表としての認証を与え，これにより組合が団交を申し入れたところ雇用主がこれを拒否した。そこで，組合はこれを不当労働行為であるとしてNLRBに救済を申し立てた。

NLRBの手続きにおいて，被告である雇用主は，不法就労者はNLRAのもとでの被用者に当たらず，不法就労者が参加した組合選挙は無効であると主張したが，NLRBは，Sure-Tan事件判決に依拠し，団交命令を発した。その後，NLRBは，同命令への執行力付与を第9巡回区控訴裁判所へ申し立てたが，これに対し雇用主は，Sure-Tan事件判決はIRCAにより変更されているなどと主張した。

〈判決要旨〉 これに対し，第9巡回区控訴裁判所は，IRCAは誰がNLRA上の選挙資格のある「被用者」にあたるかを定める「被用者」の定義を変更しておらず，選挙に参加した当時，被用者が不法就労者であっても，雇用主が選挙以前にIRCAに基づいて当該被用者を解雇していないので，選挙実施後

---

443 *See, e.g.*, Myrna A. Mylius Shuster, Note, *Undocumented Does Not Equal Unprotected: The Status of Undocumented Aliens under the NLRA since the Passage of the IRCA*, 39 CASE W. RES. L. REV. 609, 618（1988-89）.

444 IRCA成立後の裁判例では「就労可能性」は，合衆国に滞在していという事実上の就労可能性をみるものと，移民法上の合法的な就労可能性をみるものとで，判断に違いが出ていた。

445 170 F.3d 937, 1999 U.S. App. LEXIS 4248（9th Cir. 1999）。なお本判例の評釈として，Beth Wolf Mora, Note, *Undocumented Workers are Entitled to Vote in Union Elections-But are They "Employee" under the Law?*, 30 GOLDEN GATE U. L. REV. 57（2000）がある（不法就労者がNLRAやFLSAなどの雇用・労働関係法令の「employee」の定義に含まれることを法の中に明文化すべきであると主張する）。

に被用者が不法就労者であることを理由として，選挙の無効を主張することはできないとした。

　裁判所は，NLRAは「被用者」の定義から不法就労者を明示的に除外していないとし，さらに，IRCAはNLRAの被用者の範囲や7条および8条に定める権利およびその保護について制限する意図はない[446]とのIRCAの立法史を引き，IRCAはこれを修正していないとした。

　また，仮に，不法就労者はNLRAの被用者に当たらないとの雇用主側の主張を入れた場合，労働組合に反対する雇用主がIRCAに違反して不法就労者を雇用するようになる結果，雇用主はIRCAおよびNLRAの二つの法の責任を逃れることになり，適当でないと判断した。

〈本判決の位置付け〉　本判決は，IRCAはその立法史において，NLRAの「被用者」の定義を変更しておらず，IRCA成立後も，NLRAの「被用者」には，不法就労者も含まれる，と判示した点に特徴がある。

　後に述べるHoffman Plastic Compounds, Inc. v. NLRBにおける合衆国最高裁判決も，不法就労者がNLRA上の「被用者」にあたることを前提とした判断となっており，この点はすでに確立されたルールとなっているといいうる。

2　不法就労者への救済内容

　NLRA 8条(a)(3)は，雇用主が「採用，雇用上の地位（tenure）またはその他の雇用条件に関する差別によって，労働団体の組合員たることを奨励または抑制すること」を禁止している。ここでの差別には，組合員たることを理由とした解雇のほかに，懲戒処分，賃金差別，先任権での不利益や採用差別など，雇用関係におけるあらゆる差別が該当する[447]。NLRBは，同条違反に対する救済として，中止・禁止命令およびポスト・ノーティス命令に加え，解雇事件では，バックペイ付きの復職命令を与えるなど，差別の態様に応じた積極的な是正措置を命じることができる[448]。救済内容は，同法の政策を

---

[446]　裁判所は，H.R. Rep. No. 99-682（1）99th Cong., 2d Sess. at 58, *reprinted in* 1986 U.S.C.C.A.N. 5649, 5662を引用した。

[447]　NLRAのもとでの救済について，中窪・前掲注（235）書65-66頁参照。

第4章 アメリカ労働法と移民政策

実効あらしめるものであって，救済的（remedial）でなければならないとされるが，その範囲であれば，NLRBは広範な裁量権を有するとされる[449]。ただし，NLRAのもとでは，懲罰的（punitive）な救済は認められていないため，1964年公民権法第7編で認められるような懲罰的損害賠償を命じることはできない。これらのNLRBの命令は，強制力を持たないので，被申立人が命令に従わない場合に，NLRBは連邦控訴裁判所に執行力付与を求めて訴訟を提起することが必要である。また，申立人または被申立人がNLRB命令に不服がある場合には，取消訴訟を連邦控訴裁判所に提起することになる。

(1) 「就労可能性」の有無

次に，不法就労者にもNLRAの適用があるとしても，不法就労者であるという地位により救済内容について制約があるかについて，裁判例等の状況を検討する。

(a) IRCA施行前の状況

まず，IRCA施行以前の事案ではあるが，先に検討したSure-Tan事件合衆国最高裁判決を取り上げる。

【4】 Sure-Tan, Inc. v. NLRB[450]

〈事案〉 本件では，NLRBが命令を発した時点で，不法就労者がすでに出国していたため，合衆国内に滞在していない不法就労者に対し，①復職命令，および②バックペイの救済[451]が与えられるかが問題となった。いずれにおいても，不法就労者は「就労可能性」がないものとして復職およびバックペイの救済について制約があるかどうかが問題となる。

本件において，行政法審判官（ALJ）は，雇用主は6か月を期限とする復

---

[448] 同上72-74頁参照。
[449] 同上40-41頁参照。
[450] 前掲注（438）。
[451] NLRAのもとでのバックペイの救済は，解雇がなければ得られたであろう賃金から中間収入を差し引いた額の被解雇者への支払いをNLRBが使用者に命ずるものである。

職の申出をすること，バックペイについては就労が不可能な期間は算定できないものの，不当解雇された被用者を救済し，将来のNLRA違反を防止するため最少で4週間分のバックペイを与えることをNLRBに勧告した。しかし，NLRBは行政法審判官の勧告は不必要に憶測的であるとして，通常のバックペイおよび復職の救済を与えたうえ，就労可能性の有無については，後に行われる命令遵守手続きで判断することとした。

第7巡回区控訴裁判所は，NLRBの命令に執行力を付与したが，復職について，合法的な再入国の準備をするための合理的な期間を与え，復職の申出はスペイン語で行い，4年間有効とすること，また，バックペイについては，合衆国に合法的に滞在せず，雇用される権利のない期間は就労不可能な期間であるとみなされるべきであるが，解雇された被用者はバックペイの付与を全く受けられないであろうから，最少額として6か月分のバックペイを付与することを指示した。

〈判決要旨〉 合衆国最高裁は，原審判決のうち不当労働行為の成立を認めた部分を維持したが，救済内容に関し，原審は司法審査の範囲を逸脱していたとしてこれを破棄した。

最高裁は，まず，控訴裁判所が雇用主の不当労働行為がなかったならば，INSにより逮捕されず，引き続き雇用されていたと認められる最短の期間について，6か月が合理的であると仮定した救済は，解雇された被用者が受けた現実の損害に対応したものではなく，明らかに憶測的であるとする[452]。

次に，復職の申出は，被用者の合法的な再入国を条件とすることによって，INAとの衝突の可能性が避けられるとし，同様に，バックペイを算定するにあたっては，被用者が合法的に合衆国に滞在せず，雇用される資格がなかった期間は就労可能性がない（そしてそのためにバックペイの付与は阻止される）とみなされなくてはならないと判示した。また，復職の申出について控訴裁判所が付け加えた4年を有効期間とする等の修正についても，NLRBがその

---

[452] バックペイの算定は，本来的に憶測的要素を免れないとして批判する見解がある（*See* Joaquin Mendez, Jr., Comment, *One Step Forward, Two Steps Back: The Court and the Scope of Board Discretion in Sure-Tan, Inc. v. NLRB*, 134 U.PA.L.REV. 703, 721（1986））。

裁量で決すべきものだとして事件をNLRBに差し戻した。

〈本判決の位置付け〉 以上みてきたように，本判決の特徴は，合衆国に滞在していない不法就労者への救済について，①復職命令は合法的に再び入国しうることを条件とし，②バックペイについては，合法的に滞在・就労しうる資格がなかった期間は，就労可能性がないものとしてバックペイは与えられないとした点にある。このように，本判決は，不法就労者へのNLRAの適用をINAと両立するものとして肯定しつつ，復職命令については，合法的な入国を条件とすることなどにより，就労可能性の判断においてNLRAとINAとの調和を図ったものといえる。

本件は不法就労者が命令時合衆国内に滞在していない事案であったため，その後の事件において，合衆国内に滞在している不法就労者への救済について，同判決の枠組みが使えるかどうかが議論となった。この点につき，Local 512, Warehouse & Office Workers' Union v. NLRB[453]において，第9巡回区控訴裁判所は，雇用主が協約上必要とされていた組合との事前協議なしに不法就労者をレイオフしたが，命令当時において当該不法就労者はすでに復職していた事案に関し，Sure-Tan事件判決の枠組みを採用しつつ，同事件を不法就労者が出国している事案に関するものと位置付け，本件のように不法就労者が国内に滞在している場合は，移民法上の資格の有無にかかわらずバックペイの救済が与えられるとした[454]。

(b) IRCA施行後の状況

しかし，その後，不法就労者の雇用を禁ずるIRCAが施行されてINAが改正されると，Sure-Tan事件判決の枠組みが使えるかどうかが議論になった。不法就労者へのNLRAの適用については，すでに述べたとおり適用を肯定するのが判例の趨勢であるが，救済の判断における「就労可能性」の判断につい

---

[453] 795 F.2d 705（9th Cir. 1986）.

[454] 本判決の結論に賛成しつつ，IRCA以後のNLRBの救済のあり方を論じたものとして，Daniel R. Fjelstad, Comment, *The National Labor Relations Act and Undocumented Workers: Local 512 v. NLRB after the Immigration Reform and Control Act of 1986*, 62 WASH. L. REV. 595, 605-11（1987）がある。

て議論は分かれた。とくに問題となったのは，Local 512事件のように不法就労者が合衆国内に滞在していた場合である。

NLRBは，IRCA施行後，合法的滞在資格の有無に関わらず，合衆国内に滞在している不法就労者への救済を認めたLocal 512事件判決の立場に一時反対し，合衆国に滞在している不法就労者への救済を否定していたが，Ashkenazy Property Management事件[455]において，NLRBは「この事件に限って」Local 512事件判決に従うことに同意した[456]。しかし，第9巡回区控訴裁判所は，同巡回区内においては同裁判所の先例であるLocal 512事件判決が最高裁によって覆されないかぎり，行政機関であるNLRBはこの先例に従わなければならないと判示した。しかし，後述する1988年9月に発表されたNLRB事務総長メモランダムにおいてもNLRBはLocal 512事件判決に従わないことを宣言しており，その当時，判決と見解の相違があったことがうかがわれる[457]。もっとも，その後NLRBは，見解を変更した。NLRBの見解の変遷については後述するが，こうしたNLRBの見解を反映したものとして再度次の事件を取り上げることとする。

【5】 NLRB v. A.P.R.A. Fuel Oil Buyers Group, Inc.[458]

本判決のうち，不法就労者へのNLRAの適用に関する部分は前述したので，

---

[455] NLRB v. Ashkenazy Property Management Corp., 817 F.2d 74（9th Cir. 1987）. 本件はIRCA施行前の事案である。なお，本件について，本判決後，バックペイを認めたNLRB命令が出されている（293 N.L.R.B. 924（1989）, aff'd, 917 F.2d 62（D.C. Cir. 1990））。

[456] NLRB General Counsel Memorandum GC 88-9, Reinstatement and Backpay Remedies for Discriminatees Who Are "Undocumented Aliens"（Sept. 1, 1988）, available at http://www.nlrb.gov/chm3.html（last visited May 13, 2000）. NLRBの見解の変遷については，Robin Alexander, *The Right of Undocumented Workers to Reinstatement and Back Pay in Light of Sure-Tan, Felblo, and the Immigration Reform and Control Act of 1986*, 16 N.Y.U. REV. L. & SOC. CHANGE 125（1987-88）参照。

[457] なお，NLRBは，IRCA後，復職およびバックペイの救済は，労働者側に国籍または滞在資格があることの立証を条件としていた時期があった。1987年10月27日の事務総長メモランダムでは，このような取扱いがなされていたと指摘されている（See HECTOR L. DELGADO, NEW IMMIGRANTS, OLD UNIONS 128-129（1993））。このように，NLRBは適法就労の立証を求めていたが，1988年ころまでに，これを撤回したものと見られる。

第4章　アメリカ労働法と移民政策

ここでは救済内容の問題のみを取り上げる。

〈事案〉　本件では，救済対象となった不法就労者は合衆国内に命令当時滞在していたが，NLRBは，被用者が合理的期間内にIRCA上の通常の就労の資格を満たすこと（様式I-9の完成および適切な証明書類の提示）を条件に，雇用主に復職の申出をするよう命令し，これと合わせて，不当解雇の日から，復職の日，または労働者が合理的な期間内にこの条件を満たすのに失敗したときはその終了日のいずれか早い日までのバックペイの支払いを命じた。この命令に対し，雇用主が司法審査を求めた。

〈判決要旨〉　本件では，IRCAによって改正されたINAとNLRAとの相互関係が問題となったが，第2巡回区控訴裁判所は，NLRBが二つの法を合理的に調和させていれば，裁判所はNLRBの命令を維持するとした。そのうえで，本判決は，Sure-Tan事件とは異なり，不当解雇の後に不法就労者が合衆国に滞在している場合には，適切なバックペイが与えられるものとの判断を示し，NLRBの決定を支持した。

〈本判決の位置付け〉　本判決は，不法就労者に対する不当労働行為の救済にあたり，NLRAとIRCAの調和を図ることにつき，NLRBの裁量を尊重したこと，および，不当解雇の後に不法就労者が合衆国に滞在している場合には，適切なバックペイを与えうるとした点に特徴がある。

本件の後，NLRB事務総長は，不法就労者の復職は，IRCAに規定されている証明をすることを条件とし，雇用主の復職の申出はその準備のための合理的な期間を与えるよう求めるものとした。他方，バックペイについては，上記の証明をなしえた場合は，復職までの間について与え，証明ができなかった場合には合理的な期間の終了時までの間について与えることとしていたが[459]，後述するHoffman Plastic Compounds, Inc. v. NLRBにおける合衆国最高裁判

---

[458]　前掲注（442）。

[459]　NLRB General Counsel Memorandum GC 98-15, Reinstatement and Backpay Remedies for Discriminatees Who May Be Undocumented Aliens In Light of Recent Board and Court Precedent（Dec. 4, 1998）, *available at* http://www.nlrb.gov/gcmemo/gc98-15.html（last visited May 13, 2000）.

第2節　アメリカ労働法における不法就労者の法的地位

決[460]後はこの立場を修正している。この点については，後述する。なお，本件と異なり，IRCAの証明を済ませていた場合には，条件は不要である。

　学説においても，Sure-Tan事件判決が挙げた救済可能性を認める論拠のうち，就労資格のない外国人を雇用することが処罰の対象とならない点以外はなお妥当することや，雇用主処罰規定を新設したIRCAの立法史においてNLRBの救済権限は影響を受けない旨が述べられていることを理由に，救済方法においてNLRAとIRCAの両立を図ることができるとする見解が多数であるが[461]，次のように本判決とは異なる立場をとる連邦控訴裁判所も存在した。

【6】　Del Rey Tortilleria, Inc. v. NLRB[462]
〈事案〉　本件では，不当解雇された不法就労者にバックペイが与えられるかどうかが問題となった（本件でも不法就労者は，命令時合衆国内に滞在していた。なお，事案はIRCA施行前であるが，施行後にNLRBの命令が出された）。NLRBは，Local 512事件判決に依拠し，雇用主が被用者の退去強制の蓋然性を立証していないので，合衆国に滞在している不法就労者には就労可能性が認められるとしてバックペイを与えた。その後，NLRBと雇用主が，それぞれ命令への執行力付与と司法審査を控訴裁判所に申し立てたのが本件である。
〈判決要旨〉　これに対し，第7巡回区控訴裁判所は，Sure-Tan事件判決が，合法的に滞在・雇用されえない期間は就労可能性がないとみなされるべきであると述べたことは，外国人が違法に合衆国に滞在している場合にも妥当するものと解すべきであるとして，Local 512事件判決に反対し，被用者が自ら滞在の合法性を立証しない限り，バックペイは与えられないとした。そして，

---

[460] *See infra* note 468.

[461] *See* Alexander, *supra* note 456, at 136, *and* Christine Neylon O'Brien, *Reinstatement and Back Pay for Undocumented Workers to Remedy Employer Unfair Labor Practices*, 40 LAB. L.J. 208, 212（1989）（ただし，前者は前掲注（456）のNLRB事務総長1988年メモランダムについての課題も指摘する）; *see also*, Joseph Nalven, Comment, *Remedies for Undocumented Workers Following a Retaliatory Discharge*, 24 SAN DIEGO L. REV. 573, 594（1987）.

[462] 976 F.2d 1115（7th Cir. 1992）.

第4章 アメリカ労働法と移民政策

IRCA施行後は，雇用主が不法就労者を雇用することが禁止されたので，不法就労者にバックペイを与えることは禁止されているとしてNLRBの命令を違法とした。

〈本判決の位置付け〉　以上のように，本判決は就労可能性の判断にあたって被用者にINA上の合法的滞在の事実の立証責任を負わせ，その立証がない場合にはバックペイが与えられないとした点で特徴がある。これは，上記のA.P.R.A. Fuel Oil Buyers Group事件判決の立場と対立するものである。このようにINA上の合法的滞在の立証責任の問題については，連邦控訴裁判所間で意見が一致しておらず，合衆国最高裁判所による解決が待たれていた。

このように，不法就労者に対するバックペイ命令の可否については，従来控訴裁判所間でも判断が分かれていたが，後述するHoffman Plastic Compounds, Inc. v. NLRBにおける合衆国最高裁判決[463]は，NLRBは移民法上就労資格のない外国人にバックペイの救済を与えることはできないとし，合衆国最高裁がこの点につき否定説をとることを明らかにした。重要な判決であるので，別途項を変えて，詳細に検討する。

(2) 事後的認識の影響

以上の論点とは別に，雇用主が，被用者が不法就労者であることを知らなかった場合，不法就労者への救済内容に制限がありうるかという問題が生ずる。

この点については，雇用差別禁止法の領域において，McKennon v. Nashville Banner Publishing Co.における合衆国最高裁判決[464]が，被用者の解雇等を基礎付ける証拠が事後に取得された事件について，被用者の違反行為は雇用主の雇用差別の責任を免れさせないとしつつ，救済内容については，復職を認めず，バックペイについても被用者の非違行為を知った時点で終了するとしており（いわゆるafter-acquired-evidence doctrine），NLRA上の不法就労者の救済内容についても影響がありうる。この点に関するNLRBの命令として以下のものがある。

---

[463]　*See infra* note 468.
[464]　513 U.S. 352（1995）.

【7】 Hoffman Plastic Compounds, Inc.[465]

〈事案〉 本件では，NLRBが，雇用主が組合支持の被用者をレイオフの対象として選んだことを不当労働行為であるとして，復職およびバックペイを命令した。その後，NLRBの命令遵守手続きの過程で，被用者が，メキシコ出身でありながら，就職の際にテキサス州出身の他人の出生証明を提示していたことを自ら証言したことから，不法就労者であることが判明した。そこで，審問を行った行政法審判官は，当該被用者は合法的な就労資格を持たないとして，復職およびバックペイの救済を否定した。

〈命令要旨〉 これに対し，NLRBは，雇用主が不法就労者と知りながら被用者を採用したとは認められないとしたうえで，上記McKennon事件判決と同様のルールを適用し，当該不法就労者には復職の救済は与えず，バックペイについては，雇用主が被用者を不法就労者であると知った日までの支払いを命令した。

〈本命令の位置付け〉 このように，本件NLRBの決定は，復職の救済は与えないが，解雇の日から雇用主が不法就労者であると知った日までのバックペイの支払いを命じ，連邦控訴裁判所もこの決定を維持していた。こうしたNLRBの見解は，就労資格がないことを知った後も外国人の雇用を続けることを禁止するIRCAのもとで，同法に従おうとする雇用主の立場を配慮したものといいうる。

しかし，後述する本件の合衆国最高裁判決[466]は，こうした枠組みを用いず[467]，被用者が客観的に就労資格をもたなかったことに着目して，すべてのバックペイを否定した。

---

[465] 326 N.L.R.B. 1060 (Sept. 23, 1998), aff'd, 208 F.3d 229 (D.C.Cir. 2000), *reversed and remanded* 535 U.S. 137 (2002), *vacated*, 2002 U.S. App. LEXIS 17840 (D.C. Cir. 2002). 本命令自体は，後掲注（468）本文の合衆国最高裁判決後，控訴裁判所により取り消されているが，ここで取り上げられている事後的認識の論点は，なお意義があるのでここで取り上げる。

[466] *See infra* note 468.

[467] この点の批判として，R. S. Ghio, *Judicial Policy-Making*, NAT'L L.J., Apr. 15, 2002 がある。

3 Hoffman Plastic Compounds, Inc. v. NLRBおよび同判決の影響

すでに述べてきたとおり，不法就労者に対するバックペイ命令の可否については，従来控訴裁判所間でも判断が分かれていたが，次の判決は，NLRBは移民法上就労資格のない外国人にバックペイの救済を与えることはできないとし，合衆国最高裁がこの点につき否定説をとることを明らかにした。重要な判決であるので，以下，詳細に検討する。

【8】 Hoffman Plastic Compounds, Inc. v. NLRB[468]

〈事案〉 本件では，NLRB（被上告人）が，雇用主（上告人）が組合支持の被用者4名をレイオフしたことはNLRA 8条(a)(3)に反する不当労働行為にあたるとして，将来の違反行為の中止・禁止命令，ポスト・ノーティスのほか，復職およびバックペイの支払いを命令した[469]。その後，NLRBの命令遵守手続きの過程で，被用者の一人（Castro）が，メキシコ出身でありながら，テキサス州出身の他人の出生証明を提示するなどして雇用主を欺いて雇用されていたことを自ら証言したことから，不法就労者であることが判明した。

行政法審判官は，合法的な就労資格のないCastroにバックペイおよび復職の命令を与えることは許されないと判断した[470]が，NLRBは，雇用主が不法就労者であると知りながらCastroを採用したとは認められないとしたうえで，同人には復職の救済を与えず，バックペイについて雇用主が同人を不法就労者であると知った日までの支払いを命令した[471]。これに対し，雇用主は，IRCA施行後は不法就労者の雇用は禁止されているため本件命令は違法であるとして，コロンビア特別区巡回区控訴裁判所に司法審査を求めた。同裁判所は，まず，IRCAが禁じているのは，①不法就労者を雇用主がそうと知りつつ雇用すること，および②就労資格がない者が虚偽の資格証明書類を使って雇用されることであるが，③不法就労者が働くこと自体を違法とはしていないので，国内に滞在している不法就労者については就労可能性がないとは

---

[468] 535 U.S. 137 (2002).
[469] 306 N.L.R.B. 100 (1992).
[470] 1993 N.L.R.B. LEXIS 1157, *attached to* 314 N.L.R.B. 683 (1994).
[471] 326 N.L.R.B. 1060 (1998). *See supra* note 465.

言えないとして，バックペイの付与は許されるとした上で，NLRAとIRCAの目的をいかに調整するかは，NLRBの裁量に委ねられた問題であるとし，本件におけるNLRBの救済内容は，裁量権を逸脱したものとは言えないと判断し，NLRBの命令を支持した（全裁判官による再審問でも結論は維持された）[472]。そこで雇用主が上告した。

〈判決要旨〉　合衆国最高裁は，Rehnquist首席裁判官の法廷意見（5対4の多数意見）として次のように述べた。

NLRA違反に対する救済についてのNLRBの裁量は，一般に広く認められるが無限定ではなく，違法な職場占拠をした被用者にバックペイつきの復職の救済を与えることは違法であるとしたFansteel Metallurgical事件判決[473]に照らし，雇用に関し重大な非違行為を行った被用者につき復職やバックペイを命じた救済命令は取り消すことができる。また，連邦法に反して船上で騒乱に至るストライキを行った被用者に関し，バックペイつきの復職の救済を与えた命令を取り消したSouthern Steamship事件判決[474]に照らすと，NLRBは，重大な犯罪行為を行った被用者に対してバックペイつきの復職を与える裁量権を有しない。さらに，NLRBの救済が，NLRA以外の連邦の法や政策を侵害するおそれのある場合には，NLRBの裁量は尊重すべきではない。

本件のような不法就労者の救済についてはNLRAと移民政策との衝突が生じるが，「被用者が合法的に合衆国に滞在せず，雇用される資格がなかった期間は就労可能性がない」としてバックペイの救済を否定したSure-Tan事件の最高裁判決は，不法就労者にNLRAを適用しうるとしても，救済方法に関するNLRBの権限は連邦の移民政策からの制約を受けると判断したものである。同判決で示された「就労可能性」がない場合の解釈については，文脈からみて，合衆国から出国した外国人に限るとの見解（本件の原審）と，文字どおり「合法的に合衆国に滞在しておらず，雇用される資格がない」外国人

---

[472]　208 F.3d 229（D.C. Cir. 2000），*aff'd en banc*, 237 F.3d 639（D.C. Cir. 2001）．なお，控訴裁判所は本判決を受けて命令を取り消している（2002 U.S. App. LEXIS 17840（D.C. Cir. 2002））。

[473]　NLRB v. Fansteel Metallurgical Corp., 306 U.S. 240（1939）．

[474]　Southern Steamship Co. v. NLRB, 316 U.S. 31（1942）．

一般をいうとする見解（Del Rey Tortilleria, Inc. v. NLRB[475]）との対立があるが，本件問題はより広い法的背景から検討するべきであり，この争点を解決する必要はない。

　NLRBによる救済方法の選択がその権限外の連邦法を侵害する場合には，NLRBの救済は後退を余儀なくされる。Sure-Tan事件判決の2年後に制定された1986年移民改正管理法（IRCA）は，合衆国に合法的に滞在しておらず，または合衆国での就労資格がない外国人の雇用を防止するため「就労資格書類確認制度」を創設して，外国人が合衆国で就職するために，虚偽書類等を使用することを禁じた。本件では，詐欺により得られた職につき，何年も遂行されていない労働に対して，合法的に獲得しえない賃金の遡及払いをCastroに認めることは，NLRBが執行の権限を持たないIRCAの政策に反するものであり，その救済における裁量権の限界を超えている。また，本件命令では，Castroが違法に滞在し続けた場合にのみバックペイが与えられることになるが，このような場合にバックペイを与えることは，移民法を矮小化するだけでなく，将来の違反を促進することになる。

　そして，バックペイを否定しても，本件雇用主には，中止・禁止命令，およびポスト・ノーティス命令が出されており，この命令に従わなければ裁判所侮辱罪を問われるので，雇用主が罰を免れるわけではない。現行のNLRAの救済能力に不足があるとしても，それは議会が扱うべきものである。

　〈反対意見要旨〉　これに対し，Breyer判事は次のような反対意見を述べた。

　NLRBが本件で命じた限定的なバックペイ命令は，移民政策を妨げるものではなく，むしろ，労働法と移民法が防ごうとしている不法な活動を抑止するのに役立つので，NLRBのバックペイ命令は適法である。また，移民法自体は，その違反が他の法律の執行にいかなる効果をもつかについて明言していない。移民法における雇用禁止の一般的な目的が，合衆国に不法な移民を引き寄せる雇用の吸引力を減らすことにある一方，バックペイは，被害者への補償のほか，雇用主の違法行為の抑止効果を持っている。本件のような場合にNLRBがバックペイを命ずる権限を否定することは，不法就労者を雇用

---

[475]　976 F.2d 1115（7th Cir. 1992）. *See supra* note 462.

するインセンティブを増やすことになるので、移民政策とバックペイの救済は両立しうる。

なお、本件では問題となっていないが、就労資格がないことを知りつつ外国人を雇った雇用主に対してバックペイ命令を発することが禁止されるならば、不法就労を生み出す経済的なインセンティブは明らかに深刻なものになろう。しかし、雇用主が被用者の就労資格を知らなかった場合に限っても、そのインセンティブは重大なものとなるだろう。

〈本判決の位置付け〉 本判決は、レイオフされた不法就労者にバックペイの救済を与えることは移民政策（具体的にはIRCAによって改正されたINA）に反し、また、移民政策はNLRBの権限外であるからその裁量が認められる事項ではないとして、NLRBは不法就労者に対してバックペイの救済を与える権限がないと判断したものであり、控訴裁判所間において見解が分かれていたNLRAの下での不法就労者に対する救済内容の問題について最高裁の見解を示した点で意義がある。

しかし、本判決は、Sure-Tan事件判決の示した「就労可能性」という判断基準を用いていない点で、従来のアプローチとは異なっている。また、従来の裁判例のうち、バックペイ命令を認めたものが採用してきた、救済を与えないことが不法就労者の雇用のインセンティブになるとの論理を用いず（反対意見は採用）、むしろ、不法就労者に救済を与えることは、不法就労者が違法に合衆国に滞在するインセンティブとなると述べ、従来とは逆のインセンティブ論を展開した点においても特色がある。さらに、移民法のようなNLRA以外の連邦法については、NLRBは専門性をもたないとして、本件救済方法におけるNLRBの裁量権を限定的に捉えた点にも特色がある。

不法就労者に対するバックペイの救済の可否について、従来の裁判例では、バックペイの前提となる「就労可能性」を不法就労者についても認めることができるかが議論の中心であり、とくに、Sure-Tan事件最高裁判決で示された「就労可能性」についての一般論を、雇用主が不法就労者と知りつつ雇用することを禁じたIRCA施行後の事案においてどのように解釈するかが重要な課題となっていた。本判決は、「就労可能性」についての判断を示しておらず、この点に関する最高裁の見解は必ずしも明らかではないが、IRCAで

改正された移民法を根拠に不法就労者の「就労可能性」を否定しているようである。本判決は，Sure-Tan事件判決の一般論には依拠せず，移民政策を根拠に不法就労者へのバックペイの救済を否定している点で，従来の裁判例から大きな転換を図った判決であるといえる。

しかし，IRCAの立法史において，同法はNLRBなどの連邦機関の救済権限に影響を与えるものではないとされていたこと[476]からすると，本判決が，不法就労者にバックペイの救済を与えることは移民政策に反すると判示したことには疑問が残る[477]。また，不法就労者は合衆国で働くことが目的であって，救済を受けるために不法就労しようとする者がどれだけいるかは疑わしいので，救済を与えることが不法就労のインセンティブとなるとは考えにくい。むしろ，不法就労者の雇用のインセンティブを減らすために救済を与えようとする反対意見の見解の方が説得力があるのではないだろうか。本判決以降の学説でも，多数意見の立場に批判的なものが多い[478]。

---

[476] H.R. Rep. No. 99-682 (II), at 8-9 (1986), *reprinted in* 1986 U.S.C.C.A.N. 5649, 5758.

[477] 本判決への批判としては，Irene Zopoth Hudson & Susan Schenck, Note, *America: Land of Opportunity or Exploitation?*, 19 HOFSTRA LAB. & EMP. L.J. 351 (2002)) があり，立法による対処を主張する見解として，Leading Cases, *III. Federal Statutes and Regulations: F. National Labor Relations Act*, 116 HARV. L.REV. 392 (2002) がある。また，Stanley Mailman & Stephen Yale-Loehr, *Supreme Court Denies Back Pay to Fired Undocumented Immigrants*, 7 BENDER'S IMMIGR. BULLETIN 495 (2002) は，本判決の射程距離の問題を指摘する。

[478] 批判として，Christopher David Ruiz Cameron, Symposium, *Law and the Border: Borderline Decisions: Hoffman Plastic Compounds, the New Bracero Program, and the Supreme Court's Role in Making Federal Labor Policy*, 51 UCLA L. REV. 1, 4-5 (2003) (Hoffman判決は，理論上の保護はあっても，実際の保護は与えられないという低賃金のラテン系移民が下層クラスを形成することに権威を与えるものとしつつ，同判決の射程については，不法就労者を影の存在として，すでに縮小してしまっているNLRAの範疇にとどまるだろうとの予測をしている)，*Developments in the Law - Jobs and Borders: IV. Legal Protections for Illegal Workers*, 118 HARV. L. REV. 2224, 2246-2247 (2005) (不法就労者の取扱いは，パブリック・ポリシーに対する難題を含んでいるが，移民政策を強化させるために労働者の保護を薄くすべきでなく，その逆

次に，本判決のNLRAのもとでの射程について検討するが，その前に，本判決を受けて，新たに出されたNLRB事務総長メモランダムを見ておきたい。ここでは，同判決の射程についてNLRBの見解が示されている。

【9】NLRB事務総長メモランダム[479]

上記Hoffman Plastic Compounds, Inc. v. NLRBにおける合衆国最高裁判決（以下，「Hoffman判決」という）を受けて，NLRB総長は新たなメモランダムを公表した。

そこでは，A.P.R.A. Fuel Oil Buyers事件判決と，Hoffman判決を，前者は雇用主が不法就労者であると知りつつ雇っていた事案であったのに対し，後者は，不法就労者と知らずに雇った事案であるとして，事案を分けたうえで，知りつつ雇っていた場合には，前者の判決で示された条件付き復職命令を出し得るが，事後的に知った場合には，復職命令を控えるとした。

次に，バックペイの救済について，Hoffman判決により不法就労者にはバックペイの救済は与えられないが，同事件とは事案が異なる，雇用主が就労資格がないことを知りつつ当該労働者を雇った場合には，前記A.P.R.A. Fuel Oil Buyers事件判決で示されたバックペイの救済はなおも与え得るのではないか，との見解を示しつつも，Hoffman判決で最高裁がこのような事案の違いに触れていないため，NLRBとしてはいずれの場合にも，バックペイを与えることを控えるとの見解を示した。

さらに，解雇事件でない事件（例えば，一方的な労働条件の引下げや，賃金の引下げを伴う差別的配転が問題となる事案）においては，「履行していない労

に，労働者の保護を厚くするために，移民政策を弱めることも避けるべきで，労働者の保護の強化と移民政策の強化の両方を図る枠組みを作ることが必要と主張するなかで，Hoffman判決はそのバランスを欠き，同判決を広く解するべきではないとする）などがある。

[479] NLRB General Counsel Memorandum GC 02-06, Procedures and Remedies for Discriminatees Who May Be Undocumented Aliens after Hoffman Plastic Compounds, Inc.（July 19, 2002), *available at*
http://www.nlrb.gov/shared_files/GC%20Memo/2002/gc02-06.html (last visited June 7, 2008).

働」に対するバックペイとは言えないので，バックペイを与え得るとの見解を示した。ただし，賃金引下げを伴う降格については，降格前の高いポジションを基準にした場合，「履行していない労働」にあたるかもしれないという点で検討すべき課題が残されているとした。

そのうえで，移民資格については，NLRBとして，被用者は適法就労者であると推定し，自発的な調査は行わず，被申立人（respondent）が真正の争点（genuine issue）であることを立証した場合に限り，調査を行うものとした。

本メモランダムの特徴は，Hoffman判決のNLRA事件の射程について，次のように，NLRBの見解を示したものとして意義がある。まず，解雇事件につき，①雇用主が不法就労者であると知っていたかどうかという問題について，復職命令については，知っていた場合には，（就労資格を示せた場合に復職させるとの）条件付き復職命令を出しうるとし，知らなかった場合には，復職命令を出さないとして，雇用主の知不知により事案を分けた。これに対し，バックペイについては，同様の問題があることの認識を示しつつも，同判決が雇用主の知不知を問題としていないことから，バックペイを与えないとした。しかし，解雇事件でない事案の場合，それが，②既往の労働に対するものかどうかによって問題を分け，既往の労働に対するバックペイはなお与え得るとした。

【10】Hoffman判決の射程

前述のとおり，Hoffman判決は，移民政策を根拠に不法就労者へのバックペイの救済を否定している点で，従来の裁判例から大きな転換を図った判決であるといえる。そこで，本判決の射程について検討するに，まず，NLRAのもとでの射程について，本件は，不法就労者が虚偽書類の提示によって就職しており，雇用主は就労資格がないことを知らなかった事案であるが，本判決の射程は，(a)こうした事案に限られるのか，(b)就労資格がないことを知っていた事案にも及ぶのかが問題となる。この点は必ずしも明らかではないが，法廷意見の文面からみて，(b)の色彩が強いようである。学説においてもこの点に着目し，本判決の多数意見が，労働者の就労資格がないことに着目するなかで，雇用主が不法就労者と知りつつ雇っていたかどうかを，判断

基準としていないため、知りつつ雇っていた雇用主にまで同判決の射程が及んでしまうことの問題を指摘したもの[480]や、知りつつ雇っていた雇用主のもとでの不法就労者へのバックペイの救済の可否の問題について、同判決は述べておらず、そのような事案については射程が及ばないとする見解[481]がある。一方で、前述したNLRB事務総長の新たなメモランダム[482]において、NLRBは、このような問題があることの認識を示しつつも、雇用主側の知不知を同判決が問題としていないため、解雇事件においては、いずれの場合にも、バックペイの命令を出さないとの方針を示している[483]。

また、(c)バックペイ以外の救済方法についてはどう考えるかという問題もあるが、バックペイ以外の救済については、同判決も、中止・禁止命令やポスト・ノーティス命令を発しうることを指摘しており、学説においても、バックペイや復職以外の救済は可能であるとの見解[484]が示されている。

さらに、(d)Hoffman判決は解雇（レイオフ）にかかわる事案であり、解雇が違法とされた場合には、現に就労しなかった期間についてのバックペイが問題になったが、それ以外の事案、特に、賃金の引下げなど、実際に働いていた事案での不当労働行為につき、賃金差額の支払いなどの救済方法が可能

---

[480] *See* Michael R. Brown, *Hoffman Plastic Compounds v. NLRB: The First Step?*, 19 LAB. LAW. 169, at 181-182（2003）.

[481] *See* Michael J. Wishnie, *Emerging Issues for Undocumented Workers*, 6 U. PA. J. LAB. & EMP. L. 497, at 511（2004）.

[482] 前掲注（479）。ただし、救済内容については本判決に従いつつ、訴追の際には移民資格は調査しない方針を示している

[483] これに対し、学説のなかには、Hoffman判決以前のNLRB命令でなされていた復職の申出に関する合理的な期間の判断を、バックペイの算定の基礎となる期間としてとらえなおし、それにより、NLRBは不法就労者に対して復職の救済は与えられないが、一定期間のバックペイの救済を与えることができるようにすることを提案するものがある（*See* Christopher Brackman, Note, *Hoffman V. NLRB, Creating More Harm Than Good: Why The Supreme Court Should Not Have Denied Illegal Workers A Backpay Remedy Under The National Labor Relations Act*, 71 UMKC L. REV. 717, 728-729（2003）。なお、同説では、移民当局の摘発可能性（不法滞在の事実の認知）を当該期間の判断要素としているようである）。

[484] Wishnie, *supra* note 481, at 509.

かという問題もある。NLRBはこの点につき，基本的に同判決の射程は及ばないという見解を示している[485]。

最後に，他の法令のもとでの本判決の射程が問題となるが，この点については，以下の各法の下での不法就労者の法的地位の検討のなかでそれぞれ検討する。

第2項　雇用関係法

次に，雇用主と被用者個人の関係を規律する雇用関係法の分野における状況を検討する。

すでに述べたとおり，IRCA施行以前は，不法就労者を雇用する雇用主に対する処罰規定はなかった。このことは，雇用関係法の分野でも，労働法上の保護を不法就労者に与えることを認めた判決の重要な根拠となり，たとえば，公正労働基準法（FLSA）については，このことを理由に不法就労者も同法上の「被用者」にあたると判断したものがある[486]。

しかし，1986年にIRCAが成立し，雇用主処罰規定が設けられると，同法により，不法就労者にも労働法の保護が及ぶとした先例が覆されたかどうかが問題となった。以下，①公正労働基準法，②雇用差別禁止法，および③労働災害補償法における不法就労者の法的地位について検討する。

1　公正労働基準法（Fair Labor Standards Act: FLSA）

1938年に成立したFLSAにおいては，全国的な最低賃金および労働時間規制等の労働基準が定められている。雇用主がFLSAに違反して，最低賃金または時間外手当を支払わなかった場合，被用者または労働長官は，雇用主に対し，未払賃金およびそれと同額の付加的損害賠償（liquidated damages）等を請求する訴訟を提起することができる。

以下，IRCA施行以後にFLSAの適用が問題となった事件を取り上げ，FLSAのもとで不法就労者がいかなる法的地位を与えられているかをみてい

---

[485] NLRB General Counsel, *supra* note 479.
[486] Alvarez v. Sanchez, 105 A.D.2d 1114, 482 N.Y.S.2d 184（1984）.

くが，前に述べたHoffman判決において合衆国最高裁の立場が示された後にいかなる変化が生じているかが重要な検討課題となるので，同判決以前とその後に分けて裁判例の状況を分析することとする。

(1) Hoffman判決以前の裁判例の動向
【1】 Patel v. Quality Inn South[487]
〈事案〉 本件では，不法就労者が退職後，雇用主を相手取ってFLSAのもとでの最低賃金および割増賃金と，これにかかわる付加的損害賠償を求めて訴訟を起こした。本件においては，IRCA成立後，不法就労者にFLSAの保護が与えられるかどうかが争われた。

一審判決[488]は，FLSAが「被用者」を「雇用主に雇用されるいかなる個人」(any individual employed by an employer)も含むと規定しているからといって，不法就労者が自動的に同法の被用者の範疇に入れられるのではなく，不法就労者にFLSAを適用すれば明らかにIRCAの目的と抵触するとして，FLSAの保護は与えられないと判断した。その理由として，IRCAの目的は，就労を目的とした不法入国への経済的なインセンティブを取り除き，合衆国の合法的労働者のために設計されたすべての法律の保護を不法就労者にも与えるという過去の政策を修正することにあったと判示した[489・490]。

〈判決要旨〉 これに対し，二審の第11巡回区控訴裁判所は，FLSAの立法趣旨は低劣な労働条件を排除することにあったとしたうえ，同法3条(e)の「被用者」は，「雇用主に雇用されるいかなる個人」も含まれると広く定義され[491]，この適用除外については13条[492]で狭く明示的に列挙していることから，

---

[487] 846 F.2d 700 (11th Cir. 1988), *cert. denied*, 489 U.S. 1011 (1989).
[488] Patel v. Sumani Corp., 660 F. Supp. 1528 (N.D. Ala. 1987).
[489] 本件は，IRCA施行前の事案であるが，不法就労者である原告がFLSA上の「被用者」でない場合，同法のもとでの原告適格を持たないことになる，と判決は述べている。
[490] FLSAの適用の有無は不法入国の意欲に影響を与えないとして，一審判決の論拠を批判するものがある (*See* Richard E. Blum, Note, *Labor Standards Enforcement and the Realities of Labor Migration: Protecting Undocumented Workers after Sure-Tan, the IRCA, and Patel*, 63 N.Y.U. L. REV. 1342, 1372-73 (1988))。
[491] 29 U.S.C.A. §203 (e) (West 1998).

適用除外に列挙されていない不法就労者には，FLSAの適用があるとした。

　ここで裁判所は，Sure-Tan事件判決が，NLRAの「被用者」の定義に不法就労者も含まれると判示したことを取り上げ，FLSAは，NLRAと同じ1930年代の社会立法であり，両法は類似の立法目的をもっており，その「被用者」の定義も共通しているとした。

　裁判所はさらに，IRCAの立法過程を検討し，IRCAまたはその立法過程において，連邦議会がFLSAのもとでの不法就労者の権利を制限しようとしたことを示唆するものはないとしたうえで，不法就労者にFLSAの保護を与えることは，最低賃金以下で働く意欲を示す労働者であるという最も魅力的な特徴を減殺する効果があり，IRCAが不法就労の経済的なインセンティブを取り除き，不法就労を減らそうとする目的に適うと判断し，不法就労者にもFLSAの救済が全面的に与えられると結論付け，原判決を破棄した。

　なお，本判決は，NLRAの下で，合法的に合衆国に滞在する者に対して支払われる復職までのバックペイの救済を，帰国した不法就労者に適用することはできないとしたSure-Tan事件の合衆国最高裁判決との関係につき，本件で不法就労者が請求しているのは，就労していない期間のバックペイではなく，すでに履行の終わった労務の提供に対する未払賃金の請求であるとして，同最高裁判決の射程距離は及ばないとの立場を示した。

　〈本判決の位置付け〉　このように，本件二審判決は，FLSAの文言や同法の目的およびIRCAとの関係を検討して，不法就労者へのFLSAの適用を認めたが，加えて，IRCAの立法目的は雇用主が不法就労者を雇用する経済的インセンティブを取り除き，不法就労者を減少させようとすることにあり，不法就労者にFLSAの保護を与えることはこのインセンティブを減らすのに効果をもつ，とした点に特色がある。不法就労者の雇用に関するインセンティブについて，このような本判決の立場には学説においても支持が示されている[493]。

　以上のとおり，FLSAの下では，不法就労者による最低賃金請求事件など

---

[492]　29 U.S.C.A. §213.

[493]　See John W. Guendelsberger, *Labor Law Rights of "Unauthorized Aliens" after the Immigration Reform and Control Act of 1986*, 15 OHIO N.U. L. REV. 139, 172 （1988）.

において，FLSAの適用と救済が認められている。

【2】　Contreras v. Corinthian Vigor Insurance Brokerage, Inc.[494]

〈事案〉　不法就労者である原告は，自動車保険の代理店を営む被告のもとで，1995年6月ごろから1997年3月自ら退職するまで秘書として働いたが，退職後，カリフォルニア州労働省に対し，未払分の賃金および割増賃金の支払いの申立を行った。同省の聴聞前協議（pre-hearing conference）が，1997年6月13日金曜日に開かれたが，週明けの月曜日である6月14日に被告のINSの通報により，原告は摘発され，1週間拘留された。原告は，被告のINSへの通報が，FLSAが禁じる報復行為に当たるとして，宣言判決，差止め，補償的賠償，懲罰的賠償，弁護士費用等の支払いを求めた。これに対し，被告が，INSとの連絡は，州民法（California Civil Code §47(b)）に基づき，雇用主の絶対的な特権として認められているとして訴えの却下を求め，予備的主張として，FLSAのもとで，原告が懲罰的損害賠償を申し立てることは認められないとして原告の申立の排斥（strike）を申し立てたのが本件である。

〈判決要旨〉　連邦地方裁判所は，次のように述べて，被告の申立を却下した。

第一に，INSへの通報が，FLSAの下で禁止される報復となるか，州民法の下で免責されるかという問題について検討した。この点について裁判所は，まず，移民資格に関係なく，すべての被用者に，FLSAの報復禁止規定の保護を与えていると述べた。州民法により，FLSAに基づく報復の申立から被告が免責されるとしたならば，この点についての議会の目的の達成に，大きな障害を作り出してしまうことから，FLSAとの抵触がある限りにおいて，州民法の規定はFLSAに先占されると判断した。

次に，不法就労者にFLSAの適用を認めることは問題がないと述べた。その理由として，上記Patel事件判決を引用しつつ，不法就労者について，その雇用主が労働法を回避することを認めたならば，次の二つの点でパブリッ

---

[494]　25 F. Supp. 2d 1053 (N.D. Cal. 1998), *summ. j. granted*, 103 F. Supp. 2d 1180 (N.D. Cal. 2000).

ク・ポリシー（public policy）に反することになると指摘した。すなわち，①労働者からの搾取を許してしまい，また，②低賃金で不法就労者を雇うという認め難い経済的インセンティブを作り出してしまうことになると述べた。

さらに，IRCAの立法史料を引用し，IRCAが成立しても，議会は不法就労者をFLSAの保護の下にそのまま置こうとした，と述べ，同法成立後も，不法就労者にFLSAの適用を認めたPatel事件判決の判断は引き続き認められるものであると判示した。

その上で，雇用主の違法な報復から不法就労者を守ることは，FLSAの目的に適うものであり，一方，雇用主に対し，被用者からの報復禁止規定違反の申立に対するINSへの通報につき，州民法に基づく免責を認めたならば，FLSAの報復禁止規定を弱め，無意味にしてしまうことになる。よって，州民法の規定は，FLSAの執行を妨げる範囲でFLSAに先占されるため，被告の訴えの却下の申立を却下すると述べた。

第二に，不法就労者がFLSAのもとでの懲罰的損害賠償を請求できるかという問題について，まず，FLSAのもとでの懲罰的損害賠償は，明文の規定にはないが，報復禁止規定における，「法の目的の達成に適うコモンローおよびエクイティの救済」（legal or equitable relief as may be appropriate to effectuate the purpose）[495]との文言にいう「コモンローの救済」には，補償的損害賠償および懲罰的損害賠償を含んでいると解されていると述べた。

その上で，不法就労者に対し連邦労働法の救済を与え得るかどうかは，Sure-Tan判決の解釈により，裁判例が分かれていることを指摘しつつ，同判決は，解雇された後も合衆国に残っていて働ける不法就労者については，バックペイ期間を正確に算定しうるので，バックペイを与えることができるとの第9巡回区内の裁判例（EEOC v. Hacienda Hotel[496]）に基づき，被告がした原告の懲罰的損害賠償請求の排斥の申立を却下した。

〈本判決の位置付け〉　本判決は，IRCA成立後の事案において，不法就労者のFLSA上の権利行使に報復する趣旨でINSへ通報することは，FLSAの禁

---

[495]　29 U.S.C.S. §216（b）．

[496]　後掲注（528）．

じる報復行為にあたると判断するにあたって，上記Patel事件判決と同様，不法就労者にFLSAの適用があると述べたことに意義がある。また，FLSAにおける報復措置の禁止規定違反への救済の内容に関して，懲罰的損害賠償の可否が問題となったが，裁判所は，FLSAの規定の解釈と，不法就労者に対してもバックペイを与えることができるとの先例を根拠に，懲罰的損害賠償の救済も与えることができるとしている[497]。

なお，その後，原告がサマリー・ジャッジメントを申し立てたところ，裁判所は，被告のINSへの通報が，FLSAが禁じる報復行為に当たると判断して，申立を認容した[498]。被告は，INSへの通報は合法的な行為であると主張したが[499]，判決は，INSへの通報時点において，原告はすでに被告のもとを退職しており，原告の賃金請求の申立以外に，原告の不法就労者という地位に被告が関心を持つとは考えにくく，証言録取で被告は，1997年1月までには原告が不法就労者であることを知っていたのに，そのまま雇用し続けていたこと，および，通報が，賃金等支払事件の聴聞前協議および聴聞に近接した時期に行われたことから，それは口実に過ぎないとして，原告がFLSAに基づく申立をしなかったならば，被告のINSへの通報もなかったと認められると判断している。なお，その後の同裁判所の審理[500]のなかで，精神的苦痛に対する慰謝料（35,000ドル）と懲罰的損害賠償（5,000ドル）が与えられた。

(2) Hoffman判決以後の裁判例の動向と同判決の射程
【3】 Flores v. Albertsons, Inc.[501]
〈事案〉 清掃作業員（原告）が，派遣元および派遣先会社（被告）に対し，FLSAに基づく未払いの割増賃金等を請求した集団訴訟の審理前手続きにお

---

[497] Hoffman判決ではバックペイの救済は否定されたため，本判決の論拠は必ずしも妥当しないこととなったが，懲罰的損害賠償とバックペイを同列にとらえるのが妥当かという問題は残る。
[498] 103 F. Supp. 2d 1180 (N.D. Cal. 2000).
[499] 本判決前に被告は倒産しており，抗弁を主張しなかった。
[500] 2000 U.S. Dist. LEXIS 15169 (N.D. Cal.).
[501] 2002 U.S. Dist. LEXIS 6171 (C.D. Cal.).

いて，被告が納税申告書等の書証提出の申立（Motion to Compel Production of Documents）をしたところ，治安判事（Magistrate Judge: 補助裁判官）が，原告の移民法上の資格が明らかにされる書類の提出を求めることは，原告に無理を強いることになるうえ，原告が不法就労者であるかどうかは主張・防御に関係しないとして申立の一部を却下した。これに対し，被告が治安判事の却下決定の取消しを求める申立を行ったのが本件である。

〈判決要旨〉 連邦地方裁判所は，次のように述べて，被告の申立を却下した。

Hoffman判決において，合衆国裁判所は，不法就労者の何年もの履行していない労働に対するバックペイを払うことはIRCAの政策に反するとした。しかし，本件では，同事件とは異なり，原告は解雇されていないので，履行していない労働のバックペイを求めてはおらず，未払いの割増賃金を請求するものである。同判決は，不法就労者が履行済みの労働についての未払賃金を請求することを禁じてはいない。たしかに，同判決の多数意見が述べていたとおり，不法就労者が解雇された場合には，損害の軽減義務[502]を果たすことができない懸念があるが，本件の原告は，解雇されていないので軽減義務の問題は生じない。よって，同判決が，不法就労者に履行済みの労働についての未払賃金を与えることが，IRCAに反すると判断したということはできない。よって，本件で移民資格は被告の防御に関係がなく，被告の主張を認めることはできない。

さらに，治安判事が述べたとおり，移民資格を明らかにする書類を求めることは，原告の中の不法就労者に，そのような書類を提出することで，解雇ないし退去強制の恐れを生じさせ訴えを取り下げさせることになりかねない。要求する情報の開示によって一方当事者の権利侵害を生じる場合には，他方当事者は，その必要性が侵害される権利よりも重要であることを立証しなければならない。原告の移民資格が被告の損害となんらかの関係があるとするとしても，被告はその情報の必要性が，開示によって招かれるであろう権利侵害よりも重要であることを立証しなくてはならない。

---

[502] 被解雇者側に損害軽減義務があり，バックペイの算定にあたり，解雇期間中に就労しなかった場合でも，就労していたら得られたであろう賃金額が差し引かれる。中窪・前掲注（235）書72-73頁参照。

〈本判決の位置付け〉　このように，本判決は，Hoffman判決は，履行していない労働についてのバックペイを不法就労者に与えることを禁じたものであり，本件のような，履行済みの労働についての賃金請求事件には射程が及ばないと判断した。また，不法就労者は解雇後には損害軽減義務（の就労義務）を果たすことができないという，同判決で示された懸念についても，本件については，原告は解雇されていないので問題にならず，したがって，移民資格（就労資格）を明らかにする必要もないとした。本判決は，Hoffman判決の射程を明らかにした点，および，FLSAのもとでの賃金請求事件の証拠開示手続きにおいて，移民資格の開示は必要ないとした点で意義がある。ただし，雇用主が開示の必要性の優越を立証し得た場合には，開示が必要となる。

【4】　Singh v. Jutla & C.D. & R Oil, Inc.[503]

〈事案〉　本件で，原告は，被告の求人に応じて，被告の実質的ビジネス・パートナーとして約3年間違法に合衆国で働いたが，その間，賃金は支払われなかった。原告が，履行済みの労働についての未払いの賃金および割増賃金の支払いを州労働関係省（California Department of Labor Relations）に申し立て，支払命令が出された。これに対し，被告はこれを不服として司法審査を求めたが，その後，和解が成立した。その間，被告は，原告の申立を取り下げなければINSに通報するなどの脅しをしており，和解成立の翌日，原告はINSに摘発され，14か月間拘留された。原告は，被告が申立に対する報復としてINSに通報したと主張し，FLSAの報復禁止規定[504]に違反するとして，宣言判決，差止め，補償的損害賠償や懲罰的損害賠償などの金銭的救済の請求を行ったが，これに対し，被告が法的な請求の原因が示されていないとして却下を申し立てたのが本件である。

〈判決要旨〉　連邦地方裁判所は，以下のように述べて，被告の却下の申立を斥けた。

被告は，Hoffman判決によれば原告の訴えは禁じられると主張するが，同

503　214 F. Supp. 2d 1056, 2002 U.S. Dist. LEXIS 14978（N.D. Cal.）.
504　29 U.S.C.S. §215(a)(3).

判決は，不法就労者に履行済みの労働についての未払いの賃金を回復させることを禁じていないし，その他の伝統的救済（traditional remedies）を与えることも禁じてはいない。実際，同判決は，不法就労者にバックペイを与えることを禁止したが，いかなる救済も認めないとは述べておらず，差止め，宣言判決を認めている。他方，同判決は，本件で問題となっている補償的損害賠償請求や，懲罰的損害賠償請求については判断していない。しかも，同判決の事案では，不法就労者が虚偽の書類を提示して雇用されていたのに対し，本件では，被告は，原告が不法就労者であると知りながら雇っていたばかりか，合衆国へ来るよう実際の求人も行っていたとされており，約3年に渡る雇用期間を通じて不法就労者であることを知っていたのである。

　また，同判決は，不法就労者が受けられる救済からバックペイを除外したが，履行済みの労働についての未払賃金を与えることがIRCAに反するとは述べていない。さらに，FLSAは，雇用主に法定の最低賃金の支払いと，割増賃金なしに週40時間以上の労働をさせることを禁じることによって，基準以下の労働条件を排除するものである。一方，IRCAは，不法就労者を雇った雇用主を罰することにより，不法就労者が入国する経済的インセンティブを取り除くだけでなく，不法就労者を雇おうとする雇用主のインセンティブも取り除いて違法な移住を減らそうとしたものである。FLSAは，これに対して制裁を課さないけれども，最低賃金以下で雇用する可能性を排除することにより，雇用主が不法就労者を雇う気にならないようにしている。Patel事件判決で述べられたように，不法就労者にFLSAの適用がないとするならば，雇用主に不法就労者を雇うインセンティブを与えてしまうだろう。不法就労者にも適法就労者と同様の賃金を払わなければならないと雇用主が知れば，IRCAの制裁を受けるリスクを犯しながら不法就労者を雇おうする者はいなくなるだろう。そうすれば，就労資格がない者の雇用機会が少なくなり，それにより，不法に入国するインセンティブも減少することになる。

　たしかに，バックペイの付与についての議論の中で展開された同様の議論が，Hoffman判決によって否定され，すべての連邦労働法の救済を不法就労者にまで広げることは不法就労者が合衆国に来ようとするインセンティブを与えることになると判断された。たしかにそのような面はあるが，すべての

救済を否定したならば，不法就労者を雇おうとするインセンティブが高まることになる。不法就労者にFLSAのもとでの申立をすることを禁じたならば，本件の被告のように，IRCAが禁ずる不法就労者を求めて，知りつつ雇おうとする雇用主に経済的インセンティブを与えてしまう。労働法と移民政策は本件の審理を先に進めることにより，最適な調整が図られる。

〈本判決の位置付け〉 本判決は，上記Flores事件判決の示した，履行済みの労働についての未払賃金の付与はHoffman判決により禁じられてはいないとの判断を引用しつつ，Hoffman判決の射程がFLSAに基づく未払賃金の請求事件に及ばないと述べている。本判決は，本件では雇用主が不法就労者を合衆国に呼び寄せ，3年の間知りつつ雇っているという点に着目し，Hoffman判決とは事案を分けようとしているように見えるが，このように「知りつつ雇った雇用主」か，「知らずに雇っていた雇用主」かによって事案を分けることができるかどうかについては，明確な答えを出してはいない。他方，Hoffman判決における，不法就労者にバックペイの救済を与えるならば不法就労のインセンティブを与えることになるという議論に対し，救済を与えないことで雇用主に不法就労者を雇おうとするインセンティブが生じるというHoffman判決以前に一般的であった議論を再度提示し，バックペイ以外の救済を与えることができるかどうかという問題について，両議論のバランスをとることで，労働法の救済と移民政策の調整を図ろうとしている点で意義があるといえる。その他，Hoffman判決で問題となった解雇期間中のバックペイと区別されるものとして，履行済みの労働についての未払賃金の請求の他に，懲罰的損害賠償や補償的損害賠償もあげている点で注目に値する（ただし，請求が最終的に認容されたわけではない）。

【5】 Renteria v. Italia Foods, Inc.[505]

〈事案〉 原告らが，被告である元の雇用主に対し，FLSAおよびイリノイ州最低賃金法（Illinois Minimum Wage Law）に基づく時間外労働の割増賃金の支払いを求めるとともに，その請求に対する報復として解雇されたとして，

---

[505] 2003 U.S. Dist LEXIS 14698（N.D. Ill.）.

さらに訴えを提起した。その後，被告および原告双方がサマリー・ジャッジメントを申し立てたのが本件である。ここでは，本判決のうち，原告の不法就労者にFLSAにバックペイ，フロントペイおよび補償的損害賠償が与えられるかとの問題に関する判断部分のみ取り上げる。

〈判決要旨〉　連邦地方裁判所は，次のように述べて，フロントペイとバックペイの部分については被告にサマリー・ジャッジメントを与え，補償的損害賠償については，事実の審理に基づき判断すると判示した。

被告は，FLSA等に基づきバックペイ，フロントペイ，補償的損害賠償を与えることは，IRCAの政策に反すると主張するが，バックペイについて，これを認める。合衆国最高裁は，Hoffman判決で不法就労者にバックペイを与えることは，同法の政策に反すると判断した。同様の理由で，フロントペイも不適切である。フロントペイは，その雇用主のもとで将来働き続けるであろうという前提に立つものであるが，これは同法に反する。

一方，補償的損害賠償については，Hoffman判決は，NLRBがいかなる救済も与えてはならないとは述べておらず，また，差止めおよび宣言的判決の救済をなしうることを明言していることから，FLSAの禁ずる報復的解雇に対する補償的損害賠償については不法就労者に対しても救済の余地があると判断する。以上から，不法就労者である原告のバックペイおよびフロントペイの申立は却下されるが，補償的損害賠償の申立については，事実の審理に基づいて判断すべきである。

〈本判決の位置付け〉　本件では，FLSAに基づく請求に対する報復的な解雇について，不法就労者にバックペイ，フロントペイ，および補償的損害賠償が与えうるかが問題となったが，本判決で裁判所は，Hoffman判決に依拠し，不法就労者に対し，バックペイおよびフロントペイの救済を与えることは，IRCAの政策に反するとしつつ，一方で，補償的損害賠償については，同判決によっても認めうる余地があると判断した点に特徴がある。

【6】 労働省の方針

　労働省（DOL）は，Hoffman判決の射程を狭く解そうとする立場をとっている[506]。すなわち，労働省は，Hoffman判決は，労働省の執行権限の外にあるNLRAについて最高裁の解釈が示されたものにすぎず，アメリカ労働法の下での不法就労者の権利を否定したものとはいえないと述べたうえで，労働省が扱うFLSAおよび「移民・季節農業労働者保護法」（Migrant and Seasonal Agricultural Worker Protection Act: MSPA）[507]については，労働者が不法就労者であるかどうかに関係なく，それらの法の下ですでに働いた時間に対するバックペイの救済を与えうるとしている[508]。その理由として，労働省は，Hoffman判決において，NLRBは被用者が解雇されていなかったならば働けたであろう期間のバックペイを与えようとして，これが認められなかったのに対し，FLSAやMSPAの下で，労働省および被用者は，すでに現実に働いた時間に対する賃金の支払いを求めるものであるという違いがあるとの見解を示した。

【7】 Hoffman判決の射程

　そこで，Hoffman判決のFLSAに対する射程を検討する。すでに述べたとおり同判決は，不法就労者にNLRAの下でのバックペイの救済を与えることは，移民政策に反すると判断したが，FLSAはNLRAとは規制内容を異にするからである。

506　*See* Amy K. Myers, Article, *What Non-Immigration Lawyers Should Know About Immigration Law*, 66 ALA. LAW. 436, 439（2005）（Hoffman判決の射程をNLRAに限定する傾向があるなか，労働省では，同射程がFLSA等に及ばないとしていることを紹介している）. *See infra* note 508.

507　MSPAは，雇用主および農業請負業者（farm labor contractor）に対し，移民・季節農業労働者に支払い時期に達した賃金の支払いをすることを定めている。

508　Employment Standards Administration Wage and Hour Div., U.S. Dep't of Labor, Fact Sheet #48: Application of U.S. Labor Laws to Immigrant Workers: Effect of Hoffman Plastics decision on laws enforced by the Wage and Hour Division（Nov. 2002）, *available at*
　　http://www.dol.gov/esa/regs/compliance/whd/whdfs48.htm（last visited June 6, 2008）.

第4章　アメリカ労働法と移民政策

　この点について，同判決は，IRCAの趣旨に反する救済を与えないとしているため，FLSAとの関係でもこうした請求が認められなくなるおそれがある。しかし，以上見てきたように，同判決以後，最低賃金の請求をした被用者に対し，雇用主が移民資格の開示を要求した事案について，実際には働いていない解雇後の期間のバックペイと履行済みの労働についての未払賃金は区別されるとして，同判決をFLSAの事案に適用することに疑問を示した連邦地方裁判所の判決が出されている[509]。労働省も同様の見解を示しており[510]，下級審や行政レベルでは，同判決の影響は及ばない傾向にある[511]。一方，FLSAの請求に対する報復として解雇された事件では，Hoffman判決に依拠して，バックペイやフロントペイは認められないが，同判決によっても，補償的損害賠償は認める余地がありうるとした上記の裁判例がある。

　このように，FLSAの事件に同判決の射程が及ぶかという問題について，現時点の傾向をみると，FLSAの事件でHoffman判決は狭く解される傾向があり，すでになされた就労に対する未払賃金については，支払請求を認める方向に固まりつつある。

　一方，FLSA上の請求に対する報復として解雇された事件におけるバックペイやフロントペイは認めないが，同判決によっても，補償的損害賠償は認める余地がありうるとした裁判例がある。この点については，現在示されているのがいずれも地裁レベルの判決であることや，最終的な実体判断を行った事例でないことなどからみて，今後の裁判例の展開に注目する必要がある。

509　以上見てきた裁判例の他に，Liu v. Donna Karan Int'l, Inc., 207 F.Supp.2d 191 (S.D.N.Y. 2002), *Mag.'s recommendation at*, Liu v. Jen Chu Fashion Corp., 2004 U.S. Dist. LEXIS 35 (S.D.N.Y.); Cortez v. Medina's Landscaping, 2002 U.S. Dist. LEXIS 18831 (N.D.Ill.); Flores v. Amigon, 233 F. Supp. 2d 462, 2002 U.S. Dist LEXIS 25688 (E.D.N.Y.); Chellen v. John Pickle Co., 446 F. Supp. 2d 1247, 2006 U.S. Dist. LEXIS 60682 (N.D.Okla.)（研修生として入国していたが実際には就労していたケースについて，FLSA等の適用を認めた）なども同旨。

510　*See supra* note 508.

511　同様の見解を示す論文として，Andrew S. Lewinter, *Hoffman Plastic Compounds v. NLRB: An Invitation to Exploit*, 20 GA. ST. U.L. REV. 509 at 536 (2003) がある。

2　雇用差別禁止法

雇用差別禁止法の分野でも，IRCA以後，不法就労者に保護が与えられるか否か，与えられるとすればその内容はいかなるものかが問題となった。以下，この領域の中心的な法令である1964年公民権法第7編をあげて検討する。

(1)　1964年公民権法第7編適用の有無

第7編は，雇用における「人種，皮膚の色，宗教，性，または出身国」に基づく差別を禁止している。第7編その他の雇用差別禁止法の実施にあたる機関としては，雇用機会均等委員会（Equal Employment Opportunity Commission: EEOC）[512]が設置されている。ここではまず，不法就労者に第7編が適用されるかどうかを検討する。

【1】　EEOC v. Tortilleria "La Mejor"[513]

〈事案〉　本件では，第7編の禁止する性に基づく差別を行ったとしてEEOCから提訴された雇用主が，EEOCに申立を行った者は不法就労者であるから第7編が適用される「被用者」[514]ではなく，原告EEOCは第7編に基づく訴えを提起できないと主張し，訴えの却下を申し立てた。

〈判決要旨〉　そこで，連邦地方裁判所は第一に，不法就労者は第7編が適用される「被用者」にあたるかどうかを検討した。

裁判所は，まず，第7編の文理解釈を行い，第7編は同法の適用が除外されている者を明示しているので，同編における除外規定に該当しない不法就労者には第7編の保護が与えられるとした。

裁判所はまた，Espinoza v. Farah Manufacturing Co.における合衆国最高裁判決[515]に依拠し，外国人に第7編の適用があるとした。さらに，裁判所は，

---

[512]　EEOCは，NLRBのように自ら法違反の有無を判断して，使用者に救済命令を発することはできず，正式な判定・救済の場は，裁判所である。中窪・前掲注（235）書185頁参照。

[513]　758 F. Supp. 585（E.D. Cal. 1991）.

[514]　42 U.S.C.A. §2000e (f)（West 1994）.

[515]　414 U.S. 86（1973）. *See supra* note 417.

第7編はNLRAをモデルとしており，同法のもとで発展した原則は，第7編の解釈にも参考となるとしたうえで，不法就労者にも同法の適用があるとしたSure-Tan事件最高裁判決に依拠し，議会は合法であるなしにかかわらず，合衆国の国内で雇用されている外国人に第7編を適用することを意図していると判断した。

次に，IRCAがこの第7編の適用対象を変更したかどうかについて，裁判所は，同法の立法史料を検討し，議会が雇用主処罰を盛り込んだ法案の審議過程において，既存の法のもとでの労働者保護を削減する意図はなく，不法就労者が既存の権利を行使するための政府または州の労働関係機関の権限に制約を加えようとしたことはなかったと判断した。また，前記Patel事件判決に依拠し，法の黙示的修正は望ましいものではなく，議会の意図が明らかな場合のみ，後法が前法を修正したものとみることができるが，立法史料にこれを示すものはないとした。したがって，議会は，IRCAにより，外国人にかかわるそれ以前に制定されていた第7編を含む連邦の労働法規を修正する意図はなかったと結論付けた。以上により裁判所は，不法就労者に対する第7編の適用を肯定し，被告による訴え却下の申立を斥けた。

〈本判決の位置付け〉　本判決は，第7編の被用者の文理解釈に加え，IRCAの立法史料に労働法規の適用を修正する意図がなかったこと等を理由として不法就労者に第7編の適用があるとした点に特徴がある。

【2】　EEOCガイダンス

ここでは不法就労者に関する1999年EEOCガイダンス[516]を取り上げて検討する。EEOCガイダンスとは，EEOCが雇用差別禁止法に基づいて，申立に対する斡旋や調査を行い，必要とされる場合に訴えを提起する際の指針となるものである。以下の1999年EEOCガイダンスでは，雇用差別禁止法に基づく訴えにおいて不法就労者が受けることが可能な救済についてのEEOCの見解が示されている。

---

[516]　EEOC, Enforcement Guidance on Remedies Available to Undocumented Workers Under Federal Employment Discrimination Laws, EEOC Notice No.915.002（Oct. 26, 1999）, *available at* http://www.eeoc.gov/docs/undoc.html（last visited May 13, 2000）.

EEOCはかつて，当時のNLRBの見解に倣って，差別的に解雇または採用拒否された不法就労者に対するバックペイを認めていなかったが，NLRBの見解の変更に合わせ，1999年ガイダンスでは，NLRAのもとでの不法就労者の救済に関するNLRBの立場に平仄を合わせる見解を示した。

　EEOCは，雇用差別禁止法の目標は違法行為の抑止にあり，差別を行う雇用主を罰しなければこの目標の達成を阻害することになると述べ，とくに差別による侵害を受けやすい不法就労者に，就労資格にかかわらずに金銭的救済を与えることは，移民法の目的を阻害することなく，雇用差別の阻止という目標の達成を促進することになるとの見解を示した。そこで，EEOCは，不法就労者にも雇用差別禁止法の救済を原則として与えると述べた。

　そして，不法就労者にもNLRAの適用があるとしたSure-Tan事件判決は，IRCA施行後も維持されていると述べ，不法就労者に差別禁止法を適用しなければ，雇用主の不法な差別的取扱いに対し効果的に抵抗できない労働者を雇用するインセンティブを与えることになり，差別禁止法だけでなく移民法の施行をも阻害することになるとの見解を示した。

　このように，EEOCは，雇用差別禁止法は，就労資格の有無にかかわらず，合衆国におけるすべての被用者に適用されると述べていたが，Hoffman判決後，EEOCは本ガイダンスを取り消した。この点については，後述する。

(2)　第7編違反の立証にあたっての不法就労者の地位

　不法就労者が第7編の被用者にあたりうるとしても，立証上，不法就労者としての地位がどう扱われるかは別問題である。以下では，不法就労者が採用拒否について第7編違反を主張する場合，本人が適法に就労しうることまで立証する必要があるかという問題を検討する。

　差別禁止事件における立証責任は，一般に，まず，①原告が差別の「一応の証明」(prima facie case) を行い，②被告が抗弁として「適法で非差別的な理由」(legitimate, nondiscriminatory reason) を提示し，③原告が再抗弁として，②が「口実」(pretext) にすぎないことを証明する，という3段階のルールが確立している[517]。合衆国最高裁は，黒人被用者の再雇用拒否が問題となったMcDonnell Douglas Corp. v. Green[518]において，「一応の証明」が成立する

ための立証について，①原告労働者が人種的マイノリティーに属すること，②求人に応募し，かつ，適格性（qualification）を有していたこと，③拒否されたこと，④その後も雇用主は求人を続けたことが必要であるとの立場を採用した。この「一応の証明」において，適格性があるにもかかわらず，原告が不利益な取扱いを受けたことは，当該取扱いが人種や性別などを理由としていることを推認させるが，不法就労者はこの適格性の要件を満たしているかどうかが問題となる。この点が争われたのが次のEgbuna事件判決である。

【3】　Egbuna v. Time-Life Libraries, Inc.[519]

〈事案〉　本件では，原告は，当初，期間を6か月とする学生就労ビザにより，雇用主に採用されたが，その期限が過ぎた後も不法に就労していた。その後，原告は自発的に退職し，さらにその2か月後に再雇用を申し入れた。雇用主側は，いったんは採用の申出をしたが，後になってこの申出を撤回した。そこで，原告は，雇用主の申出の撤回は，同僚が訴えたセクシュアル・ハラスメントについてEEOCの調査で証言したことが原因であり，第7編のもとでの報復的な差別にあたるとして訴えた。一審の連邦地方裁判所は，被告である雇用主側にサマリー・ジャッジメントを与えたが，第4巡回区控訴裁判所はこれを破棄した。

〈判決要旨〉　裁判所は，「一応の証明」の内容について，①被用者が保護される行為を行っていたこと，②雇用主がその被用者に対し不利な雇用上の行為を行ったこと，③上記①と②の間に因果関係があることとの3要件を採用し，①と②については原告が立証していたと判断した。しかし，③をめぐって，原告は不法就労者であるので，「一応の証明」の内容をなす適格性がなく，採用拒否の報復についての「一応の証明」が立証できないのではないかが問題となった。この点について，裁判所は，求職者の移民法上の就労資格の欠如は，雇用主からその採用拒否が合法的で，非差別的であるとの理由となり得るうえ，第7編違反が立証された場合でも救済の問題には関係す

517　中窪・前掲注（235）書186-188頁参照。
518　411 U.S. 792（1973）. *See supra* note 391.
519　153 F.3d 184（4th Cir. 1998），*cert. denied*, 525 U.S. 1142（1999）.

るとしつつ, 第7編の権利を主張する者は,「一応の証明」の一部において就労資格を立証する必要はないとした[520]。

しかし, その後, 全員の裁判官による再審理の申立がなされ, ここで第4巡回区控訴裁判所は,「一応の証明」における適格性の要件についての分析に焦点をあて, 求職者が外国人である場合,「一応の証明」のための適格性は, 仕事の能力ではなく, 求職者がその当時, 合衆国で就労することが認められていたかどうかによると判示し, 原告の訴訟原因を否定した。

そして, 本件では, 被告に不法就労者を雇用するよう命令したならば, 不法就労者を雇用することを違法であると宣言しているIRCAの政策を無にしてしまうと述べ, 同裁判所の先の判決を破棄し, 原審が被告に与えたサマリー・ジャッジメントを維持した。

なお, 本判決は, Sure-Tan事件判決との区別について, ①本件が採用過程で起きた差別を主張する事件であること, ②Sure-Tan事件は, 移民法のもとで不法就労者を雇用することが禁止されていなかったIRCA以前の判決であり, 不法就労者にNLRA上の保護を与えても, 移民法との間に摩擦を生じることがなかったこと, ③IRCAが, 不法就労者を雇用することを罰するという移民政策上の一大転換を図ったことを挙げている。

〈本判決の位置付け〉 本判決は, 求職者が外国人である場合,「一応の証明」のための適格性は, 求職時に合衆国で就労することが認められていたかどうかによって決められるとした点に特徴がある。

また, 本判決は, 移民政策を一応の証明の内容のレベルで考慮したものともいいうるが, その射程は, 採用差別事件において, 一応の証明の成立を否定したものであり, 解雇や労働条件における差別についても同様の扱いがなされるとは必ずしもいえない。

なお, EEOCは前述のガイダンスで本判決に反対の態度を示しており, 学説においても, 不法就労者に第7編を適用することは, 不法就労者の雇用の抑制というIRCAの目的に合致するとして本判決を批判するものがみられる[521]。裁判例でも, その後これと同様の立場を示したものは見受けられないようで

---

[520] 95 F.3d 353 (4th Cir. 1996).

ある。なお，不法就労者であった原告がセクシュアル・ハラスメント，報復措置としての配転，および解雇が第7編に違反するとして訴えを提起し，解雇後訴えの提起前に合法的に就労する資格を得ていた事案で，訴え提起時点で原告が就労資格をもたなかったEgbuna判決とは事案が異なるとして，同判決の射程を限定しようとするものが見られる[522]。

【4】　Chaudhry v. Mobil Oil Corp.[523]

〈事案〉　本件は，合衆国外で勤務している外国人が，雇用主が合衆国国内に転勤させないことを第7編および年齢差別禁止法に違反する差別であると訴えた。

〈判決要旨〉　第4巡回区控訴裁判所は，差別を訴えた当時合衆国の就労資格を得ていなかったことから，合衆国での就労資格を有することが前提であるので請求は失当であると判断し，原告の請求を退けた原審を維持した。

〈本判決の位置付け〉　本判決は，外国人の採用差別の「一応の証明」が問題となっているわけではないが，求職時において合衆国の就労資格があることを求めている点で，上述のEgbuna事件判決と同様の態度を示したものと言える。ただし，本件は，原告が合衆国外で勤務していた事件であり[524]，国内での不法就労者に関わる事件ではない点に特殊性があるので，どの程度

---

[521]　Recent Case, *Title VII - Fourth Circuit Holds That Post-IRCA, Undocumented Aliens Cannot Establish Prima Facie Case of Retaliatory Refusal to Hire under Title VII - Egbuna v. Time-Life Libraries, Inc.*, 112 HARV. L. REV. 1124, 1129（1999）．

[522]　後掲注（539）。

[523]　186 F.3d 502（4th Cir. 1999）．

[524]　合衆国外にいる外国人が農業労働者としての短期就労の職業紹介を受けられなかったことを年齢差別であるとして訴えた事案につき，原告が合衆国の就労ビザ（H-2A）を持たなかったことから「一応の証明」が成り立たないとした裁判例がある（Reyes-Gaona v. North Carolina Growers Ass'n, 2000 U.S. Dist. LEXIS 14701（M.D.N.C.), *aff'd on other grounds*, 250 F.3d 861（4th Cir. 2001））。Reyes-Gaona事件で，連邦地方裁判所は，Egbuna事件判決を引用し，Egbuna事件で原告は判決時には短期就労資格を持っていたが，訴え当時，就労資格を有していなかったことを裁判所は問題としたと述べている。

(3) 第7編における救済内容と不法就労者の地位

次に，第7編の保護が与えられる場合，不法就労者であることが救済内容にどのような影響を与えるかという点について検討する。第7編違反に対しては，違反行為の差止命令のほか，裁判所の裁量により採用，復職，バックペイ[525]，フロントペイ[526]やその他のエクイティ上の救済が与えられる（第706条(g)(1)）。これらの救済に加え，1991年公民権法102条により，第7編違反に対して，補償的損害賠償および懲罰的損害賠償が導入された[527]。

このように，第7編のもとでの救済の内容は，NLRAともFLSAとも異なっているので，不法就労者については第7編の救済がどの程度与えられるのかを検討する必要がある。その際には，前に述べたHoffman判決において合衆国最高裁の立場が示された後にいかなる変化が生じているかが，ここでも重要な検討課題となるので，救済の内容をめぐる問題に即して，裁判例の状況を分析することとする。

【5】 EEOC v. Hacienda Hotel[528]

〈事案〉 本件では，セクシュアル・ハラスメントおよび妊娠などを理由として解雇された不法就労者の第7編による救済（バックペイ）が問題となった。連邦地方裁判所はEEOCにサマリー・ジャッジメントを与え，雇用主に対しバックペイの支払いを命じた（なお，事案はIRCA施行前であるが，施行後に判決が下された）。

---

[525] 申立から2年前の時点までが上限と定められている。中窪・前掲注（235）書217頁参照。

[526] 裁判所が採用を命ずるにあたり，現に空席がない場合，採用されるまでの間，支払いを命ずる賃金を指す。同上。

[527] 中窪・前掲注（235）書218-220頁参照。同書は，1991年公民権法による損害賠償の導入により，第7編の救済が，「NLRAの行政的な救済システムから遠く離れ，不法行為訴訟の方向に移行した」と指摘する（同220頁）。

[528] 881 F.2d 1504 (9th Cir. 1989).

これに対し，雇用主は，Sure-Tan事件最高裁判決が不法就労者に対しバックペイの救済を与えることを禁じていると解釈して，連邦地方裁判所が不法就労者に対するバックペイの支払いを命じたこと，および被用者に就労の資格がないことを考慮して支払額を軽減しなかったことは不当であるとして控訴した。

〈判決要旨〉 第9巡回区控訴裁判所は，Sure-Tan事件について，バックペイの対象期間中，合衆国内に滞在しておらず，就労が不可能な不法就労者にのみバックペイを禁止したものと位置付け，合衆国におり，退去強制手続きにかけられていない不法就労者の問題には触れていないとして，本件とは区別されると判断し，本件では不法就労者はバックペイの対象期間中，国内におり，就労可能な状態にあったとして，連邦地方裁判所の判決を支持した。

〈本判決の位置付け〉 本判決は，Sure-Tan事件判決の枠組みを前提としつつ，合衆国に滞在している不法就労者に対しては，第7編のもとでのバックペイの救済が与えられるとしたものとして位置付けられる。

【6】 EEOCガイダンス

以下では，先に述べた1999年EEOCガイダンス[529]のうち，不法就労者への救済の内容について述べた部分を検討する[530]。

EEOCは，まず不法就労者に対する雇用差別の救済内容は，移民法の目的を阻害することなく，雇用差別禁止法の目的を満たすべきであるとの原則を示す。そのうえで，EEOCは，各種救済内容のうち，まず，将来の差別を禁ずる差止命令については，労働者の就労資格にかかわりなく命ずることができるとしている。

次に，採用または復職命令については，差別的に採用拒否，または解雇された労働者には原則として採用または復職命令が与えられるが，IRCA施行

---

[529] 前掲注（516）。

[530] 本EEOCガイダンスに先立ち，第7編のもとでの不法就労者の救済について述べたものに，Maria L. Ontiveros, *To Help Those Most in Need: Undocumented Workers' Rights and Remedies under Title VII*, 20 N.Y.U. REV. L. & SOC. CHANGE 607（1993-94）がある。

日の1986年11月6日以前から雇用されていた不法就労者にもこの原則が適用されるとし，また，同日より後に雇用された労働者についても同様であるが，労働者が不法就労者であることを雇用主が知っていた場合，労働者の復職は，合理的な期間内にIRCAの就労資格証明要件を満たすことを条件とするとしている。こうした条件付の救済は，NLRAに関して先にみたA.P.R.A. Fuel Oil Buyers Group事件判決と同様のものである。

次に，バックペイおよび損害賠償については，これらの救済がなければ，雇用主自らの違法行為によって雇用主が利益を得ることを許すことになるという理由により，不法就労者は，移民法の目的と抵触しない限り，他の労働者と同様の基準で，救済を受ける権利を与えられるとした。Sure-Tan事件判決で示された，就労可能性がない期間はバックペイの発生は停止されるというルールについては，国外にいることにより就労することが不可能である場合のみ妥当すると解釈した。ただし，バックペイの支払義務は，労働者が復職した時点，または採用や，復職の申出がされた後，合理的な期間内に労働者が就労資格を提示できない時点で終了するとした。

また，雇用主は，適法就労者に対するのと同様の範囲で，補償的損害賠償，懲罰的損害賠償，または付加的損害賠償の責任を負うとされている。さらに，雇用条件における差別や昇進差別に対する救済については，すでに履行した労働に対するものであるので，不法就労者が，たとえその後，国外に去った場合であっても，働いた期間の全額のバックペイを含む，すべての適切な救済を受ける権利が与えられるとした。

最後に，EEOCは，動機の競合および事後的認識の問題を取り上げ，不法就労の事実は，救済を制約しうるとした。すなわち，まず差別意思がなくても同じ行為がとられたであろうことを雇用主が立証できた場合，弁護士費用の支払いおよび差止命令の救済はありうるが，復職，バックペイ，またはいかなる損害賠償も与えられないとする[531]。次に，雇用主が，採用後に不法就労の事実を初めて知り，当初からこの事実を知っていたならば当該労働者を雇わなかったであろうということを立証した場合，労働者は復職を与えられず，バックペイの支払義務は雇用主が不法就労を発見した日の時点で終了するとしている。

本EEOCガイダンスは，不法就労者に保護が与えられた場合の救済の在り方の問題についてEEOCの見解を示している点で重要であるが，Hoffman判決後に，取り消されている。これについては，後述する。

以上のとおり，第7編の下では，第7編の適用および救済を認めるものと，Egbuna事件のように「一応の証明」の適格性の立証不備を理由に救済を認めないものとがあり，裁判例やEEOCの解釈が分かれていた。

(4) 事後的認識の影響

前述したように，労使関係法のもとでは，雇用主が事後的に不法就労者であることを認識して証拠として提出した場合，救済の内容に制限がある。雇用差別禁止法においても，事後的認識が，救済の内容に影響するかが問題となる。この点について，カリフォルニア州に以下の判決がある。

【7】 Murillo v. Rite Stuff Foods, Inc.[532]

〈事案〉 組立工であった原告は，在職中に受けた上司のセクシュアル・ハラスメントや侮辱的言動等について，第7編およびカリフォルニア州の公正雇用・住居法（Fair Employment and Housing Act: FEHA）に基づく不法行為責任を追及したが，証拠開示手続き（discovery）の過程で同人が不法就労者である事実が判明した。

一審は，事後的に知り得た証拠の法理（after-acquired-evidence doctrine）により，原告の差別や不法行為の申立は禁止されているとして，原告の訴えを退け，雇用主にサマリー・ジャッジメントを与えたため，原告が控訴した。

---

[531] NLRAのもとでの動機の競合事件は，雇用主において不当労働行為意思がなくとも同じ取扱いを行ったであろうことを立証した場合には，違反が成立しないとされている。他方，雇用差別禁止法のもとでは，差別意思が一要因になっていれば法違反が成立するが，雇用主が差別意思がなくても同じ結果であったことを立証した場合には，救済の内容が制限され，裁判所は損害賠償，復職・採用・昇進，バックペイなどを命じることはできない（第7編706条(g)(2)(B)，42 U.S.C.A. §2000e-5(g)(2)(B)）。中窪・前掲注（235）書68-69および186頁参照。

[532] 65 Cal. App. 4th 833, 1998 Cal. App. LEXIS 651（Cal. Ct. App.）.

[533] 前掲注（464）。

〈判決要旨〉　州控訴裁判所は，まず，この法理の先例となるMcKennon事件[533]の合衆国最高裁判決に依拠して，雇用差別禁止法は，差別による被害に対する補償のみならず，差別の抑止という公的な目的を持つものであるが，雇用主が解雇の原因になりえた非違行為を後に知った場合に，それより前の違法な差別行為に対する救済がすべて否定されるとしたら，法のこのような枠組みと調和しないと判示した。また，私的（private）訴訟が重要な公共の目的にかなう場合は，裁判所は禁反言の法理（unclean hands doctrine）の適用を否定してきており，被用者の非違行為により将来の得べかりし賃金や復職を受ける権利の救済が制限されるとしても，すべての救済が否定されるわけではないと述べている。

そのうえで，裁判所は，本件について，原告は，永住者であると偽って雇用されているため，禁反言の法理により，解雇に対する契約責任および不法行為責任を追及することは禁じられるものの[534]，原告の主張するセクシュアル・ハラスメントも侮辱等の不法行為も，雇用関係の存在した期間に起こっているので，事後的に知りえた証拠の法理によっても，それに関する責任を追及することは妨げられないとした。また，原告が受けたとする被害は，同人の非違行為との間に直接の関係はないから，禁反言の法理のもとでも，原告が差別または不法行為の申立をすることを禁ずる理由はないとして，雇用主のサマリー・ジャッジメントの申立を認容した原判決を破棄した。

〈本判決の位置付け〉　本判決は，雇用差別禁止法の領域においても，事後的に知りえた証拠の法理等により，解雇後に不法就労者であることが判明した場合，救済内容に制限が加えられるものの，すべての救済が否定されるわけではないことを示したものである。もっとも，McKennon事件の合衆国最高裁判決やNLRAのもとでの命令が，解雇に対する救済内容として，復職までは命じないものの，非違行為の事実を知ったときまでの賃金支払いは命じているのに対し，本判決は，セクシュアル・ハラスメントおよび解雇前の不法行為についての救済申立を認めつつ，解雇については，禁反言の法理に依拠し，賃金支払いも含めて救済を与えないとした点に特色がある[535]。

[534] 本件では，不法就労者であることの事実が判明した後，原告は解雇に関する請求を取り下げている。

第4章　アメリカ労働法と移民政策

(5)　Hoffman判決以後の裁判例の動向と同判決の射程

【8】　Rivera v. NIBCO, Inc.[536]

〈事案〉　ラテン・アメリカ系および東南アジア系女性の原告らは，被告である雇用主に英語能力がないことを承知の上で採用され，英語に堪能であることが要求されない製造部門で働いていた。その後，雇用主は，原告らに英語で書かれた技能テストを受けさせ，その成績が良くなかったため，不利な職務に転換するなどの措置をとったうえで，最終的に原告らを解雇した。そのため，原告らは，被告の行為は，第7編が禁ずる出身国差別に当たるとして，差止めのほか，復職，バックペイ，補償的損害賠償，懲罰的損害賠償等を求める訴えを提起した。その証拠開示手続きの段階で，被告が原告らの移民資格を開示するよう求めたところ，治安判事（補助裁判官）は，原告の求めに応じ，開示において被告は原告の移民資格を尋ねてはならないとの決定（開示制限命令）を行ったため[537]，被告はその決定の変更を求めた（motion for reconsideration）が，裁判所は同決定を維持した。そのため，被告は，Hoffman判決後は，原告らの移民資格が救済内容に直接関係するため，その開示が認められるべきであると主張し，同決定の取消しを求めて，第9巡回区控訴裁判所に対し，中間上訴を行ったのが本件である。

〈判決要旨〉　第9巡回区控訴裁判所は，次のように述べて，原審決定を維持した[538]。

裁判所は，まず，Hoffman判決により，不法就労者はすべてのバックペイから排除されるとの被告の主張に対し，同判決がそのように広く適用されることに疑問を呈し，NLRAと第7編の違いを根拠に，第7編の事件には適用されないのではないかという見解を示した。

535　もっとも，本件では解雇についての申立は取り下げられているので，この点の判断は傍論といいうる。

536　364 F.3d 1057（9th Cir. 2004），*reh'g denied*, 384 F.3d 822（9th Cir. 2004），*cert. denied*, 544 U.S. 905（2005）．

537　2001 U.S. Dist. LEXIS 8335（E.D. Cal.）．

538　なお，本判決の後，被告は，同裁判所に，再審請求を行ったが却下されたため，合衆国最高裁に上告したが，最高裁は裁量上訴を却下した。

すなわち，第一に，NLRAでは，主としてNLRBによって執行されて，私的訴訟（private action）が例外的にしか認められないのに対し，第7編では，法の差別の抑制目的を達成するため，ほとんどが労働者個人に依って執行される。第二に，議会は，第7編の原告に，違法な差別をした雇用主を処罰するため，さらに，被告およびその他すべての雇用主による将来の差別を抑制するための救済を与えた。第7編の救済には，バックペイ，フロントペイ，復職のような伝統的救済だけでなく，補償的損害賠償および懲罰的損害賠償も1991年公民権法により追加されている。第三に，NLRAのもとで，雇用主の法違反に対し，労働者にバックペイを与えることができるのはNLRBであるが，第7編では，連邦裁判所が，バックペイの救済が与えられるべきかどうかを判断する。Hoffman判決は，IRCAと第7編の間に抵触があった場合に，両法の調整を図る連邦裁判所の権限について言及したものではない。
　IRCAが出身国に基づく差別を受けた被用者にそのような救済を与えることを禁じているかという問題は，合衆国最高裁が同判決で採ったものとは異なる分析を必要とする。最後に，同様の事件を扱った裁判所が，Hoffman判決を検討するなかで，同判決を適用できないまたは区別されるとの判断を示している。要するに，差別を禁じるというナショナル・ポリシーは，第7編の事件で，不法就労者にバックペイを与えないことよりも重視されうると考えられる。
　しかし，本件でHoffman判決の問題を検討する必要はない。本訴訟では，バックペイはまだ与えられておらず，被告が求める情報は，被告が第7編に違反したかどうかを決めるのに無関係である。したがって，原審の判断に誤りはない。
　NLRAのもとでNLRBがバックペイを与えることを禁止したHoffman判決が，第7編の原告に裁判所がバックペイを与えることを禁止するということに深く疑問があるけれども，仮に，同判決がすべての連邦法のもとで不法就労者へのバックペイを排除しているとしても，それは本件では問題とはならない。同判決は，被告が第7編のもとで禁じられる出身国差別をしたかどうかを決定するのに，移民資格が関係するとは述べていないからである。
　〈本判決の位置付け〉　本判決は，NLRAと第7編の違い，すなわち，①第7

編は主として当事者の訴訟により執行されるが，NLRAは主としてNLRBを通じて執行される，②第7編の救済には，差別をした雇用主を罰し，かつ，すべての雇用主の将来への差別を抑制するために，バックペイ，フロントペイ，復職などの伝統的救済のみならず，補償的損害賠償および懲罰損害賠償が含まれている，③NLRBによる救済の裁量は，NLRAを適用するに当たって制限的にしか認められていないが，第7編のもとでの救済を考えるにあたり，連邦裁判所にはIRCAと第7編に抵触がある場合に，両法の調整を図る権限がある，の三点を理由に，Hoffman判決が第7編の差別を問う事件に適用されることに疑問を呈している点で意義がある。しかも，こうした判断は，FLSAについてとりあげた裁判例と同様に，救済内容におけるNLRAとの構造の違いに着目し，Hoffman判決の射程を制限しようとするものとして位置付けられる。ただし，これらの理由は，本判決の傍論にすぎない。本判決は，Hoffman判決とは関係なしに，原審の移民資格の開示制限命令を維持している。本判決のHoffman判決が第7編に及ばないという指摘は，本判決が最終的な実体判断をしたものではないので，今後の裁判例の展開に注目する必要がある。

【9】 Escobar v. Spartan Security Service[539]

〈事案〉 不法就労者である原告が雇用主である被告のセクシュアル・ハラスメント，報復措置としての配転，および解雇が第7編に違反するとして訴えを提起したが，解雇後訴えの提起前に合法的に就労する資格を得ていた事案で，雇用主は，不法就労者は，第7編のもとで救済を受けられないとして，サマリー・ジャッジメントを申し立てた。

〈判決要旨〉 連邦地方裁判所は，Hoffman判決に依拠し，差別時の就労資格を主張できない不法就労者にはバックペイの救済を与えることができないとして，被告のバックペイについてのサマリー・ジャッジメントの申立は認容した。一方で，Hoffman判決は不法就労者につきすべての救済を否定してはおらず，同判決の射程は及ばないうえ，本件は，後に不法就労者が合法化

---

[539] 281 F.Supp. 2d 895, 2003 U.S. Dist. LEXIS 20939 (S.D. Tex.).

しているという点で，訴え提起時に不法就労者であったため復職が認められないとしたEgbuna事件判決とは事案が異なるとして，復職またはフロントペイを含むその他の救済についての被告によるサマリー・ジャッジメントの申立は却下した。

〈本判決の位置付け〉　本判決は，Hoffman判決を前提にしつつも，同判決を，バックペイについて救済を否定するが，その他の救済を否定していないと位置付けることで，同判決の射程距離を限定的に捉えようとしたものといえる。このような見かたは，Hoffman判決以後のNLRBの見解とも共通性がある。

また，救済内容を考えるにつき就労資格を考慮するという点については，本判決は，Egbuna判決[540]との関係につき，同事件では原告は差別時点で就労資格をもたなかったから，解雇後に就労資格を取得した本件とは事案が異なるとして，同判決の射程を限定し，同判決との両立を図ったものといい得る。

さらに，就労資格について，バックペイについては，差別時点の就労資格を問題としているのに対し，復職またはフロントペイについては，訴え提起時点までの就労資格を問題としている点で，救済内容により，就労資格が求められる時点を分けている点でも特徴があるといえる。すなわち，本判決の判断に従えば，バックペイについて，差別時点での就労資格を得ているかどうかを問題としているため，その後，本件原告のように後に合法的就労資格を得ても，バックペイが認められないことになる。差別後に合法化された事案でのバックペイについては，理論的には，①遡及的にバックペイを認める，②合法化された時点以降のバックペイを認める，③差別時に不法就労であったので全く認めない，の三つの対応がありうる中で，本判決は，そのうち③を採っている。このように，本判決は，バックペイについて，これを認めないとしたHoffman判決に依拠したうえ，合法化された後の時期についてもバックペイを認めず，他方で，その他の救済については，同判決を先例とはせず，救済可能性を認めたものといえる。

---

[540]　前掲注（519）。

【10】 EEOCガイダンスの廃止

Hoffman判決を受けて，EEOCは，2002年に文書[541]を発表し，上記1999年EEOCガイダンスを無効にした。

上述のとおり，1999年EEOCガイダンスは，第7編などの雇用差別禁止法の適用に当たり，不法就労者へのNLRAの適用および救済について判断した裁判例を引用し，NLRBの不法就労者の取扱いと平仄を合わせたものであった。しかし，Hoffman判決により，NLRBは不法就労者にバックペイの救済を与えることができないと判断されたことから，EEOCは，2002年，1999年EEOCガイダンスを廃止し，連邦の雇用差別禁止法の下での不法就労者への金銭的救済についてHoffman判決がいかなる影響を与えるかについては，今後検討していく，とした。一方で，同判決は，不法就労者に差別禁止法の適用があること，および，不法就労者に対する差別も適法就労者に対する差別と同様に禁止されるということについて，別段問題にしてはいない，との解釈を述べている。そのうえで，法の執行にあたり，EEOCとしては，労働者の移民資格を自ら調査することはなく，また，実体的な理由の有無（merits of a charge）を検討する際にも，移民資格を考慮に入れないと述べた。そして，EEOCは，不法就労者を含む雇用差別禁止法の適用を受けるすべての労働者のため訴追を行い，Hoffman判決と調和のある適切な救済を求めていく，と述べている。

同文書では，救済の内容について触れられていないが，雇用差別禁止法のもとで，NLRBの救済と異なる救済もありうることを示唆しているものといえる。

【11】 Hoffman判決の射程

ここでは，Hoffman判決の雇用差別禁止法に対する射程と雇用差別禁止法における裁判例の特色を検討する[542]。すでに述べたとおり，合衆国最高裁は同判決で，不法就労者にNLRAの下でのバックペイの救済を与えることは，

---

[541] EEOC, Rescission of Enforcement Guidance on Remedies Available to Undocumented Workers Under Federal Employment Discrimination Laws（June 27, 2002）, *available at* http://www.eeoc.gov/policy/docs/undoc-rescind.html（last visited June 6, 2008）.

移民政策に反すると判断したが，第7編などの雇用差別禁止法はNLRAとは規制内容を異にするため，同一に論じられるかどうかが問題になる。しかし，雇用差別禁止法の下では，上記Egbuna事件判決のように，Hoffman判決とは別個の論点を示したものがあるので，その位置付けについてまず検討することとする。

すなわち，Egbuna事件判決は，第7編に関し，外国人は差別時点において合衆国での就労資格があったことを立証しなければならないとした。この点について最高裁の立場は示されておらず，本判決の枠組みが直ちにここで妥当するわけでもないが，同判決によれば，不法就労者は差別時点の就労資格を立証できないので，そもそも救済されないことになろう。つまり，この判決によれば，Hoffman判決が示したように救済方法につき制約が生ずるというよりも，一切の救済が認められなくなるおそれがある。

しかし，上述のとおり，Egbuna事件判決の枠組みは，採用差別の事案について述べられたものであるため，解雇や労働条件差別の事案において同様の取扱いがなされるとは，必ずしも言えず，見解が分かれるところであろう。

そこで，次に，Hoffman判決自体の影響を考えると，以上のような第7編のもとでの救済をめぐる裁判例等については，バックペイにつきHoffman判決に従いつつ，後に就労資格を取得した事案では復職やフロントペイを与えることは可能であるとしたもの（Escobar事件判決）や，NLRAと第7編の救済内容の違いに着目して，傍論ながら，Hoffman判決の射程が第7編に及ぶこと自体に疑問を呈するもの（Rivera事件判決）がある。このように，雇用差別禁止法の分野でも，Hoffman判決の射程を限定しようとする傾向がある[543]。

---

[542] IRCAの立法史を引用して，同法自体は，雇用差別禁止法の救済から不法就労者を除外しようとするものではないとして，Hoffman判決が第7編の救済に影響することに反対する見解として，Christopher Ho & Jennifer C. Chang, The 40th Anniversary of Title VII of The Civil Rights Act of 1964 Symposium: *Drawing The Line After Hoffman Plastic Compounds, Inc. v. NLRB: Strategies for Protecting Undocumented Workers in The Title VII Context and Beyond*, 22 HOFSTRA LAB. & EMP. L.J. 473, at 507-508 (2005).

学説も，こうした裁判例の状況につき，①復職は，事後的に雇用主が労働者の就労資格がないことを知った事件等では認めない，②就労可能性がないことはバックペイの可能性にも影響を与える，③EEOCは，差止命令や損害賠償は可能であるとし，それ以外の救済も条件を満たせば可能としている[544]，④すでに提供した労働に関わる救済については，第9巡回区控訴裁判所がこの区別を示唆しているとおり，Hoffman判決の射程が及ぶかが問題となっているとの分析がなされている[545]。いずれにせよ，不法就労者に対する第7編などの雇用差別禁止法のもとでの救済については，今後の裁判例の展開に注目する必要がある。

第3項　労災補償法

アメリカにおいては，労災補償（workers' compensation）制度は，一部の連邦法を除き，各州の法律で定められている[546]。以下では，不法就労者に労災補償法が適用されるか，また適用される場合の補償の内容はいかなるものかについて，裁判例の状況を概観する。

1　労災補償法の不法就労者への適用の有無

多くの州において，判例上，不法就労者も被用者にあたるとして労災補償法上の保護が与えられているが[547]，保護を否定する州も見られる。

---

[543] 上記の判決のほか，第7編にHoffman判決の射程が及ぶか不明であるとした裁判例 (Rosa v. Northern Harvest Furniture, 2002 U.S. Dist. LEXIS 24272 (C.D. Ill.), 本判決は，被告による原告の就労資格についての文書提出命令の申立を失当とした) がある。

[544] 同様の見解を示すものとして，Lewinter, *supra* note 511, at 536がある。

[545] LEWIS ET AL., *supra* note 426, at 62.

[546] 連邦の社会保障については，1996年に「個人責任及び雇用機会調和法」(Personal Responsibility and Work Opportunity Reconciliation Act of 1996) が成立し，合法的な永住外国人等，受給資格のある外国人 (qualified alien) (431条(b)) 以外の外国人は緊急医療等を除き，原則として，連邦の公的給付 (federal public benefit) を利用する資格がないとされた (401条)。

[547] *See* ARTHUR LARSON & LEX K. LARSON, LARSON'S WORKER'S COMPENSATION LAW, §66.03 (Matthew Bender 2007).

第2節　アメリカ労働法における不法就労者の法的地位

　そこで以下では，まず，不法就労者に対し労災補償法を適用するとした裁判例を取り上げる。

【1】　Dowling v. Slotnik[548]（コネチカット州）
　〈事案〉　不法就労者の労働災害について補償が求められた事案において，労災補償審判官（Workers' Compensation Commissioner）は，不法就労者であっても法の定める「被用者」にあたり，補償を受けることができるとした。労災再審査局（Workers' Compensation Review Board）も命令を維持したため，被申立人である雇用主はコネチカット州上訴裁判所へ提訴し，この訴えは州最高裁へ移送された。
　〈判決要旨〉　本件においては，連邦法の先占，すなわち，①IRCAにおける不法就労者の雇用主に対し行政罰を課する制裁規定が明示的，または黙示的に州法の定める労災補償を先占するか，②労災補償法の保護を与えることが不法就労のインセンティブとなるかが争点となった。
　裁判所は，上記①の争点について，行政罰を課すIRCAの制裁規定は，州法に先占すると明示されており[549]，州法で同様の制裁を課すことはできないが，州法上の労災補償の責任は制裁にはあたらないので先占とは解されず，労災補償の範囲についてIRCAが黙示的に州法に先占するともいえないことから，IRCAは明示的にも黙示的にも州法の労災補償を先占していないと判断した。また，上記②についても，社会保障と異なり，労災補償法の保護を与えることは不法就労のインセンティブとはならないと判示し，不法就労者への労災補償法の適用を認めた。
　なお，本件は，合衆国最高裁への裁量上訴の申立が却下されている。
　〈本判決の位置付け〉　本判決は，労災補償法の保護を与えることは，不法就労のインセンティブにはならないとした点，および，IRCAの雇用主処罰規定は州の労災補償法を先占するものではないとして，従前みられなかった論点について判断を示した点で特徴がある。

---

[548] 244 Conn. 781, 712 A.2d 396, 1998 Conn. LEXIS 169, *cert. denied sub nom.* Slotnik v. Considine, 525 U.S. 1017（1998）.
[549] 8 U.S.C.A. §1324a(h)(2).

【2】 Reinforced Earth Co. v. Workers' Compensation Appeal Board[550]（ペンシルバニア州）

〈事案〉 本件では，労災で負傷した不法就労者に対し，ペンシルバニア州の労災補償法の適用があるかが問題となった。同州の労災不服申立局（Workers' Compensation Appeal Board）がこれを肯定したのに対し，雇用主は，不法就労者には労災補償が与えられないとして，ペンシルバニア州の中間上訴裁判所であるコモンウェルス裁判所に司法審査を申し立てた。

〈判決要旨〉 裁判所は，まず，州労災補償法のもとで，申立人は，雇用関係が存在したこと，および災害と業務との因果関係を立証しなければならないが，そこでの被用者は，独立契約者など一定の除外者を除き，約因のもとで他人に役務を提供するすべての自然人が含まれると定義されていることを指摘する。そして，IRCAは，雇用主が不法就労者を雇用することを禁じ，さらに雇用主に対し就労資格を示す書類を確認する義務を課しているが，同法の規定に違反して雇用された個人が連邦法または州法上の被用者にはあたらないとはしていないとした。

次に，本件で雇用主は，脱走囚が脱走中に遭った労働災害について，労災補償法の適用を否定したGraves事件判決[551]が本件にも妥当すると主張したが，裁判所は，同事件判決の射程距離は本件には及ばないとした。その理由については，①Graves事件判決は，発見されても通常は退去強制されるのみである不法就労者には妥当しない，②不法就労者に労災補償を与えなければ，不法就労者を雇った雇用主に利益を与えることになるうえ，③不法就労者の雇用を促進し，不法な移民を防ごうとするパブリック・ポリシーに潜在的に反することとなる，などと述べられている。以上により，裁判所は，不法就労者に対する州の労災補償法の適用を肯定した。

なお，本件上告審において，ペンシルバニア州最高裁[552]は，不法就労者への労災補償が直ちにパブリック・ポリシー違反として禁じられることはな

---

[550] 749 A.2d 1036, 2000 Pa. Commw. LEXIS 200.

[551] Graves v. Workmen's Compensation Appeal Board, 668 A.2d 606, 1995 Pa. Commw. LEXIS 621.

[552] 570 Pa. 464, 810 A.2d 99, 2002 Pa. LEXIS 2311（結論は差戻し。なお，不法就労者は労災補償給付を受ける適格性がないとする反対意見がある）。

いとして，不法就労者への州労災補償法の適用を肯定した本判決を支持したが，一方で，就労資格がないことが逸失賃金についての給付停止の抗弁の理由となりうることを認め，本件事実関係につきさらに判断すべきであるとして，事件を労災不服申立局に差し戻した。

〈本判決の位置付け〉 本判決は，不法就労者の労災補償法適用について，①不法就労者の違法性は，犯罪者の違法性に比して低いと判断したこと，および，②同法を適用しなかった場合，不法就労者を雇おうとするインセンティブを雇用主に与え，移民法政策に反することになると判断した点に特徴がある。なお，上告審においても，不法就労者への労災補償法の適用は認められたが，就労資格がないことが給付停止の抗弁となるか否かという新たな問題が提起されている。

以上に対し，次の判決は，不法就労者には労災補償法が適用されないとしたものである。

【3】　Granados v. Windson Development Corp.[553]（バージニア州）
〈事案〉 本件では，原告は，採用時，偽造した社会保障カードを雇用主に提示し，永住外国人であると偽っていた。その後，原告は労働災害に遭い，労災補償を求めたが，バージニア州の労災補償委員会はこれを否定し，州控訴裁判所がこれを支持したため，州最高裁判所への上告がなされた。雇用主は，不法就労者の就労は禁じられており，原告の雇用契約は無効であるから，原告は労災補償法上の被用者にあたらないと主張した。これに対し，原告は，就労が禁じられる年少者の雇用契約についても労災補償を与えた先例を引用し，契約の違法性は労災補償を受けることを妨げないと主張した。

〈判決要旨〉 バージニア州最高裁判所は，同州労災補償法のもとで，被用者は「年少者を含む，雇用契約に基づき他人に役務を提供するすべての人」と定義されているが，IRCAのもとでは，不法就労者は合衆国で合法的に就労することができないため，原告は雇用契約のもとで雇用主に役務を提供す

---

[553]　257 Va. 103, 509 S.E.2d 290（1999）.

る者ではないとし，その雇用契約は無効であるため，労災補償法の被用者として補償を受けることができないとした。

〈本判決の位置付け〉　本判決は，IRCAが不法就労者の雇用を禁止していることを労災補償法の「被用者」の解釈に反映させ，不法就労者への労災補償法の適用を否定したものと位置付けられる。労災補償法を不法就労者に適用することは不法入国のインセンティブを与えるものとして，本判決と同様の結論をとる学説も見られる[554]。

しかし，本判決後，バージニア州において，州労災補償法が改正され，「被用者」（employee）の定義に外国人を含めたうえ，「合法にまたは違法に雇用されたかに関わらず」（whether lawfully or unlawfully employed）との文言が追加されたことにより，不法就労者にも同法の適用が認められることになった[555]。これにより，同州内における本判決の先例としての価値は立法により覆された。

以上のように，多くの州では，不法就労者にも労災補償法の適用を認める傾向にあり，たとえば，カリフォルニア州のように，州労働法[556]において，連邦法において禁じられる復職の救済を除き，移民資格の有無にかかわらず同法の適用を受けるとの定めを置いている州もある[557]。しかし，少数ではあるが，制定法により不法就労者への労災補償法の適用を否定する州もみられる[558]。

---

[554] *See* Mark Anthony Miele, Note, *Illegal Aliens and Workers' Compensation: The Aftermath of Sure-Tan and IRCA*, 7 HOFSTRA LAB. L.J. 393（1990）．ただし，前掲注548本文掲記の判決は，こうした論拠に反対している。

[555] VA. CODE ANN. § 65.2-101（2007）．バージニア州の同法改正の経緯については，Anne Marie O'Donovan, *Immigrant Workers and Workers' Compensation after Hoffman Plastic Compounds, Inc. v. N.L.R.B.*, 30 N.Y.U. REV. L. & SOC. CHANGE 299（2006）参照。

[556] CAL. LAB. CODE § 1171.5(a)（2007）（本条文への改正は，Hoffman事件判決後の2002年に行われた）．また，州の労働・雇用法の執行のためには，移民資格は責任の有無の問題と関わりなく，手続きまたは証拠開示において，連邦移民法に従うために必要な調査であるとの明確で確信の持てる証拠がある場合を除き，移民資格の調査は認められないとの規定をおいている（CAL. LAB. CODE § 1171.5(b)）。

2　労災補償の救済の内容

次に，不法就労者に労災補償が与えられるとしても，その地位ゆえに救済内容にいかなる制限を受けるかを検討したい。この点に関しては，不法就労者であると知った後に，雇用主が不法就労者を解雇した場合に，その時点で給付が終了するかどうかがまず問題となっている。

【4】　Dynasty Sample Co. v. Beltran[559]（ジョージア州）

〈事案〉　本件では，不法就労者が業務上災害に遭ったため，労災補償法に基づき，雇用主に労災補償の支払いを求めたところ，雇用主は，不法就労者が就職に際し，意図的に虚偽の証明書類を提示していたことを理由に労災補償の支払いを拒否した（その後当該不法就労者は解雇された）。雇用主は，その理由として，不実表示により，雇用契約は無効または取り消しうべきであると主張した。

裁判所は，被用者と雇用主の間の雇用契約は，労災補償法に無効取消原因として具体的に述べられていない詐欺のために無効または取り消されうるものではないと判断した。しかし，雇用主が，①被用者が求職時に，知りながらまたは故意に不実表示をしたこと，②不実表示を雇用主が信頼しており，かつ採用を決定した実質的な要因であったこと，および③不実表示と被用者が補償を請求している災害との間に因果関係があることを立証できた場合には，契約は無効または取消しうべきものとなると判示した。本件では，裁判所は，雇用主が③の点を立証していないとして，事故の日から解雇の日ま

---

[557]　同法の下で，IRCAの先占を否定した裁判例として，Farmer Brothers Coffee v. Workers' Compensation Appeals Board, 133 Cal. App. 4th 533, 2005 Cal. App. LEXIS 1618（Cal. Ct. App.）がある（同法は不法就労者の復職を禁じており，IRCAとの衝突がないため，IRCAによる先占はないと判断した）。

[558]　ワイオミング州の労災補償法においては，就労資格のある外国人のみ被用者に含めており，同法のもとで不法就労者への労災補償を否定している（WYO. STAT. ANN. § 27-14-102(a)(vii)（2007））。また，アイダホ州でも同趣旨の規定がある（IDAHO CODE ANN. § 72-1366(19)(a)（2007））。

[559]　224 Ga. App. 90, 479 S.E.2d 773（Ga. Ct. App. 1996）, cert. denied, 1997 Ga. LEXIS 406.

での間の逸失賃金[560]の支払いを命じた。

〈本判決の位置付け〉　本件は，雇用差別禁止法におけるような，事後に得られた証拠による救済内容の制限そのものが争われたわけではないが，不法就労者であることの事実が後に判明した場合に補償の内容が影響を受けうることを示している。

労災事件においては，逸失利益，すなわち，事故による労働能力の喪失がなかったならば得られたであろう収入に相当する額の補償が求められることがある。そこで次に，以上とは異なり，逸失利益の請求にあたり，不法就労者としての地位がいかなる影響を与えるかという問題が争われることがある。

【5】　Cenvill Development Corp. v. Candelo[561]（フロリダ州）
〈事案〉　本件では，申立人である不法就労者は，外国人登録証（通称グリーンカード）を持っていないにも関わらず，求職の際に偽造または他人のものを借用するかして提示していた。申立人は，作業中に背中に受傷し，その結果，遂行できる職務が限定されてしまったため賃金額が減少したとして逸失賃金（減少分）の支払いを請求した。これに対して支払命令が発せられ，雇用主側がその司法審査を申し立てた。なお，本件は，IRCA施行以前の事案である。

フロリダ州では労災補償法に基づき逸失賃金を請求する場合に，労働者が求職活動を行ったことを要件としているが，本件では，被災労働者が不法就労者であることが求職活動の要件を満たすかどうかの判断にあたって考慮さ

---

[560]　合衆国において労災補償法は，原則として州法で定められており，補償の名称も様々であるが，概ね，労働不能給付（一時的労働不能か，全面的な労働不能かで分けられている）としていずれも本人の週平均賃金を基礎に金銭給付が行われている（中窪・前掲注（235）書263-264頁）。わが国のように，症状固定前（または，稼動開始まで）を休業損害の補償の問題，それ以後を逸失利益の補償の問題として明確に分けているわけではないので，本書では，休業損害と労働能力喪失による得べかりし賃金を併せて「逸失賃金」（lost wage）というしばしば用いられる表現を用いることとする。

[561]　478 So. 2d 1168, 1985 Fla. App. LEXIS 16979（Fla. Dist. Ct. App.），*review denied*, 488 So. 2d 67, 1986 Fla. LEXIS 1987（Fla.）.

れるかどうかが問題となった。

〈判決要旨〉 フロリダ州控訴裁判所は，本件では申立人は，負傷と逸失賃金との関係を立証していないとして，申立を棄却した。本判決は，まず，前提として，不法就労者は法定の労災給付を受けることができ，労災補償法の「被用者」の定義には，合法的に雇用することが認められていない外国人も含まれるとしたが，以下では，本判決のうち不法就労者への労災補償給付の可否について判示した部分を取り上げる。

労働者が労災補償法により逸失賃金を請求するには，負傷と逸失賃金との因果関係に関し，適切に誠実な求職の努力（good faith job search）をしたことが立証される必要があるが，申立人が不法就労者であるがゆえに合法的に雇用されえない場合は，これが満たされない。

ただし，不法就労者と知って雇った場合またはそれを知りうべきであった場合，以下の理由により，雇用主は労働者が不法就労者であるがゆえの責任の減免を主張できない。すなわち，①不法就労者と知りつつ雇った雇用主が逸失賃金の支払いを免れることは防ぐべきであること，②他方で，過失のない雇用主に対し，合法的に雇用できない不法就労者に逸失賃金を支払い続けさせるのを防ぐべきであること，③フロリダ州法は，雇用主に外国人登録証が偽造または借用されたものであることを確認する責任を負わせていないこと，④連邦法も同様であること，というものである。

〈本判決の位置付け〉 本判決は，不法就労者にも州の労災補償法の適用があるが，適切に誠実な求職の努力をしたことの立証ができない場合は，負傷と逸失賃金の関係で労災補償給付は認められないとした点で特徴がある。一方，雇用主が，被災労働者を不法就労者と知りつつ雇っていた場合には，不法就労者であることを理由に逸失賃金の支払いを免れることはできないとした点でも特徴がある。

3　逸失利益の算定

さらに，不法就労者については，労災事故による逸失賃金を請求できるとしても，それを国内の賃金水準で算定できるかどうかが問題となる。以下では，同様の意味での逸失利益の算定が問題となった医療過誤事件および交通

事故での裁判例も合わせて取り上げることとする。

【6】　Collins v. New York City Health & Hospitals Corp.[562]（ニューヨーク州）
〈事案〉　本件は，不法就労者が医療過誤により死亡したとして逸失利益を請求した事案において，同人の逸失利益を合衆国での収入水準をもとに算定できるかどうかが問題となった。原告は逸失利益を合衆国ベースで算定すべきだと主張したが，一審は本国の収入水準を採用し，陪審に対し，本国での雇用を基礎に補償額を考慮するよう指示した[563]。

その後，原告側の，再弁論の申立が受け入れられたが，裁判所は，犯罪および違法な職業活動により得られた収入は損害賠償の基礎として使うことはできないとの一般原則をあげつつ，この一般原則は，エクイティおよびパブリック・ポリシーを考慮して違法性が十分に相殺されうる場合には厳格には適用しないとの判断を示した。しかし，本件では，唯一の遺族である被害者の妻は33歳という年齢で，自立して生計を支えられないという立証もなく，また，死亡した被害者は移民法および税法に違反して収入を得ており，妻も不法に入国していたことなどを考慮して，合衆国ベースでの逸失利益を与えるに十分な理由がないとして，先の判決を維持した[564]ため，原告がこれに対し控訴をした。

〈判決要旨〉　二審判決は，死亡した被害者の収入が不法な活動によるものであるとの立証がないので，被害者の逸失利益に関する原審の判断は適切でないとし，この問題は，被害者が引き続き合衆国で収入を得られたであろう期間および退去強制の蓋然性とともに，陪審によって決定されるべき事実問題であると判断した。

〈本判決の位置付け〉　本判決は，逸失利益の算定は，不法就労者がどの程度の期間合衆国で収入を得られたであろうかという観点から判断するものとし，この点を事実認定の問題であるとしたものである。

---

[562]　201 A.D.2d 447, 607 N.Y.S.2d 387（N.Y. App. Div. 1994）.
[563]　151 Misc. 2d 266, 575 N.Y.S.2d 227（N.Y. Sup. Ct. 1991）.
[564]　151 Misc. 2d 270, 580 N.Y.S.2d 834（N.Y. Sup. Ct. 1992）.

【7】　Hernandez v. M/V Rajaan[565]

〈事案〉　本件では，作業中に受傷した港湾労働者が雇用主に対して連邦法である港湾労働者災害補償法に基づく損害賠償を請求した事案であり，不法就労者である原告の逸失賃金を合衆国の賃金ベースで算定するか，本国ベースで算定するかが問題となった。

一審の連邦地方裁判所は，原告は以前に何度も退去強制され，家族はメキシコにいるにもかかわらず，事故がなかったならば原告は港湾労働者として働き続けたであろうとして合衆国ベースで逸失賃金を算定した。これに対し，被告は，合衆国で合法的に滞在・雇用されえない期間につきバックペイを否定したSure-Tan事件最高裁判決に依拠し，原告は合衆国ベースでの逸失賃金を得ることはできないと主張して控訴した。

〈判決要旨〉　第5巡回区控訴裁判所は，本件とSure-Tan事件との違いにつき，Sure-Tan事件では，行政機関であるNLRBが労働政策を考慮して救済であるバックペイを与えるかどうかが問題となったのに対し，本件では被告は私人であるので，そのような事情はなく，問題は，原審が不法就労者の将来の逸失賃金を，事故の当時の雇用上の地位（合衆国で支払われていた賃金額を含む）および事故に先立つ期間をもとに判断したのは明らかな誤りであるか否かということであるとした。

以上を前提として，裁判所は，原告が，①まず合衆国での事故前の賃金額を立証した場合には，立証責任は被告に移り，被告は，②過去の賃金額を将来の賠償の算定に使うのは事実問題として不当であること，および，その場合の逸失賃金の算定基準を立証する責任を負うと述べる。そして，本件では，②に関し，被告はまもなく原告が退去強制されるという証拠を示していないので，原審が原告の逸失賃金を合衆国で得ていた賃金額に基づいて与えたことに誤りはないと判断した。

〈本判決の位置付け〉　本判決は，不法就労者が将来合衆国に滞在するかを事実問題とした点では先のCollins事件と共通しているが，不法就労者が退去

---

[565]　848 F.2d 498（5th Cir. 1988）, *cert. denied sub nom.* Dianella Shipping Corp. v. Hernandez, 488 U.S. 981（1988）, *and also cert. denied sub nom.* Hernandez v. Dianella Shipping Corp., 488 U.S. 1030（1989）.

強制される蓋然性の立証責任を雇用主側に負わせた点で特色がある。

　以上見てきたように，裁判例では，不法就労者の逸失利益の算定を事実問題としたうえ，引続き合衆国で収入を得ることができたか否かに関し，退去強制の可能性を考慮するものが最近目立っている。

【8】　Rodriguez v. Kline[566]（カリフォルニア州）

〈事案〉　本件では，不法就労者の交通事故による逸失利益を合衆国ベースで算定するか，出身国（メキシコ）ベースで算定するかが争われた。

〈判決要旨〉　カリフォルニア州控訴裁判所は，上記の問題につき，次のように立証責任を踏まえたルールを示した。なお，本判決は，IRCA施行直前に出されている。

　将来の逸失利益を請求する事件で原告の（移民法上の）地位が問題となっている場合には，事実審裁判所（一審）での法律問題として，その者の合衆国での地位が決定されるべきである。そこでは，被告がまず，原告は外国人で退去強制の対象となっていることを立証する。この立証が成功したならば，立証責任は原告に移り，原告は退去強制の原因となった状況を改める手続きをしたことを立証しなければならない。この立証により，将来合法的に合衆国で働くことができる者と同様の補償を認めることができる。

　以上の立証責任の分配ルールに基づく立証がなされているかどうかは，陪審の評決によって決められるものであるとして，本判決は陪審に再審理させるべく原審判決を破棄し，差戻した。

〈本判決の位置付け〉　本判決は，不法就労者の将来の逸失利益について，当該被用者の移民法上の地位に関する立証責任の所在を示している。すなわち，本判決によれば，被告において，原告が移民法上合衆国に滞在できない地位にあることを立証した場合には，原則として出身国ベースの逸失利益のみが認められ，これに対して原告が，適法に滞在ができる地位となったことを立証できた場合には，合衆国ベースの逸失利益が認められることになろう。本件は労災事件ではないが，不法就労者の逸失利益の算定という点では，労

---

[566]　186 Cal. App. 3d 1145, 1986 Cal. App. LEXIS 2155（Cal. Ct. App.）.

災事件にとっても参考になろう。

4 Hoffman判決以後の裁判例の動向と同判決の射程

【9】 Sanchez v. Eagle Alloy, Inc.[567]（ミシガン州）

〈事案〉 本判決では，同一の被告のもとで働いた2人の不法就労者の労災事件が審理されているが，ここでは，そのうち一人（Sanchez）の事案を取り上げて検討する。

本件では，原告（Sanchez）が被告会社での研削作業中右手を挟まれ負傷した。原告は当初，虚偽の書類を提示して採用された不法就労者であった。雇用主は事件後，社会保障番号が無効であることを発見し，これを理由に原告を解雇した。治安判事は，①原告は，ミシガン州の労災補償・障害法（Worker's Compensation Disability Act: WDCA）上の「被用者」に当たるとし，治療費（medical treatment）の補償のほか，②原告の就労資格がないことが判明した時点までの，逸失賃金の支払いを命じた。しかし，その後，労災補償再審査委員会（Worker's Compensation Appellate Commission: WCAC）による再審査の段階で，WCACが，治安判事の上記命令のうち，①の，原告が同法上の被用者にあたるとする部分については承認したが，②の部分について，治安判事に対して，障害補償の可能性につき，さらに事実認定をするよう差戻した。差戻し後，治安判事は，期間を区切らない逸失賃金の支払いを命じ，WCACがこれを承認する決定を下した。これに対し，被告である雇用主側が，州控訴裁判所に上訴したのが本件である。

〈判決要旨〉 州控訴裁判所は，以下のとおり判断した。

まず，WDCAの「被用者」の定義に，「外国人」が含まれており，適法就労かどうかの区別がなされていない以上，これに不法就労者も含まれると解されるので，原告は同法の「被用者」にあたるとした。

次に，同法に基づき原告が「犯罪」（crime）に関与しているため働くことができない場合には，雇用主は週払いの逸失賃金の支払いを停止することが

---

[567] 254 Mich. App. 651, 2003 Mich. App. LEXIS 25（Mich. Ct. App.）, *leave to appeal granted*, 469 Mich. 955, 2003 Mich. LEXIS 2500（Mich.）, *order granting leave to appeal vacated*, 471 Mich. 851, 2004 Mich. LEXIS 1557（Mich.）.

できる、と述べた。そのうえで、Hoffman判決では原告がIRCAに違反して虚偽の書類を提示していたことに触れ、本件原告も同様にIRCAに違反して採用されていたため、このことはWDCAのもとで「犯罪」にあたるとした。よって、原告に就労資格がないことが判明した時点までは、逸失賃金の支払いが与えられるが、それ以降は停止されるとした治安判事の当初の判断は正しいと認めることができ、このように解することは、Hoffman判決で示された連邦のポリシーと同法が示唆する州のポリシー両方に調和するものであると判断した。したがって、WCACの決定のうち、上記時点以降も逸失賃金を与えた部分を破棄し、それ以前の部分について維持した。

なお、本判決の後、両当事者が上告し、州最高裁によりいったんは受理されたが（leave to appeal granted）[568]、その後、上告趣意書および口頭弁論（briefs and oral arguments）の結果、この上告受理が取消されている[569]。

〈本判決の位置付け〉　本判決は、同州の労災補償法のもとで、不法就労者も「被用者」にあたるとしたうえで、逸失賃金について、原告の就労資格がないことが判明した時点以降の支払いを停止し、それ以前の部分を認めている。本判決は、Hoffman判決を引用しているけれども、逸失賃金を雇用主が知った時点で分けるやり方は、事後的認識が問題となった事件におけるMcKennon事件判決の判断方法を採り入れたものということができ、むしろ限定的にHoffman判決を採り入れたものといいうる。

【10】　Sanango v. 200 East 16th St. Housing Corp.[570]（ニューヨーク州）

〈事案〉　本件では、不法就労者である原告が、建設現場での作業中に、はしごから落ちて負傷した。原告は、所有者および雇用主を相手に、州不法行為法に基づき、損害賠償を請求した。一審の州下級裁判所は、原告に対し、苦痛（pain and suffering）に対する損害賠償約245万2千ドルに加え、事故がなければ得られたであろう賃金を合衆国ベースで算定し、逸失賃金9万6千ドルを与えるとの陪審の評決に基づき判決を下した。これに対し、被告側が

---

[568]　469 Mich. 955, 2003 Mich. LEXIS 2500（Mich.）.
[569]　471 Mich. 851, 2004 Mich. LEXIS 1557（Mich.）.
[570]　15 A.D. 3d 36, 2004 N.Y. App. Div. LEXIS 15637（N.Y. App. Div.）.

控訴したのが本件である。ここでは，IRCAおよびHoffman判決に照らし，不法就労者である原告に，逸失賃金を与えることが禁止または制限されるかということが争点になった[571]。

〈判決要旨〉 州控訴裁判所は，以下のように述べて，逸失賃金以外の部分については，原審を維持したうえで，逸失賃金の部分について改めて事実審理を行うべきであるとして原審に事件を差し戻した。

まず，裁判所は，Hoffman判決は，連邦の労働関係法（federal labor law）についての判決であり，州不法行為法にその射程が及ぶかということについては議論の余地があるとしつつも，次の理由により，不法就労者に合衆国で違法に得られたであろう賃金を認めることになる限度で，州法はIRCAに先占される，と判示した。すなわち，本件の原告に合衆国で違法に得られたであろう賃金をもとにした賠償を認めることは，Hoffman判決で，NLRBがバックペイの救済を与えたことと実質的に同様であり，IRCAのもつ連邦の移民政策を不当に侵害するものであるとし，また仮にそのような救済を認めた場合，連邦の労働法のもとでも，州不法行為法のもとでも，損害軽減義務が課されるため，将来のIRCA違反を奨励することになる，と理由を述べた。そのうえで，母国の支配的賃金をベースに逸失賃金を与えることについては，連邦のポリシーもこれに明確に反対していないので，これを与え得るとし，母国の支配的賃金をベースにして過去と将来の逸失賃金を算定するよう，原審に差し戻した。こうした判断を示すに当たり，本判決は，雇用主が原告に就労資格がないことを知っていてもいなくても，原告が不法な雇用上の地位を得たこと自体がIRCAの政策に反すると述べている（なお，注において損害軽減義務については，原告の母国での就労機会および本人の努力が立証された分に限られる，とした）。

〈本判決の位置付け〉 本判決は，不法就労者に合衆国ベースの逸失賃金を与えることは，Hoffman判決において，バックペイを与えることが問題になったのと同様に，連邦の移民政策に反するとし，その限りにおいて，

---

[571] 一方，裁判所は，苦痛に対する損害賠償および治療費用については，移民資格に関わりなく認められると述べた。

IRCAが州法を先占すると述べた点に特徴がある（ただし、この点については、上述のDowling v. Slotnik[572]は先占を否定しており、学説[573]でも、先占されないとの反対の立場をとるものがある）。一方で、逸失賃金を母国の支配的賃金をベースに算定することは、移民政策に反しないとした点でも特徴がある。そのうえで、逸失賃金を、将来の分だけでなく過去の分も母国ベースで算定するよう審理を差し戻している。なお、本判決の見解は、後述するBalbuena v. IDR Realty LLCにより、覆されている。

【11】　Rosa v. Partners in Progress, Inc.[574]（ニュー・ハンプシャー州）

〈事案〉　不法就労者であるブラジル人の原告は、建設現場での転落事故により負傷し、元請事業者らを相手に合衆国での賃金ベースの逸失賃金の支払いを求める民事訴訟を起こした。州控訴裁判所は、①事故当時、合衆国で合法的な就労資格を持たなかった原告に対し逸失賃金の支払いが認められるか、②それが認められるとしても、本国ベースに限定されるべきか、等の法律問題につき、州最高裁判所にその審理を移送した（transferred questions）。

〈判決要旨〉　州最高裁判所は、次のように述べ、審理を州控訴裁判所に差し戻した。

裁判所は、まず、上記①の争点について、労働者の負傷と移民資格については関連性がないので、不法行為法のもとでの他の申立と、本件のような不法就労者の逸失賃金の支払いを求める申立とを分ける理由はない、とし、事故当時、合衆国で合法的な就労資格を持たなかった原告に対しても逸失賃金の支払いを認めることができると判示した。

次に、上記②の争点について、不法就労者の逸失賃金を本国ベースで算定すべき状況が多くあることを認める一方で、以下のとおり、状況によっては、

---

[572]　*See supra* note 548.

[573]　*See* Robert I. Correales, Article, *Workers' Compensation and Vocational Rehabilitation Benefits for Undocumented Workers: Reconciling the Purported Conflicts Between State Law, Federal Immigration Law, and Equal Protection to Prevent the Creation of a Disposable Workforce*, 81 Denv. U. L. Rev. 347, 372（2003）.

[574]　152 N.H. 6, 868 A.2d 994, 2005 N.H. LEXIS 35（N.H.）.

合衆国ベースで算定すべき場合もある，と判示した。

　州法に基づき，不法就労者に合衆国ベースでの逸失賃金をもとに補償を与えることに関しては，Hoffman判決の射程が及ぶかという問題について，裁判所の判断は分かれており，本国ベースとすべきと判断したものと（上記Sanango事件），不法就労者が合衆国で就労できている事実を挙げて一定限度での合衆国ベースによる算定を認めたものとがある（Madeira v. Affordable Housing Foundation, Inc.[575]）うえ，Hoffman判決後だけでなくその以前からも，裁判所間で判断の不一致があった。本件にHoffman判決の射程は及ばないと推定されるが，不法就労者に合衆国ベースでの逸失賃金を認めなければ，不法就労者を雇うコストを引き下げることになり，雇用主にIRCAの制裁のリスクを犯して不法就労者を雇うインセンティブを与えてしまうという議論も，それを認めた場合，負傷した場合に合衆国ベースで補償を受けられることを知った不法就労者に入国のインセンティブを与えることになるという議論もそれぞれ説得力をもっている。

　そこで，不法就労者が不法な雇用に関与している場合，一般には，合衆国ベースの逸失賃金を認めることはできない。しかし，不法行為の抑止の原則（tort deterrence principles）は，不法就労者であることを知りつつ，または知りうべきでありながら雇った場合，雇用主側に損害賠償の責任を負わせるやむをえない理由（compelling reason）となる。限られた状況で，逸失賃金を認めることは，移民法の執行を妨げることにはならない。これは，不法就労者の違法な賃金を合法な補償に変えてしまうことになるけれども，不法就労者を雇った雇用主にとっては，最初から不法就労者を雇わないことができたのである。パブリック・ポリシーの問題から，知りつつまたは知りうべきであったのに不法就労者を雇った者は，不法就労者の退去強制の可能性を合衆国での逸失賃金を認めることを妨げる理由に用いることはできない。

　そこで，不法就労者の側が，雇用主が不法就労者であることを知りつつまたは知りうべきでありながら採用し，雇用し続けたことを立証した場合，雇

---

[575] 315 F.Supp. 2d 504（S.D.N.Y. 2004）（州籍相違事件において，連邦地方裁判所によるニューヨーク州労働法のもとでの判決）．同判決については，後掲注（578）判決の事案参照．

用主は，合衆国ベースでの逸失賃金の支払いの責任を負う。さらに，IRCAは不法就労者が虚偽の書類提出することを禁じているが，そのような場合であっても，雇用主側がそのような書類を信頼して雇ったことの合理性を立証しない限り，不法就労者に合衆国ベースでの逸失賃金を与えることの妨げにはならない。

〈本判決の位置付け〉　本判決は，まず，労災補償法における逸失賃金の算定にあたり，災害を被った労働者が不法就労者であることがいかなる影響を及ぼすかという問題に関し，Hoffman判決の射程が本件に及ばないとの推定にたった判断を示したものとして注目に値する。また，それを前提に，不法行為の抑止の観点から，雇用主が不法就労者であることを知りつつまたは知りうべきでありながら雇った場合には，合衆国ベースで逸失賃金を支払う責任を負う，とした点についても特徴がある。さらに，以上の判断において，労災補償が不法就労者とその雇用に及ぼす影響を考慮している点で，インセンティブ論に立った視点を示している点でも特徴が見られる。

【12】　Balbuena v. IDR Realty LLC[576]（ニューヨーク州）

〈事案〉　本判決においては，いずれも建設現場での転落事故で負傷し，後遺障害が残った不法就労者が原告となって建設施設の所有者ないし雇用主を相手に逸失賃金の賠償を求めた，Balbuena v. IDR Realty LLCおよびMajlinger v. Cassino Contracting Corp.の二つの事件を合わせて審議している。

〈判決要旨〉　ニューヨーク州最上級裁判所（Court of Appeals of New York）は，次のように述べた。

まず，負傷した不法就労者の逸失賃金の請求を制限するならば，州労働法に従って，すべての労働者に安全な職場を提供しようとする雇用主のインセンティブを少なくすることになることから，州労働法は，IRCAに先占されない。

また，損害賠償の算定にあたり考慮されるべき損害軽減義務（mitigation of damages）についてみると，コモンロー上，逸失賃金の損害賠償を請求する

---

[576]　6 N.Y.3d 338, 2006 N.Y. LEXIS 200（N.Y.）.

被災労働者は，就労によって損害の拡大を防ぐことを要求されるため，IRCA違反の就労がもたらされるおそれがあるが，原告は事故による後遺障害により働けなくなっているので本件では考慮する必要がない。この点，労働者が負傷してはいないためにIRCAに違反して再び不法就労する可能性があるHoffman事件とは事案が異なっている。

　最後に，逸失賃金の算定にあたっては，陪審は，就労資格を判断要素としうる。この場合，原告は，就労資格を取得しえたため国内での就労により賃金を得られたであろうとの主張・立証をすることができる。逆に，被告は，それがなければ，将来にわたる賃金を認めることは適切ではないとの主張をなしうる。

〈本判決の位置付け〉　本判決以前において，IRCAによる州法の先占を巡り，ニューヨーク州の裁判所内において，判断が分かれていた。本判決において，ニューヨーク州最上級裁判所が，IRCAは州法を先占しないと判断し，上記Sanango v. 200 East 16th St. Housing Corp.を覆したことは注目に値する[577]。また，逸失賃金の算定にあたって，不法就労者であることや，適法就労への転換の可能性について判断要素としうるとの見解を示したことは意義がある。

【13】　Affordable Housing Foundation, Inc. v. Silva[578]（ニューヨーク州）

〈事案〉　不法就労者であるブラジル人Madeiraは，建設現場での転落事故に遭い，後遺障害が残った。同人が原告となった訴訟において，陪審は，Madeiraの逸失賃金につき，傷害を負っていなかったとしても，一定の期間を超えない範囲では合衆国に留まっていたであろうとの判断により，一定期間につき合衆国ベースで，その後については本国ベースに基づき逸失賃金を算定したとみられる，ブラジルで働いて得たであろう額よりかなり多い金額の支払いを命ずる評決を行った。連邦地方裁判所は，原告の雇用主である下

---

[577]　建設現場での転落事故により負傷した不法就労者が，元請会社等に対し州労働法等に基づく医療費を請求した事件で，連邦地方裁判所は，医療費についてはIRCAの先占は認められないとの判断を示した（Hernandez v. GPSDC (New York) Inc., 2006 U.S. Dist. LEXIS 9172 (2006)．本件は州籍相違事件）。

[578]　469 F.3d 219 (2d Cir. 2006).

請会社，建設現場のオーナーおよびゼネコンである元請会社に対し，この評決に従った支払いを命じる判決を下した。

　本件は，評決により命ぜられた賠償額の分担等をめぐって起こされた，建設現場のオーナーおよび元請会社と，下請会社の間での訴訟についての判決である。すなわち，上記評決については，法律上誤りがあるとして評決に関わらず判決をなすべしとの申立がなされ，連邦地方裁判所はこれを却下した[579]。本件では，建設現場のオーナーおよび元請会社と下請会社との間では，賠償額の分担について争われていたが，その前提としての賠償すべき額を合衆国ベースで算定すべきか否かが問題となった。そのため，ここでも，IRCAが州法（ニューヨーク州労働法）を先占するかが争われ，Hoffman判決の射程が問題となっている。

　〈判決要旨〉　第2巡回区控訴裁判所は，次のように述べ，連邦地方裁判所の判断を維持した。

　連邦移民法は，Madeiraの雇用を禁じてはいるが，採用にあたってIRCAに違反して同人を雇用したのも，対人傷害も他者の非違行為によるものである。また，陪審が，外国人の退去の可能性を考慮したうえで，ニューヨーク州労働法に基づき合衆国での逸失賃金の賠償を与えることを許容することについて，連邦移民法と州法との間に明らかな抵触は存在しない。さらに，本件は労災補償をめぐる事件であり，IRCAは補償を行うこと自体を抑制するものではないので，IRCAとの抵触の問題は起こらない。

　以上のことから，ニューヨーク州労働法が対人傷害を負った不法就労者につき合衆国ベースでの逸失賃金を含む賠償を認めることにつき，IRCAは，明示的にも黙示的にも，先占してはいない。また，本件は，賠償されるべき対人傷害について，IRCAその他の法は権限を有してはおらず，IRCA違反についてはそれを知りつつ雇った雇用主のほうにむしろ責がある。さらに，陪審は，合衆国ベースで逸失賃金を認めるとしても不法就労者の退去の可能性について考慮すべきと説示されたうえで評決を行っており，そのような説示を受けての本件評決はIRCAに抵触するものではない。

---

[579] Madeira v. Affordable Housing Foundation, Inc., *see supra* note 575.

〈本判決の位置付け〉　本判決は，裁判所が陪審に対して，不法就労者の退去可能性を考慮したうえで一定期間につき合衆国ベースの逸失賃金の補償を認めるとの説示に基づいてなされたとみられる評決に従った連邦地方裁判所の判決を支持している。このような考えは，上記Balbuena事件判決の示した見解を具体的に展開したもので，わが国の改進社事件最高裁判決で示された判断枠組み類似の考え方であり，注目に値する。また，Hoffman判決との違いについて，Hoffman判決は，雇用主が当初は不法就労者であるとは知らず雇っていた事案であったが，本件は雇用主が不法就労であることを知りつつ外国人を雇った事案であること，また，Hoffman判決は，NLRAのもとで解雇を違法とした場合に就労を違法とするIRCAとの関係で復職の是非が問題となった事件についてのものであるが，本件は労災補償法のもとでの事件であり，IRCAは補償自体を妨げるものではないので，労災補償法とIRCAの抵触の問題は起こらないとして，Hoffman判決の射程が及ばないとした点も重要である。

【14】　Hoffman判決の射程

ここでは，労災補償法のもとでのHoffman判決の射程を検討する。すでに述べたとおり同判決は，不法就労者にNLRAの下でのバックペイの救済を与えることは移民政策に反すると判断したことから，他の法令のもとでの本判決の射程が問題となる。

そこで，労災補償法についてみると，労災補償事件は概ね各州法の問題となるが，そこでは，不法就労者が補償を受けられるか，逸失賃金をどこの国を基準に算定するかが争われている。州により裁判例の態度は異なるが，これまでは，将来の就労可能性を事実問題とみて一定の期間は合衆国ベースで算定する傾向がみられた。しかし，移民法上の資格のない者の就労は法的に保護されないというHoffman判決からすれば，逸失賃金を否定し，あるいは少なくとも本国ベースとする方向で影響を受けることが考えられる[580]。

そこで，上述の裁判例の状況をふり返ると，Reinforced Earth Co. v. Workers'

---

[580] *See supra* note 552.

Comp. Appeal Bd.において，ペンシルバニア州最高裁は，Hoffman判決に言及しなかったものの，不法就労者への労災補償が直ちにパブリック・ポリシー違反として禁じられることはないとする一方で，就労資格がないことは給付停止の抗弁の理由となる可能性を認めた。また，上述のSanango v. 200 East 16th St. Housing Corp.は，Hoffman判決の射程が及ぶかは疑問としつつも，IRCAが州法に先占するとの見解に立ち，合衆国ベースでの逸失賃金を認めず，本国ベースとした。

しかし，Balbuena v. IDR Realty LLCにおいて，ニューヨーク州最上級裁判所は，IRCAによる州法の先占を否定し，Sanango事件判決を覆した。また，Sanchez v. Eagle Alloy, Inc.のように，Hoffman判決で示された連邦法上のポリシーと州法上のポリシーを調和させなければならないとしつつも，救済については，Hoffman判決では採用しなかった事後的認識の法理を採用し，Hoffman判決の射程をむしろ限定的に捉えているものや，Rosa v. Partners in Progress, Inc.のように同判決の射程が及ばないとの推定のもと，逸失賃金につき，原則は本国ベースとしつつも，一定の状況下では合衆国ベースでの算定を認めうるとした裁判例もある。さらに，Affordable Housing Foundation, Inc. v. Silvaにおいて，第2巡回区控訴裁判所は，陪審に不法就労者の退去可能性につき考慮することを説示したうえ，一定期間について合衆国ベースの逸失賃金の支払いを認めた連邦地方裁判所の判断を維持したが，このような賠償額の算定方法は，わが国の改進社事件最高裁判決と類似の考え方であり，注目に値する。

このように，Hoffman判決後，不法就労者への労災補償法上の救済をめぐる州裁判所の判断は必ずしも一様でなかったが，裁判例の傾向はIRCAの先占を否定する方向が強まりつつある。労災補償法のもとでの逸失賃金は，現に働いた分の賃金とはいえない点で，NLRAのもとでのバックペイと類似の救済である。そのため，労災補償法は，Hoffman判決の影響を受けやすい領域ではあるが，これまで検討したとおり，必ずしも直接的に同判決の射程が及ぶものではなく，裁判例の中には，同判決を限定的に捉えるものも見られる。

また，これまで見てきたFLSAや雇用差別禁止法において，裁判例の中に

は、救済の内容によって、救済の内容を工夫しようとする動きがみられたように、労災補償法においても、同様の傾向を示す裁判例がある。そのなかで、不法就労者に労働法上の救済を認めることで、雇用主がそのような労働者を雇うインセンティブを低くすることができるので、移民政策にも一致するという従来のインセンティブ論と、これとは逆に、不法就労者に救済を与えると不法就労者の入国するインセンティブを高めることになり、移民政策に反するというHoffman判決にも見られた逆インセンティブ論の両方の側面を合わせて救済内容を考える裁判例が現れている。これまで、インセンティブ論といえばどちらか一方の側面に立っての展開がなされており、Hoffman判決も同様であるが、このようにインセンティブの両面を捉える立場は、労災補償法の分野における新たな動きであるといえる。たとえば、上述のRosa v. Partners in Progress, Inc.は、両インセンティブ論を示した上で、雇用主が不法就労者であることを知っていた（知りうべきであった）か、否かによって、救済内容を分けようとしている。また、上述のAffordable Housing Foundation, Inc. v. Silvaは、不法就労者の退去可能性を考慮して、一定期間についてのみ合衆国での逸失賃金の支払いを命ずるという救済を与えている。このような動きは、移民政策と労働政策の調和につき、新たな方向性を見出そうとする動きの一つの現れであるといえる。

さらに、制定法による状況をみると、たとえば、カリフォルニア州のように、州労働法において、連邦法において禁じられる復職の救済を除き、移民資格の有無にかかわらず同法の適用を受けるとの定めを置いている州もある。

学説においては、Hoffman判決の射程が労災補償法に及ぶことに反対する立場から、労災補償法の適用を否定した場合には、当該労働者に不利益になるばかりでなく、雇用主に潜在的な利益を与えてしまうことになり、その結果、不法就労者を雇用する経済的インセンティブとなるばかりか、職場の安全衛生を軽視して事業のコストを免れようとするインセンティブも与えてしまう、との批判がなされている[581]。

---

[581] Correales, *supra* note 573, at 412-413.

第3節　小括——アメリカ労働法と移民政策

　以上の検討を踏まえ，アメリカ合衆国における労働法上の外国人の法的地位の特徴を簡単に総括する。ここでは，①適法就労者の法的地位と，②不法就労者の法的地位をそれぞれみていく。

　まず，適法就労者の法的地位の特徴をみると，合衆国においては，主として，雇用差別禁止法を通じて，適法就労者の平等取扱いが確保されているといえる。Espinoza v. Farah Manufacturing Co.における合衆国最高裁判決は，第7編は，国籍差別を禁ずるものではないが，外国人に対する差別が一定の要件のもとで出身国差別として違法となりうることを示した。外国語訛りの英語のアクセントや，身長など体格に関する基準を設けることは，差別インパクト法理のもとで，出身国差別となるとされ，裁判例もこれを認めている。こうした取扱いにより，外国人の属性による差別が禁止されるという効果が実現されるといえる。これに対し，職場での英語以外の言語の使用を禁ずる「英語のみルール」が出身国差別となるかは裁判例が分かれているが，一定要件のもとで違法となりうるとの解釈が示されている。

　次に，不法就労者の法的地位の特徴をみると，アメリカ移民法のもとで，不法就労者は退去強制の対象となるが，雇用すること自体は禁止されていなかった。そこで，1986年IRCAは，不法就労者であることを知りながら雇用した雇用主を罰する規定を創設した。このように不法就労者の雇用を禁止するIRCAの施行後は，アメリカ労働法上の保護を不法就労者に与えうるか否かが大きな問題となった。そこで，①不法就労者にもアメリカ労働法規が適用されるか，さらに②適用されるとすると，労働法規のもとでの保護の内容はいかなるものになるかという点を中心として判例の状況等を検討した。

　検討の結果，①については，州の労災補償法などにつきIRCAの目的に照らして不法就労者に保護を与えないものもあるが，多くの裁判例はIRCAと各労働法規の適用は矛盾しないとして適用を認める傾向にあることが示された。

　次に，②については，NLRA上の不法就労者への復職およびバックペイの救済の可否が問題となった事案で，これを否定した合衆国最高裁のHoffman

第3節　小括——アメリカ労働法と移民政策

判決は重要な判決である。すなわち，Hoffman判決は，不法就労者に対し，合法的に獲得しえないバックペイを認めることはIRCAの政策に反し，将来の違反を促進するとして，バックペイ命令を違法としており，労働法の解釈にあたり移民政策を考慮したものといいうる。

ただし，同判決で示された移民政策の解釈は，IRCAの立法史において，同法は不法就労者の取扱いにつき労働法の解釈を変更するものではないと述べられていた点との関係で批判がなされている。また，不法就労者にNLRAの復職やバックペイの救済を与えないことにより，同法の保護を受けない労働者の層を作り出すことになり，結果として，雇用主に不法就労者を雇おうとするインセンティブを与えることになるという批判もある。もっとも，これらの批判も，移民政策を労働法の解釈にいかに反映させるかという点に関する見解の違いに基づくものであって，移民政策を考慮した労働法の解釈を行おうとしている点では共通している。

同判決後，不法就労者をめぐるアメリカ労働法の救済が問題となる事件について，下級審は，同判決に従うものもあるが，同判決の射程距離を限定する動きがみられる。そこでは，救済の内容の違いに着目し，同判決の射程を復職およびバックペイのように，将来との結びつきの強いものに限定する一方，すでになされた労働への報酬の支払いや既往の加害行為に基づく損害賠償については，Hoffman判決の射程は及ばないとされ，救済が認められる方向にある。

そのような観点から，各法のもとでのHoffman判決の射程を見ていくと，NLRAのもとでの復職，バックペイは認められないことになろう。その理由は，NLRAの復職，バックペイは解雇時点からみて，将来の救済という性質があるためである。そこには，不法就労者には法的保護に値する将来はないという発想が前提にあるものと推察される。Hoffman判決後は，不法就労者は，復職できないためにバックペイも認められないと判断する傾向が生じている。

これに対し，FLSAについてみると，すでになされた労働に対し未払いの賃金があればこれを認める方向で固まりつつある。これは将来の救済に当たらないからであるといえる。

さらに、雇用差別禁止法では、第7編について、すでになされた差別（加害行為）に対する救済という点や、救済内容の違いから救済を認める余地があるとみるものもある。また、金銭的救済がバックペイに留まるNLRAとは異なり、損害賠償請求として異なる取扱いを認める余地がある。

最後に、労災補償法についてみると、主に州法の問題であるため、州により様々な立場がとられうる。そして、ここでは、①補償を認めるか（州法がIRCAにより先占されるか）、これを認めるとしても②補償水準を如何にするか（逸失賃金で問題が生じる）という点での問題が生じる。裁判例は、①につき、Hoffman判決の影響を受けて、労災補償法がIRCAにより先占されるとしたものもあったが、最近では、先占を否定するものが多くなっている。他方、②の問題については、わが国の改進社事件最高裁判決と同様の折衷的発想を示す判決も現れている。

以上みてきた各問題については、不法就労者に労働法の救済を与えないと雇用主の不法就労者を雇おうとするインセンティブになるとする（すなわち、移民政策の観点からも不法就労者に労働法の保護を与えるべきと考える）従来のインセンティブ論と、これに対し、Hoffman判決でも示された不法就労者に労働法の救済を与えると、その救済を求める不法就労者の入国のインセンティブとなるとする（すなわち、移民政策の観点から不法就労者に与える保護を制限すべきと考える）逆インセンティブ論という二つのインセンティブ論の対立を生じる。

いずれにせよ、裁判所の傾向は、不法就労者を雇うインセンティブを助長させるような法解釈を避けようとしている。たとえば、どちらのインセンティブを優先して考慮するかについて、これを雇用主側の知・不知、すなわち①不法就労者と知って雇っていたか、または②そうとは知らずに雇っていたかで分け、前者の場合は、雇用主は責任を免れ得ないとして、新たな方向性を探るものもある。

これらの下級審レベルの対応とは別に、行政機関では、同判決に従いつつも移民資格については調査しないとするNLRBの動き（EEOCも同旨の見解を示している[582]）がみられる。

また、学説レベルでもこれらのインセンティブが議論になっているが、ど

第3節 小括――アメリカ労働法と移民政策

ちらのインセンティブも成り立ちうる面があり，新たな解釈が必要になっている。

最後に，以上みてきたHoffman判決以降の動向をまとめると，不法就労者の救済をめぐる今後の動向としては，(a)同判決の文面に従い，不法就労者一般につき救済を限定してゆく方向への展開，(b)救済の性質や内容によって分けたり，NLRA以外の法令は別個に考えるなど，同判決の射程を限定する方向への展開，(c)救済の範囲を立法化する方向への展開が考えられる。前記のように，同判決に従いつつも移民資格については調査しないとするNLRBの動き（EEOCも同旨[583]）や，公正労働基準法（FLSA）につき同判決の射程を限定する動き[584]などは，(b)の方向をとるものといいうるし，(c)の方向として，カリフォルニア州が不法就労者への州労働法の救済を認める立法をしたこと[585]などがみられるが，なお今後の展開が注目される。

いずれにしてもアメリカ労働法の不法就労者の取扱いは，移民政策の考えを取り入れた解釈がなされている。すなわち，移民政策を労働法の解釈にあたって考慮しているといいうる。

---

[582] EEOC, Rescission of Enforcement Guidance on Remedies Available to Undocumented Workers Under Federal Employment Discrimination Laws（June 27, 2002）, *available at* http://www.eeoc.gov/policy/docs/undoc-rescind.html（last visited June 16, 2008）.

[583] *Id.*

[584] 前掲注（509）本文参照。

[585] *See supra* note 556.

第5章　アメリカ法の特色と日本法への提言

第1節　アメリカ法の位置付け

　以上の検討を踏まえ，外国人労働者の受入れおよび取扱いをめぐるアメリカ法の特色をみていくこととする。詳細は以下で述べるが，合衆国においては，移民法ないし移民政策と，労働法ないし労働政策が，それぞれ交錯して関連付けられ，影響を与え合うなど，相互に密接な関連を持つものとして位置付けられる点に特色がある[586]。

第1項　検討の視点

　移民法（移民政策）と労働法（労働政策）の交錯については，労働政策からの移民法へのアプローチと移民政策からの労働法へのアプローチとがある。
　まず，労働政策からの移民法へのアプローチは，労働政策が移民法にいかなる影響を与えているか，あるいは，移民法上の制度において，労働政策がいかなる位置付けを与えられているかなどを検討するものである。
　次に，移民政策からの労働法へのアプローチは，逆に，移民政策が労働法にいかなる影響を与えているか，あるいは，労働法上の制度において，移民政策がいかなる位置付けを与えられているかなどを検討するものである。以

---

[586] 本書は，このようなアメリカ合衆国における移民法（移民政策）および労働法（労働政策）の交錯の解明に焦点を当てているため，それぞれの法領域の中で完結する問題については，特に取り上げていない。たとえば，移民法の規制をパスして受け入れられている適法就労者の職業選択の自由の問題は，労働法自体の解釈問題であり，移民法との交錯の問題は若干を除き（Yui Sing Tse v. INS, *supra* note 252. ただし，前掲注（108）のような論点はある），ほとんど生じない。本書でこのような問題にあまり力点を置かなかったのは，このような理由による。

第1節　アメリカ法の位置付け

上のような観点から検討を加えることによって，移民法（日本では入管法）上の制度設計や法解釈等を行うに当たり，また，労働法上の制度設計や法解釈等を行うに当たり，それぞれ有益な示唆が得られる可能性があるように思われる。

そこで，本章においては，まず，アメリカ移民法に対して労働政策がいかなる影響を与えているか等について検討を行い，次いで，アメリカ労働法に対して移民政策がいかなる影響を与えているかについて検討する。そのうえで，日本法との比較を行い，わが国における制度の設計や法解釈への示唆を探ることとする。

また，このような検討を行うに当たっては，国家が外国人についていかなる態度をとっているかという視点をもつことが有益だと思われる。その場合，外国人政策における基本的理念と考えられる「選択」と「統合」という理念をとりあげることができる。両理念を用いることにより，①日米の入管法政策（移民法政策）および労働法政策の意義，機能および交錯状況をより明確に描くことが可能であり，かつ，②アメリカ法から日本法への示唆を見出す際に日米共通の視点として分析できるというメリットがある。本書では，こうした観点から，「選択」と「統合」という理念を基礎として検討を進めることとしたい[587]。

まず，「選択」の理念については，国際慣習法上，外国人には入国の自由

---

[587] ドイツ移民法（前掲注（65）参照）において，「制御して，限定する」というコンセプトと「統合」というコンセプトを併せ持つことが示されていることを指摘するものとして，広渡清吾「国際移住の法システムと法政策　ドイツ法とEU法を素材として」塩川伸明＝中谷和弘編・法の再構築［Ⅱ］国際化と法（東京大学出版会，2007年）所収251-282頁がある。また，2005（平成17）年12月21日付けの規制改革・民間開放推進会議の第2次答申は，外国人の「受入れ政策」と「社会的統合政策」とを両輪とする総合的な法令・政策などにつき一定の方向性を示すとして，本書と同様の視点から，在留外国人の入国後におけるチェック体制の強化，外国人の研修・技能実習に係る法令の整備などの検討課題を示している。なお，これを受けて公表された「行政改革の重要方針」（平成17年12月24日閣議決定）において，同会議が横断的重要分野として掲げた外国人の移入・在留について，「速やかに必要な規制改革を推進する」との方針が示された（同7(3)）。

はないとされている[588]。すなわち，ある外国人を入国させるか否かは，国家の主権に属し，その国の自由裁量に任されると考えられている。この点に関する各国の「選択」の基準を決定するのが移民法（わが国では入管法）である。この移民法により，基準に合致する外国人の「受入れ」の範囲が画定されることの反映として，当該基準に反する外国人が入国を認められず，「排除」される範囲も自ずと決まる。その意味では，「受入れ」と「排除」は，移民法の「選択」の機能をそれぞれの側面から見たものといえる。言い換えると，このような「排除」と「受入れ」を合わせた上位概念として「選択」という理念を据えることができる。この点，学説において，外国人政策は，主権国家の統治権の基本に関わる高度の主権事項であり，まず，国の利益をいかに守るかが第一義的に尊重され，基本的には各国の政策はどれも「国際的」ではなく，極めてナショナリスティックである，との指摘がある[589・590]。このことは，「選択」の理念を裏付ける論拠となろう。そこでは，法的観点から検討すべき問題が生ずるのは，このような「選択」の理念のうち，主として「排除」の側面においてであることを指摘できる。なお，ここでの「排除」は，「受入れ」要件に適合しない外国人は入国させないという移民法ないし入管法の政策理念を指すものであって，「排斥」や「反外国人」のような反移民感情ないし反外国人感情を表すものでない。そのような誤解や混乱を避けるため，本書では括弧書きで「排除」という用語を用いることとする。

　外国人政策は一般に，移民法における「選択」の基準に適合する外国人を受け入れるという「受入れ」の側面と，不適当な外国人の入国を防ぐという「排除」の側面が重視されがちであるが，それと同時に，以下に述べるとおり，適法に受け入れた外国人の取扱いについては，「統合」の理念を持って

---

[588] 芦部＝高橋・前掲注（11）書92-93頁。

[589] 花見・前掲注（145）論文163-164頁。

[590] 上記の指摘に対し，わが国の入管法の特質には，国の自由裁量による管理のほかに，国際主義，人道主義等が挙げられるとする意見もある（村田敏「外国人の交通事故と損害賠償責任」日本交通法学会編・外国人労働者への交通事故賠償（交通法研究21号）（有斐閣，1992年）18-36頁では，これを外国人と日本人の同一の賃金基準で逸失利益を認めるべきとの主張の根拠として挙げている（同論文21-23頁および「討論」同書72頁［村田発言部分］））。

第1節　アメリカ法の位置付け

いるといえる。

　すなわち，「統合」とは，適法に入国・滞在している外国人につき[591]，自国民と基本的に同等の地位を与え，不当な差別をしないことである[592]。以上は，外国人の人権として位置付けられるが[593]，労働政策の面からも，適法に

---

[591] 国内に滞在している不法就労者についても，こうした「統合」の理念が働くことがあるが，この点については後述する。

[592] このような「統合」の理念は，「同化」とは同じものではない。この点について，外国人の「統合」や「社会的統合」という用語に対しては，外国人の文化的アイデンティティーを否定する「同化」のイメージを避けるため，「共生」という用語が使われることがあるが，本書で使う「統合」は，もとよりそのようなネガティブなイメージを持ったものではない。また，梶田孝道「同化・統合・編入」梶田孝道＝伊豫谷登士翁編・外国人労働者論（弘文堂，1992年）所収205-254頁は，「同化」は，移民が出身国の文化等を放棄して，受入れ国の文化等を受け入れることを意味するとし，これとは反対に，「編入」は，移民の民族的アイデンティティーがそのまま保持されるため，受入れ社会の価値規範と抵触するおそれがあるとし，「統合」は両概念の衝突を調停する考え方とする。なお，「統合」の目標は，外国人とその家族の「底辺化」（marginalization）を防止することにあるとの指摘がある（井口・前掲注（53）書125-128頁）。

　なお，2005年に相次いで起こったロンドンの連続爆破テロ事件（7月。犯人は，パキスタンを出身国とする移民の子弟であった），およびフランスにおける暴動（10月末から11月。北アフリカ系の移民の子弟によって国内各地で車両への放火などが起きた）はいずれも，受入れ国における「統合」政策の重要性を認識させるものであったといえる。両事件について，イギリスの「不干渉型」政策が異民族の疎外感を生み，一方でフランスの「同化型」政策が異民族抑圧と映り，失業や貧困問題とあいまって移民2世，3世を過激化させたとして，両政策ともに壁にぶつかっているとの指摘がなされている（毎日新聞2005年11月7日朝刊［小松浩記者執筆解説］）。

[593] 外国人の人権について，権利性質説のもとで，権利の性質，外国人の多様性（定住外国人など外国人を類型化すること），外国人の平等権に関し再検討することで，具体的権利保障をめぐる問題を是正できるとする見解がある（青柳幸一「外国人と社会保障法上の権利」ジュリ臨増935号［昭和63年度重要判例解説］10-11頁（1989年）。同見解は，外国人の類型化を必要とする理由として，多様である外国人をすべて「外国人」と括ってしまうことが，外国人の人権を現実に剥奪することにもなりかねないとし，類型化する根拠として，入管法の在留資格制度および国籍法の帰化条項（4条以下）の規定が，類型を前提としていると指摘する（青柳・前掲注（106）書227-228頁）。なお，「統合」が人権の観点からの要請であるのに対して，「選択」は国家の主

第5章 アメリカ法の特色と日本法への提言

　受け入れた外国人労働者については，「統合」の要請が働く。「統合」なしに外国人労働者を受け入れると，国内労働市場に本国人（内国人）の市場と，外国人の市場という二重構造を生じるおそれが生ずる。前者は，国内労働者の雇用機会が不足したり，賃金等の労働条件に悪影響を及ぼす可能性があるほか，後者は，外国人であるがゆえに雇用状況や労働条件が不利益になるのみならず，下層の労働市場を生じて社会問題化するほか，産業構造の高度化に支障をきたすといわれている。国内労働市場を保護するという観点からも，適法に受け入れた外国人については，「統合」を図ることが要請される。

　外国人の受入れをめぐっては，①統合なくしても，とりあえず受け入れるべきとの議論がなくはない[594]。しかし，②統合なしに受け入れた場合，人権の問題ばかりではなく，社会問題が生じる恐れがあり，受入れにおいて社会的安定を重視した場合，「統合」政策が不可欠であるといえる。

　こうした「統合」の理念は，国際条約によく反映されている。以下にみるように，国際法上は，外国人について内国民待遇としての内外人の平等が一般に認められており，適法に入国・滞在する外国人については自国民と同様に取り扱うことにより「統合」を図るものといいうる。このような国際法上の理念を受けて，各国は憲法や法令によりその具体化を図っているが，労働法は，労働関係における「統合」の具体化を図るものといえる。

　そこでまず，1948年12月10日に国連総会で採択された「世界人権宣言」を

　　権の観点からの要請である。そのため，両者の調整は，理念的にいえば究極的には，人権と主権の調整の問題として位置付けられる。

[594]　2004年には，移住労働者による本国送金（remittances）が，送金を受け取る側の送出し国（本国）の経済発展に貢献するという評価が高まり，その中で発展途上国から就労者を受け入れるのは先進国としての責務であるとする発言が開発援助の立場から多くなされた（メキシコ，バングラデシュ，フィリピンなど，海外への就労や移住を積極的に推進している国は，移住労働者からの送金の受領額が多く，本国の経済に役立っているとの評価がなされた）。移住労働者の受入れ数を指標の一つとする先進21カ国の開発援助のランキングにおいて，移住労働者数の最も少ない日本は，最下位に位置付けられた（*Ranking the Rich 2004*, FOREIGN POLICY, May/June 2004, at 46-56）。このような議論の中では，移住労働者の質や移住先国での「統合」の問題については，必ずしも十分な評価が与えられておらず，見逃されがちであったといいうる。

みると，同宣言自体は，法的拘束力を持たないと解されているが[595]，そこでは，人権および基本的自由を尊重し確保するために「すべての人民とすべての国とが達成すべき共通の基準」（前文）を定めるとし，「人種，皮膚の色，性，言語，宗教，政治上その他の意見，国民若しくは社会的出身，財産，門地その他の地位又はこれに類するいかなる事由による差別も受けることなく」（2条），同宣言が掲げる権利と自由を享有することができると規定されている。同宣言で掲げられた権利と自由のなかには，「各国の境界内において自由に移転及び居住する権利」（13条1項），「自国その他いずれの国をも立ち去り，及び自国に帰る権利」（同条2項）[596]のほか，労働基本権（23条，24条）などもうたわれている。

次に，国際人権規約は，この世界人権宣言の内容を敷衍し，条約化したものと位置付けられており[597]，四つの文書からなるが[598]，そのうち1966年12月16日に国連総会で採択された「経済的，社会的及び文化的権利に関する国際規約」(International Covenant on Economic, Social and Cultural Rights（A規約と呼ばれる[599]））[600]には，「この規約に規定する権利が人種，皮膚の色，性，言語，宗教，政治的意見その他の意見，国民的若しくは社会的出身，財産，出生又は他の地位によるいかなる差別もなしに行使されることを保障することを約束する」（2条2項）と規定し，労働の権利（同6条）等を認めている。ただし，A規約は，①権利の性質と両立していること，②民主的社会における一般的福祉の増進を目的としていること，③法律による制限，の三点に関

---

[595] 外務省大臣官房国内広報課・世界人権宣言と国際人権規約（1998年）1頁。

[596] 13条は，自国や他国を去る権利及び自国に帰る権利を認めているが，他国に入国する権利を認めたものではない。また，同宣言14条には，「迫害を免れるため，他国に避難することを求め，かつ，避難する権利」（同条1項）を定めているが，この権利は非政治犯罪等には援用できない（同条2項）と定められている。

[597] 前掲注（595）1頁。

[598] わが国はこのうちA規約およびB規約を批准している。

[599] これに対し，自由権の保障を定めた「市民的及び政治的権利に関する国際規約」はB規約と呼ばれる。

[600] 1976年1月3日発効。日本は1979年6月21日に批准，1979年9月21日発効。A規約について，アメリカ合衆国は署名しているが，批准していない。

第5章 アメリカ法の特色と日本法への提言

して，権利を制限することを認めている（4条)[601]。そこで，労働の権利についてみると，外国人にも，原則として保障されるが，一定の制約を設けることも容認されると解されている[602]。たとえば，入国管理法制上，外国人の入国に際し，滞在許可に条件を付すなど，外国人の権利に一定の制約を設けることは国際社会で一般的に認められており，滞在許可に就労を認めないという条件を付すことができ，この条件に違反し，就労した場合は，国外退去の措置をとりうると解されている[603]。

その後，国連は1990年12月18日に「すべての移住労働者及びその家族構成員の権利の保護に関する国際条約」(International Convention on the Protection of the Rights of All Migrant Workers and Members of Their Families) を採択したが，その中の第4部（36条～56条）が，適法に滞在・就労している者とその家族の権利を定める一方，第3部（8条～35条）の権利は，すべての外国人労働者とその家族について，その滞在や就労が適法か不法かを問わず保障されると定めており，そこでは，強制労働の禁止，法の適正な手続きの保障，安全，財産の保障などが最低認められるべき基本的人権として内国民と平等に保障されると定めている。この条約は，外国人の受入れ範囲は各国の主権事項と認めているが[604]，滞在・就労資格の有無を問わない内国民待遇をめぐって移住労働者の送出し国（主として開発途上国）と受入れ国（主として先進国や中東石油産出国）との間で思惑の違いや利害の対立があり，ようやく2003年7月1日に発効した[605]・[606]。

その他，1965年12月21日に採択された「あらゆる形態の人種差別の撤廃に関する条約」(International Convention on the Elimination of All Forms of Racial

---

[601] 開発途上国については，外国人の権利保障について，内外人平等原則の例外が認められている（2条3項）。

[602] 前掲注（595）6頁。

[603] 同上。

[604] 本条約の規定は各国の入国管理基準を設定する権利に影響しない（79条）。本条約のこの点を強調したものとして，花見・前掲注（145）論文171-172頁参照。同条約について，「出稼ぎ者の人権」を保障するが，「出稼ぎの権利」を認めるものではない，とする見解もある（広渡・前掲注（7）論文66-68頁）。

[605] わが国は未締結である。

Discrimination)[607]は、「この条約において、『人種差別』とは、人種、皮膚の色、性、又は民族的若しくは種族的出身に基づくあらゆる区別、排除、制限又は優先であって、政治的、経済的、社会的、文化的その他のあらゆる公的生活の分野における平等の立場での人権及び基本的自由を認識し、享有し又は行使することを妨げ又は害する目的又は効果を有するものをいう」（1条1項）と定めている。ただし、同条2項において、「締約国が市民と市民でない者との間に設ける区別、排除、制限又は優先については、適用しない」としている。本条約で保護される権利は、多岐にわたるが、なかでも、第5条(e)において、(i)労働、職業の自由な選択、公正かつ良好な労働条件、失業に対する保護、同一の労働についての同一報酬及び公正かつ良好な報酬についての権利や、(ii)労働組合を結成し及びこれに加入する権利、(iii)住居についての権利、(iv)公衆の健康、医療、社会保障及び社会的サービスについての権利、(v)教育及び訓練についての権利などが規定されている[608]・[609]。

　以上みてきたように、これら国際法では、適法に受け入れた外国人に対しては、平等取扱いの要請、すなわち「統合」の要請がなされているといえる。また、学説において、外国人政策は、わが国のように移民受入れ国でない国であっても、現実に長期に定着する労働力として把握し、外国人労働者を労

606　同条約で「移住労働者」(migrant worker) は、「その者が国籍を有しない国で、有給の活動に従事することを予定しているか、従事しており、または従事していた者」と定義されている（広渡・前掲注 (5) 論文68-69頁参照）。

607　1969年1月4日発効。日本は1995年12月15日加入、1996年1月14日発効。合衆国は、1994年10月21日批准。

608　手塚・前掲注 (136) 書248頁参照。

609　また、国際労働機関（ILO）のいわゆるILO条約は、一般には、国際労働法として位置付けられているが、国際法上の移民の取扱いを定めたものについては、これも国際移民法として位置付けることが可能である。1939年「移住労働者の募集、職業紹介、労働条件に関する条約」(66号)、およびこれを改定した1949年の「移住労働者に関する条約」(97号) で移住労働者（migrant worker）の労働条件などの内外人平等を定め（6条）、詐欺的募集を禁止している。1975年の「移住労働者の雇用の機会及び処遇の均等の促進に関するILO条約」(143号) は、移住労働者が不法に雇用されている場合にも、雇用の機会、処遇の均等取扱いを求めている（手塚・同上247-248頁参照）。これらの条約を補う勧告（25号勧告、86号勧告、151号勧告）も出されている。

働政策だけでなく，社会への定着など広範な政策配慮の対象とすべきとし，そこでの各国の負う国際法上の義務は，難民保護と家族再結合の二点を除くと，受入れを認めた後は，基本的には国民との平等待遇（ナショナル・トリートメント）であるとの主張がある[610]。このことからも，「統合」の理念をみてとることができよう。そこでは，社会保障の内外人平等原則にとどまらず[611]，子女の教育機会や住宅問題なども含め，広い範囲の「統合」が要請されている。その役割をすべて労働法が担っているというわけではないが，生活基盤としての労働関係の重要性を考えると，国内での「統合」の具体的実現において，労働法は重要な部分を担っているといえる。

　以上のような，「選択」と「統合」の理念は抽象的なものであり，各国においてこの両方の理念をもって，外国人政策を実施しているといえ，次のように簡略化することができる。すなわち，「選択」と「統合」の理念のうち，前者の「選択」は，移民法（わが国では入管法）と結びついており，移民法自体が外国人受入れの基準や範囲を定めている。他方，後者の「統合」については，理念そのものは外国人政策に含まれているといえるが，その具体的実現は他の法領域で実現されることが多い。そして，本書で取り扱う労働関係の側面では，労働法が「統合」を実現する機能を担っている。また，「選択」の理念のうち「排除」の側面と，「統合」の理念が交錯ないし衝突する問題については，両理念の調和ないし調整の問題[612]として考えられる。このように，移民法（移民政策）と労働法（労働政策）の間に，「選択」と「統

---

[610] 花見・前掲注（145）論文166,172頁参照。

[611] このような理念を示すものとして，ILO条約である1962年の「内外人均等待遇（社会保障）条約」（118号）を挙げることができる。同条約は，社会保障の適用を自国民だけでなく，難民，無国籍人，他の批准国国民に広げることを目的としている（吾郷眞一・国際労働基準法（三省堂，1997年）102頁参照）。このような内外人均等待遇ないし内外人平等の理念は，そもそもは，条約締結国間の相互待遇を意味するものであったことがうかがえるが（1919年ILO勧告「外国人労働者の相互的待遇に関する勧告」（第2号）），その後，このような理念は，自国内の外国人一般の取扱いにも段階的に広がりをみせてきている（ただし，その実現は，各国の法政策に委ねられている。この点について，中山和久編著・教材国際労働法（三省堂，1998年）8頁参照）。

[612] 「調和」と「調整」については，後掲注（614）参照。

合」という理念を持ち込む独自の意義は、「選択」の機能は主として移民法が担うといっても、移民法には「選択」以外の機能もあり[613]、また、「統合」は、労働分野では労働法が主として「統合」の機能を担うといっても、労働法以外の法も「統合」の機能を担っており、移民法即「選択」、労働法即「統合」とはいえないため、両法と別個に「選択」および「統合」の理念を考える必要があるからである。

以上のような問題は、わが国においても合衆国においても同様に生じうるものである。しかし、合衆国では、これら「選択」と「統合」を担う法制度、すなわち、移民法と労働法について、以下に述べるように、両者の関係をどのように考えるかが議論されるとともに、「選択」の基準について、労働政策を考慮することが制度的にも明確にされている。さらに、①雇用主処罰制度および移民関連不当雇用行為制度については両者の調和が、および②不法就労者の取扱いにおいては両者の調整[614]が、判例、学説、立法府において意識的に検討されている。

一方、わが国で、これらの理念自体については、一般的には承認されているといえるが、制度設計やその運用ないし法解釈に当たっては、必ずしもこれらの理念が明示的に議論されているわけではない。以上の点については、次項以下で明らかにしていく。

第2項　アメリカ移民法における労働政策

以下では、第3章で検討してきた、労働証明制度、雇用主処罰制度および移民関連不当雇用行為制度をそれぞれ取り上げ、アメリカ移民法においては、

---

[613] アメリカ移民法に、移民の帰化など国籍法の性質をもつ規定がある。
[614] ここで、「調和」と「調整」の用語の違いに触れておきたい。前者の「調和」は、二つの概念が矛盾しないで存在するが、一方を強化したとき、もう一方も強化するなど、いかにバランスをとるかという問題であり、雇用主処罰制度の「排除」機能と移民関連不当雇用行為の「統合」機能の間には「調和」の問題を生じる。これに対し、後者の「調整」は、矛盾する二つの概念のどこに折り合いをつけるかという問題で、不法就労者の取扱いは、入管法の「選択」理念のうち「排除」の側面（すなわち、退去強制の対象となる）と労働法の「統合」（労働法は在留資格の有無を問わず実態に即した処理をする）の「調整」の問題を生じる。

第5章　アメリカ法の特色と日本法への提言

労働政策に配慮した制度設計がなされていることを明らかにしていく。

1　労働証明制度
(1)　概　要

ここではまず，これまでの検討を踏まえ，アメリカ合衆国の労働証明制度を概観して，その特徴を述べる。

第一に，合衆国の労働証明制度は，外国人の入国・滞在と就労の双方を一元的に管理するシステムの中で，国内労働市場への影響を判断する制度である。

本書で検討したように，アメリカ合衆国の労働証明制度は，一定範囲の就労目的の移民ビザを外国人に認める場合，①地域に適格性ある合衆国労働者が十分にいないこと，および②合衆国労働者の労働条件が不利にならないこと，の二つの要件を設定している。そのうえで，①については，雇用主に適格性のある合衆国労働者の募集を行わせ，その際，業務上の必要性がある場合を除き，過度の制約を付すことを禁止し，②については，支配的賃金を下回る賃金で募集することおよび当該外国人を採用することを禁止している。

このような労働証明制度は，雇用しようとする外国人が国内労働市場に悪影響を与えるか否かを判断基準としたものとなっており，この点で同制度は，各国で実施している労働市場テストの一種であるといえる。従来，労働市場テストは，外国人の入国・滞在と就労とを別個に管理する二元管理方式と結びつけてとらえられることが多かったが[615]，アメリカ合衆国のような一元管理方式のもとでも，国内労働市場への影響に配慮した労働市場テストを実施しうるのである。

第二に，上記のように広い意味で労働市場テストをとらえる場合でも，労働市場テストの実施においていかなる行政機関がこれに関与するかに着目すると，アメリカ合衆国では，第3章で述べたように労働市場の影響の有無について，より専門的知識を有している労働省に労働証明制度を実施させ，その結果を待って，国土安全保障省のBCISが入国および資格の変更の許可を

615　井口・前掲注（53）書94頁，同・前掲注（82）書226頁参照。

出すという手続きが採られており，二つの行政機関が関与している[616]。アメリカ合衆国では，BCISの入国および資格変更の許可の前提として，労働省が労働証明を発給することが要求されている点に特徴がある。

第三に，合衆国の労働証明制度において労働市場テストが厳格に行われていることを挙げることができる。すなわち，外国人を雇用しようとする際には，雇用しようとする地域で募集広告を行った結果，募集条件に適合する合衆国労働者が見つからなかったことを雇用主に立証させている。また，募集をする際に，業務上の必要性が認められない限り，合衆国労働者が不利になるような過度の制約を付すことを禁止し，業務上の必要性についても，募集条件が当該職務との合理的な関連性を持つことや，職務遂行にあたって不可欠であることの立証責任を雇用主に負わせている。さらに，合衆国労働者の賃金・労働条件に不利な影響が生じないよう，支配的賃金以上での募集を原則としている。

なお，特定の非移民ビザの申請に際して要求される一時的労働証明制度についても，ほぼ同様の着眼点がうかがわれるが，上記の労働証明と異なり，長期的滞在が想定されていないので，①簡素化と②誓約による実効性の確保がなされている。

(2) 位 置 付 け

以上のアメリカ移民法の労働証明制度は，以下で述べるように国内労働市場の保護を図る機能を持つという特徴があり，その点で，移民法において労働政策を反映した制度として位置付けられる。

すなわち，労働証明制度は，それ自体は移民法上の制度ではあるが，上記のように，外国人労働者の受入れにより，国内の労働市場において合衆国労働者との競合が発生することを避けるとともに，合衆国労働者の賃金等の労

---

[616] 外国人が国外にいる場合，国務省の在外公館でのビザ発給手続きがあるが，ビザはパスポートが真正のものであることとともに，入国条件との適合性が認められることの認証を与えるものである。実際に入国を認めるかどうかは入国審査官が決定するので，ビザ手続きは，BCISの手続きに前置されるものとして一貫性があるので，ここではとくに分けて考えない。

働条件に不利な影響が生じないよう配慮しているものといえ，国内労働市場に悪影響をもたらす外国人を受け入れないようにするという点で，国内労働市場の保護を図るという観点から，外国人労働者を「排除」するか，あるいは「受入れ」を認めるかを決定する制度であり，労働市場政策の実現という要素をも兼ね備えたものといえる。

また，合衆国の労働証明制度においては，国土安全保障省のBCISによる一部の就労ビザの発給および資格変更の許可の前提として，労働省が労働証明を発給することが要求されている。ここでは，入国・滞在および就労の管理を一元的に行うシステムをとった場合でも，入国・滞在許可に至るプロセスの一段階として労働行政機関が労働市場テストを実施しうることが示されている。このように，労働証明制度の運営が，労働政策を専門に担当する労働長官（労働省）においてなされていることからは，同制度が，移民法上の制度であるとはいえ，その実施を労働行政が担っているという点において，労働政策の実現の一環として位置付けられる仕組みとなっているといえる。

なお，労働証明制度に，国内労働市場を保護するために外国人労働者の「排除」の可否を決定するという「選択」の機能があることはすでに述べたとおりだが，受け入れた外国人を国内労働市場に「統合」することを意識しているか，という点についてみると，上記二つの要件設定は，支配的賃金以上での外国人の採用という点も含め，あくまで，国内労働市場の保護を念頭に置いているといいうるので，同制度自体としては，「統合」の意識は薄いといえるだろう。

2 雇用主処罰制度

(1) 概　要

まず，アメリカ合衆国の移民法における雇用主処罰制度が創設された経緯について述べると，IRCA施行以前のINAにおいては，不法就労者自身は退去強制の対象ではあったが，雇用主が不法就労者を雇用すること自体は禁じてはいなかった。しかし，不法就労者の増加が社会問題となったため，合衆国議会は，1986年にIRCAを成立させ，同法において，不法就労者を雇用した者を処罰することにより不法就労を取り締まろうとする雇用主処罰制度を創

設した。同制度は，①不法就労者と知りつつ採用，募集，職業紹介をすること，および，②そうと知りつつ雇用を継続することを禁じている。また，雇用主処罰制度を実施するにあたり，雇用主が不法就労者と知りつつ雇うことがないよう，③雇用主に労働者の就労資格等を確認させる「就労資格書類確認制度」を導入した。この確認義務に従わなかった雇用主には行政罰が課せられることから，「就労資格書類確認制度」は，不法就労者の雇用を防ごうとする雇用主処罰制度の一環として位置付けることができる。

次に，雇用主処罰の法規制および裁判例等の運用状況の概略を要約する。

雇用主処罰制度のうち，上記①および②については，雇用主等が，外国人の就労資格がないことを「知りつつ」採用等を行ったという要件が課されている。この要件については，たとえば，国土安全保障省のICE等から被用者が不法就労者である可能性があるとの通知を受けた場合に，雇用主にはその者の就労資格を確認する義務が生じ，それを怠って被用者を雇用し続けた場合には，不法就労者であることを認識していたものと認められる。ただし，このような場合でも，ICE等から通知を受けた後，雇用主が被用者の就労資格を確認するまでには，合理的期間が与えられる。この合理的期間の判定にあたっては，単に日数だけでなく，確認するためにとった手段などが考慮すべき要素となる。

また，「就労資格書類確認制度」は，雇用主が，労働者が提示したINAおよび規則で定められている書類により，その者の就労資格および本人の同一性を確認する制度である。この義務を誠実に履行することで，雇用主は，不法就労者をそうと「知りつつ」雇っていたのではないと主張することができる。

(2) 位置付け

以上のような雇用主処罰制度は，移民法上の制度であり，不適切な外国人を受け入れないという移民法の「選択」の理念のうちの「排除」の側面を，雇用主の側を罰することにより実現しようとするものといいうる。この点では，雇用主処罰制度は，外国人を受入れ可能なカテゴリーごとに分けた移民法上の移民および非移民ビザ制度の実効性を高める手段となっているともいいうる。それと同時に，就労資格のない外国人が流入すると，不法就労する

ことが多いため，国内労働市場に悪影響を与えることから，雇用関係の一方当事者である雇用主を処罰することにより，このような悪影響が発生するのを防止しようとする労働政策を反映したものともいえる。

　労働証明制度が，国内労働市場に悪影響を及ぼす外国人を直接的に「排除」する機能を持っているのに対し，雇用主処罰制度は，そのような外国人が「排除」されずに入国・滞在して不法就労を行うことによる国内労働市場への悪影響を防ぐ機能を持ち，しかも，不法就労者を国外に退去させるだけではなく，雇用関係の相手方である雇用主を規律の対象とする（これにより，不法就労者の雇用主等を処罰することで，不法就労者を雇おうとする需要を抑えようとする機能も併せ持っている）。このように，雇用主処罰制度は，移民法の制度であるが，不法就労をなくすという点で国内労働市場のコントロールの一環として，労働政策を一定程度反映しているものと位置付けられる。また，合衆国では，雇用主処罰制度について，その手続き，免責される要件などのルールが詳細に決められている。

　なお，こうした移民法レベルの政策を徹底すると，①その弊害として，外国人や外国人に似た者の雇用差別をもたらすおそれがあるのと同時に，②不法就労者の労働法上の取扱いの問題を発生させることになり，労働法または労働政策上の問題としてフィードバックされる。これらの問題についてはそれぞれ後述するが，合衆国では，①について，移民法において移民関連不当雇用行為制度を創設し，②については，移民政策に配慮した労働法の解釈がなされている。

3　移民関連不当雇用行為制度

(1)　概　要

　まず，移民関連不当雇用行為の規制が移民法に創設された経緯に照らすと，上記の雇用主処罰制度の実施により，不法就労者ではないのに外国人のような外貌の合衆国市民や，適法な就労資格をもつ永住者等の雇用に差別をもたらすおそれがあることから，1986年にIRCAは，そのような弊害を防止するため，一定の出身国差別や国籍差別を禁止した移民関連不当雇用行為制度を併せて創設した。その後，1990年法は，雇用主による「就労資格書類確認制

度の濫用」等を移民関連不当雇用行為に組み込んだが，同規定の文言上，差別意図が要件とされていなかったために，その要否について議論が生じたことから，1996年法は，「就労資格書類確認制度の濫用」に差別意図の要件を付け加えた。

次に，移民関連不当雇用行為の法規制および裁判例等の運用状況の概略を要約する。

IRCAは，一定の範囲の出身国および国籍を理由とする合衆国労働者および適法就労者への採用，募集，職業紹介，解雇における差別を移民関連不当雇用行為として禁止している。この規定は，雇用主の他，募集者，職業紹介事業者にも適用される。

まず，出身国差別については，1964年公民権法第7編は15人以上の被用者を雇用する事業に適用されるので，IRCAの出身国差別規定が適用になるのは，4人以上14人以下の被用者を雇用する小規模事業である。IRCAの出身国差別禁止の対象は，不法就労者を除くすべての者，すなわち合衆国市民ないし合衆国国籍者，および適法就労の外国人である。

また，第7編は国籍差別自体を禁止してはいないので，国籍差別は，IRCAのみにより禁止される。ただし，国籍差別禁止の対象は，合衆国市民ないし合衆国国籍者および市民になろうとする一定範囲の適法就労者に限られている。

これらIRCAの出身国差別および国籍差別の差別的取扱いの申立に関する立証責任については，第7編の差別的取扱いにおける枠組みを適用しうるとされている。また，同一の事案で，出身国差別と国籍差別の交錯する場合がありうる。このような事件の取扱いについては，別個に法違反が成立し，EEOCと移民関連不当雇用行為制度を所管するOSCに対し，別個に手続きを行うことが可能であるが，両機関は，管轄の調整についての合意を有している。

さらに，「就労資格書類確認制度の濫用」については，雇用主が移民法上要求される書類以外の書類を要求したり，表面上真正のものである書類の確認を拒否したりすることは，上述の出身国差別または国籍差別の意図がある場合は移民関連不当雇用行為となる。また，採用時だけでなく，雇用の継続の際においても，同禁止規定は適用されている。なお，雇用主が，誤解に基

づく措置を行っていたとしても，違法でない理由を挙げられた場合には，差別意図に関する反証として十分とした事例もある。

(2) 位置付け

　上記のような移民関連不当雇用行為制度は，雇用主処罰の波及効果として，適法な就労資格を持つ外国人や外国人に似た外貌の者が，いわば「排除」の「とばっちり」を受けるようなかたちで差別を受けるなどの問題が生じるおそれがあるため，「統合」の観点から，出身国ないし国籍を理由に差別をすることを禁止することで保護を図ろうとするものである。

　このような移民関連不当雇用行為制度は，適法に受け入れた外国人については，可能な限り「統合」を図ろうとするものであり，労働政策の観点から，外国人を「統合」しようとする機能を持つものと位置付けられる。移民関連不当雇用行為の規定は，労働法ではなく，移民法上に設けられているが，この点で，移民法において労働政策を強く反映しているものとして位置付けられ，実質的には労働法としての性質を持つともいえる[617]。

　また，移民関連不当雇用行為制度が，雇用主処罰制度の創設とセットになって移民法に規定された経緯に照らすと，アメリカ移民法は，前述のとおり雇用主処罰制度が「選択」の理念のうちの「排除」の側面の機能を持つものであったのに対し，移民関連不当雇用行為の規定には「統合」の機能を持たせ，両制度のバランスを取ろうとしている点，および，後者の保護する範囲から不法就労者を除くことにより前者の制度との調整を図ろうとしている点でも特徴があるといいうる。

　最後に，「就労資格書類確認制度の濫用」についてみると，不法就労者であることを知りつつ雇うことを防止するための「就労資格書類確認制度」が，差別的意図をもって濫用された場合，雇用主処罰規定の徹底によって生じるおそれがある「選択」の理念のうちの「排除」の側面が不当に機能することになるので，これを移民関連不当雇用行為とすることで，差別禁止による

---

[617] 実際に，合衆国において，IRCAの移民関連不当雇用行為規定は，差別禁止法として研究されていることからもそれがうかがえる。例えば，LEWIS ET AL., *supra* note 426, at 57-65など。

「統合」機能で合衆国市民や適法就労者を保護しようとするものと位置付けられる。

4 小括——アメリカ移民法における労働政策

以上の労働証明制度，雇用主処罰制度および移民関連不当雇用行為制度の検討を踏まえ，労働政策との関係を念頭に置きつつ，アメリカ移民法の特色を明らかにしたい。

そもそも移民法は，外国人政策における「選択」の理念を具体化し，どのような者に入国・滞在を認めるかという「受入れ」の枠組みや手続きを定めている。これを裏返せば，移民法は，どのような者の入国・滞在を否定するかという「排除」の機能を併せ持つものであるといえる。

アメリカ移民法においては，どのような基準で「受入れ」と「排除」を決定するかについて，労働市場政策が一つの観点を提供している。すなわち，労働市場政策は，失業の防止や労働条件引下げの防止という観点から，受け入れるべき外国人像と「排除」すべき外国人像とを浮かびあがらせる。もちろん，労働市場政策だけが，「受入れ」と「排除」を決定する基準を提供するのではなく，たとえば，「家族再結合」[618]に見られるようなその他の政策の要請もある。しかし，外国人を労働者としてみるとき，労働政策は移民法に影響を与えているといえる。その政策を反映するための具体的な手続きと機構が，労働証明制度と雇用主処罰制度である。すなわち，外国人労働者を「排除」するか否かを直接的に決定する労働証明制度と，不法就労者を雇用した雇用主等を処罰する制度によって，国内労働市場の保護を図るという観点から，不法就労者の「排除」を図っているのである。

このように，アメリカ移民法は，外国人政策における「選択」と「統合」という上記の二つの基本理念のうち，主として「選択」の理念の実現を担うものであり，その中に，労働政策が反映されている。これに対して，後者の「統合」の理念の実現については，次の項でさらに検討するように，労働分野においては，伝統的には労働法（1964年公民権法第7編による出身国差別禁止

---

[618] 「家族再結合」については前掲注（203）および同本文参照。

がその代表である）が主として担ってきたといえるが，移民関連不当雇用行為の規定に見られるように，移民法においても，適法に受け入れた外国人については，一定の局面においてその保護を図ろうとする制度が含まれている。その意味で，移民関連不当雇用行為制度は，労働法とともに，適法就労者等を合衆国の労働市場ないし雇用社会に「統合」することを意図しているのであり，むしろ労働法としての側面を持っているといいうるであろう[619]。

ところで，「選択」の理念のうちの「排除」の側面と「統合」の理念という二つの対立する理念については，両者の調和をどう図るかが問題となる。両理念の調和の方法としては，移民法において労働政策を考慮した制度の設計・運用を行うことや，労働法においても移民政策を考慮した制度の設計・運用を行うことが考えられる。本項で取り上げた労働証明制度，雇用主処罰制度と移民関連不当雇用行為制度は，前者に属し，移民法の中でこうした方向を実現しようとしたものである。そのなかで，移民関連不当雇用行為の規定は，主として「統合」機能を担うものであり，そして，「排除」の機能を担う雇用主処罰制度が導入されたのと同時に，それによる差別の発生を懸念して移民関連不当雇用行為制度が設けられたことに示されているように，「排除」と「統合」という二つの理念は，相互に影響を及ぼしうるものであるがゆえに，合衆国の外国人政策は，両者の調和を図る制度的枠組みをも有しているものと評価することができる。

なお，移民政策を考慮した労働法における制度の設計やその運用については，次項において適法就労者および不法就労者への労働法規の適用を取り上げてさらに検討を行う。

第3項　アメリカ労働法における移民政策

以上，移民法（移民政策）と労働法（労働政策）の交錯について，労働政策からの移民法へのアプローチをみてきたが，以下では，移民政策からの労働法へのアプローチをみていく。すなわち，アメリカ労働法においては，移

---

[619] *See* Hudson & Schenck, *supra* note 477, at 377（労働法と移民法を統合した政策の策定を主張し，具体的例として不当労働行為や差別の申立を誠実に行った不法就労者の合法化を提案する）.

民政策の観点を採り入れた法解釈がなされていることをみていく。本項では，アメリカ労働法が，適法就労者については労働市場への「統合」の機能をもち，不法就労者の労働法上の地位については，移民政策に配慮した法解釈がなされていることを明らかにしたい。

1 適法就労者の法的地位
(1) 概 要

適法就労者に対して，アメリカ労働法は，外国人か否かを問わず適用される。その意味では，「統合」の中核的要件である内外人平等の原則は実現されているといえる[620]。

さらに，外国人特有の問題として，雇用差別禁止法の関係では，外国人であるがゆえの差別（国籍差別）が雇用差別禁止法の禁止する差別にあたるかという問題がある。この点について，Espinoza v. Farah Manufacturing Co.において合衆国最高裁は，出身国差別を禁止する1964年公民権法第7編は国籍差別自体を直接禁止していないが，外国人に対する差別が一定の要件のもとで出身国差別として違法となりうると判示した。

次に，出身国差別をめぐって，外国語訛りの英語のアクセントを理由に差別することが，出身国差別にあたることについては一般に認められているが，職場での英語のみの使用を義務付ける英語のみルールについては，差別的インパクト法理のもとで出身国差別となるかどうかにつき，EEOCガイドラインは原則として差別の成立を認めているものの，合衆国最高裁の判断は示されておらず，枠組みは十分に固まっていない。しかし，①控訴裁判所レベルでは，EEOCガイドラインとは異なり，具体的な不利益の発生について原告側に立証を求める傾向があること，②その枠組みのもとでは，英語のみルールが妥当する範囲（勤務中だけか，休憩中も含むか）や，同ルールに従える英語能力の有無（バイリンガルかどうか）等によって判断が分かれ，これらの事情により英語のみルールも差別的インパクトがあるとして違法になりうる

---

[620] なお，社会保障については，合衆国では適法就労者であっても限られた範囲のみ適用の対象となる（前掲注（546）参照）。

こと，を大方の傾向としてみてとることができる。

(2) 位 置 付 け

　適法就労者との関係では，外国人政策の観点からみると，労働法において外国人労働者の「統合」が図られている。具体的には，第7編を中心とする雇用差別禁止法により，外国人に対する差別も一定の要件のもとで出身国差別として違法となりうる取扱いがなされている。第7編はそれ自体としては，外国人の「統合」を目的とする立法ではないが，このような形で「統合」の機能を強く持っているといえる。言い換えると，雇用差別禁止法における出身国差別の禁止が，機能としては外国人の「統合」の機能を担っている。そのような意味で移民政策が労働法に反映し，ある政策の実現機能を他の法が担っているという意味で移民法と労働法の交錯がみられる。英語のみルールについての上記のような取扱いは，外国人にとっての言語（外国語）の使用が「統合」を図るうえで重要な機能をもつことの反映と位置付けられる。その意味で，適法就労者に対する出身国差別の禁止は，内外人平等の原則に加え，外国人政策における「統合」の中で重要な機能を担っているともいえる。

2　不法就労者の法的地位

(1) 概　要

　不法就労者の法的地位の特徴をみると，アメリカ移民法のもとで，不法就労者本人は退去強制の対象となるが，不法就労者を雇用すること自体は禁止されていなかった。しかし，不法就労者が増え続けるなか，1986年，合衆国はIRCAにおいて，不法就労者であることを知りながら雇用した雇用主を罰する規定を創設した。このように不法就労者の雇用を禁止するIRCAの施行後は，アメリカ労働法上の保護を不法就労者に与えうるか否かが大きな問題となった。そこで，①不法就労者にもアメリカ労働法規が適用されるか，さらに②適用されるとすると，労働法規のもとでの保護の内容はいかなるものになるかという点を中心として判例の状況等を検討した。

　検討の結果，上記①については，州の労災補償法などにつきIRCAの目的に照らして不法就労者に保護を与えないと判断したものもあるが，多くの裁

第1節　アメリカ法の位置付け

判例は，(ア)法令の文言解釈上，不法就労者も「被用者」に含まれること，(イ)不法就労者に労働法を適用しなければ，労働法が設定する基準よりも低い水準で不法就労者を雇おうとするインセンティブが生じ，移民政策に反すること等の理由[621]から，IRCAと各労働法規の適用は矛盾しないとして適用を認める傾向にあることが示された。

次に，上記②については，NLRAおよび雇用差別禁止法においては，雇用主の法違反行為以後の期間について復職とバックペイを不法就労者に与えることができるかが問題となる。この点については，本人が国内に滞在していない場合は，これらの救済は認められないとされている。また，NLRAに関しては，本人が国内に滞在している場合についても，合法的就労資格の要件を満たさない限り，これらの救済を与えることはIRCAの政策に反し許されないとするHoffman Plastic Compounds, Inc. v. NLRBにおける合衆国最高裁判決（Hoffman判決）が出されている。これに対し，FLSAは過去の労働に対する最低賃金，割増賃金の支払いを命ずるものなので，本人が救済当時適法に国内に滞在しているかいないかは問題とならないようである（雇用差別禁止法でも雇用条件等の面での差別について，同様とされている）。労災補償法においては，逸失賃金（休業損害と逸失利益とが含まれる）の算定が主な問題となるが，Hoffman判決の影響を受けているものと，そうでないものがあり，裁判例の立場は分かれている。

以上のことから，アメリカ労働法における不法就労者の法的地位に関する全体的特徴をみると，裁判例は一方で，不法就労者にも労働法の適用を認めて保護を与えつつ，IRCAの目的を阻害しないように，救済内容において適法就労者と異なる扱いを行っていることを指摘できる。不法就労者の雇用を禁止したIRCA（1986年制定）の法政策を考慮せざるを得ない90年代以降の判例において，この特徴は顕著である。このようにアメリカの裁判例は，移民政策（とりわけ不法就労の「排除」という政策目的）を斟酌して，労働法規を解釈しており，移民政策の実現を損なわないような労働法規の解釈が志向さ

621　その他，不法就労者を雇用することを禁じたIRCAの立法史上，不法就労者の労働法上の地位を変更するという政策意図はなかったことなどが挙げられている。

れている点において，移民政策が労働法に影響を与えているといえる。学説においても基本的な方向性は同様である。たとえば代表的な例として，上記のHoffman判決の考え方に対してはさまざまな批判があるが，これらの批判も，移民政策を労働法の解釈にいかに反映させるかという点に関する見解の違いに基づくものであって，移民政策を考慮した労働法の解釈を行おうとしている点では共通している。

　もっとも，不法就労者の労働法上の保護について，合衆国の議論自体が，Hoffman判決後必ずしも定まっておらず，同判決への批判も多くみられるなど，さまざまな議論がある。そのような議論の特徴を見解の相違点に着目して抽出すると以下の論点を挙げることができる。そこでは，移民政策を考慮している点では共通するが，議論が分かれるのは次の二点による。すなわち，まず，①移民政策ないし移民法と不法就労の関係をどう捉えるかで見解が分かれる。一方では，不法就労者に労働法の保護を与えれば，雇用主が就労資格のない外国人を移民法に違反して雇用するインセンティブを減らすので，労働政策の実施を図れるだけでなく，移民政策にも合致するという見解がある。他方で，不法就労者に労働法の保護を与えれば，外国人が就労資格なくして合衆国に入国するという逆のインセンティブをもたらすとの見解がある。

　次に，②問題となっている労働法の領域ないし法的規律の内容に応じた取扱いの違いから生ずる議論がある。すなわち，不法就労者に対して労働法上の保護を全面的に否定する立場は多くはないが，NLRAのもとでバックペイの救済を否定したHoffman判決に対する批判という形で，㋐救済内容のレベルで，既往の労働に対応する救済はなお可能であるとする考え方[622]や，㋑各労働法規の救済内容に照らして，差止めによる救済や懲罰的損害賠償などは可能とする考え方[623]がある。また，㋒当該労働者の就労可能性，すなわち，適法に就労する地位を取得する可能性[624]を労働者側が立証できた場合，適法就労になることを条件に救済を認める考え方[625]もある。さらに，上記①とも

---

[622] 前掲注（501）および前掲注（503）掲記の裁判例参照。
[623] 前掲注（503），前掲注（505）および前掲注（536）掲記の裁判例参照。
[624] ここでの就労可能性は，本文で示したように，単に国内で事実上就労できるという事実上のものとは異なる。

関連するが, (エ)救済において, 不法就労者に労働法の保護を与えることが, 移民政策の実現に対するインセンティブと逆インセンティブの両方があることを念頭において, 両方に配慮した救済内容を考える（雇用主が不法就労者であることを知っていたか, 知らなかったかで救済を分けることが挙げられる）見解[626]がみられる。

以上のような移民法と労働法の調和をめぐる考え方は, 日本法にも共通する問題意識であり, アメリカ法での不法就労者の取扱いは, 後でみるように, 日本法に示唆を与えうるものである[627]。

(2) 位 置 付 け

そもそも, 移民法（移民政策）と労働法（労働政策）の交錯や衝突の問題を考える場合, 外国人政策において, すでに述べたとおり適法に受け入れた外国人については, 労働法の解釈にあたり, 内外人平等原則が適用されるうえ, 雇用差別禁止法が「統合」を保障する仕組みになっているため, 問題はそれほど大きくない。これに対し, 不法就労者は最終的には退去強制の対象とならざるを得ず, このような問題は, 主として, 不法就労者の取扱いの問題に収斂される。

上述のとおり, 移民法は「選択」の理念を実現する機能を担っており, 受け入れる外国人の基準に反して不法に入国・滞在している者については退去の強制, すなわち, 同理念のうち「排除」の側面に基づく手続きの対象とする。しかし, そのような本来は「排除」の対象である外国人が, 国内に入ってしまい不法就労者となった場合, 適法就労者と同じ内容ではないにせよ, その労働関係上の利益を保護する必要もないわけではないので, 労働法による「統合」の側面も無視できなくなり, ここでは「選択」の理念のうちの「排除」の側面と「統合」の理念との調整の問題を生じる。

---

[625] 前掲注（539）掲記の裁判例参照。
[626] 前掲注（574）掲記の裁判例参照。
[627] ただし, 合衆国では, 懲罰的損害賠償や, エクイティにおける差止めなど独自の救済が認められることがあり, これらに対応した議論がなされているが, こうした議論は, 基盤を異にするわが国では必ずしも妥当しない。

第5章 アメリカ法の特色と日本法への提言

合衆国においては，不法就労者にも一般に労働法の適用を認めているが，救済面においては，救済を与えることにより結果的に不法就労を適法なものと認めるのと同じになってしまう効果を避けるよう解釈することにより，移民政策との調整を図ろうとしている。すでに述べてきたとおり，Hoffman判決は，移民政策を労働法の解釈に反映させようとしており，同判決に批判的な立場をとるものであっても，見解の違いはあるが同様の志向を見せている。主として州法で規定される労災補償法の分野でも，一部に適用自体を否定する判決も存在するが，概ね適用を認めたうえで，逸失賃金の算定においては，合衆国内での就労可能性を個々に検討している。言い換えると，判例等の概ねの傾向は，労働法の適用そのものにおいては，不法就労者に対しても「統合」の要請が一定限度働くが，救済においては，不法就労者という地位を考慮せざるを得ず，救済のうち既往の労働に対応するものについては，「排除」の要請は弱くなるものの，将来の労働に対応するものについては，これを認めると入国・滞在を認めるのと同様の効果が生じうるので，そのような取扱いとならないよう「排除」の要請が強くなることから，既往分か将来分かで分けようとしているといえる。

上述のように，アメリカ労働法における不法就労者の取扱いは，その内容については立場の違いがあるにしても，労働法の解釈に当たり，移民政策を考慮する点では共通しており，移民政策による「選択」の理念のうちの「排除」の側面と，労働法による「統合」の理念の両者の調整を図ろうとしていることがうかがえる。

3　小括——アメリカ労働法における移民政策

以上のアメリカ労働法上の適法就労者および不法就労者の法的地位の検討を踏まえて，移民政策との関係を念頭に置きつつ，アメリカ労働法の特色を明らかにしたい。

すでに述べたとおり，移民法は，外国人政策における「選択」と「統合」の理念のうち，主に「選択」の機能を担っている。これに対し，雇用差別禁止法を含む労働法は，外国人の「統合」を実現する機能を果たしている。もちろん，外国人の「統合」の手段として，他に，教育や住宅などに関し，他

第1節　アメリカ法の位置付け

の法律がその機能を担うこともある。一方，労働法は，外国人の「統合」のみを目的としたものではなく，男女平等など，その他の面での統合の機能を持っている。

　そこで，合衆国の外国人政策におけるアメリカ労働法の特色をみると，適法就労者については，労働法において「統合」を実現することには特に問題はなく，外国人に対する差別が一定要件のもとで出身国差別として違法になりうる点で，雇用差別禁止法が，「統合」を実現するための機能を果たしているといえる。また，すでに述べたとおり，移民法のなかの移民関連不当雇用行為が規定された部分は，実質的には労働法としての性格を持つといえるが，これは一定範囲の外国人について出身国差別や国籍差別を禁ずることを通じて，そのような外国人の「統合」を図ろうとしているものと位置づけられる。

　一方，不法就労者については，「選択」の理念のうち「排除」の要請が働くが，労働関係における「統合」の要請も無視できず，両者の調整が必要となる。その場合でも不法就労者に与える救済については，移民政策を労働法の解釈にいかに反映させるかという点での見解の相違はあっても，移民政策を考慮した労働法の解釈が行われている。そのような意味で，不法就労者の取扱いについては移民法（移民政策）と労働法（労働政策）が交錯する問題を生ずる。

　このような「選択」と「統合」の観点から，適法就労者と不法就労者について，アメリカ労働法においては，移民政策との関連では，次のような特徴をみてとることができる。

　まず，適法就労者についてみると，合衆国において，適法就労者の「統合」は，内外人平等原則と雇用差別禁止法によって保障されている。このうち，出身国差別の関係で問題となる英語のみルールは，職場における言語の重要性を考えれば，「統合」作用のなかでも重要なものと位置付けられる。このように，外国人を適法に受け入れた以上は「統合」への要請が働くといえる。

　一方，不法就労者についてみると，入国前は「選択」の理念のうち「排除」の要請が働き，入国後においても，不法就労者は退去強制の対象となるが，労働法上の取扱いをみると，不法就労者であるからといって，単純に「排除」

するのではなく、「統合」の理念を考慮して労働法の適用を認めたうえで、移民政策と矛盾しないように救済の面で工夫をしているといえる。

第4項　アメリカ法の全体的特色

　以上みてきたアメリカ移民法および労働法それぞれにおける特色をまとめて、外国人労働者をめぐるアメリカ法の全体的特色を述べると以下のようにいえる。

　アメリカ法の分析の視点としては、これまでも取り上げてきた次の二つを挙げることができる。すなわち、アメリカ法からは、①移民法（移民政策）と労働法（労働政策）の交錯という視点と、②「選択」と「統合」の理念を具体化させる制度の存在と、「選択」の理念のうち「排除」の側面と、「統合」の理念との調和ないし調整という視点をみてとることができる。

　わが国の学説においても、外国人の入国・滞在を管理・規制する移民法（わが国での入管法）は労働市場法の一形態でもあるとの指摘がなされているが[628]、このように、移民政策と労働政策の交錯やそのような政策がもつ理念の調和ないし調整を意識した制度のあり方は、今後のわが国の制度設計にとっても有益な示唆をなすものと思われる。ただし、外国の法制度を参考にしようとする場合には、当該外国の法制度の背景をなす事情にも考慮が必要である。

　そこで、アメリカ法の背景となるアメリカ合衆国の雇用環境をみていくと、以下の点を指摘することができる。

　すなわち、合衆国においては、①原則として解雇は自由（「随意的雇用」（employment at will）と呼ばれる[629]）であるため、外部労働市場[630]の機能が大

---

[628] たとえば、今後の外国人受入れにおいて、国内の労働力需給状況を出入国管理に反映させる制度の設定が必要であるとの提言や（菅野・前掲注（101）書222頁）、入管法は雇用政策法の一分野であるとの指摘（諏訪・前掲注（102）書248頁）がある。

[629] 合衆国では、期間の定めのない雇用契約においては、当事者はいつでも自由に契約を終了させることができる「随意的雇用」であり、雇用主は、理由のいかんを問わず、いつでも即座に労働者を解雇しうるという「随意的雇用」（employment at will）の原則が維持されている（中窪・前掲注（235）書5-6頁）。随意的雇用の原則について、中窪裕也「『解雇の自由』雑感―アメリカ法からの眺め」中嶋士元也先生還暦記念編集刊行委員会編・労働関係法の現代的展開（信山社出版、2004年）所収341-358頁参照。

きくなること，②人種差別等の歴史を背景として，差別是正の要請が強く働くこと，③内部労働市場[631]においては，職務を特定した採用が一般的であり，異職種配転が行われることは少ないことを挙げることができる。

こうした合衆国特有の雇用環境を背景として，アメリカ法の特色は，第一に，外部労働市場の役割が大きいため，そのなかで，募集・採用の適正化の要請が強く働くことを挙げることができる。労働証明制度が募集・採用のプロセスに焦点を当てているのは，外部労働市場重視の現れともいいうる。

第二に，そもそも合衆国の雇用差別禁止法自体に，差別の禁止を通じて国内労働者の「統合」を図ろうとする理念が含まれているが[632]，合衆国の外国人政策では，このような雇用差別禁止法が本来持っている「統合」機能を，外国人の「統合」を実現させるために活用し，一定程度の外国人差別の禁止を含ませている。また，移民法の中で一定範囲の国籍差別も禁止されている。そもそも合衆国は国の成り立ちとして，国民の大半のルーツが，外国から受け入れられた移民であったり，奴隷として売買されてきた者であったという背景をもつ移民国家であり，人種差別や出身国差別の禁止を通じていわゆるマイノリティ差別を禁止している。人種差別や出身国差別への対応の強力さは，合衆国の外国出身者の多い労働市場を反映したものといいうる[633]。

第三に，アメリカ法上の不法就労者の取扱いの点では，合衆国においては，

---

[630] 外部労働市場とは，雇用関係にない求人企業と求職者により構成される市場を指す。

[631] 内部労働市場とは，雇用関係の中での雇用主と従業員により構成される市場を指す。

[632] 人種的な多様性があり，労働法の中でも統合を図る必要がある合衆国の国の成り立ちをここからも見て取ることができる。

[633] アメリカ合衆国は「奴隷制と移民受け入れを通じて多民族性と多文化から構成される社会」を築いてきた国であり，「民族を基礎としない国家として出発」し，「普遍主義的な制度によって多文化と多民族の共存と統合を絶えず支え続けなければならない」事情を持っているとされる（藤原帰一・デモクラシーの帝国（岩波書店，2004年）25頁）。そこでの「アメリカ国民」という概念は，特定の民族性や言語，宗教などによって支えることはできず，「多文化の共存を保持する制度」を作り，政治社会の統合を支えているという（同上26頁）。

このような見識に立つと，アメリカ移民法は，いわば，移民受入れによって社会を築いてきたアメリカ合衆国の成り立ちや在り様に深く関わっている法律であるといえるだろう。

不法就労者であっても、訴訟を通じて自らの権利を主張することが、わが国と比較して容易であることを挙げることができる（そのため、実際に不法就労者を当事者とする多くの裁判例が存在する）。合衆国では、不法就労者がそのような保護を当てにして入国する逆インセンティブも否定できないのは、同国が訴訟社会（すなわち、訴訟による紛争解決のインセンティブが高い社会）であることによるものといえる。そのため、ここでは、保護を確実にする保障と移民法（入管法）規制のバランスをどう考えるかが問題となる。

第四に、移民法上の制度である労働証明制度を労働行政が運営しているように、移民法（移民政策）と労働法（労働政策）が一体となって運用されていることを挙げることができる。

これに対し、わが国の雇用環境とそれを反映した労働法の特色は、①近年働き方に多様性がみられるようになったとはいえ、長期雇用が一般的であること、それを背景として、民法上の雇用契約における解雇自由の原則を修正した「解雇権濫用法理」が確立しており[634]、内部労働市場における雇用安定の要請が強いこと、②そのような長期雇用の中で、職務を特定しない採用が一般的に行われ、同一企業内でのキャリア形成や多能工化の必要から、異職種配転もしばしば行われる点に特徴がある。そのため、内部労働市場に関しては、雇用主の裁量権を重視する傾向がある。

このようなわが国の雇用環境は、合衆国の雇用環境とは背景を異にするが、外国人政策においては、以下のような共通点もみられる。すなわち、具体化の仕組みは異なるとしても、①「選択」と「統合」の理念を併せ持つこと、および②外国人受入れに際し、国内労働市場の保護は、国の責任であること[635]、を挙げることができる。このような共通点がみられることから、以下のようなアメリカ法の外国人労働者の取扱いは、日本法のもとでも有益な示唆

---

[634] 判例法理である「解雇権濫用法理」を追認するかたちで、2003（平成15）年労基法改正により、「解雇は、客観的に合理的な理由を欠き、社会通念上相当であると認められない場合は、その権利を濫用したものとして、無効とする」との同法18条の2が設けられていたが、同条は、2007（平成19）年11月の労働契約法成立により同法16条に移行した。

[635] 雇用対策法1条1項、4条1項10号、同3項参照。

第1節　アメリカ法の位置付け

を与えうるものといえる。

　第一に，アメリカ移民法に労働政策が影響を与えている点について，アメリカ法は以下の二つの示唆を日本法に与えうる。すなわち，まず，①労働証明制度において，(ｱ)労働政策的視点が制度上明示的に取り入れられているうえ，(ｲ)それを実施する行政機関に労働行政を担当する労働省が関与していること，を挙げることができる。

　次に，②雇用主処罰制度と移民関連不当雇用行為制度との関係において，前者の規制強化による国内労働市場の保護政策と，後者の一定範囲の適法就労者等に対する差別を禁ずる保護規定がセットとなっていることを挙げることができる。アメリカ移民法は，基本的には適切な外国人を「受け入れる」が，不適切な外国人を「排除」するという「選択」の機能を持ち，労働証明制度と雇用主処罰制度はそのような「選択」機能のうち「排除」の機能を有するが，移民関連不当雇用行為制度の規定については，雇用主処罰制度の「排除」の機能とセットになって，「統合」の機能を持っている（その点で本規定が「労働法」といえることはすでに述べた）。

　第二に，アメリカ労働法に移民政策が影響しているという点については，移民法上適法に受け入れられた外国人については，原則として「統合」の理念が働き，主として，内外人平等原則と雇用差別禁止法によって，「統合」の実現が図られている。他方，不法就労者については，移民法と労働法の交錯ないし衝突が生じ，「選択」の理念のうちの「排除」の側面と，「統合」の理念との調整が必要となる。後者につき，アメリカ法は，不法就労者の労働法上の取扱いにおいて，「統合」の観点から，適用を認める一方で，救済面においては，既往の労働に対する部分は，概ねこれを認める傾向があるが，将来にわたる部分は，不法就労を将来にわたって認めることと同様の効果をもたらさないようにしようとする「排除」の観点を取り入れ，「統合」と「排除」の調整を図っている。

　このように，アメリカ法の発想は，日本法に取り入れる場合に検討すべき視点を提供しうるものである。

　なお，わが国の労働法との関連では，合衆国と同様に扱える部分と，両国の雇用環境の違いから，異なる対応をする必要が生じうる部分があるが，こ

285

の点についても詳細は次節において検討する。

第2節　日本法への示唆と今後の方向性

以下では，上記のアメリカ合衆国の法制度とわが国の法制度を比較し，合衆国の制度がわが国の制度設計に与えうる示唆を検討していく。すなわち，前述の日米の雇用環境の相違点および共通点に基づく比較可能性の問題を見ながら，日本法への示唆について述べ，今後の方向性を示すこととしたい。そこでは，つぎのこれまでのアメリカ法から与えられた視点を使って分析していきたい。すなわち，①入管法において労働政策を考慮すること，および②労働法において移民政策を考慮すること，そのうえで，③それぞれについて，「選択」と「統合」の理念を一体性をもったものとして検討すること，の三点である。

第1項　入管法制

以下では，わが国の入管法とアメリカ移民法の制度の違いについて述べたうえで，わが国の入管法にアメリカ移民法が与える示唆を検討していく。そこでは，アメリカ法の発想ないし示唆がわが国にとって有益か否か，わが国に取り入れた場合，考慮すべき点について，それぞれみていく。

少子・高齢化が進行中のわが国にとって，外国人労働者受入れの議論は今後一層高まっていくものと予想されるが，わが国においても，国内労働者の保護を図りつつ，国内労働市場で必要な外国人労働者を受け入れることができるようにするためには，アメリカ合衆国の制度およびその運用に基づく経験は，参考にする価値があると考える。

1　アメリカ移民法からの示唆と留意すべき点
(1)　アメリカ合衆国の労働証明制度とわが国の在留資格該当性の判断

すでに述べたとおり，入国・滞在管理および就労管理において，わが国も在留資格制度のもとで，アメリカ合衆国と同様に一元管理を行っているが，合衆国では労働証明制度を実施しているのに対し，わが国にはこのような制

第2節　日本法への示唆と今後の方向性

度は導入されていない。

　アメリカ合衆国のように一元管理に組み込まれた労働証明制度のもとでも，国内労働市場の影響に配慮した労働市場テストを実施しうることは，すでに述べたとおりである。しかし，同じ一元管理とされるわが国とアメリカ合衆国では異なった特徴が見られる。すなわち，わが国の入管法制を見ると，わが国では入国・滞在に関し，法務省入国管理局が一元的に管理しており，入国後の就労に関しては独自の管理が行われていないが，入国・滞在を認めるか否かを決する段階で，入管法および基準省令等が具体的要件を定めている。この基準省令の内容をみると「日本人が従事する場合に受ける報酬と同等額以上の報酬を受けること」という収入基準があるなど，上陸許可の判断基準において，日本の労働市場に悪影響を与えないようにすることを考慮していることがうかがわれる[636]。しかし，入国・滞在を認めるか否かの判断に当たっては，労働行政機関は関与しておらず，基準省令を改正する場合等の連絡協議などを除けば，専ら，入管法の施行を担当する行政機関の担当になっている。具体的には，就労可能な在留資格について，基準省令において，該当する職種や実務経験，「日本人と同等額以上の報酬」等の基準を定め，これに該当するかどうかを法務大臣に代わり入国管理局の入国審査官が判断する方法が採られている。このように，個々の案件については入国管理局が専ら外国人の入国・在留の許否の判断を行っており，厚生労働省はこの判断自体には通常関与していない[637・638]。

　これに対し，アメリカ合衆国では，本書で述べたように労働市場の影響の有無について，より専門的知識を有している労働省に労働証明制度を実施さ

---

[636] 構造改革特別区域法による外国人研修生（在留資格は「研修」）の受入れ企業の受入れ人数枠の緩和の特例を受けることができる構造改革特別区域（以下，「特区」という）になる要件の一つに，該当特区における求人倍率が，全国または当該特区が設定された都道府県における求人倍率を上回ること（「法務省関係構造改革特別区域法第2条第3項に規定する告示の特例に関する措置及びその適用を受ける特定事業を定める件」（平成15年8月29日法務省告示453号，最近改正平成16年8月27日法務省告示364号）2条4号）との要件が付されている。このような要件は，より詳細に該当する地域の雇用状況に配慮したものといいうる。

せ，その結果を待って，国土安全保障省のBCIS（かつてはINS）が入国および資格の変更の許可を出すという制度が採られており，二つの行政機関が関与している。

次に，アメリカ労働証明制度における労働市場テストが厳格に行われていることはすでに述べた。すなわち，同制度の下では，①地域に適格性ある合衆国労働者がいないという要件については，雇用主に合衆国労働者の募集を行わせるとともに，募集において，過度の制約を付すことを禁止している（業務上の必要性がある場合を除く）。また，②合衆国労働者の労働条件が不利にならないことという要件については，支配的賃金より低い賃金で募集することおよび当該外国人を採用することを禁止している。このように厳格な労働証明制度を実施する理由は，アメリカ合衆国が移民受入れ国であり，永住により長期にわたり国内の労働市場に影響をもたらす移民については，より

637　1988（昭和63）年，労働省（当時）の「外国人労働者問題研究会」は「雇用許可制度」の導入を検討するとした報告書を労働大臣に提出したが，最終的には1989（平成元）年の入管法改正法案には盛り込まれなかった（坂中＝髙宅・前掲注（33）書1-7頁参照）。また，同法改正において外国人の求めに応じて「就労資格証明書」を発給することが規定されたが（19条の2第1項），「就労資格証明書」は単に当該外国人にすでに与えられている在留資格等が就労可能なものであることを証明するもので，これ自体が就労活動の根拠となるものではなく，本書での労働証明とは性質が異なる（坂中＝齋藤・前掲注（38）書463頁参照）。なお，前述のとおり，2007（平成19）年に改正された雇用対策法は，労働力の需給調整等を図るため「労働に従事することを目的として在留する外国人」の出入国に関し，厚生労働大臣は，法務大臣に対し連絡・協力を求めることができ（30条1項），法務大臣はできるだけその求めに応じなければならない（同2項）と定めている。同規定は，もとは入管法改正と同じく1989年に職安法に加えられたものであるが，雇用対策法改正に伴い，同法に移された。同条項に関連し，事業主に対しその雇用する外国人について報告を求める「外国人雇用状況報告制度」が設けられ，1993（平成5）年度から実施されていたが（旧職業安定法施行規則34条），雇用対策法の改正により，外国人労働者を雇用するすべての雇用主に外国人労働者の雇用状況の届出を義務づける制度に改められた（詳しくは，前掲注（113）本文参照）。

638　1989年の入管法改正以前は，一部の在留資格について個々の案件ごとに協議を行うという形で他省庁が関与していたが，入管法改正によりこれを廃止し，基準省令を設けて手続きを簡素化したとされている（清水・前掲注（7）報告書13頁参照）。

厳格に審査を行う必要性が，わが国のような移民を受け入れていない国[639]と比べて高いからではないかと思われる[640]。

これに対し，わが国においては，基準省令の内容に，国内労働市場への悪影響を避けるためのものと位置付けられる面があるとしても，その内容は，全国一律の定型的なものとなっており，雇用を予定している地域での募集手続きを経ておくことが必要ないうえ，国内労働市場への悪影響それ自体を個々の案件で判断することは必要がない点で，合衆国の制度とは大きく異なっている。上記のように，合衆国が移民受入れの政策をとってきた国であるのに対して，わが国はそのような政策をとっていないという背景の違いがあるにしても，わが国のような制度では，国内労働市場への悪影響を避けるという目的を十分に達成しうる仕組みになっているとはいいにくい。

もっとも，他方において，アメリカ合衆国のように，個々の案件ごとに国内労働市場への悪影響の有無を判断し，しかも，一定の要件のもとでの募集手続きを経たことを要求する制度は，手続きが複雑になり，審査期間も長期

---

[639] 「永住者」という在留資格があるが，これは上陸審査で付与されることはなく，他の在留資格での一定期間の滞在を経て，①素行が善良で，②独立の生計を営める資産または技能を有し，かつ③その永住が日本の国益に適うことを法務大臣が認めた者に限り，在留資格の変更許可によって与えられうる（入管法22条）。なお，1989年の入管法改正以前は，条文上は永住しようとする者の上陸許可の事前の申請手続きについての規定を置いていたが（改正前入管法4条1項14号，同5項および6項（法務省入国管理局監修＝入管協会編・注解判例出入国管理外国人登録実務六法［平成元年版］（日本加除出版，1989年）18-28頁)），これを付与しない運用が行われていた（坂中英徳・日本の外国人政策の構想（日本加除出版，2001年）92頁参照）。このことからも分かるように，合衆国の移民法を継受したとされるわが国の入管法は，移民を受け入れないという，合衆国とは異なる運用がなされてきたといえる（清水・前掲注（7）報告書13頁参照14-16頁）。同改正は，「永住者」の活動を上陸条件に適合する活動から除外したが，これは，わが国が移民受入れ国でないことを明らかにしたものとされる（坂中＝齋藤・前掲注（34）書102頁参照）。

[640] もっとも，以上の要件のすべてが移民受入れを前提としているわけではない。たとえば，労働条件申請制度については，非移民ビザについても支配的賃金の基準（これと当該雇用における「実際に支払われている賃金」（actual wage）と比べいずれか高い方の額以上であることを要す）が用いられている。

第5章 アメリカ法の特色と日本法への提言

化する（行政コストも大きくなる）という問題がある（ただし，アメリカにおいては，この点について，手続きの簡素化のために様々な工夫がなされている）。以上の点も日米の違いといいうるが，この問題をどの程度重視するかは，外国人をどのような範囲で受け入れるか，避けるべき労働市場への影響がどの程度大きくなるかという政策方針と関連していると考えられる。

(2) 合衆国の雇用主処罰制度と移民関連不当雇用行為制度およびわが国の不法就労助長罪と入管法上の差別禁止規定の不在

すでに述べてきたとおり，わが国では，最近，外国人労働者に関する政策のあり方をめぐる議論が再び活発になってきており，その中で不法就労対策も議論されている。わが国の入管法は，1989（平成元）年改正において，「不法就労助長罪」（73条の2）により不法就労者を雇用する雇用主等を処罰する制度[641]を導入し，さらに，2004（平成16）年改正において，不法就労助長罪等について罰金額を引き上げ，罰則を強化する一方，新たに出国命令制度を設け，自ら出頭するなど一定要件を満たした不法残留者については退去強制によらず，任意出国できるようにした（24条の3）[642]。国際化の進展につれ，今後不法就労助長罪の適用事例が増え，この制度の重要性も増していくものと予想される[643・644]。

---

[641] 不法就労者の雇用主（73条の2第1項1号）のほか，不法就労者を支配下においた者および業としての斡旋行為をした者も処罰の対象となる（同条1項2号および3号）。

[642] 出入国管理及び難民認定法の一部を改正する法律（平成16年6月2日法律第73号）。不法滞在対策にかかる改正部分については，同年12月2日から施行されている。

[643] なお，合衆国では，IRCAにより雇用主処罰制度が導入された際に，不法滞在者の合法化（このような一斉合法化は，一般に「アムネスティ」（amnesty）と呼ばれる）が実施された。

[644] 不法滞在者の合法化について，政府は，わが国が「アムネスティを実施した場合，それが繰り返し実施されることを期待して，不法入国（上陸）者や不法残留者等として不法就労活動を行う者が後を絶たなくなることが予想される」とし，否定的な見解をもっている（法務省入国管理局・出入国管理［平成4年版］（大蔵省印刷局，1992年）198頁）。そのため，わが国では，法務大臣による在留特別許可制度により，個々の不法滞在者について，許可の可否を決めることとしている。

そこで，合衆国の制度とわが国の制度を比較すると，合衆国では，雇用主処罰制度について，詳細な手続きや，免責される要件などのルールが決められている点に特徴がある。この点につき，わが国の手続きは十分に発達していない。

また，合衆国で行われている「就労資格書類確認制度」も存在しない。ただし，「興行」の在留資格との関連で，風俗営業に係る人身取引に「興行」の在留資格を有する外国人が巻き込まれていた実態にかんがみ，その防止のため，2005（平成17）年11月7日，「風俗営業等の規制及び業務の適正化等に関する法律」（風俗営業法）が改正され（法律119号），風俗営業者等は，接客業務従事者の生年月日，国籍，在留資格，在留期間等を確認し，その確認の記録を保存しなければならないとの規定（36条の2第1項，2項）が導入された[645]。

加えて，2007年の雇用対策法改正に伴い，新たに外国人雇用状況の届出制度が導入された。同制度は，適法に就労できる資格の有無を確認することを届出の前提としているが，確認自体を制度的に義務付けてはいない（確認を怠ったため届出義務違反を問われることがある点で，結果的に確認義務と同様の機能を果たしうるとしても）。

さらに，アメリカ移民法においては，雇用主処罰とそれによる適法就労者等の不利益を回避するための移民関連不当雇用行為の禁止がセットになって規定されているが，これに対し，わが国では入管法上，不法就労助長罪がもたらしうる適法就労者等の不利益を回避するための規定が存在しない。

2　今後の方向性

(1) 日本型「労働証明制度」の導入

上述のとおり，アメリカ合衆国では，入国・滞在と就労の管理が一元化されているが，これに一種の労働市場テストというべき労働証明制度が組み込まれている。労働証明制度は，移民法に労働政策（特に労働市場政策）を反映させるよう設計されており，そのための手続きを設けていることは，わが

645　前掲注（22）参照。

第5章　アメリカ法の特色と日本法への提言

国にとって有益な示唆をなすものと思われる。

　上記のとおり，一部の在留資格について，基準省令[646]に従った受入れの可否の判断がなされているが，個々の事案における労働市場の影響を考慮する仕組みはとられていない[647・648]。より具体的にいえば，外国人を雇用しようとする企業に国内労働者の募集手続きをとることは要求されていないが，将来わが国においてより広い範囲での外国人労働者の受入れを行う場合には，国内労働市場への影響が大きくなりうるので，一定範囲で，合衆国のように，労働市場への影響をより具体的に判断する労働証明制度を導入することが考えられる[649]。また，そのような制度を導入する場合，国内労働市場への影響を判断するのに適している労働行政機関に関与させる方向で検討すべきと考える。

　ただし，労働証明制度をわが国に導入する場合には，わが国においては，国内労働市場における国内労働者の雇用・労働条件の安定性への配慮も要請される。雇用・労働条件の安定性は，合衆国でも協約賃金との矛盾を考慮するなどの配慮[650]が多少はなされてはいるものの，外部労働市場の流動性が高く，また，雇用保障と連動して労働条件保障についても一般的にいえば希薄である合衆国ではそれほど考慮されていないといえる。わが国にこのような労働証明制度を導入する場合，国内労働者の事前募集や，賃金の基準を設定するほかに，労働条件[651]についてもより細やかな配慮が要請される場合があ

646　基準省令については，前掲注（32）および本文参照。
647　非移民受入れの手続きについても，合衆国の一時的労働証明制度は，わが国に比べ，労働市場への影響についてより具体的な判断をしているといえる。
648　たとえば，すでにみたように基準省令では，賃金額について「日本人と同等額以上の報酬」とされているが，業種や当該外国人が雇用される地域での賃金水準を考慮するか否かは明確にされていない。
649　雇用主は，雇用を予定する外国人の入国・滞在につき，当該外国人の雇用が労働市場に悪影響を及ぼさないことを証明するために一定の手続きをとることが要求されるが，それは，国内労働市場を悪化させないという労働政策に基づく雇用主の責務として位置付けられよう。
650　労働証明の手続きのレイオフした労働者に対する募集の周知も外国人労働者に国内労働者を代替させないような配慮がなされていると考える。

第2節　日本法への示唆と今後の方向性

ると考える。たとえば，労働時間や労働環境を判断要素に取り入れることなどが挙げられる[652]。現有労働者の解雇を行ったり，労働条件の不当な引き下げを行っていないか等も労働証明の発給に当たって考慮すべきものとすることが適切である。

また，わが国は，永住資格を持つことを入国当初から認める移民受入れ国ではないため，国内労働市場への影響を入国・滞在および就労許可の判断基準に取り入れるとしても，アメリカ合衆国と同様の厳格な手続きを用いることは必ずしも必要ではないが，外国人の定住化が進みつつあるとの指摘がある中，今後の外国人受入れ範囲の如何によっては，現行の基準省令よりも国内労働市場に配慮した基準をもった制度を採用することは検討に値する。

もとより，今後わが国がいかなる外国人をいかなる在留資格によって受け入れるかによって，制度の内容は異なりうるものである。たとえば，国際的な人材獲得競争が激化するなか，高度人材の積極的な受入れは，わが国の外国人政策の方針として確立しているといえる[653]。そうすると，そのような外国人の受入れの促進を図るために，当該外国人および受け入れようとする雇用主の負担軽減を図る必要がある。「教授」など高度な専門性を要する職業が該当する在留資格については，そうした高度人材に該当し，国内労働市場への悪影響もほとんどないと考えられるので，労働証明制度の対象外とする，あるいは，自動的に労働証明を与える措置が考えられる（現在，就労が認められている在留資格のうち，基準省令の適用のないものはこれに当たると考える）[654]。また，わが国での就労活動に制限のない，「特別永住者」のほか，「永住者」，

---

[651] 合衆国でも，2005年から実施されているPERMのもとでの労働証明制度では，労働証明官による労働市場への悪影響のチェック事項として，従来からの支配的賃金だけでなく，支配的労働条件（たとえば労働時間）も配慮するとしている。PERMは新たに実施されたばかりなので，具体的な運用状況については不明な点があるが，同様の観点を示すものといえる。

[652] このような内容の対応は，手続きの複雑化を意味しない。合衆国の労働証明制度は，手続きは厳格に行われているが，内容はシンプルである。これに対して，わが国で同様の制度を導入する場合は，手続きには下記の誓約手続きを取り入れるなど，できるだけ簡素化をしたうえで，内容はきめ細やかなものとする必要があると考える。

[653] 前掲注（1）の第3次出入国管理基本計画（Ⅲ1(1)イ）参照。

第5章　アメリカ法の特色と日本法への提言

「日本人の配偶者等」,「永住者の配偶者等」,「定住者」の在留資格を有する者については，そもそも在留資格制度のもとで就労活動に制限がないことから，想定される労働証明制度の枠外とすることは，いうまでもない[655]。

これに対し，専門性がそれほど高いとはいえない職業が該当する在留資格や国内労働者との競合が懸念される職業が該当する在留資格（たとえば，「技術」や「人文知識・国際業務」など[656]），また，新たに，さほど高度な専門性を有するとはいえない職種について在留資格を拡大するとした場合（たとえば，「中間技能」というカテゴリーの創設が主張されている[657]），そのような外国人の受入れは，国内労働市場に影響することが考えられ，それらの在留資格については，労働証明制度を創設してその適用対象とすることを検討してはどうか，と考える[658]。

いずれにしても，労働証明制度は，わが国が現在よりも，受入れ規模を拡大することとした場合に導入を考えるべきものであり，その際にも，国内労働市場の保護を図るとともに，高度人材の受入れを阻害しないように設計すべきものである。

さらに，日本法では，外国人は在留資格制度の枠内でのみ就労が認められるため，それにより，許可なくしては資格外の就労活動ができないことになっており，異職種配転が一般に認められる日本人と同じ雇用パターンに乗

---

[654] その他，非移民ビザであるH-1Bビザについて用いられる労働条件申請制度における誓約手続きは，労働証明制度の簡易型ともいいうるものであり，非移民受入れ国であるわが国にとって参考になろう。

[655] 指摘されている日系人問題（前掲注（98）本文参照）は，労働証明制度での解決よりは，「定住者」などの在留資格の基準省令の見なおしを検討する必要があるだろう（たとえば，上陸許可基準に日本語レベルを要件とすることなどが考えられる）。

[656] ただし，これらは比較的高度人材に近いので，誓約型の簡易な労働証明制度を導入することが考えられる。

[657] 井口・前掲注（53）書190，197頁参照。

[658] また，「日本人の配偶者等」などの就労に制限のない在留資格以外の在留資格については，「永住者」の在留資格に変更する永住許可（入管法22条）の申請をする場合には，永住による労働市場への影響は，他の一時的滞在を予定する在留資格より影響が大きいと考えられることから，労働証明制度の対象とすることも考えられるが，その際の手続きについては検討を要する。

ることは事実上困難である[659]。このようにわが国では，適法就労者であっても，在留資格による制約が後まで影響することになる[660]。理論的には，合衆国でも，労働証明の申請の時点またはその直後であれば，ビザに見合わないところへの転職の問題が生じるはずだが，わずかな裁判例があるだけで，十分な議論は必ずしもなされていない。Yui Sing Tse v. INS[661]のようなケースでは，合衆国の歯科医の教育を受けて，合衆国の歯科医の免許を得て働くことになるので労働市場への影響はさほど大きくないと考えられる。しかし，たとえば，合衆国ですでに十分であるとされる職業（PERM実施以前は，労働証明制度のもとで，受入れが認められない職業の類型であったスケジュールBの職業（たとえばトラック運転手））に転職した場合は，理論的には問題があると考えるが，入国ないし非移民ビザから移民ビザへの資格変更するとき，条件がクリアされており，かつ，許可後の一定期間現実にその職業についていれば，合衆国ではその後の転職を問題にしないようである[662]。

これに対し，わが国では，入国するときだけのチェックでは，不十分である。入国時だけでなく，在留資格の変更時などに，それぞれ在留資格に沿った活動内容かどうかをチェックする仕組み（労働証明制度）が必要と考える。在留資格外の就労活動ができないという縛りがあるため，わが国では，不法就労者だけでなく，適法就労者も規制の対象となる。そこでは，適法就労者に認められる内外人平等原則も在留資格制度によって一定の制約を受けることになる[663]。

---

[659] 外国人の就労について，長期雇用システムのなかでの就労も存在するが，その周辺の雇用（有期の契約労働者）や，そのようなシステムがほとんど存しない規模・業種の事業における雇用が多い，との指摘がある（菅野和夫・新・雇用社会の法［補訂版］（有斐閣，2004年）255-256頁）。

[660] 花見・前掲注（108）論文211-214頁の指摘は，入国後も在留資格の制約があることに基づく問題点である。

[661] Yui Sing Tse v. INS, *supra* note 252（中華料理のコックとして労働証明を受けた外国人が，コックとして働きながら歯科医の養成学校に通い4年後に卒業したら歯科医になろうという意図を持っていたので，その労働証明に係るビザの申請が適法なものであるかどうかが問題となった）.

[662] 非移民では問題となりうるが，とくに目立った議論となっていない。

(2) 不法就労者の雇用主への対処

　まず，雇用主処罰制度については，上述のとおり，不法就労者を雇用した雇用主を処罰することにより不法就労を取り締まろうとするものであり，不法就労者と「知りつつ」採用，募集，職業紹介する者，継続して雇用する者が処罰の対象となる。わが国の入管法の「不法就労助長罪」においても，不法就労者であることの認識は要件となっていると解されるので[664]，合衆国での雇用主処罰制度における「知りつつ」雇用したかどうかの判断基準など，同制度は日本法を検討するにあたり参考となる。

　また，わが国においては，外国人を採用する際，旅券や外国人登録証明書で就労資格の有無を確認することは一般に行われているが，合衆国で雇用主処罰制度の一環として実施されているような「就労資格書類確認制度」は導入されていない[665]（むしろ，法務大臣が発行する「就労資格証明書」（入管法19条

---

[663] 在留資格は，「永住者」など，身分ないし地位に基づいて定められている（そのため就労に制限のない）在留資格を除き，そもそも就労自体あるいは就労の内容に制限を設けられていることから，このような差が生じることになる。しかし，一方で，「明らか」に「専ら」資格外活動を行うことは違法であり，本来の活動と異なる活動に従事しているとして，在留資格取消制度の対象になるような態様は論外としても，ある在留資格の活動の内容に付随した活動を行うことを，一定程度認めてはどうか。それにより，外国人は，所属する企業の活動全体を理解・掌握することができ，本来業務の遂行に役立たせることができる（たとえば，入管当局に対し事前の承認を受けた上で「技術」の在留資格の者が，一時的に「営業」を担当することなど）。こうした取扱いは，企業内ローテーションを行うわが国の雇用慣行にもある程度馴染むものといいうる。実際には，この程度の活動は現行制度のもとでも，運用上，容認されることが多いと考えるが（前掲注（52）参照），適法に外国人を雇用しようとする雇用主が，外国人を違法に働かせることになることをおそれるあまり，適法な活動範囲を許容される範囲より狭めてとらえてしまい，外国人の人事が硬直化し，登用がうまくいかないケースが生じないよう，どの程度の活動であれば，認めうるかという点について，入国管理局がケースをもとに公表することなどが考えられる。

[664] 不法就労助長罪を定めた入管法73条の2には，「知りつつ」との文言が明文化されていないものの，不法就労者であるとの認識は要件であると解される（出入国管理法令研究会編・前掲注（13）書149頁は，同条1項2号につき，「不法就労活動をさせるために」とは，自己において外国人に不法就労活動をさせる目的で，または他人が外国人に不法就労活動をさせることを知りながらという意味であるとしている）。

の2）は，外国人の求めにより発行されるものであり，雇用主側から提出を義務付けることはできないとされている）。わが国では，不法就労対策が急務となっていることから，雇用主に就労資格を確認させることができ，誠実に履行すれば「知りつつ」雇用したことの抗弁ともなるこのような制度は，将来における制度設計を検討するにあたり参考となると思われ，同様の制度を導入する方向[666]での制度設計を検討すべきである[667]。

さらに，移民関連不当雇用行為制度は，IRCAにおいて雇用主処罰制度の導入による弊害を避けるため，第7編の出身国差別禁止規定に加え，一定の合衆国労働者および適法就労者に対する出身国および国籍差別を禁じるために導入されたものであるが，わが国にはこうした制度は導入されていない。しかし，わが国においては，労働基準法3条において国籍差別が禁止されており，一面においては，一定限度しか国籍差別の禁止をしていないアメリカ法よりも厳格な規定が存在する。そこで，わが国では，外国人差別に対して，新たな差別禁止規定を設けなくとも，外国人に対する同条の適用および解釈を検討することで，労働者への不利益を回避しうる余地があると考える[668]。

---

[665] 外国人雇用状況の届出制度は，確認の際に一定の書類をチェックすべきこと自体を求めるものとなっていないうえ，誠実履行の抗弁や，濫用の防止措置について，合衆国における就労資格書類確認制度のような整備がまだなされていないことから，合衆国での同制度の運用状況を把握することは，わが国にとっても役立つものといえる。

[666] 日本経済団体連合会・外国人受け入れ問題に関する提言（2004年4月14日）は「外国人雇用法」を制定し，雇用主に雇入れ時に外国人の在留資格を確認することを義務付けることを提言している（前掲注（97）参照）。

[667] 花見忠「アメリカの出入国管理政策」桑原靖夫編著・国際労働力移動のフロンティア（日本労働研究機構，1993年）所収216頁は，合衆国の経験からわが国が学ぶべきこととして，合衆国では雇用主処罰制度の実効を図るために「就労資格書類確認制度」が導入されたことに触れ，このような制度は，よほど証明を簡素化し，雇用主の遵守を容易にしなければ，差別を増大する危険があることを指摘している。この点は，わが国での制度設計において，十分に検討されなければならない。

[668] 有泉亨・労働基準法（有斐閣，1963年）78頁は，差別取扱いの理由が，適性，能率等の違いに基づくものであれば，それが間接的に国籍等に由来するもの（言語能力など）であっても労基法3条違反とはならないとの限定的見解を示している。この点に

なお，同条は採用には適用されないとの解釈が一般的であるが，将来，外部労働市場の流動性が高まり，そこでの雇用機会の平等の要請も強まった場合には，採用についても同条の適用について改めて検討する必要が生じるであろう（その場合，内外人平等原則と入管法の在留資格制度による制約との調整をいかに図っていくかの検討も必要になると考える）。

今後，わが国において，一層の不法就労対策が必要となり，「不法就労助長罪」の適用が増えた場合に，外国人であることを理由とする採用差別が広がっていくおそれがあり[669]，合衆国でのこのような差別禁止規定，および裁判例等の運用状況は，今後のわが国における制度を検討する上で参考になると思われる。わが国においては，労働基準法3条による上記のような対応が可能であるので，合衆国の雇用主処罰制度と移民関連不当雇用行為制度のうち，わが国で必要性が生じうるものとしては，就労資格書類確認制度そのものの導入と，それに伴い，不必要な書類を求めてはならないとする同確認義務の濫用による差別の禁止を挙げることができるだろう。

(3) わが国の適法就労者をめぐる問題の解決策
(a) 労働条件誓約制度の創設

また，わが国においては，在留資格認定証明書[670]の交付申請や在留資格の変更許可の申請に際し，雇用主の作成する労働条件等を記載した書類が入管局に提出されているが，それと現実の労働条件が異なっていた場合に，労働

ついては検討を要する。

[669] IRCAの雇用主処罰に照らし，わが国で不法就労助長罪を強化した場合に，雇用差別が広がる可能性を指摘し，法改正を示唆したものとして，石岡・前掲注（204）報告書131頁がある。

[670] 入管法7条の2に基づき，外国人からあらかじめ申請があった場合に，法務大臣は，当該外国人が行おうとしている活動が在留資格に該当し，基準省令にも適合する旨の証明書（在留資格認定証明書）を交付することができ（同1項），雇用主等の受入れ機関は，当該外国人の代理人として，同証明書の申請を行うことができる（同2項，入管法施行規則6条の2および別表第4）。上陸審査の際，外国人は旅券を提示するとともに同証明書を提出することで，迅速な審査を受けることができる（黒木・前掲注（35）書72-73頁参照）。

契約の内容をめぐって紛争が生じている。これに対し、裁判所は入管局に申告された内容そのものは労働契約とはならないと判断している（山口製糖事件決定[671]）。現行法のもとではやむを得ない結論といえるであろうが、入管法制において、労働条件等を記した書類の提出を要求するのは、それらの書類に記載された労働条件等によって、基準省令の要件が満たされているか否かをチェックするためであり、これにより、日本の労働市場に悪影響を与えないことをチェックする役割を果たしうる。しかし、山口製糖事件決定のような立場では、せっかく労働市場に悪影響を与えないようにするという観点から基準省令への該当性をチェックしているにもかかわらず、実際の労働契約関係においては、その結果からかけ離れた取扱いに対してコントロールを及ぼせないこととなってしまい、上記のような目的が十分に達成できないという問題が残る。このような問題の解決に関して、合衆国で行われている、一部の非移民ビザ（H-1B）の申請に先立ち、雇用主が労働省に対し、賃金や労働条件等について誓約を行う労働条件申請制度の取扱いは、ビザの申請に当たって示した賃金や労働条件等を労働関係において実現する機能を果たすという点で、わが国に示唆を与えうるものである。

　そうした観点からすれば、わが国でも、入管法そのものが労働関係を規律するという取扱いは困難であるとしても、入管法上の手続きが労働契約に一定の影響を及ぼしうる仕組みが必要と考える。具体的には、立法措置として、山口製糖事件決定でみられたような、入管法上の手続きで作成された書類と労働契約の内容との齟齬が生じないような仕組みを作ることである。例えば、入管当局に提出した書類記載の労働条件が労働契約の内容となるように、雇用主に対し、その書類を外国人労働者に交付させることで当該労働条件の開示を行うように求めるなどの立法措置が考えられる（それによって、開示された内容は、労働契約の内容となる）。千代田工業事件・大阪高判平成2・3・8労判575号59頁は、求人票記載の労働条件は、当事者間において別段の合意をするなど特段の事情がない限り、雇用契約の内容になると判示しているが、上記のような立法措置をとった場合には、入管当局へ提出した書類について

---

[671] 前掲注（131）決定本文参照。

も同様の効力を認めることが考えうる。

ただし，外国人の入国前に提示される労働条件は変更される可能性もあるため，ここでの労働条件については，たとえば賃金額等について，変更可能な見込額として提示することを認め，合理的な理由がある場合に限り変更できることとする（求人票に示された賃金の見込額につき，その後の変更が信義則に違反するものではないとされた八州（旧八洲測量）事件・東京高判昭和58・12・19労民34巻 5 ＝ 6 号924頁参照）ことが考えられよう。

なお，雇用主側から提示された労働条件と実態が乖離していた場合には，労働基準法15条 2 項および 3 項によって労働者側が契約を解除することができ，それとともに帰郷旅費の請求が認められることがありうると考える。

第 2 項　労 働 法 制

以下では，わが国の労働法とアメリカ労働法の外国人労働者の取扱いの違いについて述べたうえで，わが国の労働法の解釈にアメリカ労働法の解釈が与える示唆を検討していく。そこでは，前項と同様，アメリカ法の発想ないし示唆が，わが国にとって有益か否か，また，それらをわが国に取り入れる場合に考慮すべき点について，それぞれみていき，今後の方向性につき，検討することとしたい。

1　アメリカ労働法からの示唆と留意すべき点
(1)　適法就労者の「統合」施策
(a)　**差別禁止と行政による支援**

外国人政策における「統合」という要請の実現のために，労働法が果たす役割は日米共通である。わが国の労働基準法 3 条は国籍差別を禁止している点では，国籍差別については，1964年公民権法第 7 編においてはそれ自体を禁止する規定がなく，移民関連不当雇用行為制度により，また，第 7 編の出身国差別禁止規定を通じて間接的に外国人の平等取扱いを実現しているに留まるアメリカ法より強力であるといいうる[672]。

---

[672] 解釈上，国籍差別の禁止には人種差別の禁止および出身国差別の禁止も含まれて

他方で，合衆国では，雇用差別禁止のルールが大きな役割を果たしており，規制も強力である[673]。このため，主として司法の場で雇用差別禁止法を通じて「統合」の実現を図ろうとする志向がある。これに対し，わが国は，差別禁止の規制は合衆国ほどまでは強くなく，訴訟件数も少ない[674]。

(b) 日米の雇用環境の差異に基づく「統合」の具体化の違い

ここで日米の雇用環境の差異に基づく，両国の「統合」の具体化のための法制度の違いについてみると，合衆国では，差別禁止のルールを中心に「統合」を図る傾向があるが，わが国でそのような対応をするには無理があるうえ，わが国の入管法では，適法就労者であっても在留資格による就労活動への制約があり，内外人平等原則をその限りでは徹底できないという問題もある。そのため，合衆国の「選択」と「統合」の分析枠組みを日本法に当てはめた場合，当てはまる部分（就労資格書類確認制度を導入した場合に，同制度の濫用を規制することはわが国でも可能と考える）もあるが，在留資格制度による制約などから，うまく当てはまらない部分が生じる。そのため，わが国にあるべき「統合」は，差別禁止だけでなく，これに加えた行政支援を必要とすると考える。

(2) 不法就労者の労働法上の取扱い

不法就労者の労働法上の取扱いは，アメリカ法では種々の議論がなされている。

日本法においても，不法就労者に労働法上の保護を与えるかどうか，また

いると考えられている（菅野・前掲注（136）書136頁，山川隆一・雇用関係法［第4版］（新世社，2008年）49頁）。
[673] 中窪・前掲注（235）書214-220頁参照。
[674] わが国も，従来行政が担っていた紛争解決の機能を司法に移そうとする動きがあるが（労働審判制度の導入などはその例である。菅野和夫＝山川隆一＝齊藤友嘉＝定塚誠＝男澤聡子・労働審判制度［第2版］－基本趣旨と法令解説（弘文堂，2007年）3-4頁），外国人については，言語の問題があり，裁判所，弁護士，通訳で対応できる人材が足りないことなどから，日本人のように司法へのアクセスを充実させるのは困難を伴うと思われる。

第5章　アメリカ法の特色と日本法への提言

保護を与えるとしても，不法就労者であるが故の制限が加えられるかどうかが，入管法（入管政策）との関係で問題となるが，わが国においてはこの点に関する検討はまだ十分になされておらず，特に，入管政策と労働政策の調整という観点からの検討は不十分といわざるをえないので，以上のようなアメリカ法における問題処理の状況は参考となりうるものである。

　不法就労者の労働法上の取扱いについては，わが国では十分に検討されていないので，合衆国の取扱いはこの問題を考える枠組みを提示する。たとえば，合衆国においては，不法就労者に労働法上の保護を与えなければ，雇用主に不法就労者を雇おうとするインセンティブを与えるので，不法就労者に労働法上の保護を与えることは，そのようなインセンティブを抑制することになり，その結果，移民政策にも合致するといったインセンティブ論が，裁判例や学説において，盛んに議論されている。わが国では，不法就労助長罪につき，不法就労者を雇う雇用主等を罰することにより不法就労者の需要を抑制しようとする点で，合衆国の雇用主処罰制度と同様の立法趣旨[675]がうかがわれるものの，不法就労者に対し，労働法の保護を与えることがどのような効果を持つかという点についての議論は必ずしも十分になされていない。たしかに，Hoffman判決で法廷意見は，このようなインセンティブ論を採用せず，むしろ逆インセンティブ論ともいうべき，不法就労者に労働法上の保護を与えることは，不法就労者に将来の不法就労へのインセンティブを与えることになり，その結果，不法就労者が増えることになって移民政策に反するとの立場がうかがわれる。しかし，いずれの立場も，不法就労者の労働法上の取扱いを考える際に，移民政策に配慮しており，このような議論は，わが国の同様の問題を検討する際の視点を提供する。

　また，上述のインセンティブ論および逆インセンティブ論の成り立つ前提として，日米間の訴訟件数の違いを考慮する必要がある。すなわち，訴訟を

---

[675] 1989年入管法改正により，不法就労助長罪が創設された立法趣旨は，不法就労者本人に比して，そのような者が来日することの吸引力・推進力となっている者のほうが，悪質性がより高いことが多く，同規定を設けることにより，そのような存在を取り締まることにあったとされる（法務省入国管理局監修＝入管協会編・前掲注（63）書204-207頁）。

通じて不法就労者も権利の主張ができる合衆国では，労働法の保護を当てにして入国する逆インセンティブもあながち否定できない。一方，日本の現状では，不法就労者が訴訟を通じた権利主張をすることは稀であり（このような傾向は，労災事故や交通事故の損害賠償請求事件等を除いて，不法就労者を当事者とする裁判例がわが国にほとんどないということにも現れている），保護を求める傾向が薄いという実態があり，わが国では，労働法上の保護を当てにした不法就労または不法入国のインセンティブは，現状ではあまり大きくなく，むしろ，移民政策および労働政策上，労働法の保護を与える要請が比較的高いといえ，わが国の入管政策を実現するためには，合衆国と異なるインセンティブの解釈も可能であると考える。すなわち，逆インセンティブが懸念されるような訴訟社会になるなど，状況が変わるまでの当面の間は，政策的に雇用のインセンティブ抑制の方向での政策を重視すべきであろう。ただし，そうであるとしても，将来の不法就労を前提とする救済を与えることには疑問があり，救済の内容を考えるにあたり留意する必要がある。

　以上のような基本的視点に立って，わが国における不法就労外国人に対する労働法上の保護のあり方を考察するにあたっては，アメリカ法の検討により明らかになった，同国における次のような問題意識が参考となりうる。すなわち，まず，①違法解雇に対する救済については，解雇時からみて将来の就労を前提とするバックペイおよび復職を認めうるかが問題となる。また，②労災事故での逸失利益の賠償については，その性質を，将来の賃金とみるか，すでになされた加害に対する賠償とみるかという問題があり，この点については，後者の発想に立つ裁判例が増えているが，逸失利益の算定において，滞在国ベースか，本国ベースかという問題が残る。これに対し，③FLSA違反等については，すでになされた労働に対する賃金は補償するとの考え方が有力であり，この点も参考となりうる。

(a) 労災補償の給付額

　たとえば，わが国の労災保険法は，後遺障害が残った場合等の給付につき，事故発生時を基準にした平均賃金をもとに制度設計されているので，その給付額が日本ベースになることから，不法就労の抑止のインセンティブが働か

ないのではないかという問題を指摘しうる。この点については、労災保険法は、そもそも労働災害の発生についての労働基準法上の使用者責任から発展したものであり、同法の給付については、使用者の災害補償についての責任保険か、社会保障かという観点で検討の際のアプローチに違いを生じる[676]。前者の観点によると、労働基準法上の災害補償（75条ないし88条）は、損害賠償と共通の機能をもつものであるから、日本ベースの給付を与えることは、改進社事件最高裁判決の考え方に従う限り、予想される滞在期間を超える可能性の高い長期の給付（年金による障害補償給付など）については、損害の塡補という労災保険制度の趣旨に反するおそれがある[677]。後者として考えた場合にも、他の社会保障給付のなかには、不法滞在外国人には与えない取扱いをしているものがあることとのバランスからすると、日本ベースでの補償をすることが、社会保障制度上ふさわしいかどうかは検討の余地があるようである[678]。そこでは、不法就労者の労災事故に補償を与えることが不法な入国のインセンティブを与えることにならないような配慮が要請されると考える。

---

[676] 村田・前掲注（590）論文は、労災保険法の保険給付と民法の損害賠償の算定方法がばらばらに考察されていることに対し、両者を整合的に考えなければならないと提言している（同36頁。ただし、その整合とは、労災保険給付と同様、民法の損害賠償も日本人と同一の賃金基準によるべきと主張する立場からの発言である）。民法の損害賠償と労災保険法の給付の整合性の問題については、前者は事実認定の問題であるのに対して、後者は、給付する額の計算方法が法定されており、過去分を基礎として算定することが決まっているため、法改正などの立法によってのみ変更できる問題である。

[677] 不法就労者について、労災保険の給付を日本ベースとすることは、損害の塡補という法の趣旨に反するのではないかという問題がある。しかし、不法就労以外にも法に違反した形態での就労を除外する規定が労災保険法にはなく（同法12条の2の2第2項の労働者の犯罪行為や重大過失等により、給付を全部または一部行わないことができるとの規定は、事故等との因果関係を要するので、不法就労者であること自体からは、事故との因果関係を認めることはできない。また、同法12条の3第1項は、「偽りその他不正の手段により保険給付を受けた者」に対し、給付に用いた費用を全部または一部徴収できるとしているが、不法就労者であること自体は、そのような者に該当しない)、本人の責任で減額する規定もなく、不法就労者だけ除外する規定を設けることがどうかという点は検討する必要がある。

第2節　日本法への示唆と今後の方向性

(b) 損害賠償

　一方，不法就労者の取扱いをめぐって，日本法の裁判例でも最も問題となっている労災事件の安全配慮義務に基づく損害賠償（逸失利益の算定）についてみると，合衆国では，主として州法レベルの労災補償法で救済が決まるのが一般的である。これに対して，わが国では，その損害の填補について，労災保険との調整は必要となるが，専ら，民法の枠内で考える枠組みとなっている。しかし，労災事故における損害賠償は，労働関係の安全配慮義務を基礎とするものであり（不法行為でも実質は変わりない），労災事故での損害賠償を考える場合は，労働法的理念も含んでいるといいうるため，アメリカ法における移民政策からの労働法へのアプローチをも参考にしうる問題であるといいうる[679]。

　そして，日本法のもとで逸失利益を算定する基礎となる現実の損害につい

---

[678]　もっとも，労災保険法の給付は法定のものであるので，現行制度のもとで，「実際の損害額を上回っていたとしても，過剰給付分が不当利得となるものではない」（改進社事件最高裁判決の判例解説である川神・前掲注（157）判解66-67頁）とされる。

[679]　損害賠償をめぐっては，日米の制度の違いを念頭に入れておく必要がある。すなわち，合衆国では，法領域によって異なるが，実際の損害の填補（補償的損害賠償）のほかに，懲罰的損害賠償も認める構成になっており，法政策の趣旨の実現のために実際の損害額を超える賠償も認められることがあるのに対し，わが国の民法では，損害賠償は，実際に起こった損害を超える賠償は認められていないと解されるので，事実認定の問題となるという違いがある（判例がとる差額説では，当該不法行為（または債務不履行）の事実がなかったと仮定したならば存在したであろう利益状態と，当該事実の結果現実にもたらされて存在している利益状態との差を損害とみる（藤村・前掲注（159）書85-89頁参照）。もっとも，裁判所のとる差額説は，幼児や主婦など現実の収入のない者の逸失利益の算定に賃金センサスを用いるなどの対応がみられ，厳格な意味での差額説ではないとされる（川神・前掲注（157）判解57-58頁））。ただし，労災事故の損害賠償をめぐっては，合衆国の州の労災補償法は，保険システムをとる場合が一般であり，労災補償は「排他的な」（exclusive）救済と定められており，被用者は労災補償の適用を受ける限り，使用者に故意があった場合を除き，一般に不法行為に基づく損害賠償請求をなしえないことになっている（中窪・前掲注（235）書265-266頁）。また，労災補償の給付額は，現実の損害をカバーするにはほど遠く，不法行為による損害賠償に比較すると大きな落差があるとされる（同書265頁）。労災補償とは別個に損害賠償請求をなしうる日本法とこの点が異なっている。

ては，将来に向けての損害額も事実認定することになるが，その際には，事実認定の問題であっても，入管法違反の状態をどう考慮するかなど，規範的評価が入ってくる余地がある。このような逸失利益の算定をめぐる問題については，後述する項で検討する。

2 今後の方向性
(1) 適法就労者への対応
(a) 「統合」の実現手法

労働法においては，入管政策を考慮した取扱いと「統合」の促進が要請される[680]。

すでにみたとおり，わが国では，労働基準法3条に国籍差別の禁止があり，出身国差別も同条で禁止されると解されている。ただし，採用差別は禁止されていないと解されているため，採用差別についても同条の適用を検討すべきと考える。また，一般に合衆国では差別禁止の要請は強く，雇用差別禁止法の規制はわが国よりも強力であるが，わが国では，訴訟制度による実現の面も含め，差別禁止の規制は弱い。そこで，わが国で，外国人の「統合」を実現するには，労働基準法の差別禁止規定に頼るだけでは必ずしも十分ではなく，別の手法も考える必要があるといえる。この点については，「統合」への行政による支援が考えられる。たとえば，「外国人労働者の雇用管理の改善等に関して事業主が適切に対処するための指針」[681]はその一例であるが，「統合」の実現のために，現在の努力義務規定を強化するなど[682]，より実効性のある行政上の措置を可能とすることなどが考えられる[683]。その他，特に法律の根拠を必要とする訳ではないが，外国人労働者に対して労働法や紛争

---

[680] そのためには，入管法においても，前掲注（663）のような対応を検討する必要があろう。

[681] 前掲注（112）指針。

[682] 本指針は，2007（平成19）年の雇用対策法改正によって法的根拠が与えられるに至ったが，強制力は現在でも有していない。ただし，指針中の外国人の雇用状況の届出については，雇用対策法上の規定によって義務化されている（同法28条，附則2条。雇用対策法施行規則10条-12条）。

解決手続きおよび生活面に関する情報提供や支援をより積極的に行うことも考えられる。たとえば，生活指導，外国人に理解可能な労働条件の明示や安全衛生指導，あるいは日本語指導等を挙げることができる。

(b) **労働契約をめぐる問題**

さらに，採用した外国人が，その在留資格に見合った職務を遂行するには能力不足であったためにその外国人を配転したことが問題となった鳥井電器事件[684]で見られたような，能力に見合った配転を行うと資格外の就労をもたらすという結果が生じてしまうという問題については，雇用主が，認められている在留資格の範囲外の職務を担当させる配転を行うことは，入管法との調整の必要があるため，原則としてそのような配転を行うことはできないと考える。その場合，当該労働契約においては，在留資格に対応した職種限定の合意が明示的または黙示的にあることが多いであろうから，それを超える配転命令は，無効となる（職種限定の合意が認定されない場合も，入管法上認められない就労を強制する配転命令は，日本の法秩序と調和しないであろうから，公序違反として無効となしえよう）。

その場合には，能力不足を理由とする解雇もやむをえないことが多くなるであろうが，雇用主は，直ちに解雇をするのではなく，まず，改善の機会や警告を与えたうえで，在留資格の範囲内での配転可能性を検討するなどの努力をすべきである（ただし，在留資格制度のもとで，当事者は在留資格に該当する活動を行う能力を有するとの前提で契約を締結していると考えられるので，配転先の職務を担当できるように在留資格の変更を申請する手続きを行い，能力に見合った職務を探すことまでは要求されないと解す[685]）。そして，その努力が

---

683 そのほかに，民間企業においても企業の社会的責任（Corporate Social Responsibility: CSR）の理念に照らして自主的な統合推進措置を実施することも考えられる（山川・前掲注（109）論文（「外国人労働者と労働法上の問題点」）参照）。

684 前掲注（132）判決本文参照。

685 逆に，入管法においては，配転が活用されている一時的な配転によって在留資格により認められている職務の範囲を超える場合でも，当該配転に合理性が認められ，その後に従来の職務に復帰することが確実なときには，資格外活動とは判断しないなどの対応を検討することが考えられる（前掲注（663）も参照）。

第5章 アメリカ法の特色と日本法への提言

可能であるのに，それを怠った場合には，解雇は解雇権の濫用となりうると考える。もっとも，在留資格の範囲内の配転であっても，労働契約上，職務が限定されている場合は，一方的に配転を命じることはできないが，労働者に対して職務を変更することにつき同意を求める申し出をしたかどうかが，解雇権濫用の判断に当たって問題となりえよう。

また，在留期間と契約期間の解釈については，雇用契約が期間の定めのあるものであるとの認定につき，在留期間を理由の一つとした裁判例（フィリップス・ジャパン事件[686]）があるが，在留期間と契約期間は論理的には同じではない。この場合にも，労働契約が入管法違反とならないように，「法務大臣の在留資格の許可ないし在留期間の更新が認めらない」場合に，契約を解除する旨の条項を労働契約に定めることで一応の解決が可能である。しかし，労働基準法14条においては，一定の専門職等について，5年間の有期契約が認められており，そうした労働政策を入管法にも反映させる制度設計を行うことが望ましい。併せて，高度人材の受入れを促進するというわが国の外国人政策の観点からも，入管法制において，労働基準法14条の改正を反映し，その改正に合わせた在留期間を認めるようにするべく，3年を超えてはならない[687]とする在留期間の上限について，入管法（同法2条の2第3項および同法施行規則3条に基づく同別表第2）を改正することが考えられる。具体的には，労働基準法14条により5年の有期労働契約が認められる職業に該当する在留資格については，在留期間を5年とすることなどが考えられる[688]。

---

[686] 前掲注（124）決定本文参照。

[687] 「外交」，「公用」，「永住者」，および「特定活動」のうち特定分野の研究等の活動以外の在留資格について，在留期間は3年を超えられない（入管法2条の2第3項）。なお，「外交」および「公用」は，外交官およびその他の外国政府等の公務員に与えられる在留資格であり，その任期中は在留期間が与えられ，「永住者」は無期限で在留が認められる。「特定活動」のうち5年が認められる活動については，前掲注（24）参照。

[688] この点について，経済産業省・前掲注（94）書268頁が同様の提言をしている。なお，第五次出入国管理政策懇談会・前掲注（29）報告書の在留期間の上限を5年とするとの提言を受けて，法務省が平成21年通常国会に入管法改正の法案を提出する見通しである。

第2節　日本法への示唆と今後の方向性

(2) 不法就労者への対応
(a) **基本的枠組み**

次に，アメリカ法における不法就労者の労働法上の取扱いからの示唆を受けて，わが国における不法就労者の労働法上の取扱いのルールを検討すると，以下のような枠組みを提示しうる。

すなわち，不法就労者についても，①原則として労働法令の適用を認めたうえで，②救済においては，入管政策の要請を考慮し，不法就労者に就労資格を与えたのと同様の結果とならないよう配慮する。しかし，既往の労働に対応する部分（たとえば，未払賃金や差別事件における過去分の差額賃金の支払い）については，将来の不法就労を促進することにはならないため，そのような要請は弱まるので，保護を与えうると考える。一方，③将来の労働に対応する部分の救済については，不法就労者である労働者側が，適法就労者となりうる蓋然性を相当程度まで立証し得た場合には，それを条件として，そのような部分についても救済を認めることができると解することとしたい。

5年の在留期間を認める在留資格の範囲については，同報告書では明らかにされていないが，労基法との関係で以下の問題が生じうる。すなわち，労基法14条1項は，労働契約の期間につき，期間の定めのないものを除き，一定の事業の完了に必要な期間を定めるもののほかは，原則として，3年を超える期間について締結してはならないとする。ただし，厚生労働大臣が定める基準に該当する高度な専門的知識を要する労働者との契約および60歳以上の労働者との契約については，5年までは可とする。ここでの厚生労働大臣の基準は，博士の学位を有する者や，公認会計士，弁護士，一定の学歴および実務経験ならびに収入の基準を満たしたシステムエンジニアなど，高度な専門知識を有する者に限られる（「労働基準法第14条第1項第1号の規定に基づき厚生労働大臣が定める基準」（平成15年10月22日厚生労働省告示356号））。

そこで，仮に入管法改正により5年の在留期間が実現したとして，3年を超える期間を定める労働契約を，同基準を満たさない外国人労働者と締結した場合，その効力が問題となるが，労働者は3年経過後は解約（退職）できるが，雇用主は期間中は解雇できないという趣旨であれば，労働契約中に3年を超える定めがあっても，労基法14条に違反せず，有効となる（関西学院大学事件・神戸地尼崎支判昭和49・7・19労民25巻4＝5号332頁参照）。これにより，3年を超える期間の契約でも，労働者は3年を超えれば退職できるが，期間内は労働契約法17条1項により雇用保障される。

以上のような解釈が成り立つとしても，立法論的には，入管法上の就労を目的とする在留資格の在留期間と労基法の同規定との整合性が図られるのが望ましいと考える。

第5章　アメリカ法の特色と日本法への提言

ただし，④そのような蓋然性を立証できなかった場合，アメリカ法のルールでは救済が否定される可能性があるが，損害賠償請求については，わが国では，既に改進社事件最高裁判決が，一定程度の期間を就労可能な期間として事実認定しうる場合には，その期間につき日本ベースでの損害賠償を認める判断枠組みを示している[689]。金銭支払いによる損害賠償を認めても就労資格を与えることと必ずしも同視されるわけではないので[690]，こうした判断枠組みは支持しうるものである（詳細は後述する）。

以上のような枠組みを前提として，わが国での不法就労者の労働法上の取扱いをめぐって生じている（または，生じうる）代表的な問題についての解決方法を以下検討する。

---

[689] 同判決で示された判断枠組みである「改進社ルール」（後述）は，労働法規そのものを適用したものではなく，民法の安全配慮義務の適用にあたって示されたものであるが，安全配慮義務の法理は主として労働関係において発展してきたものであり，労働法の一環として位置付けることも可能であり，その点で，労働法の中で移民政策を考慮する合衆国の発想が妥当する面がある。また，「改進社ルール」は，実態としての労働関係の存在を一定限度で法的保護に結びつけたものであるが，労働法においても，不法就労者に労基法等の保護を認めるのは，実態としての労働関係を保護する発想に基づくものであって，その点でも両者には共通する面がある。実態としての労働関係の保護という点については，無免許での運送契約の効力が問題となった事件につき，最高裁が，免許のない営業であっても，契約は当然無効とはならず，契約に基づき相手方に支払いを請求し得る権利を有するとした判例（徳島いすゞ自動車事件・最一小判昭和39・10・29民集18巻8号1823頁）が示すように，入管法上違法な就労であっても，労基法の保護が直ちに否定されるものではない（小川英明「民事裁判における実務上の問題点」日本交通法学会編・外国人労働者への交通事故賠償（交通法研究21号）（有斐閣，1992年）66-67頁参照。なお，同論文は，外国人の「得べかりし利益」について，事実認定の問題としつつ，就労資格のある期間や，実際に就労が見込まれる期間等を具体的に検討することが必要とする）。そうすると，労働法の保護を考える場合にも，就労の実態に即した保護を与えるという点で，「改進社ルール」と共通性のある取扱いを導入することが可能であろう。

[690] ③において，バックペイを認めるとすると，労働契約が有効に存在していたことを認めることになるが，損害賠償については，そのような評価は前提とならない。

第 2 節　日本法への示唆と今後の方向性

(b)　逸失利益の算定

　前述のとおり，わが国の労災事故での民法の損害賠償については，労働法的要素も含んでいるといいうるため，入管政策からの労働法的な法理念へのアプローチを同様に検討しうる問題であるといいうる[691]。ただし，日本法のもとで現実の損害については，将来に向けての損害額も認定するので，基本的には事実認定の問題であっても，将来の滞在可能性の判断に関わって規範的評価が入ってくる（合衆国においても同様の発想を示す裁判例が現れている[692]）。

　この点につき，改進社事件最高裁判決は，わが国での就労可能期間はわが国での収入等を基礎とし，その後は想定される出国先（多くは母国）での収入を基礎として逸失利益を算定するとしたうえで，わが国での就労可能期間については，「来日目的，事故の時点における本人の意思，在留資格の有無，在留資格の内容，在留期間，在留期間更新の実績および蓋然性，就労資格の有無，就労の態様等の事実的及び規範的な諸要素」を考慮して認定するという判断枠組みを示した（同判決のこの判断枠組みをここでは「改進社ルール」という）。そこで述べられた「規範的要素」の具体的内容について，学説は入管法の規範とする説[693]，憲法14条等を根拠に労働者保護を含むとする説[694]で分かれており，同判決で示された「規範的要素」の解釈をめぐり混乱が生じている。同判決は，損害額について，現実または将来起こるであろう具体的損害をベースにして損害額が認定されるというルールに則って判断しており，事実の評価において，入管法の評価が入っているが，あくまで事実認定の問題であって，「改進社ルール」自体には，「規範的要素」の中に憲法14条の理念や労働者保護という観点は必ずしも含まれていないと考える。そのうえで，「改進社ルール」は，損害の認定という場面において，入管政策を考慮して，不法就労者については，わが国に滞在し，就労する期間をそれほど長

---

[691] 不法就労者をめぐる交通事故事件でも，「改進社ルール」を取り入れられている裁判例があるが，交通事故も被害者の救済という観点から，労働法とはいえない法分野においても，実態に配慮しようとする労働法の発想との共通点がうかがえる。

[692] Affordable Housing Foundation, Inc. v. Silva, *see supra* note 578.

[693] 前掲注（157）のうち，窪田・判批，山川・判批参照。

[694] 前掲注（161）のうち，水野・判批および野川・判批参照。

期のものと認めるべきではないとの観点に立つものといいうる。すなわち，「改進社ルール」で示された「規範的要素」は，入管法の「選択」の理念に配慮しているといえる。このような点で，「改進社ルール」は，判決文にも現れているように，「規範的要素」として，入管政策ないし入管法を考慮に入れているといいうる。

しかし，このことと，「改進社ルール」に，実態としての労働関係に着目した労働者保護という考慮を取り入れることを加えることとは矛盾しない。改進社事件最高裁判決が，日本での就労可能期間を3年と認定したことは，一定程度この点を考慮したものともいえる。

また，規範的要素において，入管法違反という事実を考慮するとしても，逆に，入管法違反の事実が解消される可能性を考慮することも考えられる[695]。すなわち，改進社事件最高裁判決の立場では，不法就労者の就労可能期間は長期なものとしては認定され得ないが，ここで，不法就労者側が，自らが在留特別許可[696]を受けるなど滞在が合法化される蓋然性が相当程度高いことを立証できた場合には，相当な期間について，日本ベースでの逸失利益の算定が可能となると解することができよう。合衆国においては，このような立証責任上の取扱いを明確に示す裁判例があり，日本法の解釈として参考になる。

実際に，改進社事件最高裁判決でも，そのような立証があった場合につい

---

[695] 不法就労者の合法化の可能性を考慮要素とする説がある（藤村・前掲注（159）書250頁）。

[696] 法務省入管局によって，「在留特別許可に係るガイドライン」が策定されている（2006年10月）。同ガイドラインは，個々の事案ごとに諸般の事情を総合的に勘案するとの従来と同様の立場を維持しつつ，許否判断において，①日本人または特別永住者の子，②それを扶養する実の親，③日本人または特別永住者の配偶者，④人道的配慮を要する者のうち一定の者について，積極的要素として考慮し，これに対し，⑤刑罰法令違反，⑥不法就労助長罪など入管行政の根幹に係る違反，⑦過去の退去強制歴を消極的要素として考慮するとしている。同ガイドラインにより，考慮要素が示されたことは，在留特別許可の蓋然性を争う事件における裁判所の判断の行方にも影響を及ぼすものと思われる。法務省入管局ホームページ
http://www.moj.go.jp/NYUKAN/nyukan52.html参照。

第2節　日本法への示唆と今後の方向性

ては結論が異なりうる可能性を示唆しているが、このような立証責任上のルールを合衆国の裁判例を参考にして明確化することは、在留特別許可の制度をもつ入管法の趣旨に合致すると考える。

在留特別許可が与えられると、在留資格のいずれかが認められることになるので、当該在留資格のもとで滞在をして在留期間の更新の許可が認められれば、相当長期の滞在可能性が生まれる。在留特別許可の運用実態において、日本人との家族関係等を重視して許可が認められる傾向があり[697]、その結果、多くが「日本人の配偶者等」や「定住者」の在留資格が与えられていることにかんがみると、それらの在留資格では在留期間の更新を経て相当長期の滞在が現実には可能になることから、就労可能性の立証に、在留特別許可の蓋然性の立証を取り入れるのは、入管法（入管政策）とも調和した処理といいうる[698]。

(c)　不法就労者の解雇をめぐる問題

上記(a)で示した枠組みを労働災害による逸失利益の問題に当てはめると、上記(b)のとおりとなるが、その他の労働法の適用をめぐる問題についても、基本的に同様の取扱いが可能と考えられる。まず、わが国の労働法規も合衆国と同様に、不法就労者にも適用があると考えるのが適当である[699]。わが国の労働法が、実態としての労働関係に着目して労働者を保護しようとする発想をもっていることから、現実に雇用されている者については、在留資格の有無を問わず、労働法規の適用を認めるのが適当であると考える。

しかし、具体的な労働法の適用のあり方、また、救済の内容については、

---

[697]　在留特別許可を認めた事例について、法務省入国管理局ホームページ
http://www.moj.go.jp/NYUKAN/nyukan25.html参照［2007年11月］。

[698]　また、雇用主の入管当局への通報によって、被害者である不法就労者がすでに退去強制されていたとしても、日本での就労可能期間を認定するなどの措置を講じることを挙げることができる。さらに、雇用期間の定めのある契約が不法就労者と雇用主の間に結ばれていた場合には、労働法的発想ではその期間まで認められるが、その残存期間が長期であった場合には、その期間は入管政策を考慮して、短縮されると考える。

[699]　ただし、社会保障に関しては別の検討が必要である。

個々の労働法規ごとに考える必要があるので，以下では，労働法の規律対象の中でも最も代表的な解雇を取り上げて検討したい。すなわち，不法就労者の解雇が解雇権の濫用にあたるかが問題となる事案が発生した場合につき検討すると，不法就労者にも労働契約法が適用されるので[700]，同法16条により，解雇をどのような場合に無効とすることができるか，また，解雇が無効となる場合の救済方法はどうなるかが問題となる。同条の要件は，①合理的理由がない場合，または，②社会通念上相当でない場合に，雇用主の解雇権の行使を無効とするものであるので，不法就労者の解雇事件に関しては，労働者の就労が入管法違反であることが，①または②の判断にどう影響するかをまず検討する必要がある。

この点については，不法就労者であっても労働契約が直ちに無効になるものでもなく，労働基準法が，労働関係の実態に即し，労働者の保護を図る法律であって，適用を認めている以上，解雇においてだけ，不法就労者であることをもって，直ちに，解雇の合理性や社会通念上の相当性を認めることはできないと考える。

しかし，この点は，雇用主が，被用者が不法就労者であることを(ｱ)知らずに雇っていたか，(ｲ)知りつつ雇っていたか[701]で状況は異なりうる[702]。

---

[700] 労働契約法に移行する前の労基法18条の2（現行・労働契約法16条）は，私法上の権利の濫用という構成要件を採用している点や罰則規定がない点などにおいて，労働契約上のルールを定めたものと位置付けられていた（山川隆一「労基法改正と解雇ルール」ジュリ1255号48-56頁（2003年））。前述したとおり（前掲注（109）参照），労働契約の準拠法は日本法となることが多いので，同条が適用される可能性は高い。

[701] 当初は不法就労者であると知らないで雇っていても，その後，不法就労者であることを知り，さらにその後も雇用し続けたような場合は(ｲ)に該当すると考える。

[702] 多民族国家である合衆国では，不法就労者と知らずに雇ってしまうことがありうる（そのため，就労資格書類確認制度において，合衆国労働者を含むすべての被用者を対象に就労資格を確認することが雇用主に義務付けられている）。わが国では，外見と職種の組み合わせで不法就労かどうかはある程度推測可能であり（このような外見をみて不法就労者と決め付けることは，合衆国では差別の問題を惹起しかねない），知・不知が問題になる場合は，合衆国に比べ低いといえる。しかし，外国人労働者の定住化が進む中，外見だけで，不法就労かどうかを見極めるのは，今後ますます困難になっていくことが予想される（むしろ，外見だけで判断することを通じて，「永住

まず，(ｱ)の場合には，雇用主は被用者が不法就労者であることを理由として解雇することには，解雇をなすに一応の合理性または，社会通念上の相当性を認めることができると考える。わが国では本来就労できない不法就労者であると知らずに雇っていた雇用主が，入管法違反の状態を是正しようとしても，解雇できないのであっては不都合であるから（不法就労助長罪の成立を免れることができなくなる），入管法違反の事実を知った場合には解雇の合理的理由が認められると考えられるからである。

　そこで，就労資格のないことを知らずに雇っていた雇用主の場合[703]，被用者が不法就労者であるということを理由に解雇することは，解雇権の濫用に当たらないと解すべきである[704]。

　次に，(ｲ)の場合には，雇用主は，自ら就労資格がないことを知りつつ外国人を雇用して不法就労状態を作り出したのであるから，被用者が不法就労者であることを理由に解雇の適法性を主張することは，禁反言ないしクリーンハンドの原則に照らして許されないとの見解と，雇用主が不法就労の事実を知っていたとしても，労働者は入管法上，本来就労できない立場であることを重視して，解雇権濫用にはならないとの見解が考えられる。後者の見解は，入管法政策を労働政策に優先させるものであるが，以下にみるように救済面で両方の調整を図ることができるので，ここでは，前者の無効説を取ってお

者」その他の就労に制限のない在留資格で滞在する外国人が，不当に扱われる問題がわが国には存在しているともいえる）。また，不法就労者をめぐる訴訟事件も今後は増えていくであろうことが見込まれる。いずれにせよ，就労資格書類確認制度なしに，知・不知を見た目等で判断することには問題がある。

[703] 私見では，わが国でも「就労資格書類確認制度」類似の制度を導入するので，同制度のもとでは，「知らずに雇う」ことは，労働者側が虚偽の書類を提出した場合などに限られてくる。このような場合，労働者側に帰責事由が認められるので，雇用主に解雇されるのもやむをえないと考える。

[704] もっとも，解雇事由が，他の重要な問題（法違反）を含んでいた場合には，他の法の規定により解雇が無効となるのはもちろんである。すなわち，不法就労者であるという理由以外に，解雇が，不当労働行為に当たる場合や，不法就労者の正当な行為に対する報復措置としてなされた場合（多くは報復措置を禁ずる法律の保護がある）には，解雇は無効となる余地もありうると考える。

第5章 アメリカ法の特色と日本法への提言

きたい。

　このように解する場合，解雇を無効とすることが，将来の不法就労を認めることになり，結果として，不法就労者に就労資格を与えたのと同様の効果を生じることになるのではないかという問題を別途生じさせることになる。

　この問題について，解雇自由の原則がとられる合衆国のルールは，わが国に直接示唆するものはなく，わが国独自の問題である。しかし，合衆国においても，NLRAに基づきNLRBが復職命令を出すことができるので，この点においてはアメリカ法の取扱いは示唆となりうる。そこで，アメリカ法の取扱いを見ると，Hoffman判決は，不法就労者の復職命令を一般に認めない方向をとっている[705]。

　これを参考にして考察すると，解雇権濫用に対する救済が，通常の場合と同様に解雇の無効に基づく地位確認判決であるとした場合，雇用主は，これに従って労働者を原職に復帰させると（いわゆる就労請求権は原則として否定されているが，地位確認判決が出された以上，雇用主は原職復帰の措置をとることを期待される），不法就労助長罪に該当する行為を行ったものとして，入管法違反の責任を負わされることになる。このような結果をもたらす確認判決は，入管政策に反し，国の機関である裁判所がこうした判決を下すことは適当でないと考えられ，また，紛争解決の手段としても意味がないと思われる。したがって，判決時点で適法な在留資格が認められない場合（原告側が，適法就労者となりうる蓋然性を相当程度まで立証し得た場合を除く），確認判決を求める訴えの利益は否定すべきと考える[706]。

　次に，賃金については，通常の場合，解雇が無効であれば，雇用主に民法536条2項の帰責事由があるとして，解雇時から判決時までの賃金支払いが命じられるのが通例であり，不法就労者についても同様の取扱いができるか

---

[705] Hoffman判決以前の裁判例や現在も学説の議論として有力なのは，不法就労者に就労資格を立証させることを条件に復職を認めるものである。この考え方は，わが国でも参考となりうる。

[706] この場合，実体法上の法律関係において，労働関係は存在するが，就労できる地位を判決により法的に支持できない状態にある。このように観念することは極めて技巧的なので，以下で述べるとおり，立法的解決を検討すべきである。

が問題となる。Hoffman判決をそのまま当てはめればそれを認めることは難しくなるが，上記のように，日本では改進社事件最高裁判決がそれとはやや異なるルールを示しているので，これに従うことが適当である。すなわち，一定程度の期間を就労可能な期間として事実認定しうる場合には，その期間につき，無効な解雇により就労ができなかったことは雇用主の帰責事由に基づくものだとして，賃金支払いを認めるべきと考える。たとえば，訴訟が係属中の間も現実には日本に滞在していることが少なくないと考えられるが，そのような場合であれば賃金の支払いを判決時までとすることが考えられる[707]。これに対して，将来の賃金支払いは，通常であればその必要性が認められるような場合でも，入管政策に矛盾するものとして許されないと思われる。

なお，以上は解釈論での対応であるが，やや複雑な解釈なので，解雇が無効になりうる場合でも，労働者が不法就労者であるとの事実が認められれば，就労可能な在留資格を取得する見込みがない限り，解雇を有効として，雇用契約は終了するものとしつつ，金銭的補償を義務付けることを立法で規定することを検討してはどうか[708]。そうすることにより，被害者に労働法の保護を与えることができるとともに，入管政策の観点からも，雇用主の不法就労者を雇おうとするインセンティブを減らすことができるうえ，出稼ぎ目的の不法就労者の帰国も促進できるというメリットがあるのではないかと考える[709]。

---

[707] その間，退去強制となった場合や，出国命令制度のもとで自主的に帰国した場合には，出国後は就労可能期間に含まれていたとは事実認定できないので，出国時には同期間は終了すると考える。

[708] 2005（平成17）年9月に発表された労働契約法制の在り方に関する研究会の報告書における立法提言でも，解雇の金銭解決制度が含まれていたが，2007（平成19）年に成立した労働契約法において，同制度の導入は見送られた（「今後の労働契約法制の在り方に関する研究会」報告書・労働調査会出版局編・どうなる？どうする？労働契約法制（全国労働基準関係団体連合会，2005年）所収208-212頁）。ただし，要件は異なっているので，外国人についての特別立法とすべきであろう。

[709] ただし，補償額については，入管政策と整合的な算定を必要とすると考える。

結章　要約と今後の課題

　本書を締め括るにあたり，前章までにみてきた検討の結果を簡単にまとめたうえで，最後に今後の課題について若干触れることとしたい。

第1節　要　約

　本書は，まず序章において，検討課題を設定し，論文の構成を示した。
　すなわち，21世紀に入り，少子・高齢化や経済・社会のグローバル化を背景に，外国人労働者に関する政策のあり方について議論が活発になっているが，そこでは，①入管法政策の観点からのものと，②労働法政策の観点からのものが，それぞれ別個に論じられており，双方の観点の関係や，一方が他方にどのような影響を与えるかという議論がほとんどなされていない。そこで，本書では，入管法政策と労働法政策の交錯という観点から，日本における問題の所在を示したうえ，アメリカ法についての比較法的検討を行い，それを踏まえて，外国人労働の法政策について考察を行うこととした。

1　問題の所在──日本法の状況（第1章）の要約

　上記のような問題関心に基づき，以下のとおり，第1章において，日本法の状況および先行業績を概観し，わが国においては，入管法の外国人労働者受入れの制度設計等において，労働政策からの発想が不足している一方で，労働法上の外国人労働者をめぐる議論においては，入管政策からの発想が不足していると指摘し，問題の所在を明らかにした。

(1) 入　管　法

　まず，わが国の入管法制について，入管法の歴史，在留資格制度等の現行入管法の法制度の枠組み，外国人をめぐる行政機関等について紹介したうえ

で，わが国の入管法制の特徴について次のように分析した。すなわち，①入国当初から外国人の永住を認めることはなく，移民受入れの方針をとっていないこと，また，②在留資格毎に就労活動の可否およびその内容を規定する「在留資格制度」のもと，単純労働を目的とする在留資格は基本的に認められていないこと，さらに，③同制度のもと，入国・滞在管理と就労管理とが一元的に行われていること，および，そのような入国・滞在の許可の決定が，法務省入国管理局によって一元的に行われていること，④上陸許可の基準を定めた基準省令等に，外国人受入れの労働市場への影響を考慮していることが多少うかがわれるものの，そのような影響と上陸許可を結びつける制度的な枠組みは存在しないことを指摘した。そのうえで，労働政策を考慮した制度設計等が課題となっていることを示した。

(2) 労 働 法

次に，わが国の労働法について，まず，外国人労働者に対する労働法の適用については，入管法の在留資格の枠内であれば，外国人の就労に対し，労働法上の制限は設けられていないことを指摘した。次に，入管法と労働法が交錯する事案について，外国人労働者の労働法上の取扱いが問題となった裁判例等の状況を紹介した。以上のようなわが国の外国人をめぐる労働法制の検討を経て，わが国の労働法制の課題として，以下の点を指摘した。すなわち，①外国人の労働法上の取扱いが問題となる事案について，裁判例が少なく，理論的検討も不足しているため，個別的な対応がなされているにとどまること，また，②外国人の労働法上の取扱いを検討する場合に，不法就労者の労災事件における損害賠償をめぐる改進社事件最高裁判決やその他の若干の裁判例において，入管政策的発想がうかがえるものもあるが，一般には入管政策的見地からの検討が十分になされているとはいえないこと，の二点を指摘した。そのうえで，労働法においては，入管政策的観点を踏まえた検討が必要になっているとの検討課題を示した。

(3) 比較法的検討の必要性

そして，わが国における外国人労働の法政策につき考察するためには，次

の理由で、アメリカ法を比較法的検討の対象とすることが有益であると指摘した。すなわち、アメリカ法においては、①外国人政策において、移民法（移民政策）と労働法（労働政策）が交錯する形で相互に影響を与えており、このようなアメリカ法の状況（具体的には、労働政策の視点を取り入れた移民法の制度設計をもち、かつ外国人労働者の法的地位に関して、移民政策との整合性を図った労働法の適用および解釈を行っていること）は、上記のようなわが国の問題解決のために参考となりうること、また、②わが国の入管法はアメリカ合衆国の移民法を母法としており、在留資格制度と同様の枠組みを採用し、かつ、入国・滞在管理と就労管理を一元的に行っている点でも共通するため、アメリカ法の解釈や立法政策を知ることは、日本法の今後の方向性を検討するうえで参考となりうること、を挙げた。

2 アメリカ法の検討（第2章，第3章，第4章）の要約

以上のような日本法の検討を経て、そこから抽出された課題を検討するため、以下のとおりアメリカ法についての検討を行った。

(1) アメリカ移民法の概要（第2章）

第2章において、アメリカ移民法を概観した。現行のアメリカ移民法は、1952年移民及び国籍法（INA）を基本法とし、その後数度の改正があるが、なかでも重要なのが不法就労者を「知りつつ」雇うこと等を禁止した1986年の移民改正管理法（IRCA）であることを指摘した。

また、外国人をめぐる行政機関については、後述する労働証明制度は、労働省において運用されていることなどを指摘した。さらに、INAのもとでの、移民ビザおよび非移民ビザの制度について概観したが、移民ビザについては、大きく分けて、数量制限のないものと数量制限のあるものとがあり、前者は、合衆国市民の直近の親族に与えられるビザがあり、後者は、家族関係移民ビザ、雇用関係移民ビザ、多様性移民ビザがあることを説明した。他方、一時的滞在を目的とする非移民ビザについては、細かなカテゴリーに分けられているが、そのうち、就労に係る非移民ビザの主なものについて説明した。最後に移民法の制裁措置である退去強制と入国拒否について概略を説明した。

(2) アメリカ移民法と労働政策（第3章）

　続いて，第3章において，アメリカ移民法と労働政策の関係に触れ，具体的には移民法の①労働証明制度，および②雇用主処罰制度と移民関連不当雇用行為制度について，制度の内容をみるとともに，行政の決定や裁判例等をあげて運用状況を紹介したうえで，労働政策がアメリカ移民法にいかなる影響を与えているかを検討した。そこでは以下の点が明らかになった。

(a)　労働証明制度の特徴

　労働証明制度は，一定の雇用関係移民ビザの発給に際して，外国人が低賃金で雇われることにより，①合衆国労働者の雇用機会が奪われるのを防ぎ，また，②賃金の引下げ圧力が生じるのを抑えるため，(ｱ)地域に適格性ある合衆国労働者がいないこと，および(ｲ)合衆国労働者の労働条件が不利にならないこと，との二つの要件がみたされたことの証明を要求する制度である。このような労働証明制度により，アメリカ移民法は，外国人の入国の可否を決定するに当たって，国内労働市場への悪影響を避けようとしており，かつ，その判断は労働省が行っているという点で，労働政策を考慮した移民政策がとられていると位置付けられる（特定の非移民ビザに適用される一時的労働証明制度についても，手続きは簡易であるが，ほぼ同様の発想がうかがわれる）。

(b)　雇用主処罰制度および移民関連不当雇用行為制度の特徴

　不法就労者を雇用する雇用主を処罰する雇用主処罰制度は，労働政策の観点からみると，就労する資格のない外国人が事実上合衆国に入国して就労している場合，合衆国の労働市場に悪影響が生じるので，それを防止するために不法就労者の雇用主を処罰することで不法就労者を雇用する需要を抑えようとしたものと位置付けられる。一方，雇用主処罰を厳格にすると，その波及効果として，適法に就労しうる外国人労働者等への差別が生ずるおそれがあるので，その手当てのための労働者保護が要請される。そのため，移民法に移民関連不当雇用行為が規定されている。

(3) アメリカ労働法と移民政策（第4章）

さらに，第4章において，アメリカ労働法と移民政策の関係を検討するが，具体的には，労働法における外国人の法的地位，とりわけ移民法との交錯が問題となる不法就労者の法的地位について検討した。

(a) **適法就労者の法的地位**

まず，適法就労者の法的地位につき，合衆国においては，主として，雇用差別禁止法を通じて，適法就労者の平等取扱いが確保されていることを示した。具体的には，1964年公民権法第7編は，国籍差別自体を禁ずるものではないが，外国人に対する差別は一定の要件のもとで出身国差別として違法となりうる。また，外国語訛りの英語のアクセントや，身長など体格に関する基準を設けることは，差別インパクト法理のもとで，出身国差別となる場合があるとされている。これに対し，職場での英語以外の言語の使用を禁ずる「英語のみルール」が出身国差別となるかについては，事案に応じて裁判例の判断が分かれているが，一定要件のもとで違法となりうるとの解釈が示されている。

(b) **不法就労者の法的地位**

次に，不法就労者の法的地位をみると，アメリカ合衆国では，移民法のもとで不法就労者は退去強制の対象となるが，雇用すること自体は禁止されていなかった。そこで，1986年IRCAは，不法就労者であることを知りながら雇用した雇用主等を罰する規定を創設した。このように不法就労者の雇用を禁止するIRCAの施行後は，労働法上の保護を不法就労者に与えうるか否かが大きな問題となった。そこで，①不法就労者にも労働法規が適用されるか，さらに②適用されるとすると，労働法規のもとでの保護の内容はいかなるものになるかという点を中心として判例の状況等を検討した。

検討の結果，上記①については，IRCAの目的に照らして不法就労者に保護を与えないとするものもあるが，多くの裁判例はIRCAと各労働法規の適用は矛盾しないとして適用を認める傾向にあることが示された。

次に，上記②については，NLRA上の不法就労者についてのバックペイの

救済等の可否が問題となった事案で，Hoffman事件における合衆国最高裁判決は，不法就労者に対し，合法的に獲得しえないバックペイを認めることはIRCAの政策に反し，将来の違反を促進するとして，バックペイ命令を違法としており，同判決については，労働法の解釈にあたり移民政策を考慮したものと位置付けた。

ただし，同判決で示された移民政策の解釈は，IRCAの立法史との関係で批判がなされている。また，不法就労者にNLRAの復職やバックペイの救済を与えないことにより，結果として，雇用主に不法就労者を雇おうとするインセンティブを与えることになるという批判もある。もっとも，これらの批判も，移民政策を労働法の解釈にいかに反映させるかという点に関する見解の違いに基づくものであって，移民政策を考慮した労働法の解釈を行おうとしている点では共通していると考えた。

同判決後，不法就労者に対し労働法上の救済を与えうるかが問題となった事件について，下級審裁判例では，同判決に従うものもあるが，同判決の射程距離を限定する動きがみられる。そこでは，救済の内容の違いに着目し，同判決の射程を，将来の就労を認めることと同様の結果になる復職およびバックペイに限定する一方，すでになされた労働への報酬の支払いや既往の加害行為に基づく損害賠償については，同判決の射程は及ばないとされ，救済が認められる方向にあることを指摘した。

最後に，不法就労者の救済をめぐる今後の動向としては，(ア)Hoffman判決の文面に従い，不法就労者一般につき救済を限定してゆく方向への展開，(イ)救済の性質や内容によって分けたり，NLRA以外の法令は別個に考えるなど，同判決の射程を限定する方向への展開，(ウ)救済の範囲を立法化する方向への展開などが考えられるが，なお今後の展開に注目すべきであると考えた。

いずれにしてもアメリカ労働法の不法就労者の取扱いは，移民政策の考えを取り入れた解釈がなされている。すなわち，移民政策を労働法の解釈にあたって考慮しているといいうる。

3 アメリカ法の特色と日本法への提言（第5章）の要約

以上の検討を踏まえて，第5章において，アメリカ法の特色の検討を行い，

結章　要約と今後の課題

アメリカ法からの日本法への示唆と留意すべき点をあげ，さらに日本法の今後の方向性についての提言を行った。

(1) アメリカ法の位置付け
(a) **検討の視点**

本書は，アメリカ法を検討するに先立ち，以下のような検討の視点を提示した。すなわち，①移民法（移民政策）（わが国では入管法（入管政策））と労働法（労働政策）の交錯の視点，および②両政策の上位にある外国人政策がもつ，「選択」および「統合」の二つの理念がどのように具体化されているかという視点を用いて検討を行った。とくに，前者については，(ア)労働政策から移民法へのアプローチと，(イ)移民政策から労働法へのアプローチがあることを説明し，後者については，外国人政策の(a)「選択」の理念において，(i)基準に適合する外国人に対する「受入れ」の側面，(ii)適合しない外国人に対する「排除」の側面が存在するが，これに対し，(b)適法に受け入れた外国人に対しては基本的には内外人平等を図ろうとする「統合」の理念が存在すること，を指摘した。そのうえで，(a)の「選択」の理念の実現は，主として移民法（入管法）が担っている一方で，(b)の「統合」の理念については，国際条約などの国際法にその理念が現れており，各国の憲法や法律によって具体化されているが，そのなかでもとくに，外国人労働者の取扱いにおいては，労働法が「統合」の実現機能を担っていると述べた。

(b) **アメリカ移民法における労働政策**

上記の視点に立って，アメリカ移民法の特色を検討した結果，合衆国においては，労働政策（とくに労働市場政策）を意識した制度設計がなされていることが明らかになった。すなわち，労働証明制度は，就労を目的とする特定の移民ビザの発給の可否を決するに先立ち，当該外国人の雇用が労働市場に悪影響を及ぼすかどうかを労働省が判断するものであるが，同制度のこのような観点は，移民法上の制度でありながら，労働市場政策を意識したものといいうる。

また，雇用主処罰制度は，本来ならば受け入れないはずの外国人が現実に

国内で就労することにより労働市場に悪影響を及ぼすことを防ぐため，そのような不法就労者の労働関係の一方当事者である雇用主を処罰することにより，不法就労者の雇用の需要（インセンティブ）を減らそうとするものであり，同制度のこのような観点も，労働証明制度と同様に，移民法上の制度でありながら，労働市場政策を意識したものといいうる。

しかし，上記のような雇用主処罰制度を徹底することにより，その波及効果として，外国人に似た合衆国市民や適法就労者が差別を受けるといった弊害を防止するため，移民法は，一定範囲の出身国差別および国籍差別を禁止する移民関連不当雇用行為の規定を設けた。同規定は，移民法上の規定であるが，適法就労者等の「統合」の機能をもっているといいうる。このように，アメリカ移民法では，雇用主処罰とそれによる労働者の不利益を回避するための移民関連不当雇用行為の規定がセットになって規定されているところにも特徴があることを示した。

最後に，雇用主処罰制度において，雇用主が，就労資格がないことを「知りつつ」外国人を雇うことを防止するための「就労資格書類確認制度」が規定されているが，これに関しても，移民関連不当雇用行為の規定のなかに，同制度が差別意図をもって濫用されることを禁止する規定が置かれている。同規定も，雇用主処罰制度の行き過ぎから合衆国市民や適法就労者等を保護しようとする点で，「統合」に資するものと位置付けられる。

(c) **アメリカ労働法における移民政策**

次に，移民政策から労働法へのアプローチをみたところ，アメリカ労働法はその解釈等において，移民政策を意識していることが分かった。

そこで，合衆国の外国人政策におけるアメリカ労働法の特色をみると，適法就労者については，労働法において「統合」を実現することには特に問題はなく，雇用差別禁止法がその機能を果たしているといえる。一方，不法就労者について移民政策の「選択」の理念から「排除」の要請が働くが，労働政策の理念である「統合」の要請も無視できず，両者の調整が必要となり，移民政策を考慮した労働法の解釈が行われている。

すなわち，まず，適法就労者についてみると，合衆国において，適法就労

者の「統合」は、内外人平等原則と雇用差別禁止法によって保障されている。

一方、不法就労者についてみると、入国後には、不法就労者は退去強制の対象となるが、労働法上の取扱いをみると、不法就労者であるからといって、単純に「排除」するのではなく、労働法の適用を認めたうえで、例えば、不法就労者に対して不当労働行為たる解雇がなされた場合、NLRA上の救済において、適法に就労したのと同様の結果を認めることになるバックペイや復職を否定するなど、移民政策と矛盾しないように救済の面で工夫をしているといえる。

(d) アメリカ法の特色と日本法への示唆

以上の検討を経て、アメリカ法の特色をまとめたところ、次の点が明らかになった。すなわち、アメリカ法からは、①移民法は労働政策を考慮し、労働法は移民政策を考慮する点で両者の交錯がみられる点、②外国人の「選択」と「統合」の理念を具体化させる制度が存在し、「選択」の理念のうち「排除」の側面と「統合」の理念との調和ないし調整がなされている点にその特色をみてとることができた。

ただし、以上のような合衆国の法制度を参考にしようとする場合には、合衆国の法制度の背景をなす雇用環境にも配慮が必要なので、これを分析したところ、次のことが明らかになった。すなわち、合衆国においては、①外部労働市場の機能が大きく、そこでの流動性が高いこと、②差別是正の要請が強く働くこと、これに対して、③内部労働市場では、異職種配転は少ないこと、を挙げた。こうした合衆国特有の雇用環境を背景として、アメリカ法の特色は、㈦外部労働市場における募集・採用の適正化の要請が強く働くこと、㈶雇用差別禁止法が本来もっている「統合」機能を、外国人の「統合」を実現するために活用していること、㈸訴訟による紛争解決のインセンティブが高い社会であり、不法就労者であっても、司法を通じて自らの権利の主張しやすくなっていること、㈹移民法（移民政策）と労働法（労働政策）が一体となって運用されていること、が明らかになった。

これに対し、わが国の雇用環境は、①働き方の多様性がみられるようになったとはいえ、長期雇用がなお一般的であり、内部労働市場における雇用

安定が重視されること，②そのような長期雇用のなかで，職務を特定しない採用が一般的に行われ，同一企業内での異職種配転もしばしば行われていることなどの点で違いがある。しかし，外国人政策において，①「選択」と「統合」の理念を併せ持つこと，および，②外国人受入れに際し，国内労働市場の保護は国の役割であることという点では共通していることから，アメリカ法における外国人労働者の取扱いは，以下の点において，日本法に対して有益な示唆を与えうるとした。

すなわち，①アメリカ移民法に労働政策が影響を与えている点については，㈦労働証明制度において，労働政策的視点が制度上明示的に取り入れられており，かつ，これに労働行政を担当する労働省が関与していること，㈵雇用主処罰制度および移民関連不当雇用行為制度については，雇用主処罰制度において国内労働市場の保護政策をとりつつ，移民関連不当雇用行為制度における差別禁止を通じての適法就労者等の保護がそれとセットになって設けられていることを挙げることができる。他方，②アメリカ労働法に移民政策が影響を与えている点については，㈦適法就労者に対しては，内外人平等原則と雇用差別禁止法を通じて，「統合」が図られており，㈵不法就労者に対しては，「統合」の観点から，労働法の適用を一般に認めるが，救済においては，「選択」の理念のうちの「排除」の機能との調整を図っていることを挙げることができる。これらは，わが国における制度設計に対して示唆を与えるものである。

(2) 今後の方向性

以上の検討を経て，今後のわが国の制度設計に関しては，以下のような方向をとることが考えられることを示した。

(a) 入管法制

まず，わが国は合衆国のような労働証明制度を持っておらず，外国人の入国を認めるにあたり，基準省令等には，わが国の労働市場への影響も一応配慮しているとうかがえる部分もあるが，労働市場への悪影響を個々の案件で判断することは必要がない一律の基準となっており，それに基づく上陸許可

結章　要約と今後の課題

の判断の過程に労働行政は関与していない。そこで，本書は，この点についての今後の方向性として，わが国の状況に応じた日本型「労働証明制度」を導入してはどうかということを提案した。

　また，わが国の入管法には，合衆国の雇用主処罰制度に類似する「不法就労助長罪」の規定があるが，これに対応する差別禁止規定は入管法のなかには存在しない。この点については，国籍差別を一般に禁止する労働基準法 3 条の外国人への適用や解釈のあり方を検討することで，労働者への不利益を回避しうる余地があるほか，現在は，採用には同条の適用がないと解釈されているが，将来的には，採用についても適用することを検討する必要が生じる可能性を指摘した。また，不法就労の防止の観点から，合衆国で雇用主処罰制度に関連して設けられている「就労資格書類確認制度」をわが国でも導入して，国内労働市場の保護を図ると同時に，それを利用した差別を防止するために書類確認義務の濫用禁止規定を設けることを提案した。

　さらに，わが国の外国人をめぐる裁判例で問題になっていた，入管当局に申請する労働条件を記した書類と，労働契約の矛盾の問題については，わが国にも，合衆国にある労働条件申請制度のような制度を設け，例えば，入管当局に提出した書類記載の労働条件が労働契約の内容となるように，雇用主に対し，その書類を外国人労働者に交付させることで当該労働条件の開示を行うように求めるなどの立法措置が考えられるとした。

(b)　労　働　法　制

　外国人政策における「統合」という要請の実現のために，労働法が果たす役割は日米共通である。わが国では，労働基準法 3 条が国籍差別を禁止しており，1964 年公民権法第 7 編において国籍差別それ自体を禁止する規定がないアメリカ法より強力であると指摘した。他方，そのような雇用差別禁止の規制をみると，合衆国では強力であるが，わが国はなお弱いといわざるをえない。

　そこで，今後の方向性としては，適法就労者への対応として，上記のように労働基準法 3 条を採用差別にも適用することを検討するほか，「統合」の具体化のために，わが国では差別禁止の規制が弱いことから，行政による

「統合」支援策を講じることを検討することを提案した。具体的には、「外国人労働者の雇用管理の改善等に関して事業主が適切に対処するための指針」を強化して、より実効性のある行政上の措置を可能とすることを提案した。

さらに、適法就労者の労働契約をめぐる問題について検討し、配転問題および在留期間と契約期間の解釈について、それぞれ検討を行った。

次に、不法就労者の労働法上の取扱いについては、アメリカ法における不法就労者の労働法上の取扱いからの示唆を受けて、わが国における不法就労者の労働法上の取扱いのルールを検討し、以下のような枠組みを提示した。

すなわち、不法就労者についても、①原則として労働法令の適用を認めたうえで、②救済においては、入管政策の要請を考慮し、不法就労者に就労資格を与えたのと同様の結果とならないよう配慮する。しかし、既往の労働に対応する部分については、将来の不法就労を促進することにはならないため、保護を与えうると解した。一方、③将来の労働に対応する部分の救済については、不法就労者である労働者側が、適法就労者となりうる蓋然性を相当程度まで立証し得た場合には、救済を認めることができ、また、④それ以外にも、改進社事件最高裁判決と同様の発想により、一定程度の期間を就労可能な期間として認定しうる場合には、その期間につき救済を認めうると解することとした。以上のような枠組みを前提として、具体的には、逸失利益の算定の問題および不法就労者の解雇の問題について、私見を示した。

第2節　今後の課題

以上の本書の検討には、もとより、不十分な点が残されている。ここでは、本書では十分に触れることができなかった今後の課題を述べておきたい。

本書では、入管政策と労働政策の交錯の観点で外国人労働の法政策について検討し、今後の外国人政策ないし外国人労働者受入れ問題を検討する際の一応の方向性は示したが、とくに立法論に関しては、必ずしも詳細な内容には踏み込んではいない。

そもそも、移民を受け入れるか、あるいは就労可能な在留資格をどの範囲まで拡大すべきかという、外国人労働者受入れの議論は、入管政策と労働政

策の交錯の問題ではなく，外国人政策そのものについての根本問題である。このような議論は，わが国の経済政策や社会のあり方をも含めた広範な政策的判断を必要とするものであり，これを画定することなしに，詳細な立法論を組み立てることはできない。少子・高齢化やグローバル化が進行する時代の中にあって，本書でそのような根本的政策問題につき，特定のスタンスを固定的に示すことは困難であるため，現在一般に認められている政策の方向性については留意したものの，この点にはあえて踏み込まなかった。むしろ，今後どのような政策判断がなされたとしても，本書が示した入管政策と労働政策の交錯の観点に着目して検討するという視点ないし問題意識は，有益な面があるのではないかと考えている。

そこで，今後の課題としては，本書ではあえて踏み込まなかった立法論の詳細について，将来の外国人受入れ政策に視点を向けつつ検討していくことがあげられる。たとえば，本書では，日本型「労働証明制度」を導入すべしとの提言を行ったが，その内容や判断基準についてより具体的な検討を行うことなどが考えられる。

以上の点については，今後機会を見て検討することとしたい[710]。

---

[710] さらに，外国人の「統合」という問題については，社会保障その他の労働法以外の法政策が重要であるので，「外国人労働者」という領域を超えるものであるが，今後研究対象とすることを検討することとしたい。

引用文献目録

〔邦文書籍・報告書〕

1　吾郷眞一・国際労働基準法（三省堂，1997年）
2　芦部信喜著＝高橋和之補訂・憲法［第4版］（岩波書店，2007年）
3　有泉亨・労働基準法（有斐閣，1963年）
4　井口泰・外国人労働者新時代（筑摩書房，2001年）
5　井口泰・国際的な人の移動と労働市場（日本労働研究機構，1997年）
6　石岡邦章・最近における米国移民法改正についての実証的研究（法務研究報告書82集4号）（法務総合研究所，1995年）
7　海外交流審議会・答申「変化する世界における領事改革と外国人問題への新たな取組み」（2004年10月）
8　外国人雇用問題研究会・外国人雇用問題研究会報告書（2002年）
9　外国人に係る医療に関する懇談会報告書（1995年）
10　外国人労働者問題に関する調査検討のための懇談会・外国人労働者問題への対応の在り方について（1988年）
11　外務省大臣官房国内広報課・世界人権宣言と国際人権規約（1998年）
12　閣議決定「規制改革推進のための3か年計画（改定）」（2008年3月5日）
13　梶田孝道・外国人労働者と日本（日本放送出版協会，1994年）
14　神前禎・解説法の適用に関する通則法（弘文堂，2006年）
15　規制改革会議「規制改革推進のための第1次答申」（2007年）
16　規制改革・民間開放推進会議「規制改革・民間開放の推進に関する第3次答申」（2006年）
17　木村福成＝鈴木厚編著・加速する東アジアFTA（ジェトロ，2003年）
18　黒木忠正編・入管法・外登法用語事典（日本加除出版，2001年）
19　桑原靖夫・グローバル時代の外国人労働者（東洋経済新報社，2001年）
20　桑原靖夫・国境を越える労働者（岩波書店，1991年）
21　経済財政諮問会議労働市場改革専門調査会「労働市場改革専門調査会第2次報告」（2007年）
22　経済産業省「『研修・技能実習制度に関する研究会』とりまとめ」（2007年）
23　経済産業省・通商白書2005（ぎょうせい，2005年）
24　小出邦夫編著・一問一答 新しい国際私法 —— 法の適用に関する通則法の解説（商事法務，2006年）

引用文献目録

25　厚生労働省「研修・技能実習制度研究会中間報告」（2007年）
26　厚生労働省職業安定局・外国人労働者の雇用管理のあり方に関する研究会報告書（2004年）
27　厚生労働省職業安定局外国人雇用対策課編・改訂諸外国における外国人労働者の現状と施策（日刊労働通信社，2003年）
28　国際経済交流財団「外国人労働者問題に係る各国の政策・実態調査研究事業」報告書（2005年）
29　後藤純一・外国人労働者と日本経済（有斐閣，1993年）
30　小西國友＝渡辺章＝中嶋士元也・労働関係法［第3版］（有斐閣，1999年）
31　小宮文人・濱口桂一郎訳著・EU労働法全書（旬報社，2005年）
32　坂中英徳・日本の外国人政策の構想（日本加除出版，2001年）
33　坂中英徳＝齋藤利男・全訂出入国管理及び難民認定法逐条解説（日本加除出版，2000年）
34　坂中英徳＝齋藤利男・出入国管理及び難民認定法逐条解説［改訂第三版］（日本加除出版，2007年）
35　坂中英徳＝高宅茂・改正入管法の解説（日本加除出版，1991年）
36　島田晴雄・外国人労働者問題の解決策（東洋経済新報社，1993年）
37　清水洋樹・米国移民法における外国人の在留資格制度に関する研究（法務研究報告書85集1号）（法務総合研究所，1998年）
38　下井隆史・労働基準法（日本労働研究機構，1999年）
39　社会経済生産性本部・雇用政策特別委員会報告書外国人労働者対策に関する提言（2005年6月）
40　出入国管理関係法令研究会編・ひと目でわかる外国人の入国・在留案内（11訂版）（日本加除出版，2007年）
41　出入国管理法令研究会編著・新版出入国管理法講義（日本加除出版，1998年）
42　出入国管理法令研究会編・注解判例出入国管理外国人登録実務六法［平成20年版］（日本加除出版，2007年）
43　菅野和夫・雇用社会の法（有斐閣，補訂版，1997年）
44　菅野和夫＝安西愈＝野川忍・実践・変化する雇用社会と法（有斐閣，2006年）
45　菅野和夫・新・雇用社会の法［補訂版］（有斐閣，2004年）
46　菅野和夫＝山川隆一＝齊藤友嘉＝定塚誠＝男澤聡子・労働審判制度［第2版］－基本趣旨と法令解説（弘文堂，2007年）
47　菅野和夫・労働法［第8版］（弘文堂，2008年）
48　諏訪康雄・雇用と法（放送大学教育振興会，1999年）

引用文献目録

49 第五次出入国管理政策懇談会・報告書「新たな在留管理制度に関する提言」（2008年）
50 高佐智美・アメリカにおける市民権（勁草書房，2003年）
51 高藤昭・外国人と社会保障法（明石書店，2001年）
52 手塚和彰・外国人と法［第3版］（有斐閣，2005年）
53 手塚和彰・外国人労働者研究（信山社出版，2004年）
54 内閣府編・日本21世紀ビジョン（国立印刷局，2005年）
55 中窪裕也・アメリカ労働法（弘文堂，1995年）
56 中山和久編著・教材国際労働法（三省堂，1998年）
57 西尾幹二・労働鎖国のすすめ（光文社，1989年）
58 「21世紀日本の構想」懇談会・21世紀日本の構想－日本のフロンティアは日本の中にある（2000年）
59 日本経済団体連合会「外国人受け入れ問題に関する提言」（2004年）
60 日本経済団体連合会「外国人材受入問題に関する第二次提言」（2007年）
61 日本経済団体連合会「経済連携の強化に向けた緊急提言」（2004年）
62 日本商工会議所・少子高齢化，経済グローバル化時代における外国人労働者の受け入れのあり方について（2003年）
63 入管協会・在留外国人統計［平成19年版］（入管協会，2007年）
64 野川忍・外国人労働者法（信山社出版，1993年）
65 野川忍・労働法（商事法務，2007年）
66 花見忠・労働政策（日本労働研究機構＝日本労使関係研究協会，2002年）
67 花見忠＝桑原靖夫編・あなたの隣人 外国人労働者（東洋経済新報社，1993年）
68 濱口桂一郎・EU労働法の形成［増補版］（日本労働研究機構，2001年）
69 藤原帰一・デモクラシーの帝国（岩波書店，2004年）
70 法務省入国管理局編・出入国管理［平成17年版］（インパルスコーポレーション，2005年）
71 法務省入国管理局編・出入国管理［平成19年度版］（つくる企画，2007年）
72 法務省大臣官房司法法制部司法法制部編・第44出入国管理統計年報［平成17年版］（国立印刷局，2005年）
73 法務省大臣官房司法法制部司法法制部編・第46出入国管理統計年報［平成19年版］（国立印刷局，2007年）
74 法務省・第1次出入国管理基本計画（1992年）
75 法務省・第2次出入国管理基本計画（2000年）
76 法務省・第3次出入国管理基本計画（2005年）

77 法務省入国管理局監修＝入管協会編・図解入国・在留手続きマニュアル［第2次改訂版］（第一法規出版，1994年）
78 法務省入国管理局監修＝入管協会編・注解判例出入国管理外国人登録実務六法［平成元年版］（日本加除出版，1989年）
79 法務省入国管理局・出入国管理［平成4年版］（大蔵省印刷局，1992年）
80 法務大臣私案「外国人労働者受入れに関する検討の指示について」(2007年)
81 前田充康・EU拡大と労働問題（日本労働研究機構，1998年）
82 水町勇一郎・労働法［第2版］（有斐閣，2008年）
83 宮島喬＝梶田孝道編・外国人労働者から市民へ（有斐閣，1996年）
84 山川隆一・国際労働関係の法理（信山社出版，1999年）
85 山川隆一・雇用関係法［第4版］（新世社，2008年）
86 山田鐐一＝黒木忠正・わかりやすい入管法［第6版］（有斐閣，2004年）
87 労働契約法制の在り方に関する研究会「今後の労働契約法制の在り方に関する研究会」報告書・労働調査会出版局編・どうなる？どうする？労働契約法制（全国労働基準関係団体連合会，2005年）所収
88 労働省・外国人労働者問題研究会報告書（1988年）
89 労務行政研究所編・新版雇用保険法（コンメンタール）（労務行政，2004年）
90 労働政策研究・研修機構編（今野浩一郎ほか執筆）「欧州における外国人労働者受入れ制度と社会統合─独・仏・英・伊・蘭5ヵ国比較調査─」労働政策研究報告書No.59（労働政策研究・研修機構，2006年）

〔外国書籍・報告書〕

1 ARTHUR LARSON & LEX K. LARSON, LARSON'S WORKER'S COMPENSATION LAW (Matthew Bender& Co. 2007).
2 AUSTIN T. FRAGOMEN, JR. & STEVEN C. BELL, IMMIGRATION FUNDAMENTALS (4th ed. 1997).
3 AUSTIN T. FRAGOMEN, JR. & STEVEN C. BELL, LABOR CERTIFICATION HANDBOOK 2005 SUPPLEMENT (WEST 2005).
4 BLACK'S LAW DICTIONARY (8th ed., West 2004).
5 DAVID WEISSBRODT & LAURA DANIELSON, IMMIGRATION LAW AND PROCEDURE IN A NUTSHELL (5th ed., West 2005).
6 HAROLD S. LEWIS, JR. & ELIZABETH J. NORMAN, EMPLOYMENT DISCRIMINATION LAW AND PRACTICE (2d ed. West 2004).
7 HECTOR L. DELGADO, NEW IMMIGRANTS, OLD UNIONS (1993).

8 LOBERT C. DIVINE, IMMIGRATION PRACTICE (LEXIS Publishing 2000).
9 POPULATION DIVISION, DEPARTMENT OF ECONOMIC AND SOCIAL AFFAIRS, UNITED NATIONS SECRETARIAT, REPLACEMENT MIGRATION - IS IT A SOLUTION TO DECLINING AND AGEING POPULATIONS?, Mar. 21, 2000, *available at* http://www.un.org/.
10 Ruth Ellen Wasem, *Immigration of Foreign Workers: Labor Market Tests and Protections*, CRS REPORT FOR CONGRESS RL33977 (Apr. 24, 2007).
11 STEPHEN H. LEGOMSKY, IMMIGRATION AND REFUGEE LAW AND POLICY (4th ed. Foundation Press 2005).
12 THOMAS ALEXANDER ALEINIKOFF, DAVID A. MARTIN & HIROSHI MOTOMURA, IMMIGRATION AND CITIZENSHIP PROCESS AND POLICY (5th ed., West 2003).
13 U.S. DEP'T OF HOMELAND SECURITY, YEARBOOK OF IMMIGRATION STATISTICS 2004, *available at* http://uscis.gov/.
14 U.S. DEP'T OF LABOR, FUTUREWORK: TRENDS AND CHALLENGES FOR WORK IN THE 21ST CENTURY (1999), *available at* http://www.dol.gov/.

〔邦文論文〕
論文掲載誌の頁数は本文注を参照のこと。
1 青柳幸一「外国人と社会保障法上の権利」ジュリ臨増935号〔昭和63年度重要判例解説〕(1989年)
2 青柳幸一「外国人に対する社会権保障の法理」同・個人の尊重と人間の尊厳(尚学社, 1996年)所収
3 青柳幸一「『不法滞在外国人排斥法』の合憲性」同・人権・社会・国家(尚学社, 2002年)所収
4 伊藤文夫「外国人被害者と自賠責保険の取扱いの現状」日本交通法学会編・外国人労働者への交通事故賠償(交通法研究21号)(有斐閣, 1992年)
5 井樋三枝子「包括的移民制度改正法案の審議ー『非合法移民』をどうするかー」外法229号(2006年)
6 伊豫谷登士翁「アメリカ合衆国の移民政策と労働市場」社会保障研究所編・外国人労働者と社会保障(東京大学出版会, 1991年)所収
7 岩村正彦「外国人労働者と公的医療・公的年金」季刊社会保障研究(2007年)
8 小川英明「民事裁判における実務上の問題点」日本交通法学会編・外国人労働者への交通事故賠償(交通法研究21号)(有斐閣, 1992年)
9 奥田安弘「判批」ジュリ1131号(1998年)(改進社事件判決評釈)
10 尾崎正利「合衆国入国管理法の改正と労働法規適用問題」三重法経85号(1990年)

引用文献目録

11 鬼束忠則「外国人労働者の保護に係わる法的問題点」季労149号（1988年）
12 香川孝三「判批」ジュリ1236号（2002年）（共同都心住宅販売事件判決評釈）
13 梶田孝道「同化・統合・編入」梶田孝道＝伊豫谷登士翁編・外国人労働者論（弘文堂，1992年）所収
14 川神裕「判解」ジュリ1117号（1997年）（改進社事件判決判例解説）
15 川神裕「判解」最判解民事平成9年度（上）（2000年）（改進社事件判決判例解説）
16 川原謙一「シンプソン・ロディノ・マゾリ移民修正管理法」ジュリ909号（1988年）
17 北澤謙「上院，包括的移民制度改革法案を否決－その経緯と背景」Business Labor Trend 2007年9月号
18 窪田充見「判批」法教204号（1997年）（改進社事件判決評釈）
19 倉田聡「外国人の社会保障」ジュリ1101号（1996年）
20 桑原靖夫「見える国境・見えない国境」労研（2004年）
21 小池和男「雇用許可制提唱の趣旨」ジュリ909号（1988年）
22 小井土彰宏「岐路に立つアメリカ合衆国の移民政策」駒井洋監修＝小井土彰宏編著・移民政策の国際比較（明石書店，2003年）所収
23 紺屋博昭「アメリカ移民法における雇用主〈懲罰〉制度」日本労働法学会誌98号（2001年）
24 紺屋博昭「サンクションを通じて見た外国人，雇用ルール，そして労働法（一）」北大法学論集53巻5号（2003年），同（二）北法54巻3号（2003年），同（三）北法54巻4号（2003年），同（四）北法54巻5号（2003年）
25 高佐智美「アメリカにおける移民法政策の変遷」一橋論叢119巻1号（1998年）
26 高世三郎「判解」曹時60巻1号（2008年）
27 寺澤勝子「外国人労働者の権利救済上の問題点」日本労働法学会誌75号（1990年）
28 戸田典子「ドイツの滞在法－「外国人法」からEU「移民法」へ」外法234号（2007年）
29 中窪裕也「『解雇の自由』雑感－アメリカ法からの眺め」中嶋士元也先生還暦記念編集刊行委員会編・労働関係法の現代的展開（信山社出版，2004年）所収
30 長久保守夫＝森木田邦裕「東京地裁民事第27部（民事交通部）における民事交通事件の処理について（一）」司法研修所論集86号（1991年）
31 西谷敏「外国人労働者をめぐる法政策と法適用」石部雅亮＝松本博之＝児玉寛編・法の国際化への道（信山社出版，1994年）所収

32 野川忍「判批」ジュリ1123号（1997年）（改進社事件判決評釈）
33 野川忍「外国人労働者法制をめぐる課題」季労219号（2007年）
34 萩野芳夫「国籍・市民権の性質」［1981-2］米法
35 花見忠「アメリカの出入国管理政策」桑原靖夫編著・国際労働力移動のフロンティア（日本労働研究機構，1993年）所収
36 花見忠「外国人労働者の権利と福祉に関するわが国の政策」M．ワイナー＝花見忠編著・臨時労働者か将来の市民か（日本労働研究機構，2000年）所収
37 早川智津子「アメリカ移民法における不法就労問題への対応策—雇用主処罰と移民関連不当雇用行為を中心に—」筑波法政35号（2003年）
38 早川智津子「アメリカ移民法における労働証明制度」企業法学会編・企業法学9巻（商事法務，2002年）所収
39 早川智津子「アメリカ移民法と労働市場政策—労働証明制度を中心として—」季労219号（2007年）
40 早川智津子「アメリカ労働法における外国人不法就労者の法的地位」法学政治学論究46号（2000年）
41 早川智津子「外国人研修・技能実習の法律関係」企業法学会編・企業法学6巻（商事法務研究会，1997年）所収
42 早川智津子「外国人と労働法」ジュリ1350号（2008年）
43 早川智津子「外国人不法就労者に対するバックペイ命令の可否Hoffman Plastic Compounds, Inc. v. NLRB, 535 U.S. 137（2002）．」労旬1543＝44号（2003年）
44 早川智津子「外国人労働者の法的地位—入管法政策と労働法政策の交錯—（1）」筑波法政41号（2006年）
45 早川智津子「外国人労働者の法的地位—入管法政策と労働法政策の交錯—（2・完）」筑波法政42号（2007年）
46 早川智津子「研究者の国際交流における労災事故への法的対応」岩手大学国際交流センター報告第3号（2007年）
47 早川智津子「在留資格のない外国人と国民健康保険被保険者証不交付処分の適否」季労205号（2004年）
48 平林毅「在留期間の見直しについて」国際人流1999年11月号
49 広渡清吾「外国人受け入れの法的論理」梶田孝道＝伊豫谷登士翁編・外国人労働者論（弘文堂，1992年）所収
50 広渡清吾「国際移住の法システムと法政策 ドイツ法とEU法を素材として」塩川伸明＝中谷和弘編・法の再構築［Ⅱ］国際化と法（東京大学出版会，2007年）所収

引用文献目録

51 廣見和夫「外国人労働者問題の現状と今後における課題」季労147号（1988年）
52 藤村和夫「外国人不法就労者の損害賠償」同・交通事故賠償理論の新展開（日本評論社，1998年）所収
53 水野勝「判批」労判717号（1997年）（改進社事件判決評釈）
54 村下博「外国人労働者問題と労働法学」同・外国人労働者問題の政策と法（大阪経済法科大学出版部，1999年）所収
55 村田敏「外国人が被った災害による損害賠償の国内及び国際的権利保障」判タ771号（1992年）
56 村田敏「外国人の交通事故と損害賠償責任」日本交通法学会編・外国人労働者への交通事故賠償（交通法研究21号）（有斐閣，1992年）
57 村山浩昭「不法残留外国人の逸失利益の算定等について」判タ1000号（1999年）
58 柳屋孝安「西ドイツにおける労働許可制度」季労149号（1988年）
59 山川隆一「外国人労働者と労働法上の問題点」季刊社会保障研究Vol.43 No.2（2007年）
60 山川隆一「国際化する労働関係の法的課題」岩村正彦他編・岩波講座現代の法12・職業生活と法（岩波書店，1998年）所収
61 山川隆一「国際的労働関係と労働基準法」季労173号（1995年）
62 山川隆一「判批」ジュリ臨増1135号［平成9年度重要判例解説］（1998年）（改進社事件判決評釈）
63 山川隆一「労基法改正と解雇ルール」ジュリ1255号（2003年）
64 吉田達生「在留期間について」国際人流1999年2月号
65 吉村良一「判批」リマークス1998〈上〉（1998年）（改進社事件判決評釈）
66 米津孝司「判批」法時70巻3号（1998年）（改進社事件判決評釈）
67 渡辺賢「判批」法時77巻13号（2005年）

〔外国論文〕

1 Adam J. Rosser, Note,: *The National Interest Waiver of IMMACT 90*, 14 GEO. IMMGR. L.J. 165 (1999).
2 Amy Crowe, Note, *May I Speak? Issues Raised by Employer's English-Only Policies*, 30 IOWA J. CORP. L. 593 (2005).
3 Amy K. Myers, Article, *What Non-Immigration Lawyers Should Know About Immigration Law*, 66 ALA. LAW. 436 (2005).
4 Andrew S. Lewinter, *Hoffman Plastic Compounds v. NLRB: An Invitation to*

Exploit, 20 GA. ST. U.L. REV. 509 (2003).

5   Anne Marie O'Donovan, *Immigrant Workers and Workers' Compensation after Hoffman Plastic Compounds, Inc. v. N.L.R.B.*, 30 N.Y.U. REV. L. & SOC. CHANGE 299 (2006).

6   Austin T. Fragomen, Jr., *Preparing for the Fiscal 2009 H1-B Filing Season*, 85 INTERPRETER RELEASES 185 (2008).

7   Beth Wolf Mora, Note, *Undocumented Workers are Entitled to Vote in Union Elections-But are They "Employee" under the Law?*, 30 GOLDEN GATE U. L. REV. 57 (2000).

8   Carl M. Shusterman & David L. Neal, *Survey and Analysis of H-1B Labor Condition Application Decisions*, 72 INTERPRETER RELEASES 49 (1995).

9   Carlos A. Gonzalez, Note, *Standards of Proof in Section 274B of the Immigration Reform and Control Act of 1986*, 41 VAND. L. REV. 1323 (1988).

10   Christine Neylon O'Brien, *Reinstatement and Back Pay for Undocumented Workers to Remedy Employer Unfair Labor Practices*, 40 LAB. L.J. 208 (1989).

11   Christopher Brackman, Note, *Hoffman V. NLRB, Creating More Harm Than Good: Why The Supreme Court Should Not Have Denied Illegal Workers A Backpay Remedy Under The National Labor Relations Act*, 71 UMKC L. REV. 717 (2003).

12   Christopher David Ruiz Cameron, Symposium, *Law and the Border: Borderline Decisions: Hoffman Plastic Compounds, the New Bracero Program, and the Supreme Court's Role in Making Federal Labor Policy*, 51 UCLA L. REV. 1 (2003).

13   Christopher Ho & Jennifer C. Chang, The 40th Anniversary of Title VII of The Civil Rights Act of 1964 Symposium: *Drawing The Line After Hoffman Plastic Compounds, Inc. v. NLRB: Strategies for Protecting Undocumented Workers in The Title VII Context and Beyond*, 22 HOFSTRA LAB. & EMP. L.J. 473 (2005).

14   Daniel R. Fjelstad, Comment, *The National Labor Relations Act and Undocumented Workers: Local 512 v. NLRB after the Immigration Reform and Control Act of 1986*, 62 WASH. L. REV. 595 (1987).

15   Deborah J. Notkin, *The New PERM Regulations for Labor Certification*, BASIC IMMIGRATION LAW 2005, at 25 (Practising Law Institute, 2005).

引用文献目録

16 *Developments in the Law -- Jobs and Borders: IV. Legal Protections for Illegal Workers*, 118 HARV. L. REV. 2224 (2005).

17 Fredric J. Bendremer & Lisa A. Heiden, Selected Comment on 1986 Immigration Reform: *The Unfair Immigration-Related Employment Practices Provision: A Modicum of Protection against National Origin and Citizenship Status Discrimination*, 41 U. MIAMI L. REV. 1025, 1028 (1987).

18 Irene Zopoth Hudson & Susan Schenck, Note, *America: Land of Opportunity or Exploitation?*, 19 HOFSTRA LAB. & EMP. L.J. 351 (2002).

19 Joaquin Mendez, Jr., Comment, *One Step Forward, Two Steps Back: The Court and the Scope of Board Discretion in Sure-Tan, Inc. v. NLRB*, 134 U. PA. L. REV. 703 (1986).

20 John W. Guendelsberger, *Labor Law Rights of "Unauthorized Aliens" after the Immigration Reform and Control Act of 1986*, 15 OHIO N.U. L. REV. 139 (1988).

21 Joseph Nalven, Comment, *Remedies for Undocumented Workers Following a Retaliatory Discharge*, 24 SAN DIEGO L. REV. 573 (1987).

22 Juan P. Osuna, *Breaking New Ground: the 1996 Immigration Act's Provisons on Work Verification and Employer Sanctions*, 11 GEO. IMMIGR. L.J. 329 (1997).

23 Leading Cases, *III. Federal Statutes and Regulations: F. National Labor Relations Act*, 116 HARV. L. REV. 392 (2002).

24 Lenni B. Benson, Symposium, *Back to the Future: Congress Atacks the Right to Judicial Review of Immigration Proceedings*, 29 CONN. L. REV. 1411 (1997).

25 Linda Sue Johnson, Comment, *The Antidiscrimination Provision of the Immigration Reform and Control Act*, 62 TUL. L. REV. 1059 (1988).

26 Lori A. Nessel, Article, *Undocumented Immigrants in the Workplace: The Fallacy of Labor Protection and the Need for Reform*, 36 HARV. C.R.-C.L. L. REV. 345 (2001).

27 Maria L. Ontiveros, *To Help Those Most in Need: Undocumented Workers' Rights and Remedies under Title VII*, 20 N.Y.U. REV. L. & SOC. CHANGE 607 (1993-94).

28 Maria Shim, *English-only cases multiply*, NAT'L L.J., Oct. 23, 2000.

29 Mark Anthony Miele, Note, *Illegal Aliens and Workers' Compensation: The*

引用文献目録

  Aftermath of Sure-Tan and IRCA, 7 HOFSTRA LAB. L.J. 393（1990）.
30 Michael A. Scaperlanda, Article, *The Paradox of a Title: Discrimination within the Anti-discrimination Provisions of the Immigration Reform and Control Act of 1986*, 1988 WIS. L. REV. 1043（1988）.
31 Michael Hoefer, Nancy Rytina & Christopher Campbell, *Estimates of the Unauthorized Immigrant Population Residing in the United States: January 2006*, POPULATION ESTIMATES（Aug. 2007, Office of Immigration Statistics, Dep't of Homeland Security）.
32 Michael J. Wishnie, *Emerging Issues for Undocumented Workers*, 6 U. PA. J. LAB. & EMP. L. 497（2004）.
33 Michael R. Brown, *Hoffman Plastic Compounds v. NLRB: The First Step?*, 19 LAB. LAW. 169（2003）.
34 Myrna A. Mylius Shuster, Note, *Undocumented Does Not Equal Unprotected: The Status of Undocumented Aliens under the NLRA since the Passage of the IRCA*, 39 CASE W. RES. L. REV. 609（1988-89）.
35 R. S. Ghio, *Judicial Policy-Making*, NAT'l L.J., Apr. 15, 2002.
36 *Ranking the Rich 2004*, FOREIGN POLICY, May/June 2004, at 46-56.
37 Recent Case, *Title VII - Fourth Circuit Holds That Post-IRCA, Undocumented Aliens Cannot Establish Prima Facie Case of Retaliatory Refusal to Hire under Title VII - Egbuna v. Time-Life Libraries, Inc.*, 112 HARV. L. REV. 1124（1999）.
38 Richard E. Blum, Note, *Labor Standards Enforcement and the Realities of Labor Migration: Protecting Undocumented Workers after Sure-Tan, the IRCA, and Patel*, 63 N.Y.U. L. REV. 1342（1988）.
39 Robert I. Correales, Article, *Workers' Compensation and Vocational Rehabilitation Benefits for Undocumented Workers: Reconciling the Purported Conflicts between State Law, Federal Immigration Law, and Equal Protection to Prevent the Creation of a Disposable Workforce*, 81 DENV. U. L. REV. 347, 372（2003）.
40 Robin Alexander, *The Right of Undocumented Workers to Reinstatement and Back Pay in Light of Sure-Tan, Felblo, and the Immigration Reform and Control Act of 1986*, 16 N.Y.U. REV. L. & SOC. CHANGE 125（1987-88）.
41 Stacy Shore, *Labor Certification in the 21st Century: PERM, The Wave of the Future*, 05-3 IMMIGR. BRIEFINGS 1（March 2005）.

引用文献目録

42　Stanley Mailman & Stephen Yale-Loehr, *Supreme Court Denies Back Pay to Fired Undocumented Immigrants*, 7 BENDER'S IMMIGR. BULLETIN 495 (2002).

43　*The Immigration Act of 1990 Analyzed: Part 11- Employer Sanctions, Antidiscrimination and Document Fraud*, 68 INTERPRETER RELEASES 239 (1991).

判例索引

＜日本判例＞

最一小判昭和39・10・29民集18巻8号1823頁（徳島いすゞ自動車事件）……………310
最大判昭和48・12・12民集27巻11号1536頁（三菱樹脂事件）……………………………35
神戸地尼崎支判昭和49・7・19労民25巻4=5号332頁（関西学院大学事件）…………309
最三小判昭和50・2・25民集29巻2号143頁（陸上自衛隊八戸車両整備工場事件）……50
最大判昭和53・10・4民集32巻7号1223頁（マクリーン事件）……………………………5
最一小判昭和55・12・18民集34巻7号888頁（鹿島建設・大石塗装事件）………………50
東京地決昭和58・3・15判時1075号158頁（東京中華学校事件）…………………………46
最二小判昭和58・5・27民集37巻4号477頁（陸上自衛隊三三一会計隊事件）…………50
東京高判昭和58・12・19労民34巻5=6号924頁（八州（旧八洲測量）事件）…………300
大阪高判平成2・3・8労判575号59頁（千代田工業事件）………………………………299
大阪高判平成2・5・30判時1368号157頁…………………………………………………17
大阪地決平成2・8・29労判571号24頁（松下電器産業（外国人技術者）事件）………46
最二小判平成2・12・21裁判集民161号459頁（亜細亜大学事件）………………………46
東京地判平成3・4・26判時1409号84頁（中国籍就学生損害賠償反訴請求事件）……71
高松高判平成3・6・25判時1406号28頁……………………………………………………72
東京地決平成4・7・7判タ804号137頁（山口製糖事件）……………………52, 166, 299
東京地八王子支判平成4・11・25判時1479号146頁（イラン人不法就労者労災事故逸失利益
　請求事件）…………………………………………………………………………………75
東京地判平成5・1・28判時1457号115頁…………………………………………………78
大阪地判平成5・4・16交民26巻2号495頁…………………………………………………78
名古屋高判平成5・5・25交民26巻3号589頁………………………………………………78
東京地判平成5・8・31判時1479号149頁（ガーナ人不法就労者労災事故逸失利益請求事
　件）……………………………………………………………………………………………76
大阪地判平成5・9・27労判646号55頁（アクティ英会話スクール事件）………………60
東京地判平成6・3・11労判666号61頁（ユニスコープ事件）……………………………43
東京地判平成6・5・17労判660号58頁（情報システム監査事件）………………………42
大阪地決平成6・8・23労判668号42頁（フィリップス・ジャパン事件）…………**47**, 308
東京高判平成7・1・19判タ886号244頁……………………………………………………78
神戸地判平成7・6・19判例地方自治139号58頁…………………………………………81
仙台高秋田支判平成8・1・29判時1556号81頁……………………………………………79
東京地判平成8・3・25労経速1592号25頁（三菱電機事件）……………………………62
最三小判平成9・1・28民集51巻1号78頁（改進社事件）……………**73**, 85, 310, 311
東京地判平成9・2・4判時1595号139頁（朋栄事件）……………………………………59
岐阜地御嵩支判平成9・3・17判タ953号224頁……………………………………………77

判例索引

最三小決平成9・3・18判時1598号154頁 ……………………………………………20
東京地判平成9・3・25労判716号82頁（三洋機械商事事件）…………………59
浦和地判平成9・7・2判タ959号213頁 …………………………………………74
東京高判平成9・11・26高民50巻3号459頁 ……………………………………35
神戸地姫路支判平成9・12・3労判730号40頁（株式会社本譲事件）…………58
大阪地判平成10・6・15労経速1681号10頁（関西外国語大学事件）…………46
富山地高岡支判平成10・7・14判時1709号61頁（滋野鐵工事件）……………48
東京地判平成11・2・16労判761号101頁（植樹園ほか事件）………50, **77**, 85
東京地判平成11・5・25労判776号69頁（筑波大学（外国人教師）事件）……46
千葉地労委命令平成11・8・27命令集114集292頁（ネットユニバース事件）……57
名古屋高金沢支判平成11・11・15判時1709号57頁（滋野鐵工事件）……**48**, 78
東京地判平成12・12・22労判809号89頁（マハラジャ事件）…………………55
東京高判平成13・1・25判タ1059号298頁 ………………………………………79
札幌高判平成13・1・31労判801号13頁（旭川大学（外国人教員）事件）……46
東京地判平成13・2・5労判802号98頁（ダムダム事件）………………………60
東京地判平成13・2・27労判812号48頁（共同都心住宅販売事件）……………40
東京地判平成13・3・15労判818号55頁（東京国際学園事件）……………**46**, 60
東京地判平成13・5・14労判806号18頁（鳥井電器事件）………………**53**, 307
最三小判平成13・9・25判時1768号47頁 …………………………………………81
東京地判平成13・10・1労判820号89頁（テンプル教育サポート・サービス事件）………46
東京地労委命令平成13・12・18命令集121集587頁（鳥井電器事件）…………54
名古屋地判平成15・8・29労判863号51頁（中島興業・中島スチール事件）……77
名古屋高判平成15・9・24労判863号85頁（三協マテハン事件）………………77
最一小判平成16・1・15民集58巻1号226頁 ……………………………………81
最大判平成17・1・26民集59巻1号128頁 ………………………………………35
東京地判平成17・3・29労判897号81頁（ジャパンタイムズ事件）……………61
大阪地判平成17・5・25判時1898号75頁 ………………………………………80

＜アメリカ合衆国判例＞

Affordable Housing Foundation, Inc. v. Silva ………………………………**247**, 311
Alvarez v. Sanchez ………………………………………………………………200
Balbuena v. IDR Realty LLC ……………………………………………**244**, **246**
Cenvill Development Corp. v. Candelo …………………………………………236
Chaudhry v. Mobil Oil Corp. ……………………………………………………218
Chellen v. John Pickle Co. ………………………………………………………212
Collins Foods International, Inc. v. INS ………………………………………144
Collins v. New York City Health & Hospitals Corp. …………………………238
Contreras v. Corinthian Vigor Insurance Brokerage, Inc. ……………………203

Cortez v. Medina's Landscaping	212
Del Rey Tortilleria, Inc. v. NLRB	**189**, 194
Dowling v. Slotnik	**231**, 244
Dynasty Sample Co. v. Beltran	235
EEOC v. Hacienda Hotel	204, **219**
EEOC v. Synchro-Start Products, Inc.	176
EEOC v. Tortilleria "La Mejor"	156, **213**
EEOC v. Premier Operator Services, Inc.	177
Egbuna v. Time-Life Libraries, Inc.	216
Escobar v. Spartan Security Service	226
Espinoza v. Farah Manufacturing Co.	167, **168**, 213, 252, 275
Farmer Brothers Coffee v. Workers' Compensation Appeals Board	235
Flores v. Albertsons, Inc.	205
Flores v. Amigon	212
Fragante v. City & County of Honolulu	170
Garcia v. Gloor	176
Garcia v. Rush-Presbyterian-St. Luke's Medical Center	176
Garcia v. Spun Steak Co.	172
Granados v. Windson Development Corp.	233
Graves v. Workmen's Compensation Appeal Board	232
Gutierrez v. Municipal Court of Southeast Judicial Dist., County of Los Angeles	172
Hathaway Children's Service	130
Henderson v. Mayor of New York	97
Hernandez v. GPSDC（New York）Inc.	247
Hernandez v. M/V Rajaan	239
Hoffman Plastic Compounds, Inc.	191
Hoffman Plastic Compounds, Inc. v. NLRB	156, **192**, 198, 211, 228, 249, 252, 277, 316
Industrial Holographics, Inc. v. Donovan	128
Information Industries, Inc.	121
INS v. China Wok Restaurant, Inc.	163
Jurado v. Eleven-Fifty Corp.	176
Klimas v. Department of Treasury	152
League of United Latin Am. Citizens v. Wilson	95
Liu v. Donna Karan Int'l, Inc.	212
Local 512, Warehouse & Office Workers' Union v. NLRB	186
Madeira v. Affordable Housing Foundation, Inc.	245, **248**
Majlinger v. Cassino Contracting Corp.	246
Marion Graham	120

判例索引

McDonnell Douglas Corp. v. Green ……………………………………………153, 215
McKennon v. Nashville Banner Publishing Co. ……………………………………190
Mester Manufacturing Co. v. INS ……………………………………………………139
Montero v. INS ……………………………………………………………………………106
Murillo v. Rite Stuff Foods, Inc. ………………………………………………………222
Naporano Metal & Iron Co. v. Secretary of Labor ………………………………126
New El Rey Sausage Co. v. INS ………………………………………………………141
New York State Dep't of Transp. ……………………………………………………102
NLRB v. A.P.R.A. Fuel Oil Buyers Group, Inc. ……………………………**181**, **187**
NLRB v. Ashkenazy Property Management Corp. …………………………………187
NLRB v. Fansteel Metallurgical Corp. ………………………………………………193
NLRB v. Kolkka ……………………………………………………………………………182
Ozbirman v. Regional Manpower Administrator, U.S. Dep't of Labor …………125
Patel v. Quality Inn South ……………………………………………………………201
Patel v. Sumani Corp. ……………………………………………………………………201
Production Tool Corp. v. Employment & Training Admin., U.S. Dep't of Labor ……………124
Reinforced Earth Co. v. Workers' Compensation Appeal Board ………………232
Renteria v. Italia Foods, Inc. …………………………………………………………209
Reyes-Gaona v. North Carolina Growers Ass'n ……………………………………218
Rivera v. NIBCO, Inc. ……………………………………………………………………224
Robison Fruit Ranch, Inc. v. United States ………………………………………159
Rodriguez v. Kline ………………………………………………………………………240
Romo v. Todd Corp. ……………………………………………………………………155
Rosa v. Northern Harvest Furniture …………………………………………………230
Rosa v. Partners in Progress, Inc. ……………………………………………………244
Sanango v. 200 East 16th St. Housing Corp. ………………………………**242**, 247
Sanchez v. Eagle Alloy, Inc. ……………………………………………………………241
Singh v. Jutla & C.D. & R Oil, Inc. …………………………………………………207
Southern Steamship Co. v. NLRB ……………………………………………………193
Sure-Tan, Inc. v. NLRB ………………………………………………………**179**, **184**
Tel-Ko Electronics, Inc. …………………………………………………………………123
Toussaint v. Tekwood Associates, Inc. ………………………………………………153
Tuskegee University ……………………………………………………………………130
United States v. 4431 Inc. ………………………………………………………………142
United States v. Christie Automotive Products ……………………………………142
United States v. Diversified Technology & Services of Virginia, Inc. …………161
United States v. Lee Way Motor Freight, Inc. ……………………………………170
United States v. Louis Padnos Iron & Metal Co. …………………………………163

判例索引

United States v. McDonnell Douglas Corp. ···151
United States v. Townsend Culinary, Inc. ···160
Yui Sing Tse v. INS ···**111**, 256, 295

事 項 索 引

1990年移民法（1990年法） ……………95
2002年国土安全保障法 ……………………96
Eビザ ……………………………………104
Fビザ ……………………………………106
H-1Bに依存している雇用主（H-1B dependent employer） ………………134
H-1Bビザ ………………………………104
Hビザ ……………………………………104
ILO条約 …………………………………263
IRCAによる先占（の成否） ……**139**, 254
Lビザ ……………………………………105
O＊NET …………………………………117
Oビザ ……………………………………105
Pビザ ……………………………………105
アムネスティ・プログラム ………………94
あらゆる形態の人種差別の撤廃に関する条約 …………………………262
安全配慮義務 ………………………………50
異職種配転 ………………………284, 294
一応の証明（prima facie case） ………215
一元管理方式 ………………20, 87, 286
一時的労働証明制度（temporary labor certification program） ……………131
異別取扱い ………………………………164
移民 …………………………………………20
移民（immigrant） ………………………88
移民受入れ ……………………………………1
移民及び国籍法（INA） …………87, **93**
移民及び関税執行局（ICE） ………………99
移民改正管理法（IRCA） ……**93**, 268, 270
移民関連不当雇用行為制度 ……………………94, 135, **146**, 270
移民政策 ………………………………………2
移民政策からの労働法へのアプローチ 256
移民ビザ（immigrant visas） …………100

移民法政策と労働法政策の交錯 …**256**, 282
インセンティブ論 ………………**254**, 302
受入れ ……………………………………258
受入れ企業 …………………………………50
英語のみルール（English-only rule） …170
外国人研修制度 ……………………………26
外国人雇用状況の届出制度 ………**38**, 291
外国人雇用法 ………………………………30
外国人差別 …………………………**58**, 68
外国人差別の禁止 ………………………283
外国人政策 ……………………………………2
外国人政策における基本的理念 ………257
外国人登録証明書 …………………………14
外国人登録法 ………………………………13
外国人の在留 ………………………………5
外国人の入国 ………………………………5
外国人労働者 ………………………………34
外国人労働者受入れ ………………………1
外国人労働者の雇用管理の改善等に関して事業主が適切に対処するための指針 ………………**37**, 306
外国人労働者問題関係省庁連絡会議 …15
外国人労働証明不服申立局（BALCA） ………………………………**100**, 114
開国論 ……………………………………23
解雇権濫用の法理 ………………………284
解雇の自由 ………………………………282
改進社ルール ……………………………311
外部労働市場 ……………………………283
外務省 ……………………………………13
家族関係移民ビザ ………………………101
家族再結合（family reunification） ………………………………**93**, 273
合衆国移民帰化局（INS） ………………96
過度に制約的な条件 ……………………119

事項索引

帰化及び移民サービス局（BCIS, USCIS）
　……………………………………99
期間の定め ……………………46, 59
基準省令 ……………………………10
擬制的認識（constructive knowledge）140
技能実習生 ……………………37, 48
技能実習制度 ……………9, 23, **26**
逆インセンティブ論 …………**254**, 302
行政法審判官（ALJ）………………100
業務上の必要性（business necessity）119
協約賃金 …………………………125
金銭的補償 ………………………317
組合員資格 …………………………56
経済連携協定（EPA）………………28
公正労働基準法（FLSA）………**200**, 255
国際人権規約 ……………………261
国籍差別 …………35, 58, 151, 271, 300
国土安全保障省（DHS）……………99
国民性 ………………………………59
国務省（Department of State）……98
個人責任及び雇用機会調和法 ……95
雇用関係移民ビザ ………………101
雇用機会均等委員会（EEOC）……**213**, 255
雇用期間 ……………………………39
雇用許可制度 ………………………23
雇用契約書 ……………………55, 68
雇用対策法 ……………………15, **36**
雇用主 ………………………………19
雇用主処罰制度 ……94, **135**, **137**, 268, 291
在職証明書 …………………………57
在留 …………………………………3
在留カード …………………………14
在留期間 ……………………………9
在留資格 ……………………………6
在留資格「技術」……………………53
在留資格「研修」……………………9
在留資格「興行」……………………8
在留資格取消制度 …………**17**, 51

在留資格認定証明書 ……………298
在留特別許可 …………………**18**, 312
鎖国論 ………………………………23
査証 …………………………………13
差別的取扱い ………………………62
資格外活動 ……………………17, 70
資格外活動許可 ……………………8
事後的認識 ……………………**190**, 222
実際に支払われている賃金
　（actual wage）…………………132
支配的賃金（prevailing wage）
　…………………………**112**, **116**, 124
司法省（Department of Justice）……98
州の公共職業紹介機関 ………113, 116, 131
就労資格証明書 ……………………24
就労資格書類確認制度 …94, **142**, 269, 291
就労資格書類確認制度の濫用 ……**158**, 271
首席行政聴聞官室（OCAHO）**98**, 138, 147
出国命令制度 ………………………**5**, 290
出身国差別 ……………150,167, **169**, 271
出入国管理及び難民認定法 ………4
出入国管理令 ………………………4
準拠法選択 …………………………35
職務の遂行に欠かせない（essential to
　perform）………………………119
知りつつ ……………………**139**, 296
随意的雇用 ………………………282
スケジュールA ……………110, **117**
すべての移住労働者及びその家族構成員
　の権利の保護に関する国際条約 ……262
税関及び国境警備局（CBP）………99
誠実履行の抗弁（Good Faith Defense）
　……………………………………144
世界人権宣言 ……………………260
全国労働関係局（NLRB）………**179**, 255
全国労働関係法（NLRA）………**178**, 255
選択 ………………………**257**, 273, 282
訴訟社会 …………………………284

349

事項索引

損害軽減義務（mitigation of damages）
　………………………………………246
損害賠償 ………………………………305
第3次出入国管理基本計画 ………**1**, 33
第7編（Title VII）………150, 167, **169**, 213
多様性移民ビザ ………………………103
単純労働 …………………………………20
単純労働者の受入れ ……………………32
中国人排斥法（Chinese Exclusion Act）92
調整 ……………………………**264**, 282
調和 ……………………………**264**, 282
通常の労働証明の手続き ……………112
適法就労者 ………………………………34
適法就労者の法的地位 ………**167**, 275
電子申請管理プログラム（PERM）……109
ドイツ移民法 ……………………………21
統合 ………………………**257**, 259, 273, 282
同等の適格性（equally qualified）の基準
　………………………………………120
特別永住者 ……………………………**6**, 293
特別検察官室（OSC）…………**99**, 148
渡航費の控除 ……………………………58
独立契約者（Independent Contractor）
　………………………………………146
内外人平等の原則 ………………**260**, 275
ナショナル・トリートメント …………264
難民の地位に関する条約 ………………80
二元管理方式 ……………………………20
日系人 ……………………………………31
日系人労働者 ……………………………7
日本型「労働証明制度」……………291
日本語教育 ……………………………**62**, **64**
日本人と異なる賃金体系 ………………61
日本人と同等額以上の報酬
　………………………**12**, 22, 287, 292
入管政策 …………………………………2
望ましくない外国人 ……………………92
排除 …………………………**258**, 273, 282

排除手続き ……………………………106
配転命令 …………………………………55
バックペイ …………………149, 184, 192
パブリック・ポリシー
　………………**196**, 203, 232, 238, 245, 250
非移民（nonimmigrant alien）…………88
非移民ビザ（non-immigrant visas）……103
ビザ（visa）………………………………87
平等取扱い ……………………………38, **263**
不法移民改正及び移民責任法（1996年
　法）……………………………………95
不法行為の抑止の原則（tort deterrence
　principles）…………………………245
不法残留 …………………………………17
不法就労者 ………………………**16**, 34, 68
不法就労者の法的地位 ………**178**, 276
不法就労助長罪 ………………**19**, 290, 298
不法滞在外国人 …………………………17
ブローカー ………………………………59
法の適用に関する通則法 ………………35
法務省入国管理局 ………………………12
未払賃金 …………………………………60
みなし解雇（constructive discharge）…179
無資格外国人（unauthorized alien）…137
雇止め ……………………………**46**, 60
優先順位による割当て ………………101
労災補償法 ………………………**230**, 254
労働基準法14条 …………………39, 308
労働基準法3条 …………**35**, 58, 297, 300
労働行政の関与 ………………………284
労働市場政策 ………………………2, 33
労働省（Department of Labor）…………99
労働条件申請制度（LCA）…………132
労働条件誓約制度 ……………………298
労働省雇用訓練局申請処理センター …112
労働証明官（Certifying Officer）…**100**, 110
労働証明の手続き ……………………110
労働証明の募集手続き ………………114

350

労働政策 ……………………………………2
労働政策からの移民法へのアプローチ
　　………………………………………256

労働証明制度（labor certification program）………………**107**, 266, 286
割当て法（quota laws）………………92

〈著者紹介〉

早川　智津子（はやかわ・ちづこ）

　2006年　筑波大学大学院ビジネス科学研究科博士後期課程企業科学専攻修了。博士（法学）
　2007年　岩手大学助教授
　現　在　岩手大学准教授（社会科学系）
　　　　　国際交流センター専任担当

外国人労働の法政策

2008年（平成20年）7月20日　初版第1刷発行

著　者　早　川　智津子
発行者　今　井　　　貴
　　　　渡　辺　左　近
発行所　信山社出版株式会社
　　　　（〒113-0033）東京都文京区本郷6-2-9-102
　　　　　　　　TEL　03 (3818) 1019
　　　　　　　　FAX　03 (3818) 0344

Printed in Japan　　　印刷・製本／松澤印刷・大三製本

©早川智津子，2008
ISBN978-4-7972-2535-8　C3332

――― 労働法判例総合解説 ―――

実務に役立つ理論の創造

柳屋孝安 著
休憩・休日・変形労働時間制　　2,600円
　労働時間規制のあり方を論点別に検証

野川 忍 著
団体交渉・労使協議制　　2,900円
　団体交渉権の変質と今後の課題を展望

道幸哲也 著
不当労働行為の成立要件　　2,900円
　不当労働行為の実体法理と成否を検証

価格はすべて税別

――― 信山社 ―――

━━━判例総合解説シリーズ━━━

石外克喜 著
権利金・更新料の判例総合解説　　　2,900 円

生熊長幸 著
即時所得の判例総合解説　　　　　　2,200 円

土田哲也 著
不当利得の判例総合解説　　　　　　2,400 円

平野裕之 著
保証人保護の判例総合解説〔第2版〕　2,900 円

佐藤隆夫 著
親権の判例総合解説　　　　　　　　2,200 円

河内　宏 著
権利能力なき社団・財団の判例総合解説　2,400 円

清水　元 著
同時履行の抗弁権の判例総合解説　　2,300 円

右近健男 著
婚姻無効の判例総合解説　　　　　　2,200 円

価格はすべて税別

━━━信山社━━━

━━━━ 既刊・新刊 ━━━━

労災補償の諸問題(増補版)　山口浩一郎 著　　本体 8,800円

友愛と法　山口浩一郎先生古稀記念論集
　　編集代表　菅野和夫・中嶋士元也・渡辺 章　　本体13,600円

労働関係法の現代的展開　中嶋士元也先生還暦記念論集
　　編集代表　荒木尚志・小畑史子・土田道夫　　本体10,000円

労働関係法の国際的潮流　花見忠先生古稀記念論集
　　山口浩一郎・渡辺 章・菅野和夫・中嶋士元也 編　　本体15,000円

労働時間の法理と実務
　　渡辺 章・山川隆一 編・筑波大学労働判例研究会 著　　本体 7,500円

〈日本立法資料全集・本巻〉
　　渡辺 章 編集代表　土田道夫・中窪裕也・野川 忍・野田 進 解説

労働基準法〔昭和22年〕(1)（立案経過資料）　　本体43,689円

労働基準法〔昭和22年〕(2)（立案経過資料）　　本体55,000円

労働基準法〔昭和23年〕(3)上（議会審議録）　　本体35,000円

労働基準法〔昭和23年〕(3)下（議会審議録）　　本体34,000円

━━━━━━━━━ 信山社 ━━━━━━━━━